文化发展统计分析报告 2015

2015 Statistical Analysis Report on Cultural Development

中华人民共和国文化部 编

中国统计出版社
China Statistics Press

图书在版编目（CIP）数据

2015 文化发展统计分析报告 / 中华人民共和国文化部编. -- 北京 : 中国统计出版社, 2015.9
ISBN 978-7-5037-7595-6
Ⅰ. ①2… Ⅱ. ①中… Ⅲ. ①文化发展－统计分析－研究报告－中国－2015 Ⅳ. ①G12

中国版本图书馆 CIP 数据核字（2015）第 208219 号

2015 文化发展统计分析报告

作　　者 / 中华人民共和国文化部
责任编辑 / 郭　栋　李　冲
装帧设计 / 黄　晨　李雪燕
出版发行 / 中国统计出版社
通信地址 / 北京市丰台区西三环南路甲 6 号　邮政编码 /100073
电　　话 / 邮购（010）63376909　书店（010）68783171
网　　址 / http://www.zgtjcbs.com
印　　刷 / 北京易丰印捷科技股份有限公司
经　　销 / 新华书店
开　　本 / 880mm×1230mm　1/16
字　　数 / 680 千字
印　　张 / 21.25
版　　别 / 2015 年 9 月第 1 版
版　　次 / 2015 年 9 月第 1 次印刷
定　　价 / 160.00 元

2015文化发展统计分析报告

编委会和编辑办公室

2015 文化发展统计分析报告

撰稿人员

（按姓氏笔画排序）

于爱国	马立群	王　会	王　栋	王云峰	王明亮	王建文
王晓龙	王浩任	韦　刚	亢　博	叶学兵	付凌晖	冯忠禄
吕　璐	朱　丹	刘　冰	刘继龙	许小乐	孙晓华	孙维媛
孙晶玮	李　锋	李惠民	杨习跃	杨家亮	吴　兵	吴海静
邱　剑	沈自龙	张良宝	阿热孜古丽·艾尔肯		陈　虹	陈　歆
明　珍	金京生	周　平	赵若奎	姚仲明	袁大俊	耿广华
聂　俊	夏　敏	高　军	郭　懿	郭蔚婷	唐　平	唐　迪
唐恺玲	海　燕	黄　涛	黄玮茹	曹　靓	崔一凡	崔连强
彭雷霆	蒋　林	韩笑梅	韩高军	程　青	蒲怀民	解秀海
解明明	谭晶梅	潘　燕	戴振宇	魏　峰	魏　冀	魏小军

理论支持：中央财经大学国家文化创新研究中心

前言

2014年以来，全国文化系统认真贯彻落实党中央国务院各项决策部署，紧紧围绕建设社会主义文化强国，培育践行社会主义核心价值观的战略目标，牢固树立以人民为中心的工作导向，开创了文化改革发展的崭新局面。文化治理能力进一步提升，现代文化市场体系进一步健全，文化改革发展的基础更加巩固；文化艺术事业繁荣发展，公共文化服务体系建设成效显著，文化产业快速增长，文化改革发展的成果更加丰富；文化遗产得到有效保护传承，各民族文化交流交融不断深入，中华文化影响力不断扩大。但也应看到，面对新形势新任务，新时期文化改革发展的问题依然突出。如文化资金投入不足与资金浪费现象并存，文化投入保障机制尚需进一步完善；公共文化发展总体水平不高和结构不均衡现象并存，实现均等化标准化任务艰巨；文化产业潜在需求旺盛与现实需求不足现象并存，文化消费的转型升级值得期待。

随着文化建设的快速发展，社会各界对文化统计信息提出了更高的需求。为了充分发挥文化统计工作反映文化发展、服务文化决策、引导文化实践的重要作用，我们在往年工作的基础上，继续组织编印了《2015文化发展统计分析报告》。报告分为四个篇章，其中综合篇是从不同角度对全国文化改革发展情况进行的宏观分析；专题篇是针对文化领域的热点难点问题进行的深入研究；地区篇是立足于各地区文化改革发展的特点进行的分析，并附有各地文化建设中的亮点工作专栏；背景篇是对我国文化发展宏观背景的分析。这些报告运用翔实的统计数据，科学的统计方法，美观的统计图表，直观展现了我国文化改革发展现状和趋势，深入剖析了文化发展中存在的问题并提出了相应的建议，对现阶段文化改革发展具有一定的参考意义。

本书的编辑出版得到了文化部各级领导、各地文化厅局以及国家发展改革委、财政部、国家统计局和中央财经大学相关同志的大力支持。在此，表示衷心的感谢。由于时间仓促，水平有限，错误和不足之处希望得到大家的谅解，并请给予批评指正。

编者

2015 年 9 月

目 录

CONTENTS

综合篇

专题篇

地区篇

背景篇

2015 Statistical Analysis Report
on Cultural Development

2015文化发展统计分析报告

综合篇

全国 2014 年文化发展情况分析

2014 年，全国文化系统认真贯彻落实党中央国务院各项决策部署，紧紧围绕建设社会主义文化强国，培育践行社会主义核心价值观的战略目标，牢固树立以人民为中心的工作导向，开创了文化改革发展的崭新局面。文化改革发展的基础进一步巩固，环境进一步改善；文化改革发展的成效更加显著，人民群众文化生活更加多彩；对外文化交流活动不断丰富，中华文化影响力不断扩大。但也应看到，面对新形势新任务，新时期文化改革发展的问题依然突出，需要继续坚持中国特色社会主义文化发展道路，按照全面建成小康社会、全面深化改革、全面推进依法治国、全面从严治党的要求，推进各项文化工作。

一、文化改革发展的基础保障能力进一步增强

（一）中央对文化建设做出战略部署，文化建设的方向更加明确

党中央高度重视文化建设，党的十八大提出了建设社会主义文化强国的奋斗目标，明确了文化建设的重点任务，十八届三中全会对文化体制机制改革做出了部署，四中全会对建立健全文化法律制度提出了要求。以习近平同志为总书记的党中央围绕培育践行社会主义核心价值观、增强国家文化软实力、繁荣文艺创作、推动不同文明交流互鉴、传承弘扬中华优秀传统文化等作出一系列决策部署，出台多项推动文化改革发展的政策文件，指明了文化改革发展方向，为文化改革发展赋予了新使命，增添了新动力，创造了新机遇。地方各级党委政府对文化重要性的认识不断深化，对文化工作的重视程度空前提高。大部分省区市提出了加快建设文化强省、文化强区或文化强市的战略目标，文化建设被纳入经济社会发展的重要议事日程。

（二）文化法制体系初步建立，政府职能转变成效明显，文化治理能力进一步提升

目前，文化系统在国家层面初步建立起了覆盖文化遗产保护、公共文化服务、文化市场管理、知识产权保护等领域的法律法规体系。与文化工作关系密切的文化法律有《文物保护法》、《非物质文化遗产法》、《著作权法》3 部；行政法规 10 多部，文化部现行有效的部门规章 32 个。2014 年，《公共文化服务保障法》、《文化产业促进法》和《公共图书馆法》也都取得了积极进展。文化系统继续推进简政放权，转变政府职能，激发文化活力。近年来，文化部陆续取消行政审批项目 28 项，下放 11 项，划转 5 项，保留 4 项，取消和下放的比例在国务院各部委中位居前列。各地文化行政部门也对本级行政审批事项进行了认真梳理，提出了取消和下放部分行政审批事项的建议。2014 年，国办印发了支持经营性事业单位转企改制和文化企业发展的 15 号文件。文化部成立了中国文化馆协会、文化娱乐行业协会和艺术品经营行业协会，调动更多社会力量参与文化建设。

（三）在中央财政的带动和引导下，全国文化事业费持续增长，文化改革发展的资金投入有所提高

近年来，文化部以实施“三馆一站”免费开放政策为契机，初步建立了中央和地方分级负担的公共文化财政保障机制，文化财政投入总量持续增长。2014 年，文化部本级财政拨款 53.46 亿元，比 2013 年增长

9.6%；中央财政通过继续实施“三馆一站”免费开放、非遗保护、公共数字文化建设、地市级公共文化设施建设等中央补助地方文化项目，共落实中央补助地方专项资金 46.53 亿元，比上年增长 0.72%。

在中央资金的带动和引导下，各级党委政府纷纷加大对文化事业的经费投入力度，全国文化事业费明显增加。据统计，2014 年全国文化事业费 583.44 亿元，比上年增加 52.95 亿元，增长 10.0%；全国人均文化事业费 42.65 元，比上年增加 3.66 元，增长 9.4%。全国文化事业费占财政总支出的比重为 0.38%，比重与上年基本持平。

图1　全国主要年份人均文化事业费

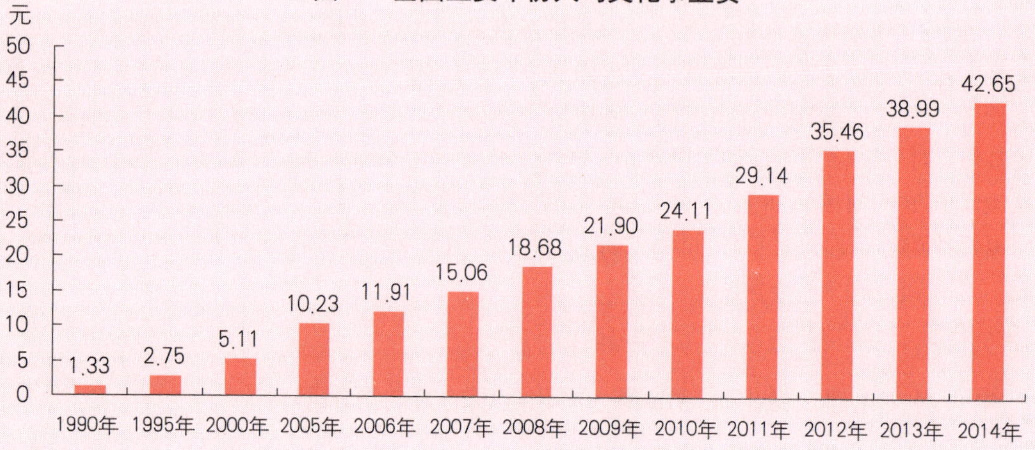

全国文化事业费持续向基层、向中西部贫困地区倾斜。据统计，2014 年县以上文化单位文化事业费 292.12 亿元，占 50.1%，比重比上年降低了 1.3 个百分点；县及县以下文化单位 291.32 亿元，占 49.9%，比重比上年提高了 1.3 个百分点。东部地区文化单位文化事业费 242.98 亿元，占 41.6%，比重下降了 2.0 个百分点；中部地区文化单位 133.46 亿元，占 22.9%，比重提高了 0.3 个百分点；西部地区文化单位 171.15 亿元，占 29.3%，比重提高了 0.6 个百分点。

表1　全国文化事业费按城乡和区域分布情况

		1995年	2000年	2005年	2010年	2012年	2013年	2014年
总量（亿元）	全国	**33.39**	**63.16**	**133.82**	**323.06**	**480.1**	**530.49**	**583.44**
	#县以上	24.44	46.33	98.12	206.65	243.08	272.67	292.12
	县及县以下	8.95	16.87	35.7	116.41	237.02	257.82	291.32
	#东部地区	13.43	28.85	64.37	143.35	211.56	231.41	242.98
	中部地区	9.54	15.05	30.58	78.65	107.78	120.01	133.46
	西部地区	8.30	13.70	27.56	85.78	139.53	152.16	171.15
所占比重（%）	全国	**100.0**	**100.0**	**100.0**	**100.0**	**100.0**	**100.0**	**100.0**
	#县以上	73.2	73.4	73.3	64.0	50.6	51.4	50.1
	县及县以下	26.8	26.7	26.7	36.0	49.4	48.6	49.9
	#东部地区	40.2	45.7	48.1	44.4	44.1	43.6	41.6
	中部地区	28.6	23.8	22.9	24.3	22.4	22.6	22.9
	西部地区	24.9	21.7	20.6	26.6	29.1	28.7	29.3

（四）从业人员总量基本稳定，人员结构不断优化

文化部积极实施“人才兴文”战略，通过规划统筹、制度建设和教育培训等措施，加强文化系统各级各类干部人才队伍建设，为文化改革发展提供坚强的人才支撑和组织保障。一方面，促成文化艺术领域人才纳入海外高层次人才引进计划（“千人计划”），推进各项人才选拔推荐工作，促进高层次文化人才队伍建设。另一方面，创新培训机制，加强干部培训工作。同时，全面实施《边远贫困地区、边疆民族地区和革命老区人才支持计划实施方案》文化工作者专项，2013—2014 年度，组织有关省（区、市）选派 16684 名文化工作者赴“三区”县和县以下单位提供服务，为“三区”培养 1498 名文化工作者。

据统计，2014 年末纳入统计范围的全国文化单位 28.74 万个，比上年末减少 0.55 万个；从业人员 204.02 万人，比上年减少 11.47 万人。其中，文化部门所属单位 6.56 万个，增加 872 个；从业人员 63.82 万人，与上年基本持平。

图2　2006年-2014年全国文化单位个数及从业人员数

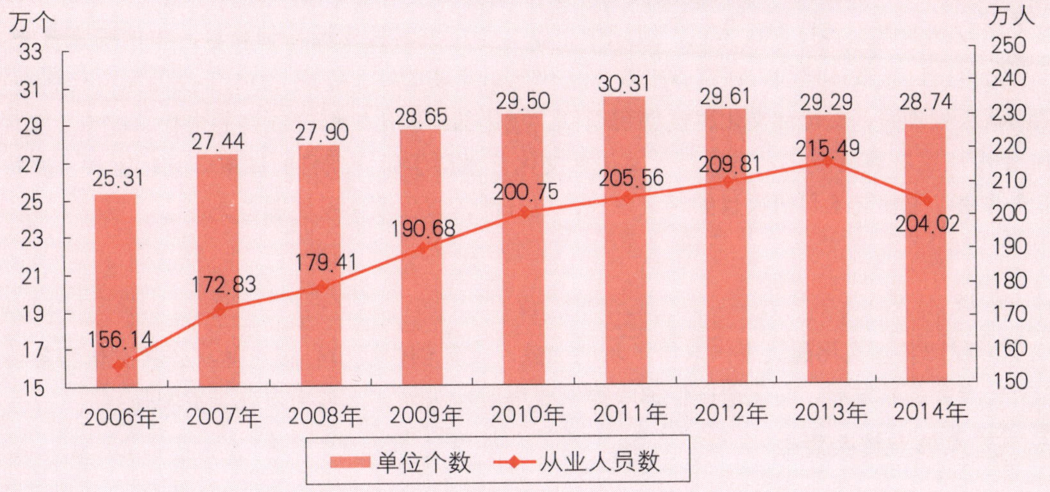

从人员结构看，人员素质得到一定程度提高。如 2014 年底，全国公共图书馆从业人员 56071 人，其中具有中高级职称的人员占 42.13%，比重比上年提高了 0.96 个百分点；全国文化馆从业人员 55443 人，其中具有中高级职称的人员占 40.11%，比重比上年提高了 1.09 个百分点。

（五）监管能力稳步提高，文化市场环境明显改善

近年来，文化系统按照中央要求，集中力量推进文化市场综合执法改革。全国列入改革范围的 403 个地级市以及 2594 个县（区）已全部完成综合执法机构组建工作，综合执法人员达 3 万余人，92% 的地区已完成了委托执法或授权执法的行政确认工作。同时，通过制定执法管理办法等方式，全面梳理文化行政执法依据，分解执法职权，明确执法责任，提高文化执法水平。另一方面，文化部将 11 项市场主体准入前置审批项目，一次性改为后置审批，并做好行政审批项目取消、下放后的衔接和指导。会同有关部门联合印发《关于加强执法监督完善管理政策促进互联网上网服务行业健康有序发展的通知》，制定《文化部关于推动互联网上网服务行业转型升级的意见》，深入推进互联网上网服务行业转型升级。

（六）文化产业政策进一步优化，文化产业发展前景广阔

文化产业是服务业的重要组成部分，发展文化产业、扩大文化消费，对于推动经济结构转型、拉动经

济增长具有积极作用。2014年，文化部适应经济新常态，出台了多项文化产业扶持政策，为促进文化产业发展提供了有力支撑。印发了文化部贯彻落实《国务院关于推进文化创意和设计服务与相关产业融合发展的若干意见》的实施意见。推动将西部各省（区、市）文化产业相关门类纳入国家发展改革委《西部地区鼓励类产业目录》，享受相应税收优惠。与中国人民银行、财政部联合印发《关于深入推进文化金融合作的意见》。与工业和信息化部、财政部共同印发《关于大力支持小微文化企业发展的实施意见》。与财政部联合印发《关于推动特色文化产业发展的指导意见》、《藏羌彝文化产业走廊总体规划》。实施文化金融扶持计划，文化部首次发布文化金融合作债券融资项目库，确定106个项目，获中央财政文化产业发展专项资金支持6.73亿元，较上年增长46%。推进文化产业信贷融资，全国文化产业本外币贷款余额突破1900亿元，同比增长30%以上。

（七）文化与科技进一步融合，科研助推文化发展的作用更加明显

国务院印发《关于积极推进“互联网+”行动的指导意见》，明确提出要推进“互联网+”，实施促进创业创新、协同制造、公共服务等11项重点行动。互联网等高新科技迅猛发展，为文化建设提供了有力支撑。文化部发挥文化部、科技部部际联席会议机制作用，围绕文化重点工作，组织专项攻关，积极推动将文化领域的技术研发纳入国家科技创新体系，组织申报了3个国家科技支撑计划项目，申请国家资金4000余万元。加强文化科技创新载体建设，评定首批6家文化部重点实验室。完成2014年度国家文化科技提升计划、国家文化创新工程项目、文化部文化科技创新项目、文化部标准化制修订项目的申报、评审、立项等工作。完成2014年度国家社科基金艺术学项目、文化部文化艺术科学研究项目的评审、立项工作。坚持基础研究与应用研究并重，强化艺术科研项目的对策研究，更好地为文化改革发展服务。

二、文化建设取得丰硕成果

2014年，我国各项文化建设工作取得了新的成就。文艺创作演出异彩纷呈，公共文化服务体系建设成效显著，文化产业蓬勃发展，文化遗产保护取得重要进展，对外文化影响力进一步增强。

（一）艺术事业繁荣发展

2014年，全国文艺工作者认真学习贯彻习近平总书记文艺工作座谈会重要讲话精神，加强文艺创作引导，加大文化惠民力度，推动文化艺术市场繁荣发展。

1. 弘扬时代精神和爱国精神的优秀作品不断推出。全国文化系统坚持以人民为中心的创作导向，遵循文艺发展规律，牢固树立精品意识，以中国精神为灵魂，着力提高文艺作品的质量和水平。文化部举办庆祝新中国成立65周年优秀剧目展演活动、国庆音乐会《美丽中国，光荣梦想》、《“丹青中国梦”—庆祝中华人民共和国成立65周年美术作品展览》等一系列导向性、示范性文艺活动，为党和国家大事喜事增光添彩。国家艺术基金首个运行年度投入资助金额4.3亿元，对393个项目进行资助。全国艺术表演院团围绕“中国梦”主题开展文艺创作，推出一批思想性、艺术性、观赏性有机统一的优秀剧节目。据统计，2014年，全国8769家艺术表演院团原创首演剧目1449个，比上年增加92个。

2. 艺术演出市场规模持续增加，演出收入有所下降。2014年末，全国共有艺术表演团体8769个，比上年末增加589个；从业人员26.29万人，增加0.20万人。其中各级文化部门管理的艺术表演团体2053个，占23.4%。

全年全国艺术表演团体演出173.91万场，比上年增长5.3%，全年平均每团演出198.3场；全年国内演出观众91020万人次，增长1.1%。受市场环境的约束，艺术表演团体总收入226.40亿元，比上年下降了19.1%，其中演出收入75.70亿元，比上年下降了7.8%。

表2　2007年-2014年全国艺术表演团体基本情况

年　份	机构数（个）	从业人员数（人）	演出场次（万场）	国内演出观众人次（万人次）	总收入（万元）	
						#演出收入
2007年	4512	220653	92.7	75895.6	829045	203757
2008年	5114	208174	90.5	63186.8	933685	204842
2009年	6139	184678	120.2	81715.9	1121559	288214
2010年	6864	185413	137.1	88455.8	1239255	342696
2011年	7055	226599	154.7	74585.1	1540263	526745
2012年	7321	242047	135.0	82805.1	1968802	641480
2013年	8180	260865	165.1	90064.3	2800266	820738
2014年	8769	262887	173.9	91019.7	2264046	757028

3. 社会效益有力彰显。2014年，全国各级艺术表演团体通过公益性演出、“文化下乡”、低票价演出等方式，将经济效益与社会效益有机统一起来，受到了广大人民群众的热烈欢迎和社会的广泛赞誉。据统计，全年全国文化部门所属艺术表演团体共组织政府采购的公益演出 10.58 万场，比上年增长 18.3%；观众 9893.36 万人次，比上年增长 8.7%。利用流动舞台车演出 10.62 万场次，比上年增长 5.9%；观众 9900.64 万人次，比上年增长 2.2%。全国各级艺术表演团体赴农村演出 114.04 万场，比上年增长 8.5%，赴农村演出场次占总演出场次的 65.6%，比重比上年增加 2 个百分点；农村观众 55863 万人次，比上年增长 5.5%，占观众总人数的 61.4%，比重比上年增加 2.6 个百分点。

4. 民营艺术表演团体发展迅速。近年来，我国众多民营艺术表演团体以灵活多样的办团方式、特色鲜明的地方风格、充满生机的营销机制、不畏艰苦的创业精神等优势，面向基层开展了丰富多彩的艺术活动，与国有院团互为补充，共同成为构建社会主义和谐社会的重要力量。据统计，2014 年，全国民营艺术表演团体 6617 个，比上年增加 698 个，占全部院团的比重由上年的 72.4%提高 75.5%。民营院团涵盖了戏剧、曲艺、歌舞、杂技、魔术、马戏、木偶、皮影等众多艺术门类。如下表所示，2014 年，民营院团主要指标占全部院团的比重均在 60% 以上，且比重较上年有所提高。

表3　2013年和2014年公有制院团和民营院团主要指标

主要指标	2013年		2014年	
	总量	比重(%)	总量	比重(%)
机构个数(个)	8180	100.0	8769	100.0
公有制院团	2261	27.6	2152	24.5
民营院团	5919	72.4	6617	75.5
演出场次(万场次)	165.11	100.0	173.91	100.0
公有制院团	41.41	25.1	41.17	23.7
民营院团	123.70	74.9	132.74	76.3
国内演出观众人次(万人次)	90064.25	100.0	91019.68	100.0
公有制院团	36427.61	40.4	34652.19	38.1
民营院团	53636.64	59.6	56367.49	61.9
演出收入(亿元)	82.07	100.0	75.70	100.0
公有制院团	24.65	30.0	23.52	31.1
民营院团	57.42	70.0	52.18	68.9

（二）公共文化服务体系建设成效显著

2014 年，文化部牵头成立国家公共文化服务体系建设协调组，形成共同会商、统筹推进的工作机制。研究起草《关于加快构建现代公共文化服务体系的意见》和《国家基本公共文化服务指导标准》，对现代公共文化服务体系进行整体制度框架设计，为全国公共文化事业的发展提供了有力保障，全国公共文化服务体系建设取得积极进展。

1. 公共文化设施网络初步形成，服务条件明显改善。近年来，党中央、国务院高度重视基层公共文化设施建设，通过转移支付支持地方文化设施建设，带动了地方资金的大量投入，极大改善了全国的文化设施水平，覆盖城乡的公共文化设施网络体系基本形成。据统计，截至 2014 年底，全国共有县级以上公共图书馆 3117 个，文化馆 3313 个，乡镇（街道）文化站 34465 个，农村文化活动场所 51.55 万个。全国每万人拥有公共图书馆设施面积由上年的 85.1 平方米提高到 90.1 平方米，增长了 5.9%；全国公共图书馆阅览室座席数由上年的 81 万个提高到 85.6 万个，增长了 5.7%；每万人拥有文化馆（站）面积由上年的 249.09 平方米提高到 269.51 平方米，增长了 8.2%。全国人均拥有公共图书馆藏量由上年的 0.55 册提高到 0.58 册。

图3　2006年-2014年全国公共图书馆人均资源情况

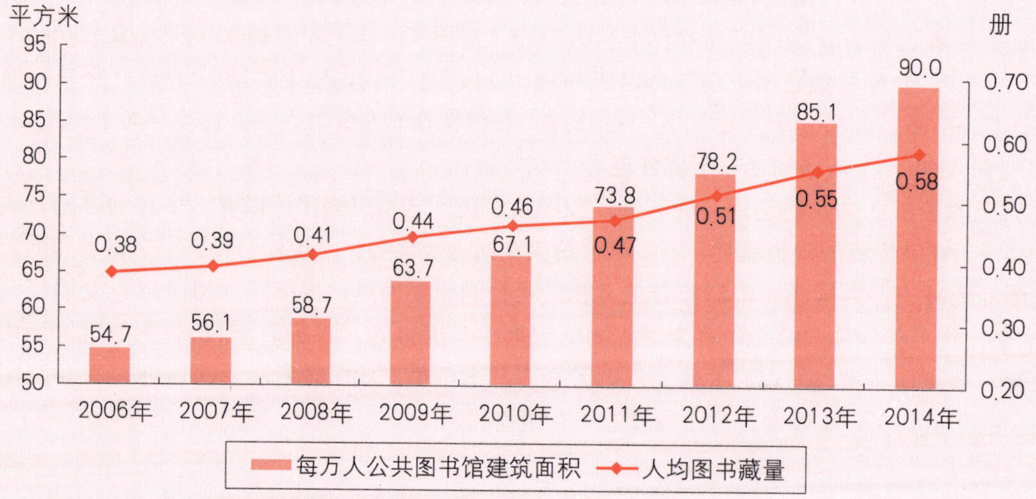

2. 公共文化服务水平显著提升。随着我国公共文化服务条件的有效改善，财政对公共文化经费投入的进一步加大，我国公共文化服务水平也得到了显著提升。2014 年，全国公共图书馆有效借书证 3944 万个，比上年增长 37.1%；总流通人次 53036 万，增长 7.7%。书刊文献外借册次 46734 万，增长 14.4%；外借人次 22737 万，增长 10.6%。

图4 2006年-2014年全国公共图书馆总流通人次及书刊外借册次

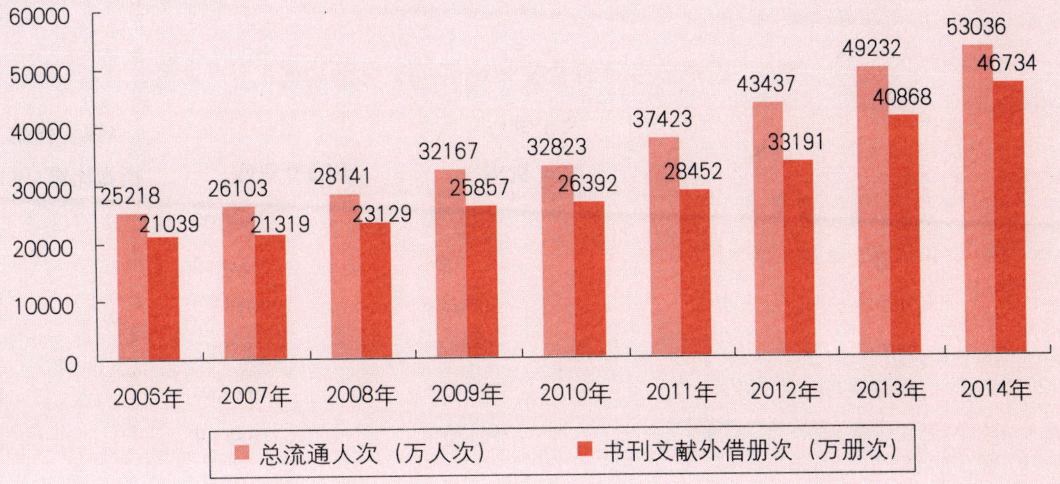

2014 年全国群众文化机构共组织开展各类活动 147.20 万场次，比上年增长 13.8%；服务人次 50668 万，增长 14.7%。

表4 2014年全国群众文化机构开展活动情况

	总量		比上年增长(%)	
	活动次数(万次)	参加人数(万人次)	活动次数	参加人次
各项活动总计	**147.20**	**50668**	**13.8**	**14.7**
#展览	13.17	10263	-4.7	11.0
文艺活动	84.54	36382	14.2	15.9
公益性讲座	2.56	445	8.1	0.9
训练班	46.93	3578	20.1	15.2

3. 信息化水平进一步提高，文化服务方式更加丰富。随着信息技术的广泛应用，全国文化信息资源共享工程、数字图书馆推广工程和公共电子阅览室建设计划等公共数字文化惠民工程稳步实施，文化系统初步构建起覆盖城乡的公共数字文化服务网络，公共文化机构信息化水平显著提升。据统计，2014 年底全国文化信息资源共享工程已建成 3.55 万个乡镇（街道）基层服务点、70 万个村（社区）基层服务点，基本实现覆盖所有乡镇、行政村，资源总量达到 408.68TB。2014 年底全国公共图书馆共有电子图书 50673.64 万册，比上年增加了 12906.37 万册，增长 34.2%。全国公共图书馆电子阅览室面积 53.65 万平方米，比上年增长 4.8%。

全国各级公共图书馆不断创新服务方式，拓展和延伸服务领域，向社会公众提供多样化、多层次的服务。全年共为读者举办各种活动 103586 次，增长 13.2%；参加人次 5015 万，增长 13.7%。各级群众文化活动单位，积极加强对业余文化团体的辅导，充分发挥组织作用，实现了从“送文化”到“种文化”的转变。据统计，2014 年末全国群众文化机构共有馆办文艺团体 6447 个，演出 13.34 万场，观众 8352 万人次。由文化馆（站）指导的群众业余文艺团体 40.46 万个，馆办老年大学 705 个。

4. 服务农村、服务基层效果明显。2014 年，在中央项目的带动下，各地文化机构坚持推动公共文化服务重心下移、资源下移、服务下移，着力促进公共文化服务均等化。数据显示，面向基层、面向农村的乡镇综合文化站在丰富群众文化生活、满足群众基本文化权益、促进文化均等化方面的作用日益突出。全国乡镇综合文化站从业人员占全国群众文化机构从业人员的一半以上，组织的各类文化活动次数占一半以上，文化服务人次占40%左右。

表5　近两年乡镇综合文化站开展文化活动情况

		全国群众文化机构	#乡镇文化站	乡镇文化站所占比重(%)
2014年	从业人员(人)	170299	93307	54.8
	组织开展各类活动次数(次)	1472004	738842	50.2
	文化服务人次(万人次)	50668.1	20132.7	39.7
2013年	从业人员(人)	164355	87922	53.5
	组织开展各类活动次数(次)	1293231	666659	51.5
	文化服务人次(万人次)	44170.7	16484.7	37.3

（三）文化市场规范有序，文化产业蓬勃发展

2014年，随着文化市场监管能力的不断提高，全国文化市场主体得到进一步培育发展，文化市场效益明显提升。在各项政策措施的有力推动下，文化产业规模稳步扩大，产业集聚化水平进一步提高，对经济社会发展的促进作用明显增强。

1. 文化市场发展总体平稳。近年来，全国文化市场经营单位总量（含互联网上网服务营业场所、娱乐场所和民营艺术表演团体）基本持平，略有减少。2014年，全国文化市场经营单位22万个，比上年减少6420个；从业人员132.39万人，比上年减少12.79万人。受需求下降和结构调整影响，年末全国共有娱乐场所84179个，比上年末减少5473个；从业人员72.95万人，减少10.62万人；全国共有互联网上网服务营业场所129368个，比上年末减少1645个；从业人员45.24万人，减少2.58万人。

分区域看，文化市场经营单位主要分布在县及县以下基层地区。据统计，2014年末城市文化市场经营单位77344个，占文化市场经营单位总量的35.1%；县城90694个，占41.2%；县以下地区52126个，占23.7%。

表6　2014年按区域全国文化市场经营单位主要指标

		机构数(个)	从业人员(人)	营业收入(万元)	营业利润(万元)
总量	**总计**	**220164**	**1323902**	**16142494**	**4682893**
	城市	77344	527509	8081075	2077533
	县城	90694	608143	4609197	1421669
	县以下	52126	188250	3452222	1183691
比重(%)	**总计**	**100.0**	**100.0**	**100.0**	**100.0**
	城市	35.1	39.9	50.1	44.4
	县城	41.2	45.9	28.5	30.3
	县以下	23.7	14.2	21.4	25.3

2. 文化市场单位经营效益明显提升。2014 年，全国文化市场经营单位营业收入 1614.25 亿元，比上年增长 18.1%；营业利润 468.29 亿元，增长 28.0%。其中，娱乐场所全年营业收入 1102.37 亿元，比上年增长 24.6%；营业利润 260.63 亿元，增长 17.2%。互联网上网服务营业场所全年营业收入 447.99 亿元，比上年增长 15.5%；营业利润 196.30 亿元，增长 37.7%。

表7　2014年我国文化市场经营单位按业务分组主要指标

		机构数(个)	从业人员(人)	营业收入(万元)	营业利润(万元)
总量	**总计**	**220164**	**1323902**	**16142494**	**4682893**
	#娱乐场所	84179	729516	11023662	2606315
	互联网上网服务营业场所	129368	452368	4479929	1962960
比上年增长(%)	**总计**	**-2.8**	**-8.8**	**18.1**	**19.2**
	#娱乐场所	-6.1	-12.7	24.6	17.2
	互联网上网服务营业场所	-1.3	-5.4	15.5	37.7

3. 文化产业聚集化水平进一步提高。为加快文化产业集聚，培育骨干文化企业，并充分发挥示范、辐射带动作用，2014 年，文化部修订印发《国家文化产业示范基地管理办法》，开展第 5 批国家级文化产业示范（试验）园区和第 6 批国家文化产业示范基地申报评选命名工作。年末全国共有 10 个国家级文化产业示范园区，10 个国家级文化产业试验园区和 339 个国家文化产业示范基地。这些园区和基地涵盖了我国文化产业的骨干企业，充分发挥了示范带动作用。据初步统计，上述文化产业园区和基地 2014 年营业收入 3278.52 亿元，利润总额 869.08 亿元。

动漫产业保持快速发展，动漫企业茁壮成长，动漫业态创新发展，优秀动漫产品不断涌现，动漫走出去步伐加快，动漫与相关行业融合更加紧密，动漫产业成为文化产业中最具发展实力和潜力的行业之一。文化部举办中国文化艺术政府奖第二届动漫奖，共评出 30 个奖项、80 个入围项目。开展弘扬社会主义核心价值观动漫作品扶持计划，集中扶持革命传统教育、中华优秀传统文化主题的 20 个产品和 42 个创意。持续开展手机（移动终端）动漫标准示范推广应用工程，基本完成国家标准修订工作，并通过国家标准立项。2014 年末，全国共有经文化部、财政部、国家税务总局联合认定的动漫企业 669 家，重点动漫企业 43 家。

4. 文化及相关产业增加值快速增长。据国家统计局初步测算，2014 年文化及其相关产业增加值 24017 亿元，比上年增长 12.5%，占全国 GDP 的比重由上年的 3.63% 提高到 3.77%。文化产业正向国民经济支柱性产业的方向迈进。部分地区的文化产业增加值占地区国内生产总值的比重已经超过5%，成为当地支柱性产业，在经济转型中发挥重要作用。

表8　按年份文化及相关产业增加值

年份	增加值 （亿元）	占GDP比重 （%）
2004	3440	2.15
2005	4253	2.30
2006	5123	2.37
2007	6455	2.43
2008	7630	2.43
2009	8786	2.52
2010	11052	2.75
2011	13479	2.85
2012	18071	3.48
2013	21351	3.63
2014	24017	3.77

注：1.2004–2011年按2004年颁布的《文化及相关产业分类》测算。
2.2004年、2008年和2013年根据经济普查数据测算，其他年份根据年报数据测算。
3.2004–2008年及2013年、2014年数据为全口径，其他年份仅包括法人单位数据。
4.2012–2014年按《文化及相关产业分类(2012)》新标准测算。按新标准2011年数据为15516，占GDP的3.28%。

（四）文化遗产保护工作再上新台阶

2014年，全国各级文化文物机构加大文物保护利用、非物质文化遗产保护和古籍保护等方面工作力度，推动中华优秀传统文化传承体系建设，共同养护好中华民族文化的根脉。

1. 文物机构服务能力进一步增强。2014年，全国各级文物机构大力推进考古维修和文物保护工作，文物藏品数量进一步增加，文物机构开展公共服务的基础进一步夯实。第一次全国可移动文物普查有序推进，国有单位文物收藏情况摸底调查全面完成。安排经费2.1亿元，启动46项抗战文物保护修缮和展示利用工程。平安故宫、西藏重点文物保护、山西南部早期建筑保护、延安革命旧址灾后重建、“南海Ⅰ号”考古发掘和文物保护项目等文物保护重点工程有序推进。据统计，截至2014年底，全国共有文物机构8418个，比上年末增加681个。其中文物保护管理机构3280个，占39.0%，博物馆3658个，占43.5%。年末全国文物机构从业人员14.81万人，比上年末增加1.09万人。其中文物保护管理机构37843人，占25.6%；博物馆83970人，占56.7%。

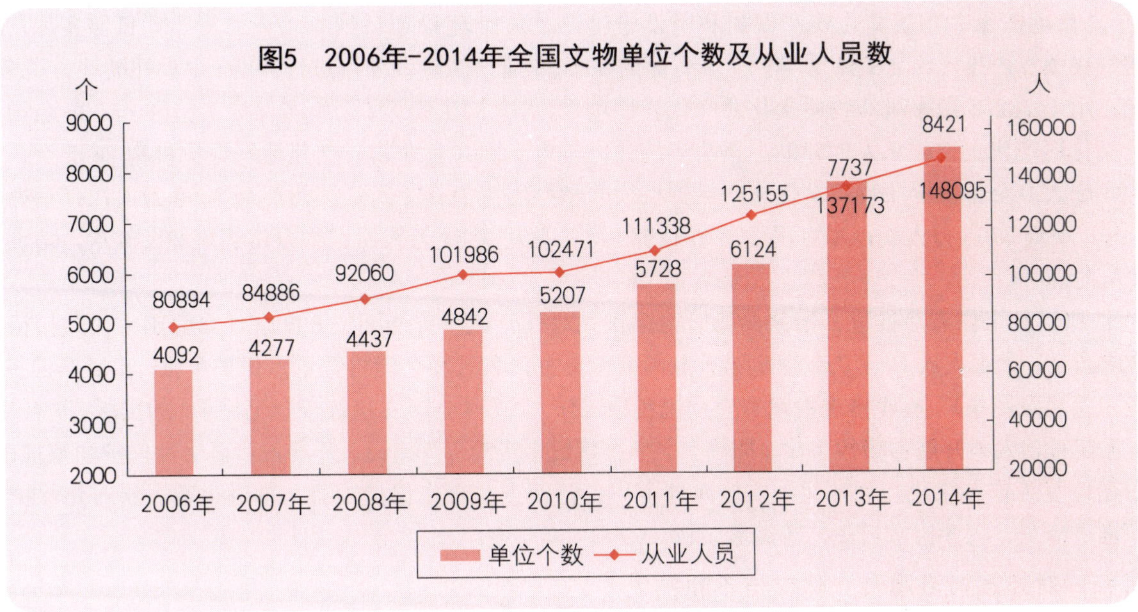

年末全国文物机构拥有文物藏品4063.58万件，比上年末增加222.77万件，增长5.8%。其中，博物馆文物藏品2929.97万件，占文物藏品总量的72.1%；文物商店文物藏品770.09万件，占18.9%。文物藏品中，一级文物9.82万件，占0.2%；二级文物68.82万件，占1.7%；三级文物340.51万件，占8.4%。

2. 文物机构服务水平明显提升。2014年，全国文物机构共安排基本陈列9996个，比上年增加1604个；举办临时展览11174个，比上年增加1530个。接待参观84256万人次，增长12.8%，其中博物馆接待观众71774万人次，占文物机构接待观众总人次的85.2%；文物保护管理机构接待观众12182万人次，占14.4%。参观人群中未成年人22403万人次，比上年增长10.7%，占参观总人数的26.6%。

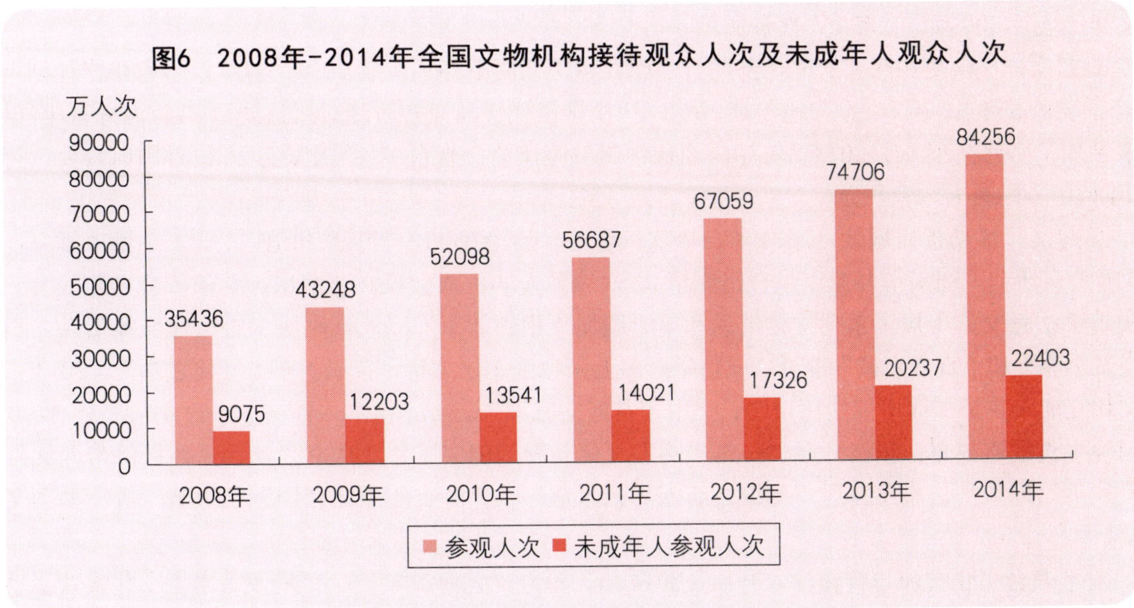

3. 非物质文化遗产保护事业又上新台阶。完成第四批国家级非遗代表性项目评审，报请国务院公布代表性项目153个、扩展项目153个。评审第二批国家级非物质文化遗产生产性保护示范基地，59家企业和单位入选。会同有关部门共同评审第三批中国传统村落994个，纳入中央财政补助范围600个，2014年补助18个。启动国家非物质文化遗产保护利用设施建设，96个建设项目纳入“十二五”项目储备库，2014年下达中央预算内投资约2.1亿元，对21个省区的30个非遗设施建设项目进行补助。中央补助地方资金6.6多亿元，用于752个国家级非物质文化遗产代表性项目、10个国家级文化生态保护实验区、1735名国家级非物质文化遗产代表性传承人的补助。据初步统计，年末全国共有非物质文化遗产保护机构2645个，从业人员18692人。全年全国非物质文化遗产保护机构共举办展览16042次，接待观众3390万人次；举办演出34703场，观众3795万人次；举办民俗活动12982次，观众3884万人次；举办培训班20946次，培训人数137万人次。

4. 古籍保护工作有序推进。国家典籍博物馆正式对外开放，首展汇集800余件典籍国宝，共接待参观团体200余个，参观人次12多万。评审第五批国家珍贵古籍名录和全国古籍重点保护单位，出版第四批《国家珍贵古籍名录图录》。有序推进古籍普查登记各项工作，做好《全国古籍普查登记目录》的出版、平台建设、数据发布工作。大力开展古籍数字化，加快“中华古籍数字资源库”建设。开展古籍再生性保护和整理出版，推进古籍修复工作科学化、规范化，实施海外中华古籍调查与合作保护项目，推进少数民族古籍保护专项工作，推进清史、《中国节日志》等编纂工作。

（五）对外及对港澳台文化交流不断扩大

2014年，文化部推进体制改革和机制创新，努力将对外和对港澳台文化工作融入国家发展战略，服务于整体外交大局和国内文化建设，在广度和深度上均有较大突破，对外和对港澳台文化工作进入了新的发展阶段，中华文化影响力不断扩大。

1. 对外文化交流活动更加丰富。2014年，我国与21个国家签订或续签文化交流年度执行计划，与6个国家签订了互设文化中心协定和谅解备忘录；我国已签订的文化协定共计155个。2014共完成6个海外文化中心的揭牌启用工作，海外文化中心总数达到20个。文化部制定了《海外中国文化中心管理办法（试行）》及《海外中国文化中心评估框架》，为海外中国文化中心的健康运营提供了制度保障。全年经文化系统审批的对外文化交流项目1667起，40781人次参加；对港澳文化交流项目230项，5593人次参加；对台文化交流项目500项，12593人次参加。

2. 思想文化交流更加深入。文化部联合中国社科院共同举办了两期2014“青年汉学家研修计划”，来自39个国家的55位青年汉学家应邀参加；举办了“中国当代作品译介研修对接计划”，23位海外青年汉学家、翻译家参加了研修；举办了2014“汉学与当代中国”座谈会，来自17个国家的20位外国前政要、智库学者和14位中方的著名学者参会。

3. 品牌文化活动提质增效。2014年，“欢乐春节”活动在112个国家和地区、321个城市举办，共有570多项大型活动。圆满举办亚太经合组织第22次领导人非正式会议文艺演出、亚信峰会文艺晚会。组织开展庆祝中法建交五十周年系列文化活动和第十四届“相约北京”联欢活动等大型文化交流活动。积极践行“亲诚惠容”和“真实亲诚”理念，成功举办第五届中俄文化大集、首届“东亚文化之都”、2014中国—东盟文化交流年、第二届中俄文化论坛、“中印友好交流年”。

围绕中央战略部署，积极开展“一带一路”文化品牌的创立工作，成立“丝绸之路经济带西北五省区文化发展战略联盟”，举办首届“丝绸之路国际艺术节”、“海上丝绸之路国际艺术节”等一系列文化交流活动。

4. 对港澳台文化交流与合作深入开展。2014年，举办“艺海流金”、“港澳大学生文化实践活动”等活动，增强港澳各界对祖国的向心力。签署《粤港澳文化交流合作发展规划2014-2018》，推进三地文化与区域建设的共同发展。打造“艺传两岸—台湾青少年中华传统文化培训”等对台青年文化交流品牌。依托“第七届海峡两岸文博会”等平台，推动两岸文化产业合作。

三、当前文化改革发展中值得关注的几个问题

“十二五”以来，我国的文化建设取得了令人瞩目的成就，进入了一个崭新的发展阶段。但从整体上看，存在的问题依然突出。如文化资金投入不足与资金浪费现象并存，文化投入保障机制需进一步完善；公共文化发展总体水平不高和结构不均衡现象并存，实现均等化任务艰巨；文化产业潜在需求旺盛与现实需求不足现象并存，文化消费的转型升级值得期待。这都需要我们在今后的工作中进行深入探索、研究，认真加以解决。

（一）文化资金投入不足与损失浪费现象并存

近年来，随着国民经济的快速发展，文化财政投入持续增加，对于促进我国文化改革发展尤其是现代公共文化服务体系的完善发挥了重要的积极作用，但与全面建成小康社会的目标要求相比，与人民群众日益增长的精神文化需求相比，与保护传承和弘扬优秀传统文化的任务相比，文化财政投入整体上依然总量不高、比重偏低。据统计，近年全国文化事业费占财政总支出的比重基本维持在 0.38% 左右，2014 年全国人均文化事业费只有 42.65 元，远低于教育、卫生等其他社会事业的财政投入。同时，由于税收减免程序和手续繁杂等原因，社会力量参与公共文化服务体系建设的积极性也不高。

图7　全国文化事业费占财政支出比重

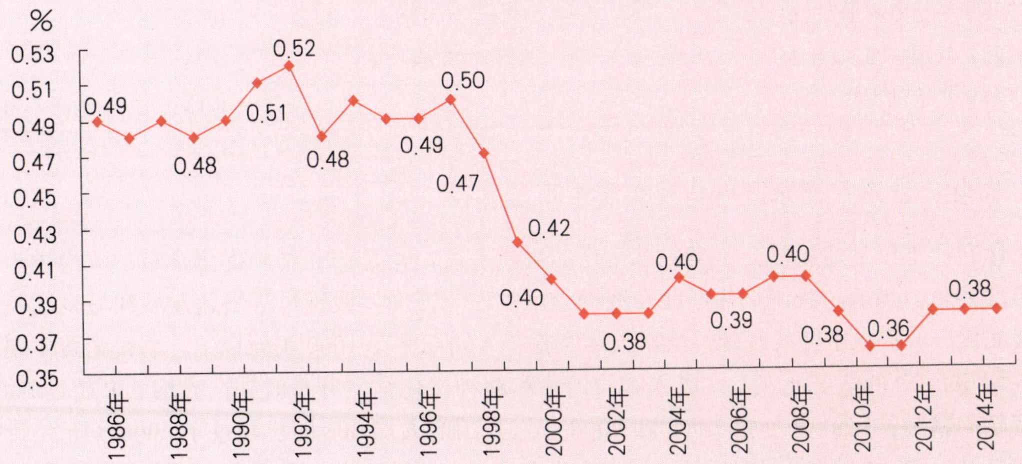

但也应该看到，在一些地区和一些领域也不同程度地存在着文化资金浪费的现象，主要表现在以下几个方面：一是部分地方政府重视前期的设施建设，轻视后期的运行管理，造成了设施的“空壳化”；二是由于人员不足和内容缺乏等原因，造成了公共文化设施利用率不高，公共文化服务效能偏低；三是由于资金管理制度还不完善，监督还不到位，造成部分资金使用不规范甚至被挪用。

（二）公共文化发展总体水平不高和结构不均衡现象并存

近年来，我国公共文化取得了长足的发展，但整体水平还不高，远远不能适应人民群众巨大需求的增长。一是设施比较落后。如截止 2014 年底，全国仍有 553 个县级公共图书馆和 705 个县级文化馆建筑面积小于 800 平方米（最低标准），分别占 20.4% 和 24.1%。有 680 个县级公共图书馆和 818 个县级文化馆建于 1990 年之前，分别占 25% 和 27.9%。二是资源比较匮乏。如 2014 年全国公共图书馆人均藏书量仅为 0.58 册，远低于国际图联、联合国教科文组织规定的人均藏书量 1.5-2.5 册的标准，2014 年全国人均购书费只有 1.244

元。三是队伍不健全。公共文化机构专职人员数量严重不足、队伍不稳定、服务水平参差不齐的问题比较突出。四是服务效能不高。一些公益性文化单位缺乏激励和约束机制、活力不足、效率不高，服务方式和服务手段还比较单一，供需难以有效对接。

同时，公共文化发展不均衡问题非常突出。从城乡情况看，农村一直是我国文化发展的薄弱环节，尽管近些年来国家加大了对农村文化的投入力度，城乡文化发展差距有所缩小，但从整体上看，城乡文化发展不平衡的态势尚无根本改观。据统计，2014 年，全国文化事业费 583.44 亿元，其中县及县以下 291.32 亿元，占 49.9%；从资源看，主要服务于农村的 1630 家县图书馆图书总藏量 14527 万册，仅占全国图书馆总藏量的 18.4%；总流通人次 9619 万，占 18.1%；县及县以下群众文化机构服务人次 28024 万，占全国群众文化机构总服务人次的 55.3%。从区域情况看，受经济发展水平、自然环境条件、历史文化传统等多种因素影响，我国公共文化发展存在着较大的地区差异。整体上看，东部地区最好，西部次之，中部地区最差。从群体情况看，当前针对老人、少年儿童、残疾人、农民工和边疆民族地区群众的公共文化资源和项目普遍偏少，把农民工纳入城市公共文化服务体系的政策要求在不少地方尚未落实。

表9　分区域2014年公共文化发展情况

	东部地区	中部地区	西部地区
人均文化事业费(元)	50.33	26.10	46.46
每万人拥有公共文化设施面积(平方米)	482.17	258.44	336.91
人均公共图书馆藏书册数(册)	0.83	0.37	0.45
人均进入公共图书馆次数(次)	0.64	0.23	0.27
人均参加文化活动次数(次)	13.06	8.13	11.56

（三）文化产业潜在需求旺盛与现实需求不足并存

发展文化产业不仅是建设社会主义先进文化的重要手段，也是产业结构优化升级，政治进步和综合国力增强的推动力量。当前，我国文化产业发展潜力巨大。一方面，我国经济快速发展和城乡居民收入快速增长为发展文化产业提供了坚实基础。根据国际经验，人均 GDP 在 1000 美元以下，居民消费主要以物质消费为主；人均 GDP 在 3000 美元左右，进入物质消费和精神文化消费并重时期；人均 GDP 超过 5000 美元，居民的消费转向精神文化消费为主。而早在 2008 年，我国的人均 GDP 即已超过了 3000 美元，目前已经超过 7400 美元。另一方面，当前我国经济发展进入新常态，为发展文化产业提供了新契机。为适应经济新常态，中央提出，以提高经济发展质量和效益为中心，把转方式调结构放到更加重要的位置，突出创新驱动，大力推进服务业和战略性新兴产业发展，优化经济发展空间格局，加快培育新的增长点和增长极。文化产业作为服务业的重要组成部分，具有重要的发展前景。

“十二五”以来，我国文化产业呈现出蓬勃发展态势，文化产业对国民经济增长的贡献率不断上升。但与巨大的潜在需求相比，仍然存在巨大的缺口。据有关研究机构测算，按照国际人均收入和支出平均标准，我国文化消费支出总量应该达到 4 万亿元以上，而 2014 年我国文化消费的规模却不到 15000 亿元，城乡居民人均文化和娱乐支出 671 元，只占消费支出的 4.6%。全国人均观看文艺演出的场次仅为 0.66 次。

制约文化产业发展、文化消费水平提高的因素是多方面的：一是从供给角度看，当前我国文化产业自主创新能力不足，个性化、多元化的文化产品数量还不够丰富；二是从需求角度看，由于兜底的社会保障体系还没有建立起来，住房、教育、医疗、养老消费预期值较高，城乡居民文化消费的欲望还不强。三是机制角度看，当前支持文化产业发展的政策措施还不够多不够实，文化企业特别是小微文化企业发展面临很多困难。

2015年是全面深化改革的关键之年，是全面推进依法治国的开局之年，是全面完成“十二五”规划的收官之年。文化系统将继续高举中国特色社会主义伟大旗帜，全面贯彻党的十八大和十八届三中、四中全会精神，全面贯彻习近平总书记系列重要讲话特别是文艺工作座谈会重要讲话精神，着眼于党和国家工作大局，紧紧围绕培育践行社会主义核心价值观，牢固树立以人民为中心的工作导向，着力推出一批思想性、艺术性、观赏性有机统一的优秀作品，着力提升公共文化服务效能和质量，着力完善现代文化市场体系，着力推动文化产业健康快速发展，着力构建优秀传统文化传承体系，着力提升对外文化开放水平，努力实现全年工作再上新台阶，为实现“两个一百年”奋斗目标和中华民族伟大复兴中国梦提供有力文化支持。

（文化部财务司）

2015 Statistical Analysis Report
on Cultural Development

2015文化发展统计分析报告

专题篇

全国公共文化设施建设使用情况分析

一、公共文化设施[①]建设使用方面取得的主要成效

“十一五”以来，各级党委政府认真贯彻落实中央部署，高度重视公共文化服务体系建设。公共文化设施建设进入快速发展的轨道，公共文化设施的管理日益规范化制度化，公共文化设施的利用效率稳步提升。

（一）各级政府高度重视公共文化设施建设，全国公共文化设施水平得到极大改善

“十一五”以来，国家高度重视公共文化设施建设。一方面，加大国家级重大文化设施建设，顺利完成了国家博物馆改扩建、中国话剧院剧场以及国家图书馆二期建设等工程；国家美术馆、中国工艺美术馆、平安故宫等项目也取得了积极进展。另一方面，加大对地方文化设施建设的引导和补助。“十一五”期间，实施了《乡镇综合文化站建设规划》，安排中央补助投资近40亿元；“十二五”期间又实施了《全国地市级公共文化设施建设规划》和《非物质文化遗产保护利用设施建设》，计划安排中央预算内补助投资近80亿元。

在国家的引领和带动下，各地政府结合当地实际，针对公共文化设施的短板，因地制宜地开展了诸多探索。如湖北省在“十二五”期间省级财政共投入2亿元，对100个县级公共图书馆、文化馆改扩建项目予以补助，有效提升了县级公共文化服务体系建设；广东省深圳市在“十一五”期间，投入专项资金近22亿元，建成文化设施近100万平方米，基本实现了全市“十分钟公共文化服务圈”；安徽省按照“一场（综合文体广场）两堂（讲堂、礼堂）三室（文化活动室、图书阅览室、文化信息资源共享工程室）四墙（村史村情墙、乡风民俗墙、崇德尚贤墙、美好家园墙）”的标准开展了农民文化乐园试点建设；广西壮族自治区通过整合财政、文化、体育、卫生等相关部门资源，在全区新建5579个村级公共服务中心，形成一个融宣传教育、文化娱乐、卫生保健、计生咨询、体育锻炼、信息服务、科学普及于一体的公共综合服务平台。据统计，2011-2014年全国共竣工公共文化设施7162个，竣工项目总面积812.4万平方米。

随着公共文化设施投入的不断增加，极大改善了全国的文化设施水平，覆盖城乡的公共文化设施网络体系基本形成。据统计，截至2014年底，全国共有县级以上公共图书馆3117个，文化馆3313个，乡镇（街道）文化站34465个，农村文化活动场所51.55万个。全国每万人拥有公共图书馆设施面积由2005年的51.8平方米提高到2014年的90平方米，增长了73.7%；全国公共图书馆阅览室座席数由2005年的48万个提高到2014年的85.6万个，增长了78.2%；每万人拥有文化馆（站）面积由2005年的115.3平方米提高到2014年的269.5平方米，增长了133.8%。

（二）加强管理、拓展职能，文化设施的利用效率不断提高

各级文化部门在文化设施改善的基础上，立足于人民群众基本文化需求，会同财政、人事等部门从体制和机制、资金和人才、内容和服务等多方面开展工作，不断加强对公共文化设施的管理，提高公共文化设施的使用效率。在国家层面，按照中央要求，文化部牵头协调25个部委，成立了国家公共文化服务体系

①公共文化设施指各级文化部门管理的公共图书馆，文化馆（站）等。

建设协调组。出台《公共图书馆建设标准》、《文化馆建设标准》、《乡镇综合文化站建设标准》等设施建设标准，颁布《乡镇综合文化站管理办法》、《公共图书馆服务规范》等规范性文件。深化公益性文化事业单位改革，以建立法人治理结构为突破口，推动一批公共图书馆、文化馆等组建了理事会。实施公共图书馆、美术馆、文化馆（站）免费开放政策，初步建立了中央和地方分级负担的公共文化财政保障机制。加强对文化产品创作生产的引导，实施一系列文化惠民工程，进一步丰富文化产品。在地方层面，各地公共文化单位结合当地实际，不断创新服务形式，拓展服务职能，充分发挥公共文化设施的效能。如常德市文化馆除常年开展免费服务项目40多项外，还打造了“常德市群众文艺演出百团大赛”、“百团大赛大舞台惠民演出”、“外来务工人员子女艺术培训”等文化活动，满足人民求乐、求知、求美的多样化需求。福建省在做好图书馆传统借阅服务的同时，积极开展公共图书馆延伸服务和流动服务，已建立基层图书馆（图书阅览室）、图书流通点116个，图书馆延伸分馆434个。引进流动图书车、24小时图书自助服务、区域性图书服务一卡通等，极大地便利了社区阅读需求，推进了社区终身教育。据统计，2011-2014年，全国公共图书馆累计流通人次达到18.3亿，年均增长12.3%；全国群众文化机构举办各类文化活动506.2万场（次），服务人口17.8亿人次，年均分别增长10.7%和9.3%。

同时，文化在新型城镇化与小康社会建设中所起到的乐民、育民、安民、富民的作用愈发显现和重要，文化在地方经济发展与社会稳定中所起的作用更加明显。在湖南常德市图书馆，放学后的学生们安静地读书看报；在福建沙县高桥镇文化站，农闲的老人们开心地参加各种文化活动。

二、当前公共文化设施建设使用中存在的突出问题

尽管当前我国公共设施建设取得了积极进展，设施使用效能也有了明显提高，但也存在着一些突出的问题，现阶段公共文化设施还无法完全有效地支撑现代公共文化服务体系发展的需要。

（一）公共文化设施状况参差不齐

1. 从地区情况看，东部地区设施状况较好，西部地区尤其是贫困地区的设施水平较差。如广东省高要市部分乡镇乡镇综合文化站面积达到2000多平方米，配备电子阅览室、图书阅览室、老人活动室、多功能培训室、体育健身房等10个功能室；福建福州市在市区各地都配备了24小时自助借还书机；而青海省西宁市部分县图书馆面积仅500多平方米，文化馆面积251平方米，与该县50万常住人口日益增长的文化需求极为不符。统计数据显示，截止2014年底，全国每万人拥有公共图书馆和文化馆（站）建筑面积380.6平方米，其中东部地区509.4平方米，中部地区272.6平方米，西部地区355.7平方米。

2. 从层级情况看，省级和部分经济实力较强的地市级设施状况较好，县级和村级设施状况较差，乡镇综合文化站经过“十一五”规划建设，虽然基本解决了馆舍的问题，但部分文化站在设备配置、运营经费等方面仍存在较大困难。统计数据显示，截止2014年底，全国仍有553个县级公共图书馆和705个县级文化馆建筑面积小于800平方米（最低标准），分别占20.4%和24.1%。有680个县级公共图书馆和818个县级文化馆建于1990年之前，分别占25%和27.9%。全国街道文化站7566个，仍有12.2%的街道暂无街道文化站；共有村级文化室约51.5万个。

整体上看，公共文化设施不均衡的状况仍客观存在，中西部地区特别是贫困地区的公共文化设施存在较大缺口，成为当前现代公共文化服务体系建设的短板，且依靠自身财力难以解决，急需中央财政加以重点支持和倾斜。

（二）设施布局不合理问题日益凸显

1. 部分新建设施选址到新区，不方便群众使用。由于老城区土地成本较高，地方政府也希望通过文化设施建设拉动新区发展，导致部分新建公共文化设施与市民聚居区距离较远，交通不便，设施的利用受到

极大影响。

2. 部分地方政府倾向于集中建设大型文化设施，导致设施的覆盖范围变小。调研发现，出于节约土地成本、打造城市标志性建筑等因素的考虑，部分地方政府着力建设文化综合体。这虽然有利于集聚人气，但导致设施覆盖半径有限，不利于群众方便使用。

3. 各地地理地貌差异较大，简单按行政层级的建设难以实现文化设施的有效覆盖，也难以满足城镇化快速发展的需要。如在我国东中部城市地区，由于流动人口较多，人口密度较大，公共文化设施尤其是城镇街道和社区文化服务中心明显不足，多数基层文化机构节假日人满为患。而在西部农村地区和边疆地区地广人稀，这些地区留守的多为老年人和儿童，他们普遍比较孤独，渴望参与文化活动进行交流交往，但公共文化设施服务半径过大又无法满足实际需求。

（三）设施建设与管理使用脱节

1. 个别地方依然存在“重建设，轻管理”的问题，在建设中贪大求洋，在建成后保障不足，造成了设施的“空壳化”。 由于文化设施建设前期科学论证机制的缺位、后期运营管理标准建设的滞后，导致部分地区的公共文化设施在建设规模上盲目求大，在建设标准上盲目求高，但对配套设备购置及维护、内容建设、服务开展等方面缺乏应有的资金支持，导致设施处于“空壳”状态，难以正常运转。据统计，2014 年在我国 2716 个县级公共图书馆中，无购书经费支出的有 549 个，占到县级公共图书馆的 20.2%。

2. 部分地区采取公共文化设施政府代建制，建设单位对使用需求了解不足，影响了设施的后期使用。公共文化设施政府代建制在一定程度上加强了项目统筹力度，但由于文化设施不同于一般的工程建筑，具有较强的专业性和艺术性，个别地区文化部门无法有效地参与项目建设，造成代建部门对设施的专业需求了解不足，设施在功能设置上存在一定的缺陷。

3. 部分馆舍虽然面积达标，但是因为属于当地政府将办公楼、医院和学校等场所划拨使用，因此功能结构很难满足文化部门需求，使用效益大打折扣。如四川省达州市通川区图书馆实际使用面积为1500平方米，但是由于该设施为区政府划拨的办公用房，内部格局均为办公室形式，难以满足公共图书馆开展借阅服务。

另外，现阶段公共文化产品的供给还主要依赖于图书馆、文化馆等事业单位。由于缺乏相应的激励和约束机制，当前我国公益性文化单位还普遍存在运行活力不足，服务方式单一等问题，也影响了公共文化设施的有效利用。

（四）地市级公共文化设施建设规划进展缓慢

“十二五”期间，国家发展改革委、文化部和国家文物局实施了《全国地市级公共文化设施建设规划》，国家计划安排中央预算内投资约 70 亿元，支持全国 532 个地市级公共图书馆、文化馆和博物馆建设。据监测，截至 2014 年底，已开工建设项目 220 个，占 41.4%；未开工建设项目 318 个，占 59.8%，其中已经启动前期准备工作的项目 130 个，占规划项目总数的 24.4%。规划进展较慢，一是由于项目本身投资较大，程序繁琐，涉及部门和领域较多。二是受中央财政收入水平增长速度下降等因素影响，中央预算内资金安排进度缓慢。据统计，2012 年 -2015 年四年安排中央预算内资金仅 22 亿元，占“十二五”期间拟安排资金（70 亿元）的 31.4%。地市级公共文化设施项目大多是当地重点建设项目，干部群众普遍关心关注。由于中央资金无法按期到位，造成部分项目进展缓慢甚至被迫停工，影响了工程进展。三是部分项目存在贪大求全现象，也加剧了建设难度。在已开工的 140 个建设项目中，建设规模超过 20000 平方米的建设项目有 28 个，计划总投资超过 2 亿元的建设项目有 14 个，分别占到已开工项目个数的 20.0% 和 10.0%。

三、新时期加强公共文化设施建设的必要性

“十三五”时期是我国全面建成小康社会的决定期、全面深化改革的攻坚期和全面推行依法治国的关键期。在这一历史背景下，文化交流交融交锋更加频繁，文化发展的任务更加艰巨，文化在价值引领、民生幸福、产业推动等方面的作用更加明显。在新的历史形势下，加快推进公共文化设施建设，构建现代公共文化服务体系非常必要也非常迫切。

（一）加强公共文化设施建设是传承中华优秀传统文化的需要

公共图书馆、文化馆和文化站等公共文化设施不仅是传承中华优秀传统文化，提高基层群众文化素养和全体国民素质的重要场所，更是践行社会主义核心价值观，抵御敌对势力渗透、巩固党的执政地位的重要阵地。当前我国处在经济社会的快速变革时期，各种社会矛盾凸显，在社会上也出现了一些错误思潮，在一些边疆民族地区，宗教极端主义、恐怖主义、分裂主义思潮对我国国家安全造成了严重影响。加强公共文化设施建设，有助于进一步夯实文化阵地，强化党和国家对群众文化的领导权和话语权，确保我国的文化安全。

（二）加强公共文化设施建设是实现公共文化服务均等化，保障人民群众基本公共文化权益的需要

尽管随着信息技术的发展、社会发展水平的提高，人民群众享有文化权益的实现方式、实现手段日趋多样。但由于贫富差距的客观存在，部分文化产品空间载体的客观要求，基层文化设施仍将发挥重要的“兜底”功能，是基层群众开展文化活动、交流学习的重要平台，是实现基本公共文化服务均等化的基础保障。党的十八届三中全会立足全面深化改革的总体目标，明确提出了构建现代公共文化服务体系的要求。文化部按照中央要求，成立了国家公共文化服务体系建设协调组，今年初中央又出台了《关于加快构建现代公共文化服务体系的意见》和《国家基本公共文化服务保障标准》，对公共文化服务体系建设各方面的工作提出了具体的要求。覆盖城乡、便捷高效、保基本、促公平的现代公共文化服务体系以完善的设施覆盖体系为基础，而当前我国公共文化设施还存在覆盖能力不强、网点布局不合理、部分设施不达标等问题，需要进一步加以解决。

（三）加强公共文化设施建设是适应新型城镇化建设，促进人的全面发展的需要

新型城镇化建设，是未来一个时期我国经济社会发展的重要任务。《国家新型城镇化规划（2014－2020年）》指出，新型城镇化以人的城镇化为核心，合理引导人口流动，有序推进农业转移人口市民化，稳步推进城镇基本公共服务常住人口全覆盖，不断提高人口素质，促进人的全面发展和社会公平正义，使全体居民共享现代化建设成果。人的城镇化、人口素质的不断提升以及人的全面发展，都以人的文化素质的提升和发展为重要内容，以人民群众文化权益的实现为重要保障，这就要求在城镇化建设中必须注重公共文化服务基础设施的建设。《国家新型城镇化规划（2014－2020年）》中明确指出，应“根据城镇常住人口增长趋势和空间分布，统筹布局建设学校、医疗卫生机构、文化设施、体育场所等公共服务设施”。当前是我国城镇化建设的重要时期，在加快发展中小城市、有重点地发展小城镇的过程中，注重加强其公共文化设施建设，提高公共文化服务水平，是智慧城市建设、注重人文城市建设的重要内容，是增强城市创新能力的重要途径，也是实现人的城镇化和人的全面发展、实现新型城镇化建设目标的重要保障。

（四）加强公共文化设施建设是适应国家信息化发展，不断拓展公共文化服务功能的需要

《2006-2020年国家信息化发展战略》指出，应充分发挥信息化在促进经济、政治、文化、社会和军事等领域发展的重要作用，不断提高国家信息化水平，走中国特色的信息化道路，促进我国经济社会又快又好地发展。充分利用迅速发展的信息技术，提高公共数字文化资源提供能力，增强数字化公共文化服务手段，

提升公共文化服务效能，是社会信息化发展的重要方面。中共中央办公厅、国务院办公厅发布的《关于加快构建现代公共文化服务体系的意见》，要求加快推进公共文化服务数字化建设、提升公共文化服务现代传播能力。公共文化机构推进公共数字文化建设、提升提供数字文化资源和有关服务的能力，需要有设备布置和服务体验空间，而且对设施空间提出了新的要求、增加了新的内容，如设施空间需要满足传输网络设备和数字终端建设的需要。

同时，随着城镇化和信息化的发展，顺应广大基层人民群众的需求，公共文化机构的功能也在不断拓展。公共文化机构不再单纯是一个人民群众学习的空间，更是一个大家广泛交流的空间和休闲娱乐的空间。社交功能的不断增加对公共文化设施的建设提出了更高的要求。

（五）公共文化服务的社会化为公共文化设施建设和管理提供了新途径和新手段

党的十八届三中全会明确要求推动公共文化服务的社会化发展，中办、国办《关于加快构建现代公共文化服务体系的意见》将社会化发展提升到增强公共文化服务发展动力的高度。社会化发展主要包括政府购买服务、社会力量参与、公共文化设施社会化运营和管理、培育和促进文化消费等内容。公共文化服务的社会化开辟了公共文化设施建设的新途径。如通过政府和社会资本合作的PPP模式，政府和社会力量可以共同建设具有重要社会影响的公共文化设施。

也应该看到，由于公共文化服务的外部性特征明显，社会力量进入的积极性并不高涨，现阶段公共文化服务的社会力量还非常薄弱，短期内不可能替代现有公共文化机构的作用。另一方面，即使在市场经济发达、社会化服务繁荣的西方国家，也同样建有政府主导的公共文化服务体系。

需要特别指出的是，目前我国在经济发展水平相对落后的革命老区、民族地区、边疆地区、贫困地区、城乡结合部等地区的公共文化设施建设仍有空白点，导致老少边穷地区广大群众对公共文化日益增长的需求无法被充分满足。而这些欠发达地区由于自身财力极度不足，难以独立承担当地公共文化设施建设所需的投入资金，需要中央加以重点扶持和倾斜投入。按照促进基本公共文化服务标准化均等化的要求，中央应承担起均衡配置公共文化资源的作用，着力支持欠发达地区公共文化服务设施建设。另一方面，当前我国处在经济社会的快速变革时期，文化单位传承弘扬中华优秀传统文化，维护国家文化安全的任务还比较繁重，中央财政也有必要通过奖励或者适当补助的方式引领东中部地区的地方政府进一步夯实基层文化阵地，构建现代公共文化服务体系。

四、政策建议

目前和今后一段时期，我国将进入经济新常态，城镇化、信息化快速发展。要实现中央提出的2020年基本建成现代公共文化服务体系、全面建成小康社会的目标和任务，公共文化设施的建设和使用，就必须充分考虑并不断适应这些新变化，进一步加大公共文化设施建设。

（一）明确各级政府责任，协调推进公共文化设施建设

一是建立“政府主导，社会参与”的公共文化设施建设机制。公共文化设施是构建现代公共文化服务体系的基础，是实现公民基本文化权益的物质保障。公益性、公共性是公共文化设施的基本属性。这决定了其建设的责任主体必然是政府。社会力量则作为重要的补充力量，政府可通过鼓励、支持社会资本参与，促进公共文化设施投入主体和投入方式的多元化。

二是科学划分各级政府文化事权和支出责任，确立“中央引导，地方主导”的公共文化设施建设投入保障机制。区域性公共文化设施建设属于地方事权，各级地方政府应承担主导相应层级文化设施建设的执行和管理责任，中央政府承担设施总体规划、监督责任。在支出责任上，按照支出责任应与财力相匹配的原则，地方公共文化设施建设支出责任适当上移，并根据不同区域、不同层级的具体情况确立合理的经费

分担机制。对于革命老区、民族地区、边疆地区和贫困地区，中央财政应进一步加大转移支付力度，重点支持老少边穷、欠发达地区的公共文化设施建设。

（二）加大投入，促进公共文化设施建设标准化

党的十八届三中全会明确提出要“建立公共文化服务体系建设协调机制，统筹服务设施网络建设，促进基本公共文化服务标准化均等化”。中办、国办《关于加快构建现代公共文化服务体系的意见》提出：“健全公共文化设施布局、土地使用、建设规模、设计和施工规范以及技术要求等标准”，“合理规划建设各类公共文化设施”；《国家基本公共文化服务指导标准》要求各类公共文化设施都要“按照国家颁布的建设标准等进行规划建设”。

为推进基本公共文化服务标准化均等化，应按照国家颁布的公共文化建设标准，对达不到标准的公共文化设施进行提档升级、填平补齐，以适应现代公共文化服务体系建设要求。这包括四方面的内容：一是加快推进国家级重大文化设施建设。在完成国家美术馆、中国工艺美术馆两个项目的同时，完成“平安故宫”、国家文献战略储备库等项目的建设，形成比较完备的国家级文化设施网络。二是继续推进《全国地市级公共文化设施建设规划》。在具体实施过程中，一方面要加大中央资金拨付速度，另一方面，应进一步调整完善规划，加强项目管理，切实把中央资金用在急需的地方。三是实施县乡基层公共文化设施标准化建设。在现代公共文化服务体系建设中，县级图书馆、文化馆和乡镇综合文化站具有承上启下的重要作用，从调研情况看，问题也最突出，加大建设非常急迫。应按照标准对其进行改建扩建，中央对中西部地区尤其是贫困地区给予补助。四是加快推进村级文化设施建设。由于文化活动在广大农村地区号召力大，影响面广，亲和力强，建议将文化建设作为一项重要内容加以建设，通过文化的感染力扩大服务平台的影响力，充分发挥平台的服务效能。

（三）均衡配置、完善布局，形成现代公共文化设施服务网络体系

要实现基本公共文化服务均等化，公共文化设施布局科学、合理是关键。

一是既要全域覆盖也要重点集聚。应强化设施建设的有效服务半径、有效覆盖面积理念。在现有公共文化设施基础上，查漏补缺，实现公共文化设施有效服务半径全覆盖；并顺应城镇化发展趋势，采取非均衡投入政策，以方便更广大群众使用为目标，将文化设施建设重点向人口相对密集的区域集中，使公共文化设施建设与人口集聚进程相匹配，鼓励基层文化设施向城市社区发展。

二是因地制宜地完善以固定文化设施为重点，以流动文化设施和数字文化设施为补充的文化设施网络体系。研发和升级流动服务设施，完善数字服务的设施保障，打通特殊地区公共文化服务的“最后一公里”，形成互联互通、具有支撑全覆盖服务能力的设施网络体系。

三是加大跨部门资金、项目整合力度，推进公共文化设施“共建共享”。结合撤乡并镇和新农村建设实际，充分利用现有城乡公共设施，整合各种资源，统筹建设集宣传文化、党员教育、科技普及、普法教育、体育健身等多功能于一体的基层公共文化服务中心，配套建设群众文体活动场地。

（四）创新公共文化设施建设管理运行机制，注重设施效能发挥

一是要建立健全各类公共文化设施建设标准，严格设施建设前期规划论证，引入监管机制、问责机制，坚持规模适当、效能优先、经济适用、节能环保的原则，规范公共文化设施建设。

二是加大对公益性文化事业单位的改革力度，推动公共图书馆、博物馆、文化馆、科技馆等组建理事会，健全决策、执行和监督机制，引导城乡居民参与公共文化设施规划、建设、管理和监督，提升公共文化设施的管理和服务水平。

三是以需求为导向，建立群众文化需求反馈机制，鼓励公共文化场馆服务创新，针对基层群众的文化活动习惯，利用传统节庆和地方特色活动，开展群众乐于参与、便于参与的文化活动，提高服务的针对性

和满意度。

四是树立绩效管理的文化设施使用理念，构建全方位的监督检查网络体系，建立绩效评价结果反馈制度，强化绩效评价结果在文化设施投入中的运用，切实提高公共文化设施使用效率。

（文化部财务司　国家发展改革委社会发展司）

公益文化事业捐赠政策研究

一、当前我国公益文化事业捐赠现状

当前，我国公益文化事业捐赠开始启动并得到了初步的发展，鼓励捐赠的政策法规日益健全，形成了一系列经验和做法。

（一）公益文化事业社会捐赠开始启动并初步发展

近年来，在相关政策的激励下，我国公益文化事业社会捐赠范围逐步扩大、规模逐渐增加，逐步进入到一个启动发展时期。

1. 受捐范围逐步扩大但以实物捐赠为主

受捐范围逐步扩大。根据实地调研发现，所有调研单位都有不同数量的捐赠案例。如深圳关山月美术馆现有藏品的社会捐赠比例达50%；深圳市博物馆至今已收到日本企业家、美国动物标本收藏家、孙中山后人、市民以及全球通等企业的各类捐赠；深圳图书馆换书中心自成立以来已累计接收图书捐赠19795册。杭州、福州等地公益文化事业单位也都接受过社会力量的捐赠支持。全国抽样调查也印证了这一趋向。根据文化部、武汉大学暑期抽样调查显示，2013年，在773个调研文化单位中有12个获得社会捐赠，受赠比为1.55%；2014年，在442个调研单位中有22个，受赠比为4.98%，同比提高了3.42个百分点。从捐赠资金规模占比来看，2013年，图书馆占55.54%，群艺馆占27.5%，博物馆占16.96%，美术馆无捐赠；2014年，图书馆占92.75%，博物馆占2.9%，美术馆占1.52%，群艺馆占2.82%。基本所有类型场馆都有接受捐赠，其中图书馆事业获得的捐赠资金较多。

文化捐赠规模较小。与我国其他领域接受捐赠规模相比，文化领域捐赠规模相对较小。根据《中国慈善捐赠报告（2011、2012）》统计数据，2010年我国接收国内外社会各界的款物捐赠总额达1032亿元，占当年我国GDP的0.26%，剧院、博物馆等文化单位接收14.59亿元，占比1.41%。2011年，我国接收国内外社会各界的款物捐赠和我国对外捐赠总额共计约845亿元，占同年GDP的0.18%，其中，剧院、博物馆等文化领域接收捐赠7.61亿元，占比为0.9%。同上一年度相比，文化领域接受捐赠的比重下降0.51个百分

表1 2010-2011年全国慈善捐赠资金主要流向分布(单位：亿元)

领域	2010年		2011年	
	捐赠金额	占比(%)	捐赠金额	占比(%)
文化领域	14.59	1.41	7.61	0.90
扶贫	42.74	4.14	80.53	9.53
教育	100.83	9.77	93.53	11.07
医疗	31.68	3.07	24.78	2.93
救灾	112.78	10.93	16.94	2.00
捐赠总额	1032.00	100.00	845.00	100.00

资料来源：《中国慈善捐赠报告(2011、2012)》。

点。全国物资捐赠中文化物资捐赠占比也很低。据 2010 年中民慈善捐助信息中心对 455 批次、总价值为 53.84 亿元的物资捐赠信息的统计分析，发现艺术品捐赠物资价值占比 1.67%，图书价值占比 2.79%。

以实物捐赠为主。虽各类场馆都有受捐案例，但多以接受实物捐赠为主，接受资金直接捐赠的较少。根据对深圳市四家文化单位调研发现，捐赠类型主要是文物、图书、艺术品、企业赞助活动奖品等，有少量资金捐赠，但数量不多。实地调研的杭州和福州等地的情况也类似。全国抽样调查也反映文化领域资金捐赠较少。2013 年，调研单位接收捐赠资金共 235.85 万元，平均每个单位接收捐赠资金仅 0.31 万；2014 年，各公益文化单位接收社会捐赠资金有较大提高，共 832.23 万元，平均每个单位接收捐赠资金 1.88 万元，虽有提高，但仍显不足。

2. 东部发达地区逐步呈现出较好的捐赠环境和氛围

慈善捐赠水平与经济水平正相关。根据中国慈善捐助历年报告数据，从全国各省、自治区和直辖市捐赠总量（捐出总量）、捐赠总收入（接受捐赠总量）、净捐赠值（捐出总量与捐赠收入之差）分析比较发现，各省捐赠水平与其经济水平基本一致。

具体从文化捐赠的区域差异来看，东部发达地区由于较快的社会经济发展水平和良好的公益文化事业单位硬件条件，呈现较好的捐赠环境和氛围。以文物捐赠为例，捐赠者往往对受捐单位的文物保管和展示能力有较高的要求，如美国贝林先生捐赠动物标本就对馆藏条件有明确要求。

此外，东部地区海外侨胞的捐赠也较积极。福州市外侨办披露，1978 年 -2011 年，福州市累计接受海外乡亲捐赠达 43.6 亿元人民币。在福建长乐市调研发现，长乐市农村文化建设经费中来自非政府拨款渠道的已占 45% 以上，社会力量发挥了重要的作用。近年来，长乐新建公共文化场馆 75 座、文化主题公园 200 多个、农家书屋 243 家，实现了村村有公园。长乐人民会堂、博物馆等数十个文化展馆的建设，通过无偿捐建、有偿命名等形式，从社会筹资近 4 亿元。

3. 社会捐赠具有明显的偶发性特点

我国社会捐赠具有明显的偶然性。目前文化捐赠主要有两个来源：一是文化单位主要负责人的私人关系，通过自身的人脉私谊，与艺术家、收藏家、企业家进行沟通，获得捐赠；二是以乡缘为纽带获得社会力量的支持。许多艺术家、收藏家、企业家随着年龄的增长，往往希望为家乡做些贡献，成为地方文化捐赠的重要来源群体。但这些主要是依靠私谊、乡谊，难以制度化和常态化。同时，多数文化单位至今未设立专门的捐赠管理部门，缺少系统内动员社会捐赠的机制和专业队伍，加上事业单位体系较为封闭，文化场馆内在主动吸纳社会捐赠的积极性不足。

因此，目前我国公益文化社会捐赠还刚处于起步发展期，社会捐赠规模不大但增长速度较快，整体呈现偶发性、小规模特征。

（二）公益文化事业捐赠的政策法规日益健全规范

1. 法律法规体系逐步健全

为了鼓励纳税人进行公益捐赠，各级政府出台了一系列鼓励社会捐赠的法律法规。1999 年颁布的《中华人民共和国公益事业捐赠法》为公益捐赠提供了高位阶的法律依据，规定了文化捐赠属于公益捐赠范畴。

为促进社会公益捐赠事业的发展，又出台了配套的系列法律法规，但多从税收优惠角度出发。一是所得税优惠。《企业所得税法》规定企业发生的公益性捐赠支出，在年度利润总额 12% 以内的部分，准予在计算应纳税所得额时扣除。《个人所得税法》规定纳税人符合条件的公益性捐赠，未超过纳税人申报应纳税所得额 30% 的部分，可从其应纳税所得额中扣除。二是印花税优惠。根据《中华人民共和国印花税暂行条例》第四条财产所有人将财产赠给政府、社会福利单位、学校所立的书据免征印花税。三是关税优惠。《中华人民共和国进出口关税条例》规定对外国政府、国际组织无偿赠送的物资，免征关税。《中华人民共和国归侨侨眷权益保护法》规定归侨、侨眷境外亲友捐赠的物资用于国内公益事业的，依法减征或者免征关税。

四是增值税优惠，《中华人民共和国归侨侨眷权益保护法》规定归侨、侨眷境外亲友捐赠的物资用于国内公益事业的，依法减征或者免征增值税。

地方层面的法规是对国家法律体系的具体化。为了支持公益文化事业社会捐赠的发展，各地先后制定了公益事业捐赠管理条例。如1997年《深圳经济特区捐赠公益事业管理条例》、2010年《湖南省募捐条例》、2011年《上海市募捐条例（草案）》、2011年《广州市募捐条例》等。这些条例对捐赠范围、用途、奖励办法等做了细化规定。为保护和发扬华侨、港澳同胞捐资兴办公益事业，一些地方还制定了华侨捐赠管理条例。较早的是1984年广东省人大颁布的《广东省华侨、港澳同胞捐办公益事业支援家乡建设优待办法》，后来福建、四川、浙江等地区也颁布了类似的专门针对华侨的捐赠管理办法条例。这些条例中的公益事业均包括公益文化事业，但至今为止，专门针对文化捐赠的立法仍然缺失。

2．政策激励体系逐步完善

面向社会团队或群众团体公益性捐赠的鼓励政策。在捐赠税收优惠范围方面。财税字[1995]48号文件规定了捐赠人文化捐赠免征土地增值税的条件。财税[2008]160号文件规定了企业公益事业捐赠支出，在年度利润总额12%以内的部分准予扣除，特定事项允许全额扣除。个人公益事业捐赠支出按个税规定进行税前扣除，特定事项可全额扣除。财税[2009]124号文件，对企业和个人通过群众团体的公益性捐赠所得税扣除有明确规定，企业在年度利润总额12%以内的部分准予扣除，个人按现行个税规定进行税前扣除。财税[2000]152号文件规定对境外捐赠人无偿捐赠的直接用于扶贫、慈善事业的物资，可免征进口关税和进口环节增值税。在税前扣除资格方面。财税[2010]45号文件就进一步规范公益性捐赠税前扣除政策和加强税收征管做了补充说明，主要针对税前资格认定和捐赠票据的管理。财税[2009]2号文件规定接受境外捐赠等方式进口的藏品享受关税和进口环节增值税、消费税减免，必须要在财政部、海关总署、国家税务总局发布的《省级以上国有公益性收藏单位名单（第一批））》中 。

专门针对公益文化事业捐赠的鼓励政策。在公益文化捐赠税收优惠范围方面。国办发[2006]43号文件规定：社会力量通过非营利性公益组织或国家机关对宣传文化事业捐赠，在年度应纳所得税所得额10%以内的部分可税前扣除；个人在应纳税所得额30%的部分可税前扣除。文产发[2012]17号文件明确规定鼓励民间资本捐建或捐资助建公共文化基础设施，对民间资本捐资助捐建可适当褒奖，符合规定可享受税收优惠 。文公共发[2013]3号文件规定对社会力量捐建公益文化事业要给予税收优惠 。2003年国务院颁发《公共文化体育设施条例》规定社会力量向公共文化体育领域捐赠，可按照税法的有关规定享受优惠。在鼓励社会捐赠创新发展方面。民发[2014]5号文件特别强调了民营企业参与公益慈善事业（包括文化）的三项基本原则：自觉自愿、合法合规、诚信公正。强调要探索冠名基金会或公益信托等新载体，鼓励新型捐赠内容，如有价证券、专利等，支持民营企业采取冠名、资助等协作方式 。

地方政府政策是对国家捐赠政策的细化。在国家法律法规的指导下，各地纷纷出台了具体的规范补充，如《武汉鼓励对文化事业捐赠的管理办法》（2000年），《安阳市公益文化事业捐赠管理办法》（2010年），《哈尔滨市公益文化事业捐赠办法》（2011年）等，对捐赠范围、用途、办法等做了详细规定，优惠政策更多是依据国家相关财政税收规定执行。为适应公益事业接受捐赠工作需要，山东省颁发了《关于印发〈山东省财政票据管理暂行办法〉的通知》（鲁财综〔2008〕54号），对启动新版山东省公益事业接受捐赠专用票据进行了明确规定。

（三）形成了一些初步的经验与做法

1．公益文化场馆的文化品牌形象是吸引捐赠的核心价值

调查发现，在吸引社会捐赠方面真正起到核心作用的是公益文化场馆的文化品牌形象。国家建设的这些公益文化场馆借助文化事业身份大多有明确的文化品牌定位，又能组织高水平、高质量的艺术展览和学术交流活动，形成行业的区域品牌价值认同。这一文化品牌形象成为公益文化场馆吸引社会捐赠的重要资源。

如全球通深圳分公司就出于借力深圳关山月美术馆的艺术品牌以提高全球通品牌的考虑，决定从客户维护基金每年拿出100万赞助“关山月先生陈列厅展览”、打造“全球通艺术鉴赏季”。福建省博物院通过“海上丝绸之路”文物精品七省联展等高品质的项目策划，既发挥了藏品的社会功能，又借机提升博物院的社会影响力，从而吸引越来越多的人慕名而来进行捐赠，形成了良性循环。

2. 健全的捐后服务体系是重要的影响力渠道

建立健全完善的捐后服务体系，严格兑现捐赠承诺，邀请捐赠者及其家人参观丰富多样的展览活动，进一步获取对方的信任，激励其在圈内做口碑宣传，可不断提升文化场馆的公信力和知名度，增强社会捐赠的感召力。如浙江省美术馆在获得吕霞光先生的捐赠后，美术馆定期邀请其家人回国参观对藏品的保护、展示，让其真切感受到美术馆对捐赠者的尊重与捐赠品的重视，为后续相关捐赠的获取奠定了基础。同时，浙江省美术馆还通过高质量的展览、丰富多彩的宣传推广活动，扩大捐赠品和捐赠者的影响，引发更大的示范效应。如美术馆对吴冠中、傅狷夫、张书旂等重大捐赠项目的系统宣传，产生巨大社会反响，激发了艺术家及其家属的捐赠热情。正因举措得力，浙江美术馆短短五年间，实现由被动出门征集藏品到主动接受捐赠藏品的转变，藏品数量也增长到超过2万件，其中80%来自社会捐赠。

3. 建立健全基金会等捐赠平台有利于吸引社会力量参与

目前公益文化事业捐赠缺少专门的平台。大多数文化机构尚未设立捐赠服务部门，对捐赠规则也缺少系统了解，加之审批流程较为繁杂，导致社会捐赠工作很难开展。根据调研经验来看，基金会是非常好的吸引社会捐赠的平台。以杭州市图书馆事业发展基金会为例，其通过基金会平台与社会力量有效对接，获得了广泛的社会力量支持。至今已接受西子控股、杭州市佛教协会、灵隐寺、旅港同乡会、杭州大涵图书有限公司等近二十多家企业及社会各界人士捐赠资金约500万元，浙江省财政配套专项投入资金2500万，加上其他捐赠衍生收入，基金会的总规模约达3300万元。基金会还争取了杭州市财税局国库专门账户，既保证了资金的安全，也参与了安全性理财并获得相应收益。所得款项都作为基金会继续扶持基层图书室、支持贫困地区图书馆等项目资金。该做法为社会提供了一个有效的图书事业捐赠平台和渠道，大大提高了社会捐赠效率。为了更好地联络广大文物收藏家、关心支持博物馆事业的有识之士，浙江省博物馆成立了“博物馆之友”，定期组织会员参观学习、文物鉴赏等活动，让大家更好地交流业务和增进友谊，带动博物馆陆续接受了一些私人藏家捐赠的文物。

4. 发掘优秀传统文化激发民间捐赠积极性

文化的发展，离不开历史文脉的挖掘和传承。公益文化事业捐赠与发掘优秀传统文化相结合，有利于引导、激发民间捐赠的积极性。调研发现，福建省长乐市在文化设施建设资金中，1/3是政府投入，1/3是市场运作，1/3是社会捐赠，其中，农村文化建设经费中社会捐赠已占45%以上。究其原因在于当地文化管理部门有效将社会捐赠与当地传统文化相结合。长乐地处侨乡，宗族文化盛行，各村历来都有兴建祠堂，以便寻根问祖的传统。长乐市文化局利用这一当地文化特性，积极引导，将宗祠建设与村文化设施建设相结合，将116座祠堂（礼堂）改建成村文化中心，并新建了129个文化中心。此外，长乐市文化局还通过挖掘地区名人吸引社会捐赠。如从源于5位与当地有着莫大关系的历史文化名人的挖掘、整理中，长乐建立了“大爱暖千秋”的文化品牌。 围绕“大爱暖千秋”，众多文艺创作和文化活动在长乐开展，吸引社会捐建郑和广场、郑和航海纪念馆、艺术家郑怀凯纪念馆、郑振铎纪念馆等。

5. 创新机制拓宽捐赠方式

为激发普通百姓的捐赠热情，深圳图书馆成立捐赠换书中心。2012年11月，由深圳图书馆、市关爱办、深圳报业集团合作成立的深圳捐赠换书中心，以共享全民阅读资源，构建城市第三空间为宗旨，通过共同搭建全民阅读资源公共服务平台，征集和整合分散于民间的图书及其相关文化资源，充分发挥公共图书馆在倡导图书捐赠、开展图书交换、举办读书沙龙、孵化阅读项目、聚集阅读人气、营造阅读氛围等多元化功能。

截止2014年9月，深圳捐赠换书中心实现图书交换49127册次，接受捐赠图书19795册，价值约60万元。捐赠换书中心还积极与社会公益机构合作，实施定向捐赠的募集。如深圳捐赠换书中心与鹏博爱心互助协会合作，发起“春草行动——贫困地区百校图书室援建计划”，由公益性机构向企业募集书架阅览桌椅等家具，深圳捐赠换书中心负责接收定向捐赠的图书，用于援建贫困地区学校图书室及需要的社会机构。目前深圳捐赠换书中心已参与援建贫困地区学校图书馆4所、村镇图书馆2所，对外捐赠图书21224册，价值约65万元。

二、我国公益性文化事业捐赠政策落实的制约性因素

（一）文化事业捐赠氛围不浓

1. 公益捐赠对文化事业缺少关注

以深圳为例，其作为经济特区，聚集了大量全球财富500强企业，如中兴、华为、腾讯，每年这些企业投入了大量资金进行各项公益活动。如腾讯公司内部建立慈善基金会，2011年捐赠额达1.08亿元 。腾讯公司还搭建了全方位的网络公益平台，凝集超过4亿QQ活跃用户的爱心力量，青基会、儿基会、扶贫基金会、壹基金等知名公益组织入驻该平台，累计善款总额2.268亿元。这些公益基金主要投入救灾、扶贫、帮困、教育和环保等，真正捐赠给文化事业的规模很小，说明公益文化捐赠的氛围亟需改善。

2. 中间层公益组织发展不足制约活力

弗雷德里克·马特尔（2013）归纳美国公共文化资助体系的关键在于有效的税收政策和活跃的公益性组织，公益性组织作为该体系中的活动组织单元，是保持资助体系高效运转的中间层力量。中国有《公益事业捐赠法》、《中国红十字法》，但却没有一部《公益组织法》基本法。目前我国对非营利组织实行的双重管理体制，行政法规因缺少基本法的根本支撑而效果不佳，使得我国公益组织长期处于法律上的尴尬地位，多数社会团体几乎不开展任何公益活动，最终导致公益组织发展缓慢，难以表现出有效联结政府与市场的中介性。

（二）文化事业捐赠政策法规不健全

1. 对捐赠方的鼓励政策法规不足

所得税减免力度不够且难执行。根据我国捐赠相关的法律法规，个人或企业对公益事业捐赠的部分，在申报个人所得税或企业所得税时可以从应纳税所得额中扣除，但仅限于其通过国家认定的公益性单位。而国家对公益性捐赠税前扣除资格的申请范围又限定于基金会和公益性社会团体（含群众团体），将大部分以其他形式注册（如民办非企业单位、合伙企业、有限公司等）公益组织排除在外。捐赠者多就近捐给辖区内的公益文化机构，但其多无税前抵扣资格，导致税收优惠政策难以执行。法律还规定，超过12%和30%限度的部分不允许结转至下一年度。而多数发达国家为博物馆、美术馆、艺术家组织等非盈利公共文化服务机构所提供的造血机制是捐赠或赞助可享受“同额免税”原则。

增值税的区别待遇和认定困境。增值税主要与企业进行实物捐赠有关。法律规定，境内企业无偿赠送货物应视同销售货物依法缴纳增值税，在特别规定才能减免。而境外捐赠人可依据有关规定免征进口关税和进口增值税。这种差别税收待遇阻碍了境内企业捐赠实物的意愿。境外捐赠免税的受赠人范围 也仅限于省级以上政府部门和特定的全国性社会团体，还要求在《省级以上国有公益性收藏单位名单（第一批））》（2010年第2号）中，但至今仍未发布第二批名单。

遗产税制度缺位制约了社会捐赠氛围。国外经验表明，遗产税对于促进社会财富流向公益事业的作用非常显著。中国遗产税的开征还处于讨论阶段，虽然社会各界呼声很高，但也存在诸多现实的障碍：如传统财产继承观念、遗产税导致富人阶层财产向境外转移的担忧、税收征管条件和技术尚不具备等。

非税收鼓励政策形式单调。目前我国对捐赠者的鼓励多是通过举办捐赠仪式予以精神嘉奖。对于捐赠物品价值较大的活动，各级政府部门都有高规格的褒奖机制，而针对价值较小的捐赠缺少奖励动力，使得零散性、小规模捐赠者行为得不到足够重视，导致了普通民众社会捐赠热情不高，社会氛围不浓。

2. 对公益组织的鼓励政策法规不足

公益组织面临的所得税问题主要有：一是资格认定和免税收入范围有限。法律规定只有依法经过财税部门的认定且在免税名单中的“非营利性组织”接受捐赠才能享受免税。法律还规定，收入仅针对捐赠收入，其他营利性收入，如购买股票、债券等投资收入、向政府提供服务收入等均不享受，再将营利性收入对外捐赠的，亦不得进行税前抵扣，这些都不利于公益组织的生存和快速发展。二是免税资格的申报条件不合理。如“工作人员平均工资薪金水平不得超过上年度税务登记所在地人均工资水平的两倍”。公益事业发展经验表明，吸引专业人士和精英阶层的深度参与十分重要，该规定大大降低了专业人士的参与积极性。

3. 政策法规审批程序复杂不清

对社会捐赠的相关规定还不清晰。如关于社会捐赠认定问题。有偿捐赠、服务置换、给予奖励的捐赠等形式能否认定为社会捐赠也缺少统一规定。尚无针对社会赞助冠名权要求条件的全国统一标准，各地在实施社会捐赠中常因缺少行为准则而消极对待该类社会捐赠。政策法规审批程序相对复杂封闭。捐赠者申请优惠要提供多个单位的审批证明以及捐赠发票等文件，受捐单位获赠资金要上缴财政，根据需要再申请批准，挫伤了捐赠双方的积极性。另外，按国际捐赠规则，促成公益性捐赠活动后，接收单位要象征性的购买捐赠者其他的文物或给以奖金作为捐赠奖励，但民发 [2009]54 号文件规定不得在接受公益捐赠中提取回扣返还捐赠人或帮助筹集捐赠的个人或组织，公益项目成本属于公益支出，不得他用。

（三）捐赠政策落实中的体制性障碍

1. 公益性与商业化矛盾难解

公共文化服务是非竞争性的，不以盈利为目的的公益性是其本质特征。国家公益性场馆是公共文化服务的重要载体，具有明显的公益性形象定位，过度的商业化会有损其公益形象价值，但这个度却难以衡量。而社会捐赠主体，特别是机构和企业赞助商又确实存在商业价值的诉求，导致公益性文化服务场馆在吸引和商谈社会捐助过程中，因缺少明确规定和实际操作经验而很难兼顾公益性定位和商业性诉求，陷入进退两难困境，制约了捐赠双方合作的积极性和捐助效率。

2. 公益文化机构内生动力不足

目前我国的公益性文化场馆吸引社会捐赠的动力不足，究其原因是系统性捐赠规章制度的缺失和绩效考核激励机制的不健全，表现为：一是针对各类文化场馆捐赠的规则、流程等制度规范缺失，使得场馆管理层无法可依；二是捐赠资金收支两条线，文化场馆投入大量人、财、物和精力，开展捐赠活动，获得的社会捐赠资金使用又面临层层复杂审批，挫伤了机构的工作热情；三是缺少绩效考核机制，大多数公益文化单位并未设置专门捐赠管理部门，也缺少针对捐赠绩效的奖励机制，导致工作人员缺少动力。

三、国外促进文化艺术捐赠的经验和借鉴

世界各国实践过程中形成了适合于自身发展的文化艺术捐赠制度体系，该体系的形成宏观上与其政治、经济、文化传统密切联系，微观上与慈善制度、税收制度、文化管理方式以及慈善文化氛围互相依存。研究发现，发达国家促进文化捐赠事业发展的经验主要体现为：税收的激励和引导、严格的法律监管以及慈善文化的构建等方面。

（一）税收的激励与引导

税收政策是促进慈善捐赠活动、激发民众参与慈善事业的主要方法，正成为慈善体系正常运行的核心

政策。在美国、英国、韩国，美国将税收政策放于首要地位，它是较早给予慈善以税收减免的国家。税收政策的实质是政府的间接财政资助方式。以美国税收标准为例，财政部每通过税收扣减少收 1 美元，民间非营利性的文化组织所得到的捐赠就会相应增加 90 美分到 1.4 美元 ，这一政策极大激发了社会的参与热情，使得社会捐赠占到了美国非营利文化艺术机构收入的 40% 左右。

（二）严格的法律监管体系

完整的法律监管体系是基本制度保障。英国以《慈善法》为核心的法律体系已经十分成熟，对慈善业的信息披露不亚于上司公司。美国虽然没有专门独立的关于慈善的法律，但宪法、税法和公司法都对慈善业的发展起到了至关重要的作用，其中税法涉及外部激励和监督，公司法则对慈善机构的内部治理进行了规定。韩国颁布《文化艺术后援盘活法》，将目标直接指向文化艺术捐赠。完备的法律监管体系提高了社会公信力。以审计监管为例，英国《慈善法》明文规定：公众中的任何成员只要交付一定合理的费用，就有权获得慈善组织的年度账目和财务报告。美国慈善机构每年都必须向国家税务局上报年度财务报表，要求提供的信息十分详细，包括慈善机构前 5 名收入最高的成员名单、前 5 名报酬最高的合同商名单以及筹款所需的花费，甚至报表还要求提供与所有董事会成员有关的金融交易记录。而我国的公益捐赠信息公开审计披露制度存在不足，遭遇了社会大众对公益捐赠的公信力危机，如 2011 年 6 月“郭美美红十字会事件”，因为没有建立起基于信息公开基础上稳固的社会信任，一旦遭遇偶发性事件，便可引发整个社会的信任危机，造成公益慈善组织信任系统的崩塌。

（三）社会慈善文化构建

慈善文化氛围是各国政府动员社会进行文化艺术捐赠的不竭动力。以美国为例，浓厚的慈善氛围和务实进取的心态使得美国人对社会公益拥有强烈的责任感，他们通过帮助他人来获得精神世界的满足。正是因为美国浓厚的社会慈善文化氛围，才使得美国的税收政策、法律制度能完美的切合整个社会系统，促进慈善事业的发展。在我国，慈善思想的根源来源于儒家思想的性善论，与美国慈善活动来源于民间、自下而上的推进不同，在儒家思想的影响下，中国民间将慈善视为一种受内在道德力驱使的自律要求，行善与否与个人的性情爱好或道德操行密切相关，没有将慈善活动转化成一种本体性的文化意识和文化“自觉”，在这一思想的影响下，我国的慈善文化表现出政府主导，约束力不强，未能形成社会普遍的社会共识等特征。因此，在政策制定过程中，我们必须要正视中西方的文化差异，努力普及现代慈善价值观，塑造积极开放和具有中国文化特色的中华慈善文化。

四、落实我国公益文化事业捐赠政策的思路和建议

（一）总体思路

贯彻十八届三中全会和四中全会精神，结合现代公共文化服务体系的内在要求和公益文化事业捐赠的阶段性特征，借鉴国外促进公益文化捐赠的基本经验，确立“健全法制，完善机制，引导舆论”的基本政策思路。

1. 健全法制

西方国家对公益捐赠采取以税法为中心的法律激励机制，以信息公开、财务审计为中心的严格约束机制。我国虽已出台相关法律规定，但存在税收优惠资格的认定范围不广、减免程度不够、操作程序太繁琐、财务审计与公开监管不严等问题，使得对社会捐赠的激励效果不够。因此，要推进公益文化捐赠事业的法制体系建设。对捐赠方，要加大文化捐赠税收优惠力度，适时推出遗产税，丰富捐赠激励机制。对公益组织，要尽快颁布统一的公益组织法，对部分营利性收入给予税收减免，对其向外捐赠给予税收减免。对受赠主体，

要优化税前扣除资格审核流程，放宽税前扣除资格评审范围，协调好捐赠涉及的地方利益分配。对捐赠实施程序，要颁发统一性捐赠管理办法，简化申请审批程序。

2. 完善机制

调研发现，由于政府事业单位的管理体制和绩效评价机制尚不健全，我国文化单位缺少社会捐赠的内生动力，已有的理事会制度还比较薄弱，大多未真正实现管办分离，并不具备任免权和决策权。因此，要深化公益文化事业单位改革，推进文化事业基金会建设，设立丰富的文化事业专项基金会，采取“一臂之距”的管理模式，推进管理机制的创新。完善公益文化单位的社会捐赠绩效考核体系，实行严格的奖惩机制，激发文化单位的内生动力。推进公益文化机构对社会捐赠管理现代化，形成公益文化机构的社会公信力。

3. 引导舆论

调研发现，我国目前尚未形成公益文化捐赠的社会氛围，也缺少西方慈善事业的宗教文化内核，因此，我国要加快中国特色的捐赠理论和捐赠文化的再造。营造全社会都来关心、参与社会公益文化捐赠事业的社会氛围，是我国公益文化捐助事业健康发展的基础，新闻、媒体、广告等要积极为公益文化捐赠事业提供宣传服务。一是对公益文化典型社会捐赠活动的宣传，包括对于重要文物捐赠的捐赠仪式、文物使用和保存规划、捐赠后服务活动的系列宣传。二是对公益文化典型社会捐赠人物的宣传，将文化捐赠国家勋章和国家荣誉称号的评审活动打造成文化公益第一品牌，各级政府与媒体要配套打造区域性文化捐赠荣誉品牌。三是对公益文化社会捐赠鼓励政策的宣传。运用多元化的媒体手段，深入到基层，让社会充分了解公益文化捐赠优惠政策，可考虑设立全国捐赠日，以提高宣传的范围和强度。

（二）具体建议

1. 健全公益文化捐赠政策法规体系

（1）对捐赠方：加大税收优惠力度、推出遗产税制度、丰富激励机制

加大税收减免力度。要将国内企业的实物捐赠纳入增值税减免体系中，放宽国外企业捐赠给国内公益主体的资格范围，不限于省级以上机构。鉴于国外“同额免税”原则，可以考虑适当提高税收减免比例。允许超额捐赠向后结转，对超过扣除标准的公益捐赠额的部分应允许其向后结转，可规定最长结转年限不得超过 3 年或 5 年，这有利于捐赠主体逐年消化一次性较多的公益性捐赠。适时推出遗产税，激励社会主动进行捐赠税收筹划。遗产税对于促进社会财富重新分配和流向公益事业的作用非常显著，能激励富人捐赠遗产投入公益事业，使其免交高额税收。创新捐赠激励机制。考虑将公益文化事业社会捐赠纳入社会信用评级体系，对个人和企业参与公益捐赠给予信用评级加分，从而享受融资、评奖、教育等方面的优惠政策。

（2）对公益组织：颁布相关法律法规、部分营收减免税、对外捐赠减免税

颁布相关法律法规，确立公益组织或非盈利机构合法地位。将基金会、公益性社会团体、公益性民办非企业单位等统一在公益组织法中，为建立统一的公益组织税收法律制度奠定基础。对部分营业收入予以免税。美国税法将公益组织收入分三类：免税收入、与免税目的无关而免税的收入（包括红利、利息、租金等投资收入）及与免税目的无关而征税的收入。对前两部分均可免税，而对与免税目的无关商业收入，除非属于“投资收入”，否则以营利机构从事商业活动的方式征税。允许营利性收入对外捐赠税前扣除。但必须对公益组织财产的投资活动范围、品种、比例等进行规定，以限制其投机活动，保证公益组织的资产安全。

（3）对受赠主体：优化资格审核流程、放款主体范围、协调地方利益

优化税前扣除资格的审核流程。目前民政部门依法登记、初步审核，财政、税务部门会同民政部门联合进行审核确认，可能存在多头管理、审批效率低等问题。建议由民政部门负责公益性社会组织的业务审核和管理，财政部门则负责会计管理，国税和地税部门分别负责所涉及税种的税收管理。在明确分工的基础上，建立省以下三部门联合协调机制，提高审批效率。放宽受赠主体扣税资格的认定范围。要逐步降低

限制性条件，扩大享有扣税资格的公益组织的范围。许多公益性社会团体活跃在基层，可通过向所属省级政府部门申请获取捐赠税前扣除资格，扩大税前扣除资格认定范围。公益捐赠税收扣除涉及的地方之间利益需要协调。根据现行税制，地方财政收入要在各级政府间分成，因此地方政府不愿企业捐赠尤其是跨地区捐赠。要协调分税制下地方政府间的利益关系。对于企业公益性捐赠款项的使用去向，在尊重捐赠企业意愿前提下，对捐赠来源地要有一定倾斜，如规定捐赠款项在捐赠来源地投放的最低比例等。

（4）对实施程序：统一捐赠管理办法、简化捐赠优惠享受程序

制定国家层面的公共文化事业捐赠管理相关办法。进一步明确和补充社会捐赠类别、流程和规则，特别是对捐赠文物或藏品的价值认定标准要清晰，对捐赠者捐赠的奖励规则要明确，对商业赞助的冠名权、宣传模式都要有相应管理办法。各地可根据国家标准调整和优化地区细则，以深圳为例，其文化主管部门拟出台《深圳市鼓励社会资本捐助 公益文化体育事实施办法（征求意见稿）》。目标是要实现社会捐赠中的“制度程序清晰、权责分工明确、决策权力下方到公益单位”，让公益文化事业单位按规办事，自主决策，提高捐赠效率。简化捐赠人办理税收优惠政策的手续。以重庆为例，其规定有资质的公益性社会团体和基金会，要取得捐赠税前扣除资格，只须向重庆市民政局申报，由民政局审核后再送财政局、国税局、地税局统一确认。捐赠票据也只需带着相关证明到民政局去领取即可，民政局再向财政局统一领取、核销。为了避免让普通人陷入专业且繁琐的退税流程，重庆市出台办法规定把个体捐赠者中有单位的只用把捐赠票据交给单位财务就可以实现当月免税，无单位的个体户则自行向主管税务机关申报扣除申报。

2. 完善公益文化机构内生动力机制

（1）推进文化单位理事会建设

明确不同文化事业单位功能定位，建立法人治理结构，完善绩效考核机制。推动公共图书馆、博物馆、文化馆、科技馆等组建理事会，吸纳有关方面代表、专业人士、各界群众参与管理。结合深圳市图书馆理事会因无人事权和财权导致的难以真正发挥自律自管能力的问题，应深入学习温州市图书馆理事会在法人治理试点工作大胆创新：一是最大程度实现了政府与图书馆的“管办分离”；二是政府特别理事在特殊情况下的一票否决权制度，保证了党和政府对图书馆的有效领导；三是来自社会各界代表、专业人士和群众组成的理事会，实现了图书馆利益相关群体的共同治理，对公共服务机构绩效采取理事会综合评价，也避免了评价主体的单一性；四是社会公开招募理事的做法，激发了社会力量参与公共文化服务建设的积极性。

（2）推进文化事业基金会建设

公益文化基金会作为推动公益文化捐赠事业发展的重要载体，是激发社会力量参与公共文化体系建设的重要媒介。国家需要积极推进公益文化基金会事业的发展，设立多种多样的文化事业专项基金，如图书馆事业基金会、博物馆事业基金会、艺术馆事业基金会等。采取英国“一臂之距”的管理模式，中央政府采取经由中间环节（基金会、公益组织）拨款的方式，把资金间接地分配给文化艺术单位，从而避免直接干预文化艺术创作活动，防止资金分配上的政治影响。以杭州图书馆基金会制度为基础，大力推行管办分离，将政府财政投入的文物购置专项经费的部分直接投入图书馆事业基金会资金池，加强基金会绩效考核监督机制，进而激发公益基金会的内生活力。

（3）完善社会捐赠绩效考核机制

目前国家财政给予的公益文化机构文物购置专项经费，因制度监管等缺陷而未充分发挥应有作用。在国家对文化事业法治化保障体系逐步完善的情况下，一方面要对公益文化机构该经费的使用效率进行绩效评价，鼓励和引导积极高效使用专项经费，对不作为或乱作为要给予相应处罚；另一方面要对在社会捐赠事业中做出重要贡献的个人或团体给予额外的精神或物质激励，从而激励公益文化单位推进社会捐赠的热情。当然，这些前提是目前专项经费使用审批制度要科学合理，对购置过程中涉及的价值认定等关键问题要明确界定。

（4）推进社会捐赠的管理现代化

实施公益文化捐赠事业公开报告披露制度。通过对年度捐赠事业发展信息披露，让社会了解文化事业单位接受捐赠的规模、结构及运营现状，熟悉文化机构接受社会捐赠的重点和方向，以及相应捐赠鼓励政策，形成社会公信力。文化主管部门可通过年报信息数据征集系统，对社会力量参与现状有更系统的了解，从而更好的制定监管政策。以温州市理事会制度性行事经验为例，其制定了《决策失误追究制度》、《年度工作报告制度》、《重要信息公开制度》、《绩效评价制度》等四项制度，其公共服务事项，需定期经过理事会审议通过，并向社会公布，接受社会各界的监督，激发了社会力量参与建设的热情。

3. 加大文化事业社会捐赠舆论引导

（1）对公益文化典型社会捐赠活动的宣传。对于重要的文物捐赠举行捐赠仪式，邀请市领导和新闻媒体参加，向捐赠者颁发荣誉奖状，邀请各类媒体进行针对性宣传。做好对捐赠文物使用和保存规划的公开宣传，通过在本博物馆举行专题展览，或组织进行全国范围的巡回展出，引起社会各界的广泛参与和重视。做好捐赠后服务活动宣传，邀请捐赠者参加博物馆后续针对捐赠品的展览及学术研究活动，向捐赠者赠送博物馆纪念物、展出图画册等，加强与之情感交流，这些活动都要努力通过媒体向外界传达。

（2）对公益文化典型社会捐赠人物的宣传。十八届四中全会提出要制定国家勋章和国家荣誉称号法，表彰有突出贡献的杰出人士，树立良好的社会形象。新闻媒体应对该荣誉的评定、颁奖等进行全面深入报道，充分展现国家对公益文化捐赠的重视程度，激发社会各界对公益文化捐赠事业的热情。各级地方政府可结合地区实际，制定省、市、区等分类分级的公益文化事业捐赠荣誉勋章和称号，地方新闻媒体也应对此进行全面系统报道。通过不同类别、不同层次、不同媒介的舆论宣传，最终激发社会对公益文化捐赠事业的重视和认同。

（3）对公益文化社会捐赠鼓励政策的宣传。针对目前企业和个人对公益文化事业捐赠政策体系了解不深和享受不到的问题，应加大对我国对公益文化事业捐赠的税收优惠政策的宣传力度，运用多元化的媒体手段，深入到社会基层，让企业和个人充分了解国家对公益文化捐赠的优惠政策内容和奖励力度，激励企业和个人主动进行公益捐赠的税收筹划，更好地参与到社会公益事业中来。考虑设立全国捐赠日，捐赠日当天配套宣传展示、颁奖仪式等活动，让社会对捐赠规则和国家捐赠政策更深刻地了解。

（文化部财务司　武汉大学国家文化财政政策研究基地）

全国专业剧场发展情况分析

专业剧场是展演文艺创作精品、丰富群众文化生活的重要场所，也是传承优秀传统文化、弘扬社会主义核心价值观的重要阵地。近年来，我国专业剧场发展迅速，已经成为推动艺术市场繁荣发展的重要力量。但总体上看，专业剧场的总量还明显不足，运行管理机制也不健全。应进一步明确专业剧场的性质，制定相关标准规范，培育健康市场环境，加大专业剧场的建设力度，引导专业剧场健康稳定发展。

一、全国专业剧场基本情况

据统计，截止2013年底，我国有专业剧场①873家，占全国演出场所②的30.7%。2013年全年专业剧场演出4.05万场，观众总人数3229万人次。

（一）专业剧场的分布情况

1. 从区域分布看，呈现东多西少的特征。据统计，我国东部地区有专业剧场507家、中部地区有203家、西部地区163家，分别占全国专业剧场总数的58.1%、23.3%和18.6%。东南沿海地区专业剧场数量远大于西部地区。其中北京、江苏、浙江、上海、山东和广东六省市的专业剧场总数为324家，占全国专业剧场总数的37.1%；而该六省市的人口总数只占全国人口总数的27.4%。

图1　专业剧场地域分布数

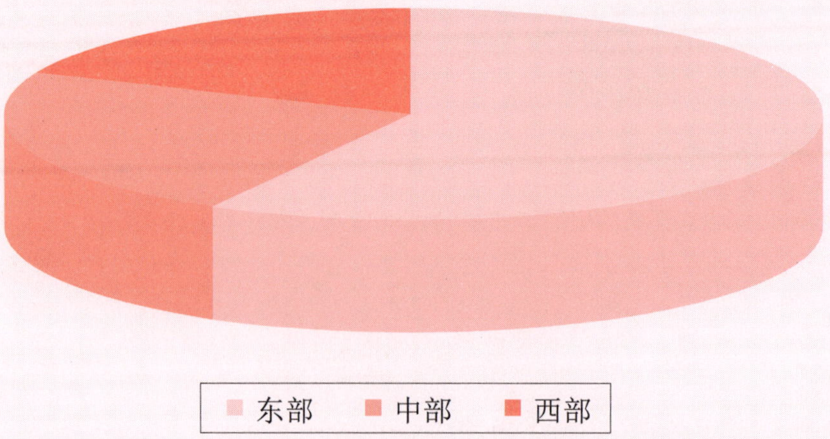

①专业剧场指由政府或企事业单位投资兴建的具备专业舞台设施及配套服务设施，以艺术演出为主要经营内容的场所。
②全国演出场所是指在文化主管部门取得《演出场所经营单位备案证明》的场所。

2. 从行政层级看，呈现上重下轻的结构。全国 27 个省会城市和 4 个直辖市有专业剧场 307 个，平均每个城市有 9.8 个专业剧场；全国 306 个地市级城市（不含省会城市）有专业剧场 379 个，平均每个地市有 1.2 个专业剧场；全国 1927 个县级城市（不含市辖区）有专业剧场 187 个，平均每个县级城市有 0.09 个专业剧场，绝大多数县级城市没有专业剧场。

3. 从剧场规模看，以大中型剧场为主。在全国专业剧场中，座位数在 801 至 1200 的剧场所占比例最高，有 396 家，占总数的 45.4%；其次是 1201-1600 座的剧场 112 家，占总数的 12.8%；800 座以下的剧场 295 家，占剧场总量的 33.8%；1601 座以上的剧场 70 家，占剧场总数的 8.0%。

表1　分类型专业剧场个数

类型	座位数	剧场个数（个）	比例（%）
小型	800座以下	295	33.8
中型	801-1200座	396	45.4
大型	1201-1600座	112	12.8
特大型	1600座以上	70	8.0

4. 从建成年代看，本世纪以来建成的专业剧场最多。调研显示，1960 年以前建成的专业剧场 150 家，占总数的 17.18%；1961-1980 年建成的专业剧场 110 家，占 12.6%；1981-2000 年建成的专业剧场 288 家，占 33%；2001 年以后建成的专业剧场有 325 家，占 37.22%。这表明本世纪以来我国进入了专业剧场建设的快速发展期，有超过三分之一的专业剧场是 2000 年后新建成的。

表2　按建成年份专业剧场个数

建成年代	剧场个数（个）	比例（%）
1960年以前建成	150	17.2
1961-1980年建成	110	12.6
1981-2000年建成	288	33.0
2001年以后建成	325	37.2

（二）专业剧场的经营管理情况

1. 专业剧场经营模式呈现多样化。目前我国专业剧场的经营模式大体可分为自主经营、托管经营、院线式经营和场团合一四种模式。

自主经营，是指业主既是剧场的所有者又是经营管理者。剧场设有经营管理部门，专门负责制作和引进剧目；剧场收入来源依靠自行组织演出节目的票房收入和场租，其中场租仍是主要收入来源。这种模式一般存在于隶属政府文化部门、具有事业编制、有一定财政拨款的专业剧场。

托管经营，是指剧场的业主委托专业的剧场管理公司进行经营管理。剧场业主和剧场管理公司是不同独立法人，剧场管理公司受业主委托承担剧场的经营管理任务。托管期间，业主不参加剧场的任何经营活动。剧场管理公司以剧场票房、场租和其他配套设施租金等为收入来源，支付剧场托管费用后的结余为剧场管理公司的收益。

院线式经营，是指剧场加入院线管理公司，剧场不交出经营权和所有权，院线管理公司只提供剧目、信息等服务，而剧场通过支付给院线管理公司一定比例的服务费用得到更多的演出剧目、更合理的演出安排和更有效的市场信息。

场团合一经营，本质上属于“业主自营管理”的范畴，但由于拥有驻场剧团，在经营中以首先满足本团演出为主。

2. 政府补贴仍是专业剧场的主要收入来源。专业剧场的收入主要有三大来源：演出收入（含场地出租和自营演出收入），政府拨款或惠民演出补贴收入，演出之外的物业出租及配套服务收入。据测算，2013年全国专业剧场总收入达到60亿元。其中演出收入21.9亿元，占资金来源的36.5%（其中自营演出收入13.4亿元，占61.2%，场地出租收入8.5亿元，占38.8%）。政府补贴收入28.6亿元，占47.7%，配套设施及其他服务收入9.5亿元，占15.8%。这表明在当前我国专业剧场发展中，政府支持仍起着主导的作用。

表3　专业剧场收入情况

收入类型	收入(亿元)	比重(%)
演出收入	21.9	36.5
政府补贴	28.6	47.7
配套设施及其他服务收入	9.5	15.8

3. 专业剧场演出最多的艺术类型是戏曲和音乐剧。2013年，专业剧场的演出场次约为4.05万场，观众总人数约3229万人次，平均每个专业剧场每年演出约46场，平均每场观众797人。从演出艺术类型看，专业剧场演出场次最多的前5位依次为戏曲0.83万场，音乐剧0.82万场，儿童剧0.67万场，话剧0.61万场，曲艺杂技0.46万场。

图2　2013年专业剧场各类演出场次

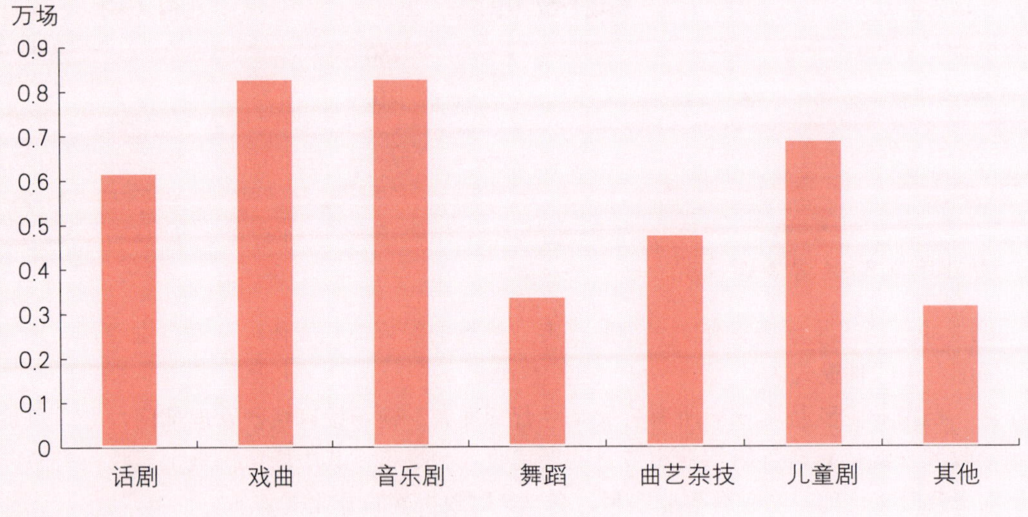

二、专业剧场建设和运营管理中存在的主要问题

（一）专业剧场总量不足和利用率不高的现象同时并存

如前所述，我国专业剧场已达到873家，但与我国庞大的人口基数相比，专业剧场总量仍明显不足。资料显示，2007年美国、德国、英国、法国、日本每百万人平均专业剧场数分别为1.8个、3.4个、4.0个、4.2个和4.4个，而我国直到2013年每万人平均专业剧场数才仅为0.64个。同时，我国部分剧院在建设中

还存在贪大求洋、选址不科学等问题。如一些新建的大剧院在建设立项时缺少从专业剧场的实用性和管理运营角度进行建设论证，只是片面追求成为当地标志性建筑，因此在设计规划时注重外观形式而忽视功能考虑、注重标新立异而忽视内部设计，导致专业剧场前期投入大、后期维护成本高，专业剧场内部设施与剧场体量不配套。

与此同时，我国专业剧场利用率不高的现象仍较普遍。调研显示，全国只有北京、上海、广州等一线城市专业剧场全年平均演出场次达到100场以上，其他地区专业剧场年平均演出场次约为40场，其中年演出场次达到50场以上的专业剧场只占总数的35%。一部分老剧场甚至出现闲置的现象。据了解，在上世纪五六十年代，全国各地修建了一大批剧院，以满足百姓观看演出和电影的文化生活需要。但由于时代久远，一部分老剧场因为城市改扩建而被拆除或挪作他用，如2000年以前沈阳市演出公司负责管理全市中心地带的7所老剧场，近十年有6个剧场被拆迁或挪作他用。目前全国仍在使用的老剧场有400余个，这些老剧场由于设施设备老化、存在较大的安全隐患，面临难以继续使用的问题。如云南普洱地区下辖9个县，每个县都有老影剧院或剧场，但大都建成在30年以上，多数已无法正常使用。

（二）专业剧场分布不均和结构不合理的现象同时并存

一是县级专业剧场偏少。我国专业剧场分布从宏观地域看呈现东多西少、上重下轻的特点，特别是县级专业剧场更是极度缺乏，即便是县级专业剧场拥有比例最高的陕西省，也基本上是3个县城中才拥有1个专业剧场。

二是小型专业剧场偏少。从专业剧场规模结构看，我国专业剧场中500座左右的小专业剧场仅占剧场总数的25%。而国外发展经验表明，小型专业剧场作为低成本运营的市场终端，在激发市场活力、培育人们消费习惯、培养优秀人才与优质项目上有着大剧院不可替代的作用。目前国内城市小型专业剧场的极缺，导致了整个产业链的不完整，很多民营演出团体或小型演出项目找不到合适的演出场地，创作的活力与热情受到制约。

三是城市中心区域专业剧场偏少。从专业剧场的城市布局看，近10年来全国各地修建的大剧院70%以上都位于城市的新区或开发区，与专业剧场主要消费人群的聚居区距离较远，难以形成人气带动。

（三）专业剧场建设快速发展和管理运营相对滞后的现象同时并存

调研显示，我国专业剧场超过三分之一都是2001年以后建成的，其中1000座位数以上的大剧院共120个，总投资额度达到500亿以上，各地新建专业剧场无论是体量规模，还是硬件设施设备，都有质的提升。一些新建的大型专业剧场，舞台机械投资甚至达到亿元以上。

但随着硬件条件的改善，我国专业剧场管理运营滞后的问题日益凸显。目前我国专业剧场管理运营模式呈现多元化发展态势，但整体管理运营水平不高，大多数专业剧场处于收支平衡或亏损状态。调研显示，国内80%以上的专业剧场没有形成完整的管理制度，大部分专业剧场缺乏专业的管理、运营团队。2013年，全国专业剧场整体收入60亿元，仅有40%的专业剧场能够实现盈利。

（四）演艺市场潜在需求旺盛和实质消费不足的现象同时并存

根据国际经验，人均GDP在1000美元以下，居民消费主要以物质消费为主；人均GDP在3000美元左右，进入物质消费和精神文化消费并重时期；人均GDP超过5000美元，居民的消费转向精神文化消费为主的时期。而早在2008年，我国的人均GDP即已超过了3000美元，2013年达到6629美元。随着物质生活水平的提高，人们对于文化生活需求日益旺盛，对于现场舞台艺术等高雅精神文化的享受日趋看重。

但调研表明，当前人们这种潜在的演艺文化需求却并没有转化为文化实质消费。据测算，2013年全国人均观看专业艺术演出仅0.024次，北京市人均观看0.12次，上海0.084次，浙江0.057次，中西部地区更少。

三、当前专业剧场突出问题的原因分析

我国专业剧场存在以上突出问题的原因是多方面的，既有体制机制、消费习惯等方面的客观因素，也有人才、经费等方面的现实原因。

（一）专业剧场定性定位模糊

政府投资修建的专业剧场是城市居民文化生活的重要场所，是培育城市文化艺术氛围，提高群众文化修养的重要阵地，承担着艺术普及教育、优秀文化传承等公共文化服务功能。但是，目前我国专业剧场大都由事业单位转变为企业，既要承担公共文化服务的责任，又要实现市场化运作，导致专业剧场的性质和定位变得模糊不清。

定位定性的模糊又直接影响了政府对于专业剧场配套政策。在我国现有专业剧场中，70%以上被划为商业设施，其用地及房产划归商业用途，需要缴纳高额的水电费和土地税、房产税。例如，上海东方艺术中心运营一年的水电费一项就高达800万元，湖北剧院每年的运营成本中有20%以上用于缴纳各种税费和水电费。在现有的市场环境中，专业剧场按照商业用途缴纳各种税、费，仅靠演出收入几乎难以生存。

调研显示，2013年我国专业剧场平均每天可用于剧场维护、人员开支、税费交纳以及演出生产投入的费用为18829元，而以每月经营10场演出计，800座位数规模的专业剧场每天仅用于支付的水电费和人员经费就高达为15000元，因而剧场难以在演出的生产投入和剧场设施设备维护方面投入足够的经费。

（二）专业剧场的建设、管理和服务标准缺乏

长期以来，我国专业剧场从建设到经营一直处于自发状态，在专业剧场标准制定方面相对滞后。2008年全国剧场标准化技术委员会及舞台机械分技术委员会组建后，我国专业剧场的标准制定工作才日益重视。但截至目前，我国剧场领域公布的标准只有《剧场、电影院和多用途厅堂建筑声学设计规范》（GB/T 50356-2005）、《剧场建筑设计规范》（JGJ 67-2001）等国家标准以及《剧场等级划分与评定》、《上海市剧场管理标准》和《上海市剧场服务标准》等地方标准，不仅难以涵盖剧场整个行业领域，而且统一的国家标准极度缺乏。剧场建设经营管理相关标准与规范的缺乏不仅导致部分剧场建设与使用脱节，而且普遍存在重硬件、轻软件，重建设、轻管理的倾向。

（三）专业管理和运营人才匮乏

由于剧场经营的特殊性，剧场的管理人员既要懂管理、懂经营，还要懂艺术。但目前我国专业剧场管理人员中拥有艺术专业、舞台技术专业或管理专业教育经历的只占管理人员总数的30%。而国内数十家高校虽然设立了艺术管理专业，但是其课程设置和就业方向主要面向艺术品经纪、影视制片管理、文化经纪等领域，这也造成了剧场管理运营人才后备不足。另一方面，培训内容和考核方式缺乏标准也是目前剧场人员培训难以取得实效的症结之一。

（四）文化消费习惯尚未形成

之所以我国演出市场的文化实质消费水平偏低，关键在于人们文化消费习惯仍有待培养。尽管目前我国不少地区的人均收入水平已达到中等发达国家水平，但大部分城市居民仍习惯于免费或低消费的文化消费方式，即便有部分群众有观看演出的消费意愿，但更多仍愿意通过赠票或观看公益免费演出的方式获得。一方面，高昂的演出票价将潜在的文化消费人员拒之门外，另一方面，过多过泛的惠民演出，也对演艺市场的正常培育、良性文化消费习惯的养成起到了一定的制约。

（五）引导、激励社会资本进入剧场的渠道、政策仍不完善

国外实践表明，社会资本是专业剧场的重要经费来源。以美国林肯中心为例。2012年，林肯中心本部

总支出 1.14 亿美元，总收入约 1.11 亿美元。其中设备出租占 29%，票房占 9%，场馆出租占 19%，政府拨款占 1%，其他各种杂项收入占 6%，而捐赠则占 46%。林肯中心年收入的一半都来自于社会捐赠。其他发达国家的专业剧场也大多类似。但调研显示，目前我国专业剧场的收入来源主要是政府补贴、演出收入和物业出租及配套服务收入，社会捐赠或赞助在剧场建设、经营中所占的比例几乎没有。这主要是由于我国引导社会力量进入剧场建设、经营的相关政策法规的缺位或不到位，导致社会力量难以进入、剧场难以引入。

四、政策建议

专业剧场的繁荣发展是建立健全现代文化市场体系的重要组成部分，也是丰富人民文化生活的必然要求。为推进社会主义文化强国建设，需要进一步发挥专业剧场的服务效能，需统筹规划，多方协作，合力推进。

（一）明确专业剧场性质和定位，加强相关配套政策及资金的支持

我国的专业剧场，特别是由公共财政投资兴建的专业剧场，虽然文化体制改革后由事业单位转变为企业，但仍属于重要的国有文化资产，仍担负着满足人们文化生活需要、传播主流文化、建设社会主义核心价值体系的重要任务，因而具有明显的准公益性质。政府应通过财政补贴、税收政策、政府购买服务等方式对专业剧场进行必要的政策扶持和资金支持。

1. 借鉴发达国家的公共剧场经费模式，建立政府补贴、社会基金（赞助）、演出收入三者结合的多元化剧场经费保障体系。其中政府补贴主要用于剧场日常维护和人员开支，社会资金和演出收入用于补贴艺术类演出和普及教育类的运营。

2. 以税费优惠政策降低专业剧场的运营成本。对于公共剧场和商业性剧场，政府应当出台不同的税费优惠政策。仍以美国林肯中心和百老汇为例。前者作为公共剧场，为非营利机构，享受免除房产税、所得税和销售税的优惠政策。而后者作为商业性的演出场所，就只能享受纽约市政府对剧场票房收入不收营业税的优惠。

（二）制定相关标准规范，对专业剧院的建设和运营管理给予必要的规范、指导

1. 制定专业剧场建设标准，杜绝新剧场盲目立项。剧场建筑标准是针对剧场作为建筑物的安全、质量和功能的要求；而建设标准是对剧场规划、设计、施工、验收、运营维护及管理等活动和结果需要协调统一的事项所制定的共同的、重复使用的技术依据和准则，以实现最佳社会效益、经济效益，建设标准既要解决的剧场建设如何立项，如何验收，如何维护的问题，也要解决剧场建在哪里，建成何种规模，建成后应实现的功能等问题。剧场建设标准的制定和剧场建筑标准的完善将从制度层面防止盲目随意新建剧场。同时，推动各类演出院线、剧场联盟建设，鼓励剧场连锁经营，盘活闲置剧场资源，降低演出产品流通成本。

2. 制定剧场建设规范，建立全国统一的专家论证机制。剧场建设规范应当包含从建设立项到验收的整套剧场建设过程管理规范，引入论证机制、监管机制、问责机制，通过规范的确立、执行，使剧场建设科学化、规范化。同时，政府投资剧场建设应以运营管理可行性论证为先。剧场的选址、建设规模、建设设计均应通过专业论证确立。论证专家除工程建设和设计专家外，还应涵盖演出制作、运营、销售方面的专家，对剧场建设立项进行综合论证，避免剧场建设和运营管理的脱节。

3. 改善剧场分布结构，对老剧场、小剧场与县级剧场的建设给予必要的政策倾斜和引导。鉴于当前我国专业剧场分布结构，一方面应重视对原有剧场的翻新改建，特别是位于城市中心区域的老剧场的维修、改造，已盘活原有文化设施，方便群众文化消费，缓解老城区剧场新建的成本压力。另一方面应对小剧场与县级剧场的建设给予政策倾斜。建议由文化部门制定统一的发展规划，加快县级剧场的建设、改造步伐，提高剧场覆盖率。通过制定小剧场的建设和建筑标准，引导小剧场的兴建；并以减免税费等优惠措施吸引、鼓励社会资金参与包括小剧场在内的专业剧场建设。

4. 制定专业剧场运营管理标准，建立专业剧场管理的质量体系，提升运营水平，提高服务质量。剧场运营管理标准应当包括：剧场管理工作岗位的划分，岗位职责的确定，从业人员的专业要求，管理流程的标准化，服务质量的标准化，以及管理和服务的质量监督模式。建议结合发达国家的剧场管理标准以及国际通行的质量认证模式，编制中国演出行业剧场分级分类管理规范，由文化部统一公布执行。

（三）建立健全系统化的剧场经营管理人才培养、考核、认证制度

剧场经营管理人才匮乏是制约剧场发展的重要瓶颈。可借鉴国外经验，通过建立剧场从业人员认证制度，通过培训考核和继续教育等多种方式培养剧场专业人才。

1. 在剧场管理规范中建立剧场从业人员资格认定制度，明确剧场管理队伍的从业素质要求。完善的剧场管理团队应具备职业经理人、艺术总监、市场总监、舞台技术总监等管理人才，不同岗位的从业人员应当具备相应的职业技能。资格认定制度有益于提高剧场经营管理水平。

2. 委托演出行业组织和专业艺术院校编制剧场从业人员培训教育大纲和考核标准，对管理人员和从业人员的培训内容及形式加以规范。

3. 采取社会化培训和统一标准考核的方式对剧场从业人员进行分级分类资格认定。依托统一的培训大纲，发挥艺术院校和专业培训机构的作用，对剧场管理人员和从业人员开展培训。依托各级演出行业组织，组建资格认定机构，按照统一的考核标准对剧场管理人员和从业人员进行从业资格的分级分类评定。

（四）引导培育健康的市场环境

作为演出市场的终端，剧场很多问题的解决有赖于整个演出市场健康有序发展。

1. 提高剧目创作质量，加大优秀剧目推广，改善剧场内容供应不足的情况。习近平总书记在文艺座谈会上的讲话中指出，“在文艺创作方面，有数量缺质量、有‘高原’缺‘高峰’的现象，存在着抄袭模仿、千篇一律的问题，存在着机械化生产、快餐式消费的问题”。针对艺术创作方面存在的问题，应建立健全剧目质量评审制度和优秀剧目的推广制度。在剧目质量评审机制中引入公众评价机制，切实体现 “把人民作为文艺审美的鉴赏家和评判者”，并通过宣传补贴等方式加大对优秀剧目的推广力度，扩大优秀剧目的传播范围，让好的艺术产品广为人知。

2. 重视文化消费市场和消费观念的培育。公共剧场应当承担起更多的培育市场的责任，由单一的大剧院向文艺社区模式发展，从只能在剧院被动观看演出转向提供各种培训，举办各类文艺活动，如开设艺术讲座、沙龙、对公众免费开放等，为演出市场培养出一批有艺术素养和鉴赏力，并有消费热情的观众群体。

3. 规范惠民演出，促进演艺市场的良性发展。建议由文化部借鉴国内外实践的优秀经验，制定惠民演出的指导意见，对各地惠民演出的类型、对象、运作模式进行规范，促进演艺市场的良性发展。

如日本的“剧场半价观剧会”活动是日本延续了30年之久的重要演出惠民举措。其具体做法是：日本主要城市都会设置有数家提供半价票的剧场，日本政府对提供半价票的剧场给予补贴，而这些剧场半价票的发放由日本演剧协会负责。日本演剧协会每年定期向社会发布半价票演出剧目，每月7000张半价票由观众提交购买申请，以抽签方式发售。这种票价补贴和观众申购的方式既培养了艺术消费市场，又有效的保障了弱势群体观看文艺演出的基本文化需求。

（文化部财务司　中国演出行业协会）

我国居民文化消费现状分析

近年来，随着我国经济增长进入新常态，居民消费对经济增长的基础性作用凸现。在居民收入水平不断提高、消费结构不断优化下，文化消费成为居民消费中日益重要的组成部分，并呈现出多元化发展态势。把握我国居民文化消费现状发展趋势，对于扩大内需、推进产业结构升级、提高国民素质、构建和谐社会等具有重要意义。

一般来讲，文化消费是指人们为了满足精神文化生活需要而以各种方式消费精神文化用品和服务的行为。居民文化消费多数会伴随货币支付，有时则没有货币支出，例如看街头报纸及文艺表演等。衡量居民文化消费既可用消费支出反映，也可用消费时间反映。本文中使用的文化消费指标是指居民家庭日常用于文化和娱乐方面的消费支出，包括文娱耐用消费品、其他文娱用品和文化和娱乐服务三方面的内容。对应于国家统计局《居民收支与生活状况调查方案》的消费八大类中的“教育、文化和娱乐”支出指标扣减掉其中的教育支出后的指标，该指标与《文化及相关产业分类》中界定的文化范畴基本一致。

一、文化消费现状

（一）全国居民文化消费现状

据国家统计局对全国31个省（自治区、直辖市）16万户居民家庭开展的城乡一体化住户抽样调查[①]，2014年全国居民人均消费支出14491元，同比名义增长9.6%，剔除价格因素影响，实际增长7.5%。其中，人均文化和娱乐支出671元，增加95元，增长16.4%，占消费支出的比重为4.6%。分城乡居民看：

2014年全国城镇居民人均消费支出19968元，同比名义增长8.0%，剔除价格因素影响，实际增长5.8%；其中，人均文化和娱乐支出1088元，增加142元，增长15.0%，占消费支出的比重为5.4%。

2014年全国农村居民人均消费支出8383元，同比名义增长12.0%，剔除价格因素影响，实际增长10.0%。其中，人均文化和娱乐支出207元，增加32元，增长18.4%，占消费支出的比重为2.5%。

表1　2014年居民人均文化消费支出及比重

指　标	全国居民	城镇居民	农村居民
消费支出(元/人)	14491	19968	8383
#文化和娱乐支出	671	1088	207
消费支出比重(%)	100.0	100.0	100.0
#文化和娱乐支出	4.6	5.4	2.5

①2012年四季度，国家统计局实施了城乡一体化住户调查改革，统一了城乡居民收入名称、分类和统计标准，在全国统一抽选了16万户城乡居民家庭，直接开展全国住户收支与生活状况调查。本文使用数据均来源于此项调查。

（二）不同收入组居民文化消费现状

按户的人均可支配收入排队后五等份组的情况可见，不同收入组居民的文化和娱乐支出水平与收入呈现出正相关关系。高低收入组居民之间的文化消费差异明显。2014 年，20% 高收入组的全国居民人均消费支出 32199 元，增加 1824 元，增长 6.0%。其中，人均文化和娱乐支出 2149 元，增加 190 元，增长 9.7%，占消费支出的比重为 6.7%。2014 年，20% 低收入组的全国居民人均消费支出 6322 元，增加 657 元，增长 11.6%。其中，人均文化和娱乐支出 142 元，增加 31 元，增长 27.8%，占消费支出的比重为 2.2%。

全国居民人均文化和娱乐消费支出 20% 高收入组是 20% 低收入组的 15.2 倍；文化和娱乐消费支出中，人均文化娱乐服务消费支出额，20% 高收入组是 20% 低收入组的 32.5 倍。文化和娱乐消费支出高低收入组差距超过可支配收入和消费支出（分别为 10.7 倍和 5.1 倍）；全国 20% 高收入组居民人均文化和娱乐支出占消费支出的比重为 6.7%，比 20% 低收入组居民的人均文化和娱乐消费支出占消费支出的比重高 4.5 个百分点。

图1　2014年不同收入组全国居民文化和娱乐支出情况

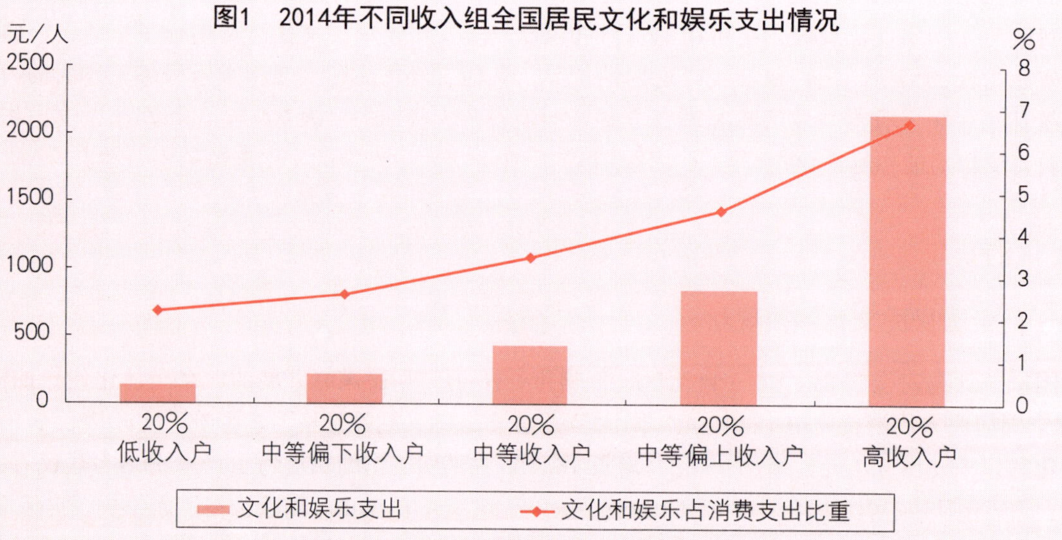

（三）不同区域居民文化消费现状

按东部地区、中部地区、西部地区和东北地区分组，2014 年不同区域居民文化消费差距仍然明显；收入水平较高的东部和东北地区居民文化消费水平较高，占比较高；收入水平较低的中部和西部地区居民文化消费支出增速较快，占比相同。

2014 年，东部地区、东北地区、中部地区和西部地区居民人均消费支出分别为 18406 元、14156 元、11853 元和 11636 元，分别增长 9.4%、7.2%、10.2% 和 9.9%。东部、东北、中部和西部地区居民人均文化和娱乐支出分别为 937 元、625 元、495 元和 483 元，分别增长 13.0%、20.0%、23.5% 和 17.7%；人均文化和娱乐支出占全部消费支出的比重分别为 5.1%、4.4%、4.2% 和 4.2%。

2014 年全国居民人均文化和娱乐消费水平，东部地区与西部地区之比为 1.94：1。全国居民人均文化和娱乐支出增速，中部地区比东部地区高 10.5 个百分点，西部地区比东部地区高 4.7 个百分点。

表2　2014年全国分地区居民人均文化消费支出及增长速度

指　标	东部地区	中部地区	西部地区	东北地区
消费支出(元/人)	18406	11853	11636	14156
#文化和娱乐支出	937	495	483	625
消费支出增长(%)	9.4	10.2	9.9	7.2
#文化和娱乐支出	13.0	23.5	17.7	20.0

三、文化消费特点

（一）文化娱乐支出增速快于全部消费支出，农村居民文化娱乐支出增速快于城镇居民

2014年全国居民的人均文化娱乐支出增长16.4%，比同期消费支出增速高6.8个百分点；在文化娱乐支出中，主要是文化娱乐服务支出②增加较多，2014年同比增长25.8%。分城乡居民看，全国城镇居民文化娱乐支出增长15.0%；在文化娱乐支出中，文化娱乐服务支出增长24.3%。全国农村居民文化娱乐支出增长18.4%，在文化娱乐支出中，文化娱乐服务支出增长27.8%。农村居民文化娱乐支出增速比城镇居民高3.4个百分点，文化娱乐服务支出增速高3.5个百分点。

（二）文化娱乐支出比重占全部消费支出的4.6%，城镇居民文化娱乐支出占比相对较高

2014年全国居民人均文化娱乐支出占全部消费支出比重的4.6%，占教育、文化和娱乐支出比重的43.7%。分城乡居民看，城镇居民文化娱乐支出占教育、文化和娱乐支出的比重超过50%，农村居民该项指标的占比尚不足四分之一。2014年城镇居民人均文化娱乐支出占全部消费支出比重的5.4%，占教育、文化和娱乐支出比重的50.8%。与此同时，农村居民人均文化娱乐支出占全部消费支出比重的2.5%，占教育、文化和娱乐支出比重的24.1%。城镇居民文化娱乐支出占教育、文化和娱乐支出的比重比农村居民高26.7个百分点，高出一倍多。

（三）城乡居民文化娱乐支出差距有所缩小

2014年全国城镇居民人均文化娱乐支出1088元；同期，全国农村居民人均文化娱乐支出207元；若以农村居民该项支出水平为1，城镇居民人均文化娱乐支出与农村居民的比值由2013年的5.41缩小到2014年的5.25。城乡居民文化娱乐支出相对差距缩小，主要源于近年农村居民文化娱乐支出增速快于城镇居民支出增速。

（四）居民新增收入引起的教育、文化和娱乐消费主要以文化娱乐消费为主

边际消费倾向是指居民在满足基本消费需求后，每增加1单位的收入用于各类消费的份额。2014年全国居民消费支出的边际消费倾向为0.685，其中教育、文化和娱乐消费支出的边际消费倾向为0.074，在消费八大项支出中居第四位，次于食品、交通和通信、居住支出。这意味着随着收入的提高，居民对精神文化的消费需求较高，但继续提高饮食、出行条件和居住的需求在一定程度上限制了居民文化消费的意愿。从消费支出结构看，全国居民新增收入引起的教育、文化和娱乐消费主要以文化娱乐消费为主。其中城镇居民新增收入引起的文化娱乐消费基本上用于文化娱乐服务消费；农村居民新增收入引起的文化娱乐消费中则有二分之一用于文化娱乐服务消费，另外二份之一用于购买文娱用品。

②文化娱乐服务支出，指和文化娱乐活动有关的各种服务费用。包括旅游、景点门票、体育健身活动、电影、话剧、演出票、有线电视费以及其他文化娱乐服务支出。

表3　2014年居民的边际消费倾向

	全国居民	城镇居民	农村居民
消费支出	0.6847	0.6229	0.8472
1.食品烟酒	0.1978	0.1806	0.2451
2.衣着	0.0389	0.0309	0.0534
3.居住	0.1088	0.0792	0.1727
4.生活用品及服务	0.0448	0.0438	0.0485
5.交通和通信	0.1305	0.1344	0.1300
6.教育、文化和娱乐	0.0745	0.0648	0.0990
(1)教育	0.0234	0.0050	0.0686
(2)文化和娱乐	0.0511	0.0598	0.0304
#文化娱乐服务	0.0463	0.0598	0.0154
7.医疗保健	0.0715	0.0713	0.0809
8.其他用品及服务	0.0180	0.0179	0.0177

（五）居民文化娱乐消费对收入富有弹性，收入增长带动文化娱乐的消费性强

需求收入弹性反映了需求对收入变动的反映程度，即收入每变化 1% 所引起消费需求量变化的百分比。收入弹性大于 1，说明该类消费变化幅度大于收入变化幅度，其消费支出占总消费支出的比重会不断上升。2014 年全国居民文化和娱乐消费的收入弹性大于 1，为 1.6218，且大于其他各类消费的收入弹性，其中文化娱乐服务消费的收入弹性更大，达到 2.5461。说明居民文化娱乐消费对收入是富有弹性的，收入的增长会带动其文化娱乐消费、特别是文化娱乐服务消费的大幅增长。

表4　2014年居民消费需求的收入弹性

	全国居民	城镇居民	农村居民
消费支出	0.9483	0.8917	1.0673
1.食品烟酒	0.8776	0.8580	0.9046
2.衣着	0.6926	0.5271	1.1094
3.居住	0.6646	0.4872	1.0307
4.生活用品及服务	1.0174	1.0260	1.0045
5.交通和通信	1.4682	1.5345	1.4012
6.教育、文化和娱乐	0.9754	0.8626	1.2374
(1)教育	0.5214	0.1269	1.1158
(2)文化和娱乐	1.6218	1.6737	1.6405
#文化娱乐服务	2.5461	2.7106	2.4746
7.医疗保健	1.4347	1.6607	1.1416
8.其他用品及服务	1.0137	0.9663	1.1550

四、文化消费存在问题及政策建议

近年来，随着居民收入的持续增长和生活质量的逐步改善，我国居民的文化消费水平和能力不断提高，展现出强烈的文化消费意愿和巨大的文化消费潜力。居民文化消费的良好发展势头印证了我国文化事业和文化产业的不断发展和日益繁荣。然而，在取得巨大发展成就的同时也应看到，目前我国居民的文化消费还存在着城乡差距较大、地区发展不平衡、中低收入人群文化消费能力有限等问题。需要采取多种有针对性的措施加以解决，以实现我国居民文化消费的更好发展与提高。

（一）促进居民收入持续稳定增长，为提高居民文化消费提供坚实基础

收入是消费的基础，居民文化消费与收入高度相关，只有当收入达到一定水平并能保持稳定增长，居民文化消费才会不断快速增加。目前我国居民生活水平总体上正在进入小康阶段，文化消费潜力巨大。然而，从单独的家庭支出来看，与西方发达国家文化消费一般占家庭消费支出的15%以上相比，我国居民文化消费支出占居民占家庭消费支出的比例偏低。2014年全国居民人均教育、文化和娱乐支出占人均消费支出的10.6%，其中文化和娱乐支出占人均消费支出的4.6%；城镇居民人均文化和娱乐支出占人均消费支出的5.4%，农村居民人均文化和娱乐支出占人均消费支出的2.5%。因此，保持居民收入的持续增长，是提高居民文化消费能力的基础和关键。一方面应建立促进城乡居民收入的正常增长机制，保证居民实际收入水平的持续稳定增加，以收入增加带动消费结构优化，提高文化消费比重。另一方面要降低居民的基本物质生活成本，解除“衣食住行”对文化消费的“排挤”，使居民能在基本物质生活条件得到较好满足的前提下，有更多的“闲钱”用于提高精神文化生活质量。

（二）加大对农村的倾斜力度，逐步缩小城乡居民文化消费差距

尽管近年城乡居民教育、文化和娱乐消费增加较多，增速较快，居民文化娱乐生活日趋丰富，但总体看，由于较为落后的农村社会经济发展水平导致农村文化产业发展相对滞后，造成城乡居民文化娱乐消费水平差距至今仍然较大。2014年，若以农村居民支出水平为1，城镇居民人均文化娱乐支出水平比农村居民高4.3倍。城乡居民文化娱乐消费水平差距明显。因此，制定与农村现状相适宜的文化消费发展战略，逐步缩小城乡居民文化消费差距，对于农村文化的健康发展，促进城乡文化消费均等化具有重要意义。一是要加大对农村文化基础设施建设的投入力度，借此开展内容丰富、形式多样的文体活动，提高农村居民参与文化消费的可能性。二是要大力开发适合农村消费者的文化用品和服务项目，增加有效供给，释放消费潜力。三是要进一步增加农村居民收入并健全农村社会保障体系，为农村居民进行文化消费提供基础和解除后顾之忧。四是要加强对农村居民的宣传教育，使农村居民树立正确的文化消费观，提高其文化消费的意识和质量。

（三）加大欠发达地区文化发展力度，缩小文化消费地区差异

据国家统计局2014年5月组织开展的“千村调查”情况反映，目前我国欠发达地区居民，尤其是农村地区居民平时的文化娱乐生活主要是看电视、看戏、打牌、打麻将、下棋，这反映出欠发达地区、尤其是农村地区可供居民进行文化活动的途径、渠道有限、形式也很单调。因此，针对居民文化消费地区发展不平衡的现状，一方面国家在制定相关政策时应当正视省间和区域间的差异，科学配置文化资源，统筹各地区文化发展，特别是要加大对欠发达地区的文化产业扶持力度；另一方面地方各级政府要因地制宜地制定文化发展政策，引领本地文化消费方向和热点，形成具有当地特色的文化消费发展路子。缩小居民文化消费的地区差异，实现居民文化消费的地区协调发展，需要国家和地方各级政府的共同努力和积极配合。

（四）丰富文化产品供给，满足人们各种文化消费需求

不断加大文化产品，特别是优秀文化产品的供给，才能有效降低居民文化消费的成本，让老百姓消费

的起、消费的多。因此，一要加大公共文化基础设施的投入，对群众性、娱乐性、普及型的文化设施进行重点建设，为文化消费的可持续发展提供物质基础和创造良好环境。二要丰富文化产品种类，提供多元化、个性化、分众化的文化用品和服务，满足不同收入层次、不同文化层次和不同地区居民的文化消费需求。三要积极开发文化资源，发掘和开发目前尚未得到有效利用的文化资源，发掘新的文化消费点。四要提高文化产品质量，不断推出质量过硬、特色鲜明、民众喜闻乐见的文化产品，并加大文化市场监管力度，遏制低俗文化产品的生产和传播，净化文化消费环境。五要改善文化投资结构，在继续加强政府对文化产业投资力度的同时，建立起多方位筹措文化资金的融资体系，实现文化产业投资主体的多元化。

（五）提升居民文化素质和消费观念，培育壮大文化消费主体

居民的文化消费能力与其文化素质和消费观念密切相关。只有不断提升居民的文化素质和消费观念，积极培育和壮大文化消费主体，才能有效带动我国居民文化消费水平的持续发展。一方面要继续大力发展教育，普遍提高我国居民的整体文化层次和综合素质，为文化消费提供必要的能力。另一方面要通过媒体宣传、教育等手段积极引导居民的文化消费观念，提高居民消费品味，培养文化消费习惯，逐步形成稳定的文化消费市场。此外还要保障并为居民创造更多的空闲时间，使其有足够的精力进行文化消费。

（国家统计局住户调查办公室）

2015 Statistical Analysis Report
on Cultural Development

2015文化发展统计分析报告

地区篇

北京市2014年文化发展情况分析

2014年，全市文化系统认真学习贯彻党的十八大精神，认真落实市委市政府的决策部署和工作要求，立足首都城市战略定位，强化首都意识、阵地意识和文化中心意识，统筹首都文化资源，树立文化民生意识，狠抓艺术精品创作，提高科学管理水平，努力推动各项工作取得了新成效。

一、机构、人员、经费总体情况

（一）机构、人员数量保持平稳态势

截至2014年，纳入统计制度的全市文化行业共有各类文化机构2758个，比上年增加12个，从业人员29701人比上年减少6838人。其中文化部门所属单位430个，占到机构总数的16%，从业人员8028人，占到人员总数的27%，与2013年相比，保持平稳态势。

表1 2012年-2014年机构、人员情况

	机构（个）			从业人员（人）		
	2012年	2013年	2014年	2012年	2013年	2014年
总计	**5062**	**2746**	**2758**	**37560**	**36551**	**29701**
文化部门所属	449	423	430	7889	8055	8028

（二）文化投入经费小幅增长

2014年，全市文化单位总收入（扣除基建拨款）为41.82亿元，同比增长5.1%。其中文化事业费（不含基建拨款）24.94亿元，同比增长2.0%。文化投入的逐步增长，为全市文化的发展与繁荣打下坚实的基础。

从人均数据看，2014年，北京市人均文化事业费达到115.91元，排名全国第3位。与2013年相比，人均文化事业费略有增长，排位下降1名。

表2 文化经费投入及人均情况

年份	总收入（亿元）	文化事业费（亿元）	文化事业费占财政支出比重（%）	人均文化事业费（元）
2012年	33.88	22.87	0.62	110.55
2013年	39.78	24.46	0.67	115.66
2014年	41.82	24.94		115.91

从分功能区看，城市功能拓展区常住人口占到了全市常住人口的49%，人均文化事业费37.0元，在四个功能区中最低。人口的相对集中，拉低了城市功能拓展区的人均文化事业费。

表3　分功能区人均文化事业费情况

区县	人口(万人)	人均文化事业费(元/人)
首都功能核心区	221.3	165.9
城市功能拓展区	1055.0	37.0
城市发展新区	684.9	62.4
生态涵养发展区	190.4	115.3

（三）重点文化设施建设稳步推进

北京文化活动中心建设项目顺利开工建设；北方昆曲剧院院址改建稳步推进；方庄市民文化休闲中心改建工程项目正式立项。同时，农村文化设施建设继续推进，46个乡镇文体中心建设项目进展顺利。全市四级文化设施覆盖率达到98.35%。

二、艺术创作表演日益繁荣

（一）总体情况

截至2014年底，全市累计审批艺术表演团体607家，全年共演出23505场，国内观众1217万人，演出收入5.1亿元（含中央及其他部委、市区属、社办团）。

表4　2014年艺术表演团体基本情况

指标名称	单位	合计	中央及其他部委	市属	区(县)属	社会办团	部队院校
机构数	个	**607**	17	11	7	555	17
演出场次	场次	**23505**	3555	8961	1644	9345	
国内演出观众	万人次	**1217**	459	389	31	338	
演出收入	万元	**50588**	24111	21292	748	4437	

备注：1．社办团机构数，为历年累计审批数。
2．社办团数据延用2011年数据。

（二）市属文艺院团把社会效益放在首位，多体制发展，各有所长

11家专业院团注重发挥主力军作用，共演出8961场，比上年增长了3%，国内观众389万人，演出收入2.1亿元，比上年增长了6%。北京交响乐团精心策划“高雅艺术进校园”活动，近万名学子受到艺术熏陶；北方昆曲剧院大师版《牡丹亭》轰动京城；中国评剧院推出原创大戏《城邦恩仇》，承办第四届全国地方戏（北方片）优秀剧目展演活动；北京曲剧团以老舍先生诞辰115周年为契机，挖掘经典剧目、创新演出方式、扩大剧种影响；河北梆子剧团抓住京津冀一体化战略机遇，承办京津冀河北梆子巡演活动。

转企改制的三家院团解放思想，积极面向市场、开拓市场。北京市河北梆子剧团、中国评剧院、北京市曲剧团三团全年演出共计910场，实现演出收入3538.0万元，三个团的演出收入比改制前的2012年增长了近1倍。

表5　市属艺术表演团体2014年、2013年主要指标对比情况

指标名称	单位	2014年	2013年	同比增长（%）
机构数	个	11	11	—
演出场次	场次	8961	8662	3.4
国内演出观众	万人次	389	397	-2.0
演出收入	万元	21292	20163	5.6

（三）融入京津冀一体化发展大局，演艺资源对接为先导

挖掘各地文化资源优势，以演艺资源对接为先导，建立舞台艺术精品剧目交流演出机制，鼓励和推动三地艺术院团共同打造具有地域特色的舞台艺术精品，率先推出“三地同唱盛世曲 携手共筑中国梦——2014 年京津冀河北梆子优秀剧目巡演（北京站）”活动，汇集了三地的四家河北梆子院团，演出七台优秀剧目及一场名家名段演唱会，演出上座率平均达九成，售票收入超过 18 万元。

（四）艺术创作成果丰硕

以弘扬社会主义核心价值观，围绕“中国梦”主题创作推出一批精品力作，涌现出了一批精品佳作，荣获了多个全国性文艺大奖。全年市属院团共新创剧目 15 台，京剧《屈原》、昆曲《牡丹亭》、河北梆子《北国佳人》、评剧《城邦恩仇》、木偶剧《新大头儿子小头爸爸》、儿童剧《巴拉拉小魔仙 2》、话剧《公民》等一批新创剧目亮相首都舞台，深受观众好评。曲剧《正红旗下》获第四届全国少数民族文艺会演金奖；评剧《城邦恩仇》荣获第九届中国评剧艺术节九项单项大奖。

（五）演出市场有序发展

2014 年全市 130 家营业性演出场所全年演出达到 24595 场，比上年增长了 6%，吸引观众 1012 万人次，演出收入 14.96 亿元，比上年增长了 4%。其中 55 个主要艺术剧场，全年演出 16358 场，占总演出场次的 67%；观众 604 万人次，演出收入 7.77 亿元，占总演出收入的 52%。

表6　营业性演出场所2014年、2013年主要指标对比情况

指标名称	单位	2014年	2013年	同比增减（%）
演出场所个数	个	130	123	—
艺术演出场次	场次	24595	23155	6.2
艺术演出观众	万人次	1012	1014	—
艺术演出收入	亿元	14.96	14.42	3.7

三、公共文化服务体系建设扎实推进

（一）公共图书馆总体情况

截至2014年底，北京地区25个公共图书馆（含国家图书馆）总藏量5601万册，全年总流通人次1544万人。其中北京市24个公共图书馆总藏量2223万册，全年总流通人次1146万人，为读者举办各种活动2976次，外借书刊953万册，新购藏量114万册。

表7　北京市属公共图书馆2014年、2013年主要指标对比情况

（不含国家图书馆）

指标名称	单位	2014年	2013年	同比增减（%）
机构数	个	24	24	–
总藏量	万册	2223	2072	7.3
总流通人次	万人次	1146	1033	10.9
购书经费	万元	7319	6515	12.3
阅览室面积	万平方米	7	6	16.7
阅览室坐席	个	15908	16002	-0.6
人均拥有藏量	册	1.03	0.98	5.1
人均购书经费	元	3.35	2.86	17.1

2014年北京市人均拥有藏书1.03册，人均购书经费3.35元。两项人均指标与上年同期相比分别为：人均藏量增长了5%，居全国第四位，排位比上年下降1名；人均购书经费增长了17%，居全国第二位，排位与上年持平。全市（不含国家图书馆）平均每万人拥有公共图书馆设施面积达到115.71平方米，大大超出全国平均水平。

图1　2012年—2014年公共图书馆人均指标对比图

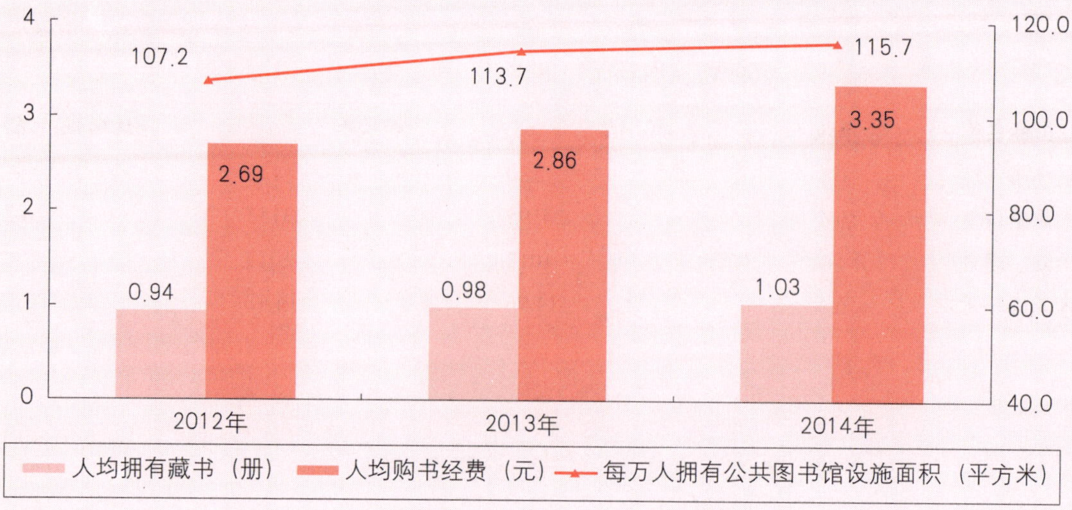

（二）群众文化总体情况

截至2014年底，全市群众艺术馆1个，文化馆19个，文化站326个，提供文化服务次数56360次，比上年同期增长了3%，惠及825万人，其中组织文艺活动26297次，参加人次570万人，举办训练班27707次，培训157万人次，举办展览1804个。

（三）文化惠民工程情况

建立公共图书馆、文化馆、公益演出三大公共文化服务配送体系，实现文化惠民项目与群众需求的有效对接。有效整合公共图书馆、益民书屋和各类社会图书资源，构建以“首图－区县图书馆－街乡分馆－社区基层馆”四级公共图书馆服务配送体系，目前基层分馆283个，服务点3170个。同时整合公共文化服务和社会文化服务资源，搭建共建共享平台，以“我的中国梦 欢乐新北京”为主题，贯穿全年，覆盖全市，带动市、区县、街乡、社区村四级联动，全年共举办各类文化活动近2万场，覆盖人群3000万人次。最大限度地方便群众参与文化生活。

四、文化市场良性健康发展

2014年全市纳入备案的文化市场经营单位分别为：演出经纪机构1571家，比上年下降了5%；网吧1494家，比上年下降了3%；娱乐场所2101家，与上年基本持平；互联网文化经营单位1188家，比上年增长了20%。

五、文化产业逐步成为新的经济增长点

2014年北京艺术品市场总成交额约450亿元。动漫游戏产业总产值约372亿元，比上年增长69%，占全国总产值的三分之一，出口金额约42.3亿元，继续稳居全国第一。承办文化部“中国文化艺术政府奖第二届动漫奖”评选活动中，遴选了54个富有北京文化特色、体现北京动漫水准的精品项目参与评选，我市选送的9个项目获得奖项，获奖数位居全国第一，约占全部奖项的1/3。

文化创意产业已成为北京经济的重要支柱产业和新的经济增长点，在稳增长、调结构、惠民生中发挥出越来越重要的作用。

六、非物质文化遗产保护成效显著

近年来，北京市非遗保护工作取得了丰硕的成果。北京市普查到非遗项目12623项，其中3223个项目编入《北京市非物质文化遗产普查项目汇编》，共计20卷本。目前，北京市拥有10个 “人类非遗代表作”名录项目，126个国家级代表性项目，273个市级代表性项目；国家级代表性传承人85人，市级代表性传承人193人。加强国际间交流与合作，精选26个具有北京地域文化特色的非遗项目举办APEC非物质文化遗产展，组织北京风筝制作技艺、北京剪纸及京绣3个项目赴法国巴黎举办非物质文化遗产展，彰显北京独特人文魅力和深厚文化底蕴。

七、对外文化活动影响力进一步提升

发挥首都优势，立足北京地域特色，文化 “走出去”与“引进来”相结合，进一步提升了北京文化的对外影响力和传播力。2014年度，我局共受理对外文化交流项目188批3341人次，同比交流项目和交流人次基本持平。 其中出访130批2542人次，引进58批799人次。配合国家政治外交及我市重要外事活动，连续13年举办的“欢乐春节”品牌活动已在亚洲、欧洲、非洲和大洋洲近30个国家留下足迹，成功塑造了“北

京之夜”等文化品牌。

表8 历年对外文化交流活动情况

单位：批次、人次

年份	总计		出访		来访	
	批次	人次	批次	人次	批次	人次
2012年	152	3525	112	2195	40	1330
2013年	183	4330	140	2979	43	1351
2014年	188	3341	130	2542	58	799

八、文物工作成效显著

（一）把握历史机遇，全面开拓北京历史文化名城和文物保护工作的新格局

从京津冀一体化发展和首都功能定位的角度出发，综合考虑北京市古都风貌保护，将名城保护、文物保护与整个城市的发展战略有机结合起来。在加强“一轴一线一带”等历史文化遗产保护工作的同时，经过充分调研和科学论证，围绕“中轴线”、“西山文化带”、“长城文化带”主题，启动并完成了一批既有利于文物保护工作，又有利于全市和区域经济社会发展的文物保护项目。重点文物修缮工程进展顺利。2014年度共使用修缮资金9.4亿元，启动文物修缮项目185项，竣工160项，修缮面积33.86万平方米。地下文物保护工作成功显著。《北京市地下文物保护管理办法》正式实施，在不增加行政审批和许可的条件下，实现土地储备开发阶段即先期开展考古工作。全年共完成勘探项目331项、勘探面积4138万平方米，正在进行的勘探项目83项、勘探面积862万平方米，发现地下文物需要实施考古发掘的项目95项，其中，已完成发掘93项，正在实施2项，完成发掘面积35509平方米，发现墓葬等遗址3662座，发掘和保护1814座，出土各类文物共计4280余件（套）。初步建立了土储项目文物保护工作联席会制度，建立了全国有资质的考古发掘单位参与北京市配合基本建设工程考古调查、勘探工作的机制，考古工作机制的完善走在全国前列。划定并公布了北京市第一批11片地下文物重点监测区，总占地面积12550公顷。

2014年，北京市辖区共有不可移动文物3840处，其中全国重点文物保护单位126处，市级文物保护单位216处。市属文博机构数96家，其中文物科研机构2家，文物保护管理机构25家，博物馆41家，文物商店2家，其他文物机构26家。机构总数比上年保持一致。

2014年，北京市属文博系统内文物保护管理机构总收入102997万元，比上年同比增长7.31%，其中财政拨款53849万元，比上年增长了4.43%。

通过以上数据分析得出，北京市文物修缮成果显著，考古勘探项目稳步推进， 财政资金支持力度逐渐加大，文物机构以它独特的资源优势在丰富市民精神文化生活中发挥了越来越重要的作用。

（二）创新思维，搭建平台，博物馆建设和服务水平获得提升

截至2014年底，北京地区注册博物馆数量为171座，其中：中央属博物馆56座，市属博物馆43座，区县属博物馆42座，民办博物馆30座。注册博物馆数量比2012年增加了4座， 截至2014年底，北京市文博系统内博物馆共计41家，与上年数量一致。其余大部分博物馆分别隶属于各中央在京部委、大专院校、部队、科研院所、行业企业集团及市园林、宗教、民政、科委等部门以及社会公民个人。

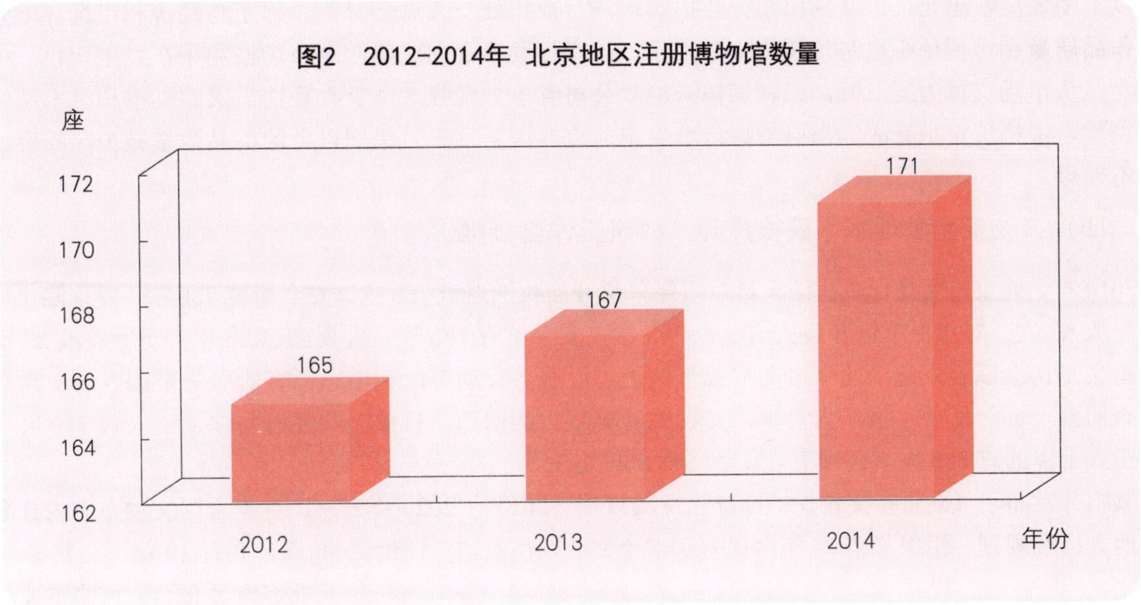

2014 年，北京文博系统博物馆共接待参观人数 497 万人次，与去年略有下降，博物馆总收入 69262 万元，收入比去年下降 153 万元，降幅为 0.22%。藏品数 1251584 件，其中一级藏品 492 件，二级藏品 5371 件。藏品总数比上年同期增加 109293 件。其中，北京奥运博物馆增加藏品 80000 件。

2014 年，北京地区博物馆成功推出“2014 北京博物馆展览季”品牌项目。结合 APEC 会议 2014 年在京召开的有利时机，积极协调整合博物馆优势资源，采用政府购买公共服务方式与故宫博物院、江西省博物馆、河南省博物馆、湖南省博物馆及相关省级博物馆合作，成功策划推出“博物馆展览季”项目。“2014 北京博物馆展览季”活动汇集两千多件精品文物亮相京城，带给国内外观众空前的视觉震撼，受到社会各届的广泛关注，观众达 100 余万人，取得了良好的社会效益。目前，《江西文物精品展》、《海上丝绸之路特展》、《乾隆的秘密花园》等 10 项展览已经完成，《饮水思源——南水北调中线工程展》、《凤舞九天——楚文化特展》等展览正在展出。

北京市第一次全国可移动文物普查工作全面推开。在前期制定普查方案，组建领导小组，建立与各区县的联络机制，确定中央在京单位的普查工作方式，开展普查培训等工作基础上，完成了国有单位收藏情况调查工作，共反馈调查表 8731 份，自查有文物的单位 389 家，申报文物和遗存物数量 1170 万余件（套）。文物认定、数据采集登录工作也已启动，完成 132 万件（套）藏品信息采集、录入工作。

（三）文物流通和艺术品拍卖市场管理日趋规范　推动文物艺术品市场持续发展

2014 年北京举办文物艺术品拍卖会共 254 场，上拍文物件数 186251 件（套），成交总额达 231.57 亿元人民币，与 2013 年同类数据相比，拍卖会场次和成交金额同比下降 2.3%，9.81%，上拍文物数同比增加 0.57%。

表9　2012-2014北京市文物拍卖标的及成交额情况

年份	拍卖场次（场）	拍卖标的（场）	拍卖成交额（亿元）
2012年	215	17.07	240.34
2013年	260	18.52	256.78
2014年	254	18.62	231.57

以上图表反映出北京市文物拍卖行业拍卖市场目前正处于大调整时期，除了与经济和市场环境有关之外，作品质量和市场信心也是重要的影响因素，拍卖行业正走向成熟，令市场格局正在发生变化，中国四大拍卖巨头市场支撑力度下降，二、三梯队拍卖公司竞争力增强，由于收藏性需求的支撑和艺术品资本策略的调整，中档价位拍品成为当前维持市场稳定的重要因素，千万级别以上的拍品数量减少，高价拍品成交率不理想。

（四）文物安全管理水平获得提升，科研工作稳步推进

2014 年，北京市文物行政执法人员对国保单位开展执法巡查 758 次，安全检查 730 次，发现隐患 45 次，责令整改 45 次；对市保单位开展执法巡查 998 次，安全检查 785 次，发现隐患 26 次，责令整改 26 次。与市慈善义工协会联合发起“北京市文物安全保护志愿服务行动”，利用志愿者对服务范围内的文物开展日常巡查监督，部分解决了执法人员少，文物监管难度大的问题。目前，共注册文保义工人数 779 人，经过培训正式上岗的有 536 人，认领不可移动文物 866 处。

编制并发布了《北京市文物保护标准化发展规划（2014 ～ 2020 年）》，这是全国文物系统内首个文物保护地方标准规划。组织了 2014 年度优秀学术论文评选，收到参评论文 66 篇，共有 19 篇论文获奖。

（北京市文化局　北京市文物局）

北京：推出新举措，创造新经验

一是：推出北京市惠民低票价补贴举措，出台《北京市惠民低价票补贴专项资金管理办法》。范围更广，将补贴适用范围扩大到全市所有符合条件的剧场；标准更高，常规演出每张票补贴 100 元，大型歌剧、舞剧、交响乐等高成本演出每张补贴 200 元；方式更科学，由阶梯式改为按实际售出张数补贴。补贴惠民措施让更多的市民走进剧场，推动了首都演出市场繁荣。

二是：举办“少儿戏剧场”系列文化活动。支持北京戏曲艺术职业学院创办以少年儿童为服务对象，以在校学生为演出主体的“少儿戏剧场”，演出剧目内容以戏曲为主，综合舞蹈、音乐、话剧、曲艺等多种艺术形式。在广大青少年中弘扬优秀传统文化、传播社会主义核心价值观。

三是：启动首届首都市民系列文化活动。打造市级综合系列文化活动品牌，以“我的中国梦 欢乐新北京”为主题，带动市、区县、街乡、社区村四级联动，形成自下而上的群众广泛参与的首都群众文化系列活动，

四是：主动融入京津冀协同发展大格局。推动建立三地文化部门联席会议制度，牵头起草并签署《京津冀三地文化领域协同发展战略框架协议》，深化三地文化交流与合作。以演艺资源对接为先导，推出“三地同唱盛世曲 携手共筑中国梦——2014 年京津冀河北梆子优秀剧目巡演（北京站）”活动，积极支持中国评剧院、北京市曲剧团推进三地巡演计划。

五是：把创作生产优秀作品作为文艺工作的中心环节。贯彻落实习近平总书记在文艺工作座谈会上的讲话精神，积极推进“中国梦”题材剧目创作，利用专项资金，发挥政策导向，带动社会力量参与舞台艺术创作。以项目为抓手，鼓励扶持贴近现实、反映中国精神、展现人民火热实践的优秀作品。深入开展“深入生活、扎根人民”主题实践活动，鼓励文艺院团建立生活实践基地、基层服务联系点，引导广大文艺工作者到基层和群众中去创作更多优秀作品。

天津市2014年文化发展情况分析

2014年是全面深化改革的开局之年，是加快建设美丽天津的关键一年。天津市文化广播影视系统全面贯彻落实党的十八大和十八届三中、四中全会精神，深入学习贯彻习近平总书记系列重要讲话，认真落实市委、市政府部署要求，坚持以人民为中心的工作导向，把改革创新贯穿文化发展的各个方面，勇于担当，履职尽责，真抓实干，奋力拼搏，圆满完成了全年各项工作任务，开创了文化改革发展的新局面，为建设美丽天津创造了良好文化条件。

一、文化文物发展总体情况

2014年末纳入统计范围的天津市文化文物单位2159个，比上年末增加131个；从业人员21958人，比上年末减少6393人。其中文化部门所属单位520个，增加20个；从业人员8057人，与上年基本持平。

2014年天津市文化、文物和文化教育单位总收入232722.3万元，其中财政补贴收入159407.2万元，事业收入11189.7万元，经营收入等62125.4万元。总支出242739.5万元，其中基本支出111095万元。

表1　2012年-2014年天津市主要文化发展指标与全国排名情况

主要指标	计量单位	2012年		2013年		2014年	
		数值	排名	数值	排名	数值	排名
文化事业费	亿元	7.93	27	9.56	26	12.27	23
人均文化事业费	元	56.11	9	64.96	8	80.87	5
每万人拥有公共图书馆面积	平方米	181.69	1	168.05	2	169.38	2
人均拥有公共图书馆藏书	册	1.04	2	1.00	2	1.05	2
人均购书费	元	2.97	2	2.28	5	2.73	3
每万人拥有群众文化设施面积	平方米	177.26	22	172.53	25	197.63	25
人均群众文化业务活动专项经费	元	0.96	22	1.23	25	5.11	5
艺术表演团体个数	个	48	28	58	27	66	27
艺术表演团体国内演出观众人次	万人次	231	30	285	29	418	27
艺术表演团体演出收入	千元	24665	27	18222	28	35410	26
文化部门艺术表演团体经费自给率(事业)	%	7.24	29	9.14	26	13.84	19
文物藏品数量	件(套)	1059623	11	1057629	12	1034701	13
博物馆参观人次	万人次	494	27	546	26	926	25

图1 2009年-2014年天津市人均文化事业费和全国人均文化事业费比较

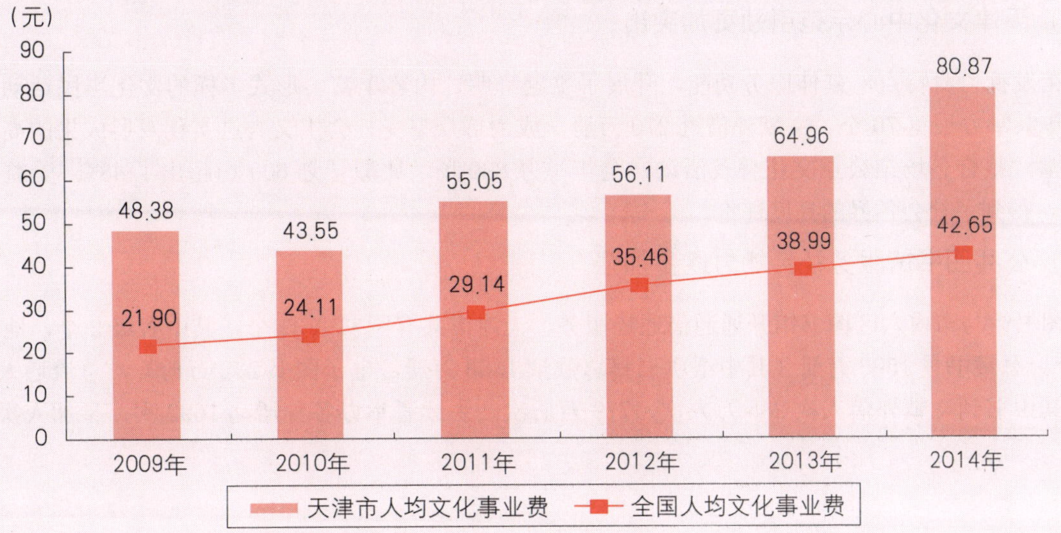

可以看出，天津文化发展有如下特点：

第一点：天津市人均文化事业费近年来一直位居全国的前列。从 2009 年的 48.38 元，2010 年 43.55 元，到 2014 年 80.87 元，呈现逐年稳步增长的趋势，在全国的排名一直在第 7 名、第 8 名左右浮动，2014 年上升为第 5 名，比全国平均水平高 38.22 元。

第二点：天津市公共图书馆的建筑面积、藏量、人均购书费等数据近几年一直在全国名列前茅，公共图书馆服务社会能力逐年加强。

第三点：近年来天津市艺术表演团体从机构数，到国内演出观众人次以及演出收入等方面，与其他省市相比较还存在一定的差距，还有较大的提升空间。

二、服务大局、提高质量，艺术创作演出呈现新亮点

艺术创作繁荣活跃。坚持以人民为中心的创作导向，积极开展社会主义核心价值观和“中国梦”主题文艺创作。创作排演了京剧《康熙大帝》、民族歌剧《中华儿女》、芭蕾舞剧《睡美人》、话剧《红旗谱》等一批新作品。加工提高了京剧《洛阳宫》、评剧《剑魂》等一批剧目。评剧《赵锦棠》等作品荣获第十三届精神文明建设“五个一工程”奖。歌剧《中华儿女》荣获第二届中国歌剧节剧目奖、表演奖、作曲奖等 3 个奖项。

首次申报国家艺术基金成绩斐然。共申报国家艺术基金项目 110 项，入选 16 项，位居全国第六，资助金额 2056 万元，位列全国第二。

艺术研究和评论工作明显加强。市艺术研究所出版文艺理论专著 2 部、论文集 1 部，7 项课题获得国家艺术科学项目立项，论文《中国相声在当代社会环境下的发展取向》荣获我国文艺评论最高奖——第九届中国文联文艺评论奖一等奖，《京剧舞台大制作现象思考》荣获中国戏剧理论评论最高奖——第五届中国戏剧奖 · 理论评论奖。

天津市公有制艺术表演团体（事业）2014 年共演出 3397 场，观众达 233 万人次，演出收入 2526 万元。

三、统筹规划、服务基层，公共文化服务体系建设迈上新台阶

（一）天津文化中心示范引领更加突出。

各场馆发掘自身特点，延伸服务功能，开展了主题鲜明、内容丰富、形式多样的文化惠民活动，各文化场馆全年共举办展览 70 个、文献外借近 270 万册，成为群众享受社会主义先进文化发展成果的高水平文化艺术殿堂。整合各场馆公益文化普及活动，全年举办 890 场，比原计划 600 场超出了 48%，受益市民达 60 万人次，得到了社会各界的高度评价。

（二）公共图书馆服务社会能力逐步加强。

天津图书馆与市内六区图书馆开通通借通还服务。天津市共有图书馆 31 个，其中省级 2 个，地市级和县级 29 个。总藏书量 1598 万册（其中纸质书籍总藏量 1366 万册，电子图书 232 万册），总流通人次 681 万人次，其中书刊文献外借人次 285 万人次，779 万册次。为读者举办各种活动 1692 次，参加人次 88.08 万人次。

表2　2009年-2014年天津市公共图书馆基本情况表

年份	图书总藏量（万册次）	总流通人次（万人次）	书刊文献外借册次（万册次）	本年新购藏量（万册次）	每万人拥有公共图书馆建筑面积（平方米）
2009年	1159	676	637	89	104.2
2010年	1258	606	572	74	103.1
2011年	1354	572	601	81	121.4
2012年	1469	630	562	109	181.7
2013年	1595	714	658	121	168.1
2014年	1830	681	779	122	169.4

注：图书总藏量中均包括电子图书，其中2013年电子图书121万册，2014年232万册。

（三）文化惠民工程步伐加快。全面完成市〝民心工程〞的文化项目。

河西区创建公共文化服务示范区、宝坻区创建“挖掘传统文化促进公共文化发展”示范项目通过文化部中期督导检查。全面开展“文化志愿服务推进年”活动，天津市文化志愿服务总队全年下基层演出 150 余场，观众人数达 75000 人次；开展“春雨工程”文化志愿者边疆行活动，赴新疆、西藏、青海等地举办文化交流活动 20 余场次，捐赠文化器材总价值 100 多万元。天津市 8 个项目被文化部评为 2014 年“文化志愿服务推进年”示范项目，市文化广播影视局被评为 2014 年“全国文化志愿服务工作优秀单位”。全年培训基层文艺团队 176 支、2260 人次，“千人百团”社区艺术团文艺骨干培训工作圆满完成。

（四）公共文化设施网络更加完善

加强重点基础设施建设，发挥文化服务的载体功能。市群众艺术馆新馆正式启用，建筑面积 8700 平方米，拥有 3 座剧场、9 个排练演出厅以及琴房、录音棚等多个现代化公共文化设施。少年儿童图书馆完成搬迁并对外开放，建筑面积比老馆增加 1 倍，可借阅图书增加 3 倍。完成中国大戏院、鼓楼基础设施改造，红旗剧院改扩建主体土建施工完成，北疆博物院维修改造积极推进。完成了 46 个区县级公共电子阅览室建设任务，超额完成 13 个街道公共电子阅览室建设，完成了电子阅览室管理平台建设，实现了对外开放常态化。全市 94 个街镇文化站被文化部命名为一、二、三级文化站。东丽区文化中心投入使用，武清区博物馆、图书馆开馆，和平区、红桥区等区县改造新建一批基础设施，河西区文化中心建设加快推进，全市公共文

化服务设施网络进一步完善。

（五）群众文化活动丰富多彩

2014年天津市群众艺术馆、文化馆（站）299个，从业人员1064人，其中文化站280个，从业人员452人。全年组织品牌节庆活动50个，组织文艺活动7734次，参加人次212万人次；举办训练班6134次，培训人次40万人次；举办展览1221个，参观人次44万人；组织公益性讲座661次，参加人次9万人次；群众艺术馆和文化馆负责指导的文艺团体51个，馆办老年大学4个，群众业余文艺团队4487个。

表3　2009年-2014年天津市群众文化活动情况对比表

年份	财政补贴收入（万元）	组织文艺活动次数（次）	群众文化机构培训人次（万人次）
2009年	7709	4843	20.9
2010年	10026	5067	25.7
2011年	11906	6485	28.4
2012年	12807	6354	47.3
2013年	24045	6334	38.7
2014年	22672	7734	40.0

四、发挥优势、创新方式，对外文化交流取得新收获

出色完成重点文化交流任务。主动服务国家整体外交大局和全市工作大局，充分发挥天津文化的优势和特色，深入开展多渠道多层次多形式的对外文化交流，提升了天津和中华文化的国际影响力。2014年共办理引进和派出项目99项、2512人次，审批大型涉外活动15项，接待文化考察交流团组9个。斯里兰卡中国文化中心正式成立，天津非物质文化遗产展览在当地反响热烈。完成庆祝我国与特立尼达和多巴哥、委内瑞拉两国建交40周年演出任务，认真开展“欢乐春节”文化交流活动，共派出5个艺术团和艺术小分队赴美国、南非等国家和台湾地区进行访问演出，共演出20场，观众近万人次。

文化交流渠道进一步拓宽。落实中非合作计划，不断扩大和深化对非文化交流，成功举办首期“动漫及广播电视制作非洲学员培训班”，并与南非、尼日利亚签署服务外包、技术人员培训与技术咨询合作意向书，成为文化交流带动文化贸易发展的有益尝试；举办第二期“非洲武术学员培训班”，天津霍元甲文武学校被文化部授予“对非文化培训基地”；天津博物馆、天津图书馆分别与埃塞俄比亚和肯尼亚国家博物馆、图书馆签署了合作谅解备忘录。

五、文化遗产保护全面推进

2014年天津市列入“全国文化文物统计报表制度”范围并上报文物统计年报表的文物业机构39个（包括博物馆、文物保护管理机构、文物商店、其他文物机构），从业人员945人。其中文物保护管理机构8个，从业人员115人；全市共有博物馆22个，从业人员747人；文物商店1个，从业人员83人；其他文物机构8个。另外，文物拍卖企业8个，从业人员160人。

天津市文物业机构拥有文物藏品103万件（其中一级品1043件）；举办基本陈列84个，举办临时展览71个，观众参观人次949万人次（其中未成年人参观人次319万人次）；门票销售总额1290万元。实际使用房屋建筑面积214000平方米。

（一）博物馆事业健康稳步发展

1. 天津市注册博物馆分布情况

2014 年，在市文物局备案登记的博物馆共 72 座，其中市属文物博物馆 10 座，区县属博物馆 17 座，行业博物馆 23 座，民办博物馆 22 座。其中，新增区县属文物类博物馆 1 座，即武清博物馆；新增行业博物馆一座，即在日殉难烈士•劳工纪念馆（天津市烈士陵园）；新增民办博物馆 2 座，即天津守道胶片相机博物馆和天津市静海县萨马兰奇纪念馆。

图2 2014年度天津市注册博物馆分布情况

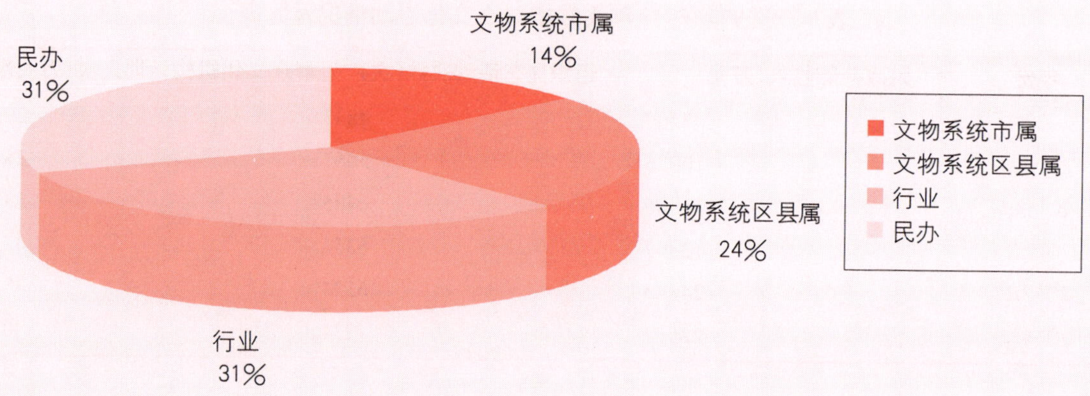

图3 2008年-2014年天津市文物局直属博物馆免费开放接待观众情况

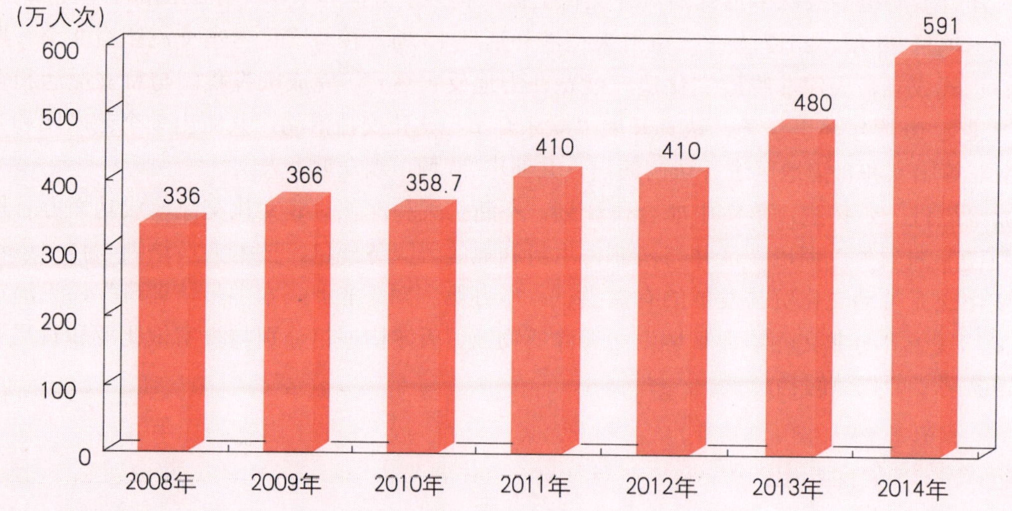

2. 博物馆建设和公共文化服务工作取得新进展

天津自然博物馆迁建完成，正式对外开放。1 月 25 日，坐落在天津文化中心的天津自然博物馆新馆正式开馆运营。展览以“家园”为主题，至今已接待观众 101 万人次，提供讲解服务 4785 余场次。天津自然博物馆的前身北疆博物院的整修布展工作也在稳步推进，预计 2015 年 10 月可以正式对外开放。

3. 切实履行社会文物管理职责，积极开展各项工作

严格依法管理，做好文物进出境审核和文物鉴定工作。截至目前接受携运人申请，对 446 件拟携运出境的文物进行审核，经审核有 6 件文物属于禁止出境文物，对 36 件文物进行临时进境审核工作，出具了

《文物临时进境审核登记表》。组织市文物鉴定委员会共开展文物拍卖标的审核 26 次，审核各类文物标的 18041 件（套），撤拍 11 件。

表4　2012-2014年全市文物拍卖情况对比表

	2012年	2013年	2014
拍卖场次(场)	24	26	26
审核标的量(件/套)	13917	14803	18041

（二）文化遗产保护工作有序开展

1. 文物保护管理机构基本情况

2014 年我市文物保护管理机构 8 个，与上年持平；从业人员 115 人，比上年增加 3 人。截止 2014 年底，经天津市文物局登记备案的不可移动文物为 2082 处，其中世界文化遗产 1 处，全国重点文物保护单位 28 处，省（直辖市）级文物保护单位 212 处，区县级文物保护单位 150 处。

2. 文化遗产保护工作全面进行

大运河成功入选世界文化遗产名录。我市境内大运河申遗河段 71 公里，面积 975 公顷，流经武清、北辰、河北、红桥、南开、西青等六个区。各相关部门团结协作，完善“四有”基础工作，加强遗产本体及周边环境整治，建立大运河遗产“保护区”和“缓冲区”，沿线各区县奋战 6 年，为申遗成功作出了重要贡献。大运河成功入选世界文化遗产名录，成为我市继长城之后拥有的第 2 项世界文化遗产。

不可移动文物保护工作扎实开展。协调市财政部门首次设立天津市重点文物保护专项补助资金 2000 万元，2014 年文化系统外单位接受补助的维修项目占 73%，逐步实现了市级文保单位管理全覆盖。

文物基础工作进一步夯实。全面落实全国重点文物保护单位和天津市文物保护单位“四有”工作，编制完善了全部记录档案。

为保障以上工作的落实，2014 年我市共申请国家重点文物保护专项补助经费 8 项，得到国家拨付文物保护专项补助经费 1858 万元。

（三）非物质文化遗产保护工作亮点纷呈

2014 年天津市共有非物质文化遗产保护单位 30 个，从事非遗保护的工作人员 498 人，非物质文化遗产博物馆 11 个。全年举办宣传展示培训活动 1117 次，比上一年增加 143 次；观众及参与人次为 114.87 万人，比上一年增加 40.59 万人次。

2014 年天津市有 11 个项目入选第四批国家级非物质文化遗产代表性项目名录，为历年来最多的一次。

六、营造环境，加强监管，文化市场健康有序发展

2014 年，根据文化部文化市场统计制度规定，天津市文化市场统计主要包括互联网上网服务营业场所、娱乐场所、文艺表演团体三大行业，统计共有经营单位 1621 家，比 2013 年增加 106 家。其中，上网服务企业 954 家、娱乐场所 617 家、文艺表演团体 50 家；从业人员总数 13645 人，创造营业总收入约 7.99 亿元，实现营业利润 1.9 亿元。

图4 2013年--2014年天津市演出市场三大行业总收入对比表

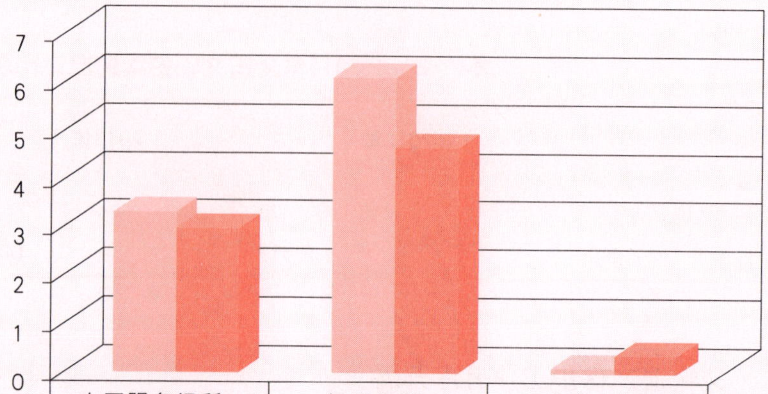

	上网服务场所	娱乐场所	民营演出团体
2013年总收入（亿元）	3.3	6.11	0.12
2014年总收入（亿元）	2.99	4.64	0.36

（一）互联网上网服务营业场所数据分析

根据 2014 年统计数据，天津市共有 954 家取得《网络文化经营许可证》的场所，从业人员 4275 人，有 104613 台计算机终端，实现年营业总收入 2.99 亿元，比 2013 年减少 0.31 亿元；实现营业利润 0.79 亿元，相比 2013 年减少 0.16 亿元。

（二）娱乐场所数据分析

2014 年，天津市统计共有 617 家娱乐场所，比 2013 年增加 57 家，其中歌舞娱乐场所 367 家、游艺娱乐场所 250 家，从业人员总数 8585 人，比 2013 年减少 6790 人。全市娱乐场所总经营面积 69.2 万平方米，比 2013 年增加 6 万平方米；包房包间数量 8827 个，电子游戏及游艺机 32932 台。全市娱乐场所年营业总收入 4.64 亿元，比 2013 年减少 1.47 亿元，实现营业利润 1.11 亿元，比 2013 年减少 0.81 亿元。

（三）民营文艺表演团体数据分析

2014 年，天津市统计有 50 家民营文艺表演团体，从业人员 785 人，演出内容涉及曲艺、戏曲、歌舞、综合类表演等各个种类。从 2014 年演出情况来看，我市民营文艺表演团体共举办演出 7614 场次，比 2013 年增加 6073 场次，其中农村演出 1819 场次；总观众人次达 185.2 万人次，比 2013 年增加 96.4 万人次，其中农村观众达 58 万人次；全年实现演出总收入 3600 万元，其中财政拨款 114 万元。民营文艺表演团体在丰富活跃人民群众尤其是农村人民群众文化生活方面发挥了重要作用。

七、完善政策、转型升级，文化产业发展迈出新步伐

（一）天津市文化产业示范园区和基地总体情况

天津市 48 家基地和园区共有从业人员 23880 人，其中大专以上学历 11410 人，占 47.8%；资产总额达 356.6 亿元；营业总收入达 60.65 亿元，总利润近 16 亿元；缴纳税金 2.8 亿元；经营面积总额超过 702 万平方米。总体呈现出从业人员增加，人员素质提高；资产总额和营业收入增加，净利润大幅增长的势头。

（二）天津市文化产业示范基地和园区发展主要特点

1. 国家级基地经营状况取得新突破

天津市有 8 家国家级文化产业示范基地，2014 年度 8 家基地共有从业人员 9170 人，占全部基地园区从业人数的 38.4%；资产总额 14.17 亿元；实现营业收入 7.08 亿元，占全部基地园区营业收入总额的 11.67%；实现利润 1.8 亿元，占全部基地园区利润的 11.25%。从数据上看，就业人数基本与 2013 年度持平，资产总额略有减少，营业收入和利润有大幅增长，营业收入同比 2013 年增加 11.67%，利润同比增加 22.45%。国家级示范基地通过转变经营策略，加大创新投入，加快与其他产业融合发展，取得了一定成效，实现了新突破。

2. 示范基地和园区创新融合能力有所提高

2014 年我市的文化产业示范园区和基地共获得著作权、发明专利总数达 376 项，比 2013 年度增加 10%；获得国家级奖项 20 项，比 2013 年度增加 33%，创新能力不断增强。

3. 文化产业示范园区和基地聚集效应日益凸显

2013 年，全市市级以上文化产业示范基地和园区入驻企业达 1415 家，2014 年入驻企业达到 1923 家，同比增长 35.9%。从数据看，示范园区和基地的入驻企业的数量大幅度增长，显示出了文化产业示范基地和园区在产业聚集方面发挥的巨大效应。

2013年示范基地和示范园区的总经营面积超过174.6万平方米，2014年总经营面积达到702.2万平方米，总面积增加 3 倍。说明入驻园区的企业数量与经营面积的增长是成正比的，也说明文化产业示范园区和基地正在聚集一批有实力、有发展潜力的文化企业。

4. 示范园区和基地社会责任感明显增强

2014 年文化产业示范基地和园区共向社会捐款达 176.4 万元，充分体现出示范基地和园区更加注重企业的社会责任、注重回馈社会。

（三）天津市动漫发展总体情况

截至 2014 年，我市经过国家认定的动漫企业 19 家，其中重点动漫企业 3 家。这 19 家企业共有从业人员 753 人；资产总额 13.81 亿元；营业总收入 1017.76 万元，其中自主开发动漫产品收入 384.47 万元；共有经营面积 12800 平方米；年生产原创漫画 107 部，原创动画作品 46 部，自主知识产权动漫软件 28 套；网络动漫（含手机动漫）下载次数达到 7400 多万次。与 2013 年相比，虽然原创漫画、动画作品的数量都有所增长，但利润较低，出现负增长。

表5　2013年-2014年天津市动漫企业主要指标对比表

年份	数量	从业人数	资产总额（亿元）	总收入（万元）	总利润（万元）	原创漫画（部）	原创动画（部）	网络动漫下载次数（万）
2013年	20	805	14.66	26696.9	2032	103	31	440
2014年	19	753	13.81	1017.76	-92.18	107	46	7400

动漫产品创作和生产水平快速提升。2014 年，天津优秀原创动漫作品生产创作在质量、数量上都有新的提升，涌现出一批优秀作品，先后在中国文化艺术政府奖第二届动漫奖、“金猴奖”、弘扬社会主义核心价值观动漫扶持计划等多项评奖中获得佳绩。我市动漫企业普遍重视产品的研发，用于研发的经费达 2452.6 万元。

天津动漫产业“走出去”步伐进一步加大。4 月，组织全市近 30 家园区、基地和重点动漫企业赴杭州参加第十届中国国际动漫节。设计独特、风格清新的天津城市动漫馆整体展示了天津动漫产业快速发展的良好态势，吸引了广泛关注，进入天津动漫馆参观购买、合作洽谈、合影互动的观众络绎不绝。我市4部动漫作品获得本届动漫节“金猴奖”，实现了新突破。

八、目前天津文化文物事业发展的不足及几点建议

（一）天津市文化文物工作中存在的一些问题

1. 文化行政部门职能转变还不到位，依法行政能力和水平需要进一步提升，文化企事业单位发展活力还不够；“两个效益”相统一的优秀文艺作品还比较少，文化产品创作生产的引导激励机制还不健全；公共文化服务标准化、均等化工作还缺乏制度设计和有针对性的政策措施；有竞争力的文化企业和文化产品还不多；文化人才队伍建设急需加强，高层次领军人物还不多等等。

2. 天津市部分博物馆基础工作薄弱。一些博物馆的馆舍不能支持其功能的较好发挥，藏品的保存和展示环境较差。部分博物馆藏品还没有形成足以支持其功能目标达成的藏品体系，藏品数量不足、家底不清，建档备案工作尚待完善；陈列展览水平还有较大提升空间。我市各博物馆陈列展览的数量与质量都还有待提高，尤其是展览文化含量与信息量不足，缺乏高质量的策划创意，内容与形式设计水平都有较大的提升空间；博物馆公共服务功能有待完善。多数博物馆根据自身优势开展了形式多样的活动，但对自身资源认识不够，开展活动单一，未能充分发挥博物馆的服务功能。

3. 天津市示范基地和园区虽然发展势头迅猛，但也存在着一定的问题。具有较强实力和竞争力的文化企业还比较少，部分园区体量规模较小，功能定位雷同，同质化较为严重。无论园区数量还是园区效益，与先进省市相比差距较大，一些处在培育期的园区盈利能力较弱，经营情况不佳，甚至出现亏损情况。

4. 2014年，动漫产品创作和生产水平有所提升，但企业利润出现负增长，暴露出动漫企业发展中存在的一些问题，主要包括：相关政策还不够完善；多数企业创新能力不强，尚未形成成熟的盈利模式，经营状态比较困难。

（二）对策建议

1. 加快推进文化管理体制改革，把文化部门政府职能从办文化转到管文化和提供公共服务上来，使文化事业和文化产业协调发展。积极争取财政加大对文化的投入，完善文化投入持续增长机制，为文化建设提供更大的资金保障。

2. 夯实博物馆基础。建立藏品总帐、分类帐及每件藏品的档案，以第一次全国可移动文物普查为契机，实现藏品的数字信息化。改善藏品展示环境，提高展陈设备质量，夯实博物馆管理工作基础；提升博物馆展览陈列水平。

3. 对于示范基地和园区将控制总量，提高质量，把好入口，开通出口。按照“明确认定标准，严格认定程序，开展定期考核，实施动态管理，建立退出机制”的要求，对文化产业示范园区和基地加强动态管理，建立年度报告和定期巡检制度，本着能进能出的原则，建立起激励和约束的长效机制，对不符合文化产业示范基地和园区标准的，予以摘牌。

4. 继续做好国家动漫企业以及国家重点动漫企业认定申报工作，不断增加我市通过国家认定的动漫企业的数量，使更多企业享受国家有关优惠政策；继续完善落实相关政策，在资金支持，贷款融资等方面向已通过认定的动漫企业和重点项目倾斜，打造天津动漫品牌和动漫精品；提高企业自主创新能力和盈利能力，加大对原创作品的扶持力度，努力提高我市原创动漫产品的数量和质量。

（天津市文化广播影视局）

天津：成功举办第七届中国京剧艺术节

第七届中国京剧艺术节由文化部、天津市人民政府主办，于2014年11月10日至11月22日在天津市举行。来自全国22个省区市、中直及台湾地区的33个京剧院团、3000余位艺术家和演职人员参加演出，11个国家重点京剧院团和部分省级重点京剧院团悉数亮相，民营京剧院团闪亮登场，26台参演剧目、5台祝贺演出剧目在全市10个剧场演出57场，是一次全国京剧艺术的群英会。艺术节剧目题材多样，传统戏、新编戏各呈千秋，内容丰富。本市两台剧目分别承担开闭幕式演出任务，2台剧目参加祝贺演出。创新机制，以评代奖，邀请国内知名专家学者与主创人员进行面对面的“一剧一评”和“专题研讨会”，形成了评论和谐、观点碰撞、学者争鸣的文艺评论新风尚，发挥了评论在创作中的积极作用。京剧节全面实行“低票价”惠民措施，40元票价占60%以上，举办了“百场京剧进社区”、“京剧名家讲座”等丰富多彩的京剧艺术普及活动，让人民群众共享京剧艺术的魅力，使本届京剧节真正成为京剧艺术的盛会、人民群众的节日。中央电视台《新闻联播》3次报道京剧节。天津成为全国首个两度举办中国京剧艺术节的城市，市文化广播影视局被文化部授予组织工作奖。

河北省2014年文化发展情况分析

2014年是全面推进“十二五”规划和全面深化改革的关键一年。河北省文化工作坚持改革创新、稳中求进的总基调，牢固树立以人民为中心的工作导向，深化文化体制机制改革创新，加快构建现代公共文化服务体系和现代文化市场体系，加强文艺精品生产和文化遗产传承保护，全省文化工作取得了新的进展。

一、2014年文化事业发展情况

（一）文化文物经费投入稳步增长

2014年，全省文化文物事业财政补助收入23.33亿元，比上年增加2.42亿元，增长10.40%。其中：全省文化事业费14.38亿元，比上年增加1.57亿元，增长10.89%；全省文物事业费8.89亿元，比上年增加0.86亿元，增长9.65%。全省人均文化事业费19.47元，比上年增长11.77%。

表1　河北省文化文物事业费投入情况

主要指标	单位	2013年	2014年
文化事业费	亿元	12.78	14.38
人均文化事业费	元	17.42	19.47
文物事业费	亿元	8.03	8.89
人均文物事业费	元	10.95	12.03

（二）文化基础设施建设稳步推进

地市级“三馆建设”方面，列入国家“十二五”规划的沧州市博物馆建成并投入使用，衡水市博物馆完成主体工程建设。省级文化设施建设方面，河北博物院新馆建成并正式开馆，河北省图书馆运行良好。省群艺馆建设工程前期工作完成，裴艳玲艺术中心建设已批复立项，河北省艺术中心维修改造工程已经启动。完成了第一次全国乡镇综合文化站评估定级工作，公布命名我省上等级乡镇综合文化站1012个，促进了基层基础文化设施建设。

表2　河北省公共文化设施情况

主要指标	单位	2013年	2014年
每万人拥有公共图书馆面积	平方米	52.92	65.30
人均拥有公共图书馆藏书	册	0.26	0.29
人均购书费	元	0.47	0.45
每万人拥有群众文化设施面积	平方米	150.38	158.43
人均群众文化业务活动专项经费	元	1.07	1.09

（三）公共文化服务体系建设扎实推进

大力实施文化信息资源共享、公共文化场馆免费开放、流动舞台车、送文化“五进”等文化惠民工程。积极推进我省第二批国家级公共文化服务示范区（项目）和首批省级公共文化服务示范区创建工作，促进了区域公共文化融合发展。成功举办第二届中国吹歌艺术节、第七届河北省民俗文化节、第十一届燕赵“群星奖”群众文艺作品评选和河北省第十一届“燕赵群星奖”优秀作品展演等系列品牌文化活动。成立了国内首家由民政部门审批通过的河北省文化志愿者协会，健全了文化志愿者服务体系。积极开展“春雨工程”——文化志愿者边疆行活动，分别承办了文化部《边疆民族12省（区）地级市群艺馆舞台设计、灯光音响使用培训》和《30个少数民族自治州文化馆舞蹈编创人员培训》2个项目。

（四）舞台艺术作品异彩纷呈

河北梆子《六世班禅》入选中宣部“五个一工程”奖，大型声乐套曲《西柏坡组歌——人间正道是沧桑》作为国庆65周年全国优秀剧目展演剧目在国家大剧院成功演出。裴艳玲主演的京剧《赵佗》入选第七届中国京剧艺术节，赴天津演出社会反响强烈。《我的D大调卡农》、《弦之舞》、《吕玉兰》、《卧云岭》、《胡杨·红柳》等优秀作品，上演后实现了良好的社会效益和经济效益。京剧《桃园三结义》、话剧《长城树》、《成兆才》，河北梆子《耿长锁》等剧目已具雏形。河北艺术职业学院学生在全国省部级以上重要赛事中，获得13金29银13铜的好成绩，特别是在中央电视台学京赛活动中，我省首次获得金奖，实现了该奖项零的突破。推动政府投入1226万元向社会购买文化服务项目，开展惠民演出活动1000多场，举办“彩色周末”演出2000多场。成功举办了第九届中国评剧艺术节、河北省首届民歌演唱大赛、京津冀河北梆子巡演。“文艺冀军”队伍初现规模，形成了以孙德民等老剧作家，刘兴会、杨舒堂等中年剧作家，杨斌、刘融融等青年剧作家为代表的老中青梯次配备的创作队伍。举办了“青藤奖”河北省演艺人才大赛，一批优秀青年演艺人才脱颖而出。

表3　河北省艺术表演团体基本情况

主 要 指 标	单位	2013年	2014年
艺术表演团体个数	个	500	458
艺术表演团体个数国内演出观众人次	万人次	5183	5370
艺术表演团体演出收入	万元	25711	27357
文化部门艺术表演团体经费自给率(事业)	%	29.38	17.63

（五）文化市场繁荣有序

健全文化市场监管体系，在各级文化市场行政管理和执法部门继续实行分片联点包干责任制和台帐式管理措施，严格实施责任倒查和逐级追查制度，构建了文化市场管理的无缝责任链条体系。加强文化市场综合执法机构建设，举办了全省文化市场行政执法培训班，印发了文化市场管理绩效考评细则并进行打分排名。重点开展了全省文化市场行政执法督导检查，出动执法人员21.2万人次，检查网吧、娱乐、演出等文化市场经营单位8.78万家次，责令改正1344家、停业整顿39家。

（六）文化产业发展增添新动力

加强政策引领，我省相继出台了一系列政策性文件，营造了良好的政务环境，加快了文化资源优势变资本优势的步伐。签署了《京津冀三地文化领域协同发展战略框架协议》。深入推进《国务院关于推进文化创意和设计服务与相关产业融合发展的若干意见》的落实。推进项目建设，我省74个重点项目进入国家文化产业公共服务平台，29 个重点项目、2 个特色项目被编入《2014 中国文化产业重点项目手册》。评选了首批 30 家河北省文化产业示范园区，完成了 40 家河北省第四批文化产业示范基地评选命名工作，河北乐海乐器有限公司、河北曲阳县荣杰雕刻石材有限公司入选第六批国家文化产业示范基地。搭建交流平台，成功举办了第三届河北省特色文化产品博览交易会，参加了义乌文交会、湖南招商推介会、西部文博会。组织参加了第九届中国北京国际文化创意产业博览会，省文化厅荣获最佳组织奖和最佳展示奖。举办了青年设计人才优秀创意作品征集和文化创意设计大赛活动。根据中国人民大学和文化部文化产业司最新发布的《中国省市文化产业发展指数（2014）》，我省文化产业综合指数在全国各省（市、区）中名列第八位。

（七）文化交流协作取得新拓展

配合文化部开展海外文化中心对口合作活动，在西班牙举办了曲阳雕塑展、唐山工艺瓷展及河北民俗类非遗项目展演活动。在尼泊尔举办了“河北文化周”暨河北吴桥杂技巡演活动。与香港文化机构合作，派团赴港参加了“2014 香港 · 中国戏曲节”活动；与省委外宣局合作，在波兰、匈牙利举办了“河北文化周”活动；在台湾举办了“河北文化宝岛行”——河北梆子巡演、书画交流和名窑瓷器展等系列活动；在德国举办了“河北文化海外行”——文化产品推介展示活动。全年开展对外及港澳台文化交流 20 多批次、230 多人次。

（八）文化遗产保护又有新突破

文物保护工作成效显著，河北博物院推出了《北朝壁画》等 8 个精品展览，展出文物 5000 多件（套），宣传了河北的灿烂文化。中国大运河被列入世界遗产名录，河北段大运河河道位列其中，成为我省第四项世界文化遗产。正定古城保护工程全面展开。承德避暑山庄及周围寺庙文化遗产保护工程、清东陵和清西陵文物保护工程有序推进。泥河湾遗址保护工作取得新进展。可移动文物普查信息采集和登录工作取得阶段性进展。文物对外交流合作日益密切，省政府与故宫博物院签署了合作框架协议，省文物局与省建筑科学研究院签署了加强文物科技保护战略合作框架协议。非物质文化遗产保护取得突破性进展，《河北省非物质文化遗产条例》6 月 1 日起正式施行。临漳县鬼谷子传说等 16 个项目入选第四批国家级非物质文化遗产代表性项目名录，使我省国家级非物质文化遗产项目数量达到 148 个，居全国第四位。评审公布了第四批省级非物质文化遗产项目代表性传承人。正定县（常山战鼓）等 22 个地区（31 种艺术形式）被命名为 2014—2016 年度“中国民间文化艺术之乡”，数量居全国第五位。最新研究成果《非物质文化遗产项目价值点、价值量存续环境和保护要点》一书即将出版发行。

表4 河北省文物事业发展情况

主 要 指 标	单位	2013年	2014年
文物藏品数量	件(套)	573197	603224
博物馆参观总人数	万人次	2480	2494

二、当前文化发展存在的主要问题

一是文化事业经费投入严重不足。2013 年我省文化事业费占全省财政总支出的 0.29%，比上年增长 1 个百分点，文化事业费占财政比重在全国排名由上年的 29 位提升到 26 位。2014 年全省人均文化事业费在全国排名 30 位，较 2013 年虽有所增加，仍排在全国倒数第二位。

表5　按年份各地区文化事业财政补助情况

主 要 指 标	单位	2010年	2011年	2012年	2013年	2014年
占财政支出比重	%	0.25	0.32	0.28	0.29	—
在全国位次	位	31	29	29	26	—
人均文化事业费	元	9.78	12.85	15.74	17.42	19.47
在全国位次	位	31	31	30	30	30

二是部分地方政府对公共文化服务体系建设的重要性认识不足。一些市县没有把公共文化服务体系建设作为改善民生、保障群众基本文化权益的重要任务进行有效落实；公共文化财政保障水平较低，有的公共文化单位运行经费未列入财政预算，个别公共文化单位未列为公益一类单位，运行经费不能全额保证；公共文化政策落实不到位，部分乡镇综合文化站没有专职人员和财政经费；公共文化设施覆盖率差距较大，部分县“两馆”没有馆舍，“两馆”评估达不到国家定级最低标准。

三是文艺创作工作理念不够先进。思想观念与客观现实不适应，作品缺乏思想性、艺术性和观赏性，社会价值和商业价值不高。工作方法与形势需要不适应，思想理念有脱离工作实际的倾向，文艺领域思想政治的工作较弱，战斗堡垒和先锋模范作用缺失、亟需加强。

四是现代文化市场体系建设还有待加强。目前，我省仍有半数以上县（市、区）综合执法机构缺乏经费和执法装备保障，在编执法人员被借调情况较多，严重制约文化市场管理效能。文化产业政策需要进一步深化和调整，国家出台的文化产业扶持引导政策落实不到位。

五是对外文化交流工作还存在许多不足。突出表现在方式方法、手段技巧还比较单一，对高新科技应用还很不充分。文化思想内涵交流不够深入，反映我省文化特色的文化产品还不够丰富，有竞争力的企业和产品更是寥寥无几。

三、几点对策和建议

（一）以创作为中心环节，推出更多思想性、艺术性、观赏性有机统一的文艺精品

立足河北文化，形成精品创作新常态，围绕弘扬社会主义核心价值观和优秀传统文化，创作一批艺术水平精湛、群众喜爱的文艺精品。服务基层群众，形成惠民演出新常态，不断加大省市县三级购买文化服务力度，扩大惠民服务覆盖面，把惠民演出活动重点放在采取政府购买等方式，为乡镇每年送戏曲等文艺演出，进一步拓展到工厂、学校、营房、工地。完善制度，形成创演人才培养新常态。出台创作演出人才的支持培养政策，建立三级培养体系，把“深入生活，扎根人民，汲取营养；集中办班，专家授课，提高理论；院校进修，跟班学习，加强修养；外出观摩，现场教学，提升水平”作为培养人才的主要方式方法，有计划培养一批演艺“冀军”。注重研究与应用，形成舞台与科技融合新常态，加强舞台艺术发展和优秀传统文化研究，推进舞台艺术发展与科技有机融合，让艺术更有魅力、更有吸引力、更有感召力。

（二）以完善体系、提高效能、促进公平为重点，加快推进现代公共文化服务体系建设

全面推进现代公共文化服务体系机制建设。贯彻落实中办国办《关于加快构建现代公共文化服务体系的意见》和《国家基本公共文化服务指导标准（2015-2020年）》要求，出台我省《关于加强现代公共文化服务体系建设的意见》，科学制定《河北省基本公共文化服务保障标准》，以县为基本单位推进公共文化服务体系标准化、均等化发展；建立河北省公共文化服务体系建设协调机制，组建由公共文化领域专家、机构工作者和管理者组成的河北省公共文化服务体系建设专家委员会。做好规划编制工作，针对构建现代公

共文化服务体系建设任务，在全省范围开展大规模调研和制度设计工作，推进《河北省文化事业“十三五”规划》编制工作，全面落实中央和我省《意见》精神。

（三）以传承弘扬优秀传统文化为核心，进一步提升文化遗产保护水平

着重抓好重点文化遗产保护工程，启动传统村落整体保护利用工程。加强遗址保护和基本建设中的考古工作，推进遗址公园建设，积极做好建设项目中的文物调查勘探发掘工作，开展水下文化遗产保护工作。加强文物展示宣传工作。推进重点市级博物馆建设，鼓励引导行业博物馆建设，支持民办博物馆健康发展。努力提高文物展示水平，让博物馆里的文物“活”起来。围绕国际古迹遗址日、国际博物馆日和中国文化遗产日等举办文化遗产保护及法制宣传活动。加大文物执法督查力度，以预防和减少重大违法案件和安全事故为目标，开展文物安全隐患集中排查整治专项行动。完善文物单位安全防范设施。加强执法队伍建设，规范文物执法行为。逐步建立权责明确、行为规范、监督有效、保障有力的违法行为查处机制。加强非物质文化遗产传承保护，积极开展优秀传统文化进校园活动，充分激活优秀传统文化生命力。

（四）以提高发展质量和效益为中心，促进文化产业健康快速发展

推动文化产业政策措施落到实处，编制“十三五”文化产业发展规划。深入落实国务院《关于推进文化创意和设计服务与相关产业融合发展的若干意见》等系列文件，开展小微文化企业、特色产业等调研，指导推进文化产业发展。探索成立中小型的民营文化银行，为中小微文化企业提供金融服务。修订《河北省文化产业示范基地评选命名管理办法》。落实京津冀签署的文化区域协同发展战略框架协议，推动三地文化产业务实交流合作。推动文化产业转型升级，实施文化产业质量效益提升工程，加快文化与相关行业深度融合，促进文化企业效益提升。组织开展全省文化产业基地园区巡检，推动动态管理，引导省级基地园区争创国家级文化产业示范基地、园区。加大对文化科技融合项目的扶持力度，培育推出一批创新性、引领性、示范性的亮点文化产业项目。推进文化产业公共服务平台建设，加强文化产业与金融机构合作。实施文化创意人才扶持计划，举办文化创意、文化金融等培训班，举办文化创意设计大赛，发现和推出文化产业创意人才。完善省文化产业项目库，促进文化资源向文化资本转化。组建河北省文化产业基地园区联盟，促进政府与市场在文化产业领域更好发挥作用。

（五）加快推进现代文化市场体系建设，促进文化市场繁荣发展

加强文化市场规范化建设，举办文化市场执法业务培训班，指导各地分级分层开展集中培训，提升执法人员业务技能，提高文化市场治理能力。扎实推进文化市场技术监管与服务平台推广应用工作，加强指导各地根据平台建设工作时序开展业务培训，做好存量数据的初始化及上线条件检验等准备工作，完善情况通报机制，确保平台应用工作顺利进行。依法加强市场管理，认真做好行政审批取消下放及商事登记制度改革衔接工作，避免出现审批真空期和管理死角，确保我省文化市场管理有序开展。组织各级综合执法机构以网吧、娱乐、演出、互联网文化为重点检查范围，以查处政治性、低俗色情暴力等非法文化产品和服务、违规接纳未成年人及安全生产等易引发社会热点、焦点问题为重点整治内容，加大执法监管力度，强化退出机制，规范市场秩序，净化社会文化环境。

（六）着眼提高文化软实力，进一步提高对外文化交流水平

立足我省文化资源，构建多渠道、宽领域、多形式、多层次工作格局，讲好中国故事，传播好中国声音，推动中华文化走出去。贯彻中央对台和对港澳工作方针，推动河北舞蹈、戏曲、美术等艺术门类赴台展演，推动有产业潜力的文化产品在港澳地区进行展演推介。与加拿大中加文化发展协会合作，推动河北杂技在加拿大多个城市进行交流和商业演出。落实省政府关于加强与中东欧国家全面合作的实施意见，开拓渠道，扩大与中东欧地区的文化交流工作，服务全省对外开放大局。

（河北省文化厅）

河北：深入推进京津冀文化领域协同发展

河北省文化厅立足贯彻落实京津冀协同发展的国家战略，从自身实际出发，坚持优势互补、合作共赢的原则，着力推动京津冀三地文化交流与合作。

一、签署京津冀三地文化领域协同发展战略框架协议

2014年8月，与北京市文化局、天津市文广局签订了《京津冀文化领域协同发展战略框架协议》，并围绕公共文化设施建设、演艺领域交流与合作、文化产业协作发展、打造非遗活动品牌、培育区域文化市场等八个方面，提出了深化合作的工作方向。

二、开展河北梆子优秀剧目交流演出活动

2014年4月，推出“三地同唱盛世曲 携手共筑中国梦——2014年京津冀河北梆子优秀剧目巡演（北京站）”活动，揭开了京津冀文化协同发展的序幕。本次活动共演出7台优秀剧目及1场名家名段演唱会，演出上座率平均达九成，售票收入超过18万元。期间，还举办了学术研讨、展览等活动。11月，举办了河北石家庄站的巡演活动，10场演出，场场爆满，近万名观众走进剧场。

三、深入推进京津冀三地文化产业协作

重点加强了三地在动漫游戏、文艺演出、艺术品交易领域的合作对接，加强文化产业资源互通，为产业主体牵线搭桥，努力构建统一的区域文化市场。2014年8月，在第五届中国天津滨海文化创意展交会上，组织我省文化企业举办了项目对接洽谈会，进行了项目推介与合作洽谈。

四、推动有关地市与京津签署合作协议

11月5日，唐山市文广新局发起并联合北京市东城区、朝阳区和天津市和平区、河西区、津南区文化部门共同签署《京津冀三地部分地区文化战略合作协议书》，上述地区将从国家公共文化服务体系示范区建设、文艺演出及展览、文化教育培训、文化产业、非遗保护等多个方面展开具体合作。10月29日，保定市文广新局与房山区文委签署《北京市房山区文化委员会与河北省保定市文广新局文化合作协议书》，就文化执法与“扫黄打非”、文化交流、文物保护与利用等方面的合作作出约定，并明确了联席会议、定期沟通、信息共享、合作协助四项具体工作机制。

山西省2014年文化发展情况分析

2014年，是“十二五”文化发展规划执行的关键一年，山西文化文物系统自觉、主动服务于省委、省政府“净化政治生态、实现弊革风清，重塑山西形象、促进富民强省”工作大局，以“文化惠民在三晋”活动为龙头，以加快构建现代公共文化服务体系和现代文化市场体系为目标，积极深化文化体制改革，大力推进全省文化、文物事业和文化产业繁荣发展，开创了文化产业与经济平稳较快增长的良好格局，为全省国民经济和社会发展营造了良好的社会环境。

一、主要指标保持基本平稳，文化发展环境更趋优化

2014年，党的十八届四中全会召开，国民经济和社会发展进入新的历史时期，文化发展面临的改革与发展任务更加艰巨，建设社会主义文化强国的提出，充分彰显了中央高度的文化自觉，为文化建设的开展提供了领导保证、思想保证和组织保证，全省文化发展环境进一步优化。

（一）机构人员保持稳定，文化产业规模进一步扩大

表1 2014年山西省文化及相关产业机构及从业人员情况

单位	2013年		与上年增减变动	
	机构数	从业人员数	机构数	从业人员数
总计	**7450**	**61083**	**81**	**-2132**
1.艺 术 业	450	15137	29	508
其中：艺术表演团体	351	13668	61	935
文化部门艺术表演团体	150	8080	3	-201
艺术表演场馆	99	1469	-31	-409
文化部门艺术表演场馆	89	1363	-1	-34
2.图书馆	126	1593	-1	54
3.群众文化服务	1538	4663	—	-110
其中：群众艺术馆	12	369	—	-23
文化馆	119	1500	—	-4
文化站	1407	2794	—	-23
其中：乡镇文化站	1196	2286	—	-27
4.艺术教育业	19	1437	—	-66
5.文化市场经营机构（不含非公有制艺术表演团体）	**4534**	**23599**	**60**	**-2053**
6.文艺科研	27	843	—	-33
7.文物业	**339**	**6917**	**3**	**720**
8.其他文化及相关产业	417	6894	-10	-1152

截止2014年底，我省共有文化及相关产业机构7450个，比上年增加81个，增长1.09%；从业人员6.11万人，比上年减少0.21万人　，下降3.32%。文化机构及从业人员主要包括：文化部门产业机构2160个，从业人员2.37万人；文化市场经营机构（不含非公有制艺术表演团体）4534个，从业人员2.36万人；文物部门产业机构339个，从业人员0.69万人；其他文化产业经营机构417个，从业人员0.69万人。

（二）受经济下行压力影响，文化投入小幅下降

2014年，我省经济下行压力持续加大，文化投入在近年来首次出现下降，但降幅不大，文化投入仍然保持了基本稳定，为全省文化文物事业稳步发展奠定了基础。

1. 文化部门所属文化机构主要情况

2014年，全省文化部门总收入23.99亿元，总支出23.01亿元，分别比上年减少5.03%和6.99%，收支大体平衡。

表2　2014年山西省文化部门收支情况

收入(亿元)	2014年	占总收入比重(%)	与上年增减变动	
			绝对值	百分比（%）
总收入	23.99	100.0	-1.27	-5.03
其中：财政补贴收入	14.58	60.78	-0.52	-3.44
上级补助收入	0.29	1.21	0.04	16.0
事业收入	0.97	4.04	-0.09	-8.49
其他收入	8.01	33.39	-0.84	-9.49
支出(亿元)	**2014年**	**占总支出比重(%)**	**与上年增减变动**	
			绝对值	**百分比（%）**
总支出	23.01	100.0	-1.73	-6.99
其中：基本支出	10.31	44.81	-1.11	-9.72
项目支出	7.24	31.46	-0.97	-11.81
经营支出	0.36	1.56	0.11	44.0
费用中：工资福利支出	6.25	27.16	0.3	5.04

可以看出：财政拨款占到总收入的60.78%，说明我省文化事业特别是公益文化事业单位的发展主要依靠各级政府的推动；事业收入基本保持稳定，说明文化工作者适应文化市场发展规律、积极开拓市场，取得了一定的成绩，为文化发展积累了财富、拓展了空间。在总支出中，工资福利支出占到27.16%，用于人员开支的费用大约占到财政补贴收入的42.87%，远远高于文物单位20.52%的比重，充分说明：各级财政对文物事业的专项经费投入远远高于对文化事业的专项经费投入，对文化事业的投入还有很大的提升空间。

2014年，我省人均文化事业费38.63元，比上年减少0.23元，下降0.59%，低于全国平均水平4.02元，在2013年与全国平均水平基本持平后，再次拉开距离。与中部六省相比，我省人均文化事业费近年来始终排名第一，但增幅不高，2013年仅略高于安徽省，2014年则排名最后，成为唯一下降地区。

图1　山西人均文化事业费与中部六省、周边省份对比情况

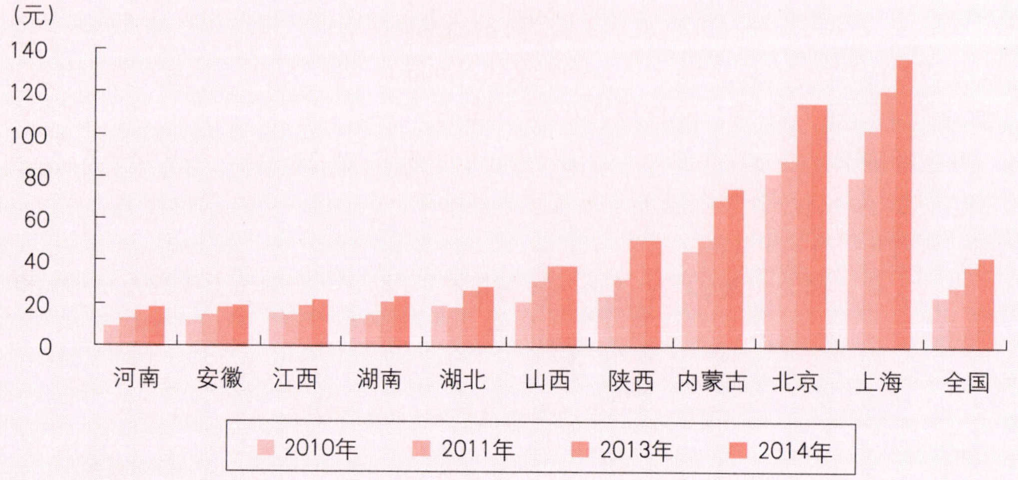

与其他省份相比，我省人均文化事业费总量及增幅都低于陕西、内蒙古等周边地区，更低于北京、上海等地，且差距逐年拉大。北京、上海属于传统意义上的文化高投入地区，与我省及全国大多数省份相比，比较优势明显；陕西、内蒙古属于西部大开发地区，中央财政转移支付比例高于中部地区，加之近年来省级投入明显提高，同我省相比，优势十分明显；湖北、湖南等五省与我省同属于中部地区，中央财政转移支付比例相同，增幅差距主要来自省级特别是省本级的差距。通过上述对比，我省在继续争取中央支持的同时，加大省级特别是省本级文化投入，应当成为近期工作的重点。否则，不仅进一步拉大与北京、上海及全国平均水平的差距，而且在中部六省中的比较优势也将失去。

2. 文物部门所属机构主要情况

2014 年，全省文物业收入 16.99 亿元，比上年减少 3.82 亿元，下降 18.36%，其中：文物事业费 13.79 亿元，占总收入的 81.17%，比上年减少 0.24 亿元，下降 1.71%。进入“十二五”时期，全省文物事业费连续三年保持增长，但受经济下行压力影响，在 2014 年也首次出现了小幅下滑。

图2　山西省文物事业费投入情况

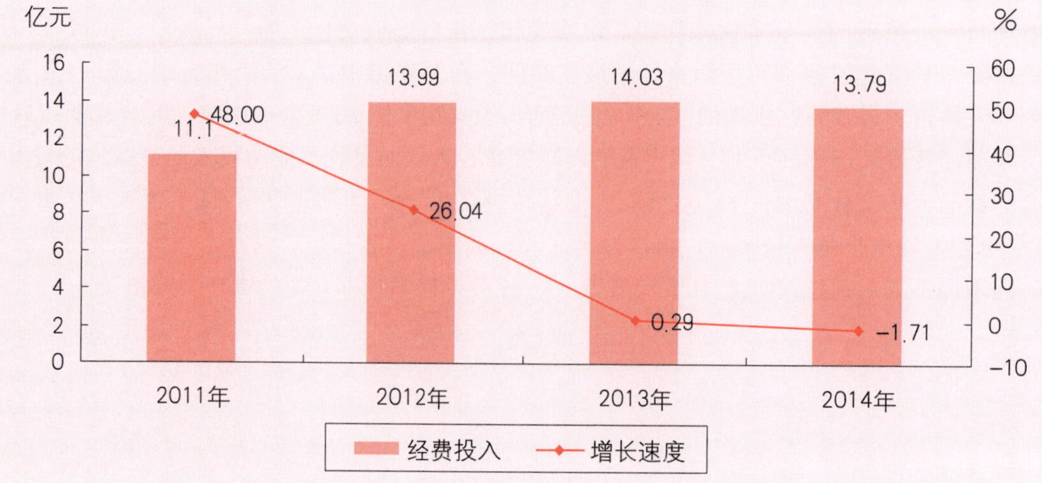

二、精品战略稳步推进，演出市场日益繁荣

2014 年，省文化厅会同省委宣传部等九部门出台《关于支持转企改制国有文艺院团改革发展的实施意见》，深入推进文化体制改革，有 16 个项目入选国家艺术基金资助项目，位居全国第七。我省继续加大剧目创作力度，全省各级剧团创作首演剧目 47 个，包括戏曲类 40 个，歌舞、音乐类 5 个，话剧、儿童剧、滑稽剧类 1 个，杂技类 1 个，创作了《晋善晋美中国梦》、《村官段爱平》、《托起太阳的人》、《守护夕阳》等一批文艺作品。我省文艺精品创作演出在丰富文艺舞台的同时，也收到了良好的经济效益，全省各级剧团实现文化产业增加值 4.37 亿元，比上年增加 0.95 亿元，增幅 27.78%。2014 年，随着我省经济下行压力加大，文艺演出市场受到很大影响，剧团农村演出场次下降 7.08%，观众人次下降 21.19%，演出收入减少 8.76%。为克服演出市场不利影响，各级政府加大对剧团演出的补贴力度，尝试用政府购买公共演出服务的方式来提高剧团演出收入，政府补贴比上年提高 34.77%，在为广大基层群众提供免费、高质专业演出服务的同时，为剧团度过演出难关起到了积极的推动作用。

图3　山西省文化部门剧团演出情况

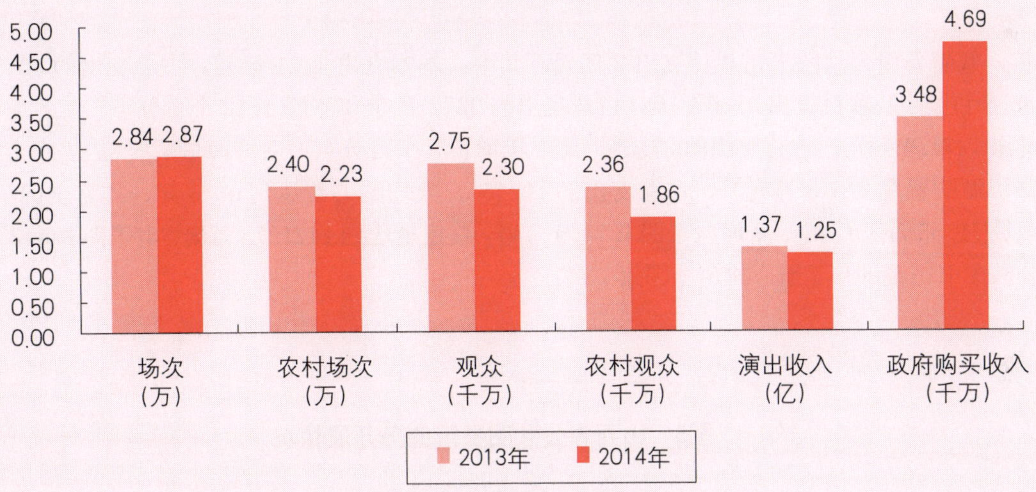

三、注重宏观政策引导，公共文化服务提质提速

我省以保障群众基本文化权益为目标，积极研究编制《山西省人民政府关于提高公共文化服务水平的若干措施》，加快构建现代公共文化服务体系。

（一）公共图书馆业发展情况

2014 年，我省公共图书馆总收入 2.2 亿元，其中：财政拨款 2.14 亿元，是“十一五”期末的 2.18 倍，占总收入的 97.27%。各级政府投入的稳步增长成为促进公共图书馆事业发展的主要动力，免费开放经费的投入为“十二五”公共图书馆业的发展打下了良好的基础。

图4 山西省公共图书馆经费收入情况

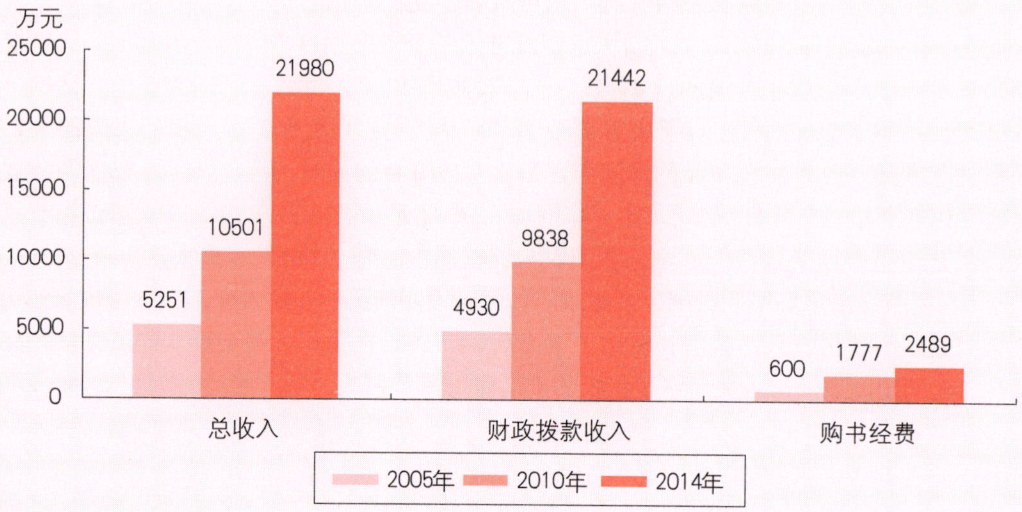

2014年，我省各级公共图书馆累计支出2亿元，其中：基本支出1.21亿元，占总支出的60.5%，比上年下降0.86个百分点；项目支出0.66亿元，占总支出的33%，比上年下降1.42个百分点。在各项费用中，工资福利支出7471.4万元，占总支出的37.5%，比上年增长3个百分点；新增藏量购置费2489.1万元（其中新增数字资源购置费216.3万元），占总支出的12.45%，人均购书费达到0.74元，排名全国第19位。全省新增藏量71.55万册（件）、新增电子图书71.9万册，总藏量达到1471.75万册，电子图书442.23万册，人均拥有公共图书馆藏量0.4册，排名全国第22位。

图5 山西省公共图书馆业务开展情况

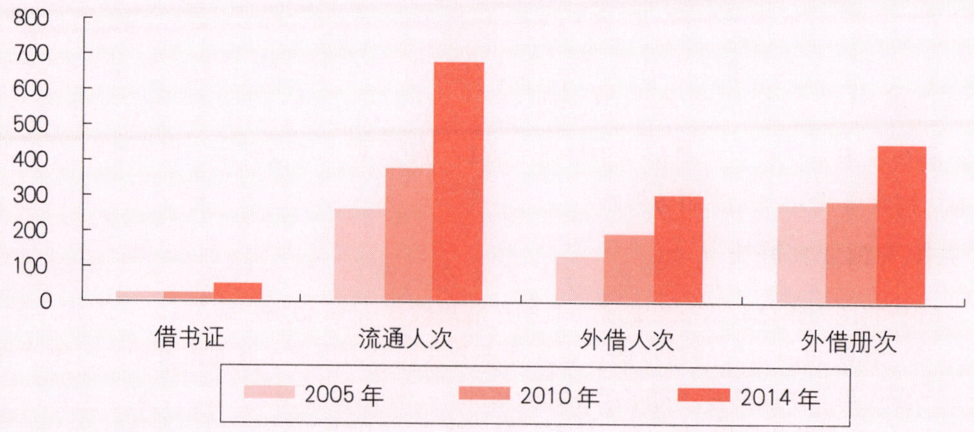

“十二五”以来，在政府投入特别是免费开放资金的大力支持下，我省各级公共图书馆充分利用自身条件，为广大群众提供优质服务，服务方式得到更新，服务范围得到延伸，与“十五”时期、“十一五”时期相比，服务人次增幅明显，在丰富群众精神文化生活的同时，也为构建和谐社会、建设美丽山西营造了良好的环境。

（二）群众文化业发展情况

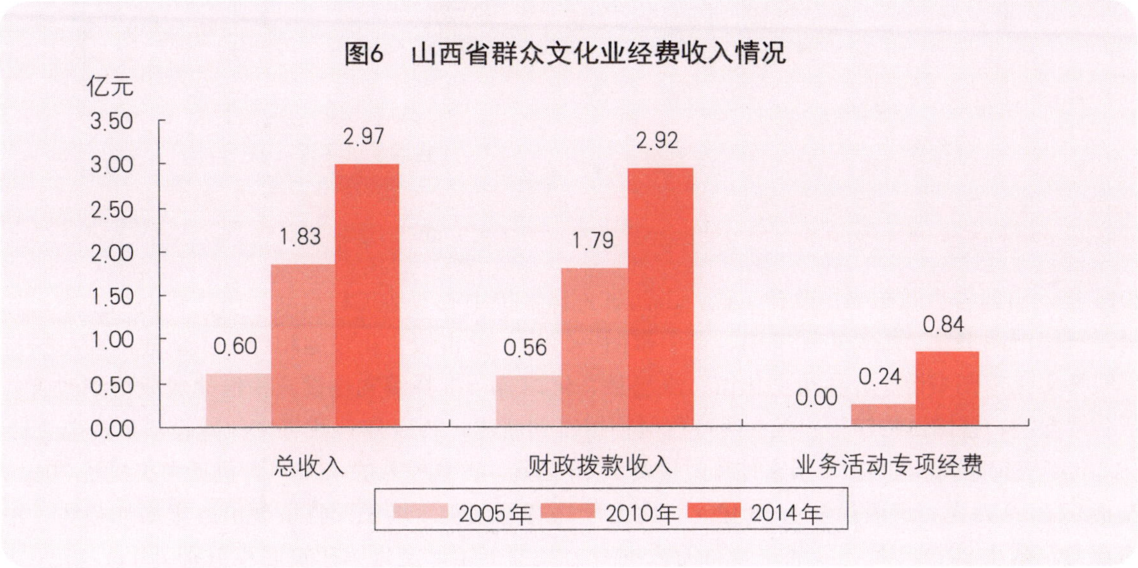

2014 年，我省群众文化事业单位总收入 2.97 亿元，比上年减少 0.78 亿元，下降 20.8%，其中：财政拨款 2.92 亿元，比上年减少 0.73 亿元，下降 20%；财政拨款中，业务活动经费 0.84 亿元，比上年减少 0.14 亿元，下降 14.29%，受到经济下行压力影响，基层免费开放经费配套情况不容乐观。而与“十一五”期末相比，全省各级群众文化事业单位总收入、财政拨款收入分别增长 62.3%、63.13%，群众文化事业发展提速，而政府投入的稳步增长是推动这一发展的主要动力。

2014 年，各级政府继续加大对群众文化的扶持力度，与以往历史时期相比，增幅普遍较高，并且呈现出市、县、乡逐级提高的趋势，说明各级政府对基层，特别是对农村文化投入的力度明显加强。2014 年，我省各级文化馆（站）共为群众提供文艺活动、训练班、各种展览、公益讲座等文化服务 3.82 万次，参与群众达到 864.71 万人次，分别比去年增长 11.7% 和 5.32%，基层群众多层次、多方面、多样化的文化需求进一步满足、基层文化生活进一步丰富。

四、积极转变政府职能，文化惠民工程扎实推进

（一）政府投资提质提速，文化设施改善明显

2014 年，全省各地积极规划和建设与城市相适应的文化设施，在建项目 265 个，其中：图书馆 18 个、文化馆 10 个、文化中心（文化馆图书馆合建项目）11 个、艺术表演团体及演出场馆 3 个、文化站 2 个、文物保护管理机构 204 个、博物馆 2 个、文物科研机构 1 个、其他文物机构 14 个。

图7　2014年山西省文化建设项目国家预算内投资情况（万元）

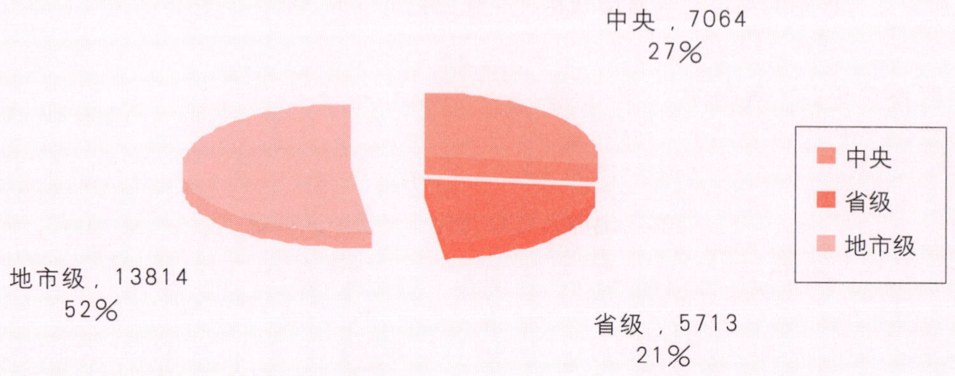

2014 年，山西省少儿图书馆改建工程、山西省古籍保护中心改造工程启动，山西晋剧艺术中心加快开工建设，忻州市图书馆、临汾市图书馆、晋中市图书馆等一批市级文化设施相继开工新建；通过扶持和引导，黎城县文化馆图书馆、介休市文化馆、洪洞县文化馆等一批县级文化设施相继建成或得到改善；晋绥边区革命纪念馆、晋国博物馆等一批县级特色博物馆得到新建。2014 年，我省文化建设项目资金总计 5.45 亿元，比上年增长 5.83%，其中：国家预算内投资 2.66 亿元，占总投入的 48.81%，包括中央投资 7064 万元、省级投资 5712.9 万元、市级投资 1.38 亿元，比上年均有不同程度增长，且呈现出逐级增加趋势，形成了有效的合力。截止 2014 年底，我省平均每万人拥有公共图书馆、文化馆建筑面积分别为 111.77 平方米、266.02 平方米，排名全国第 10 位和第 14 位，两项指标在中部六省中均排名第一。

（二）重点建设工程进展顺利，辐射带动作用明显

“十一五”期末，参考国家建设标准和区域服务人口，我省设定了“省市县三级公益文化设施达标率”（简称“达标率”），避免服务人口不等按同一标准衡量的不科学性，并将“达标率”实现 80% 作为“十二五”时期全省国民经济和社会发展的重要约束性指标加以考核。2008-2014 年，我省加快推进“百县强基”工程，累计利用中央投资 1.13 亿元，省级投资 1.73 亿元，开工新建、改扩建县级公共图书馆、文化馆 140 多个。截止 2014 年底，我省县级公共图书馆公用房屋建筑面积 23.7 万㎡，平均每馆 2008 ㎡，比 2008 年底增长 1.13

图8　2008-2014年山西省县级公益文化设施建设达标率变化情况

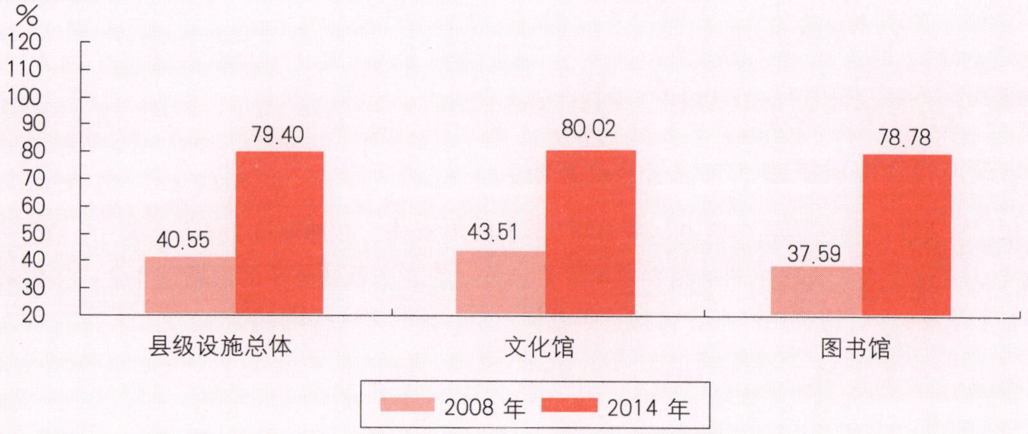

倍；文化馆公用房屋建筑面积 25.25 万㎡，平均每馆 2122 ㎡，比 2008 年底增长 1.05 倍。如上图所示，经过 6 年来的不断努力，我省县级“达标率”明显提高，2014 年底达到 79.4%，比 2008 年底提高 38.85 个百分点，为全省“十二五”文化改革发展指标的完成打下了良好基础。

（三）调整财政支出方式，政府购买公共演出服务成效初显

2014 年 4 月，山西省政府第 40 次常务会议原则通过省级购买公共演出服务试行方案，政府购买公共演出服务正式启动。省文化厅、省财政厅制定下发《山西省省级购买公共演出服务实施方案（试行）》、《山西省省级购买公共演出服务实施细则（试行）》，建立省级购买公共演出服务联席会议制度，研究编制《2014 年山西省省级购买公共演出服务计划》，扎实推进各项工作。2014 年，省级购买公共演出共 308 场，其中：定向补贴演出主要开展剧场常态化惠民演出，为群众提供低票价戏剧、艺术鉴赏服务；送戏下乡演出主要面向基层厂矿、企业、贫困地区、革命老区开展惠民演出。政府购买公共演出服务促进了政府职能和财政支出方式的转变，为政府购买公共服务积累了经验，受到省内外关注，《文化部简报》、《文化体制改革简报》予以介绍，人民网、中国政府采购网等多家媒体进行了专题报道。在政府购买公共演出服务政策推动下，省直院团演出遍布 11 个市、60 多个县，改善了文化民生，实现了群众多看戏、看好戏的目的，在最困难的时候给省直院团提供了难得的演出市场。在省级示范效应下，我省已有 10 个市出台规范政策，落实专项购买资金 3300 余万元，演出超过 6500 场，观众超过 500 万人次，成效明显。

图9　山西省各地区政府购买公共演出服务情况

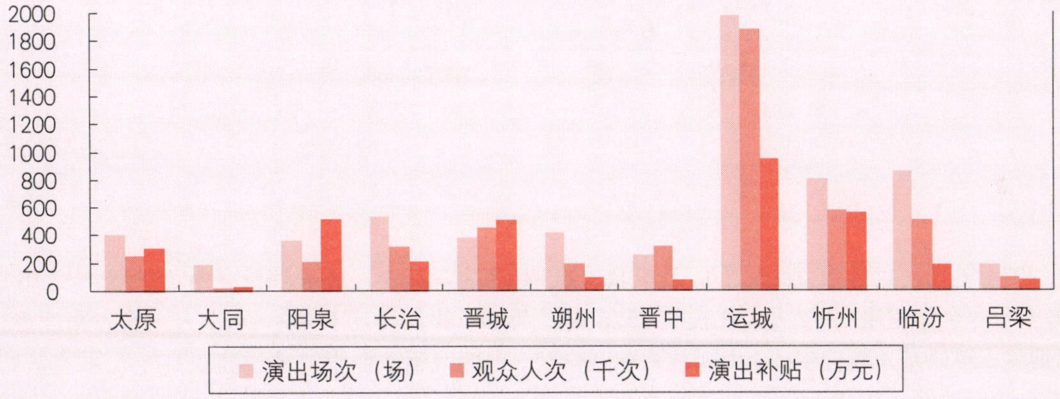

五、把握综改试验机遇，非遗保护实现整体推进

我省以晋中文化生态保护区建设为试点，探索非物质文化遗产整体性保护体制机制，召开了“晋中文化生态保护实验区”建设领导组会议，出台了《关于深入推进“晋中文化生态保护实验区”建设的意见》、《关于规范“晋中文化生态保护实验区”非物质文化遗产保护利用设施建设与管理的指导意见》、《山西省非物质文化遗产项目保存工作规范和技术标准（试行本）》。我省制定“乡村文化记忆工程”实施方案，探索对乡村历史脉络、文化烙印、发展轨迹、传统街区和乡风民俗等文化文脉进行原生态保护。第四批国家级非物质文化遗产代表性项目名录完成申报，国家、省、市、县四级保护体系进一步完善，有 116 项非遗入选国家名录，保护单位 168 个，居全国第三，代表性传承人 106 名；公布省级非遗 403 项，保护单位 723 个，代表性传承人 614 名。

六、文物保护事业获得稳步发展，社会贡献率日益提升

截至 2014 年底，我省文物业共有机构 339 家，其中：文物保护管理机构 141 家，博物馆机构 99 家，文物科研机构 10 家，文物商店 1 家，其他文物机构 88 家。在博物馆机构中，省级馆 5 家、市级馆 18 家、县级馆 76 家，这些博物馆中实行免费开放的达到 47 家。2014 年，全省对外开放文博单位共计举办基本陈列 190 个、临时展览 136 个，接待观众 2388 万人次，比上年增加 529 万人次，增长 28.45%；全年门票销售总额 4.13 亿元，比“十一五”期末增加 1.78 亿元，增长 75.74%。2014 年，全省文物部门对经济社会发展的拉动力提升，在促进发展、惠及民生方面迈出了坚实的步伐，文物事业社会贡献率日益提升。

图10　山西省文博单位情况表

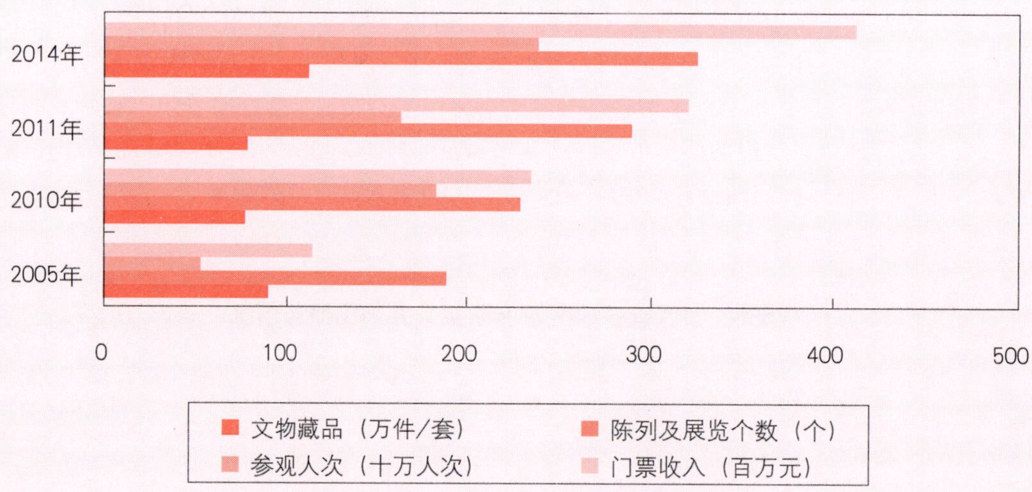

七、注重人才培养和基地建设，艺术教育科研工作取得新成绩

截至 2014 年底，我省共有文化部门艺术教育机构 19 所，其中：高等院校 2 所，中等学校 16 所，其他教育机构 1 所，全年招生 2951 人，在校生 9575 人，全年毕业各类艺术人才 2489 人。我省高度重视人才培养、艺术研究、科研基地建设工作，山西艺术职业学院、山西戏剧职业学院通过高职高专人才培养工作评估；山西戏剧职业学院与中国戏曲学院合办的首个晋剧本科班顺利毕业，在北京梅兰芳大剧院和山西大剧院进行汇报演出获得成功。在全国第十八届少儿戏曲“小梅花”、第二届青少年戏曲比赛、艺术院校职业技能大赛和原生态民歌大赛中获得优异成绩，全省戏曲大小梅花数量均居全国榜首。全省艺术科研工作围绕建设文化强省这一主题，突出地域研究特色， 完成《创新文化改革发展体制机制研究报告》、《山西省公共文化服务体系建设调研报告》等一批有重要学术价值与社会影响的研究成果，全年共成功申报国家级课题 2 项、文化部课题 1 项、省软科学课题 1 项、省艺术科学规划课题 60 项，有 3 项技术开发实验室建设项目获得省科技厅资助。

八、加强文化市场监管，文化娱乐业健康发展

我省文化市场坚持一手抓繁荣、一手抓规范，积极营造公平竞争、内容健康、规范有序的发展环境。通过深化行政审批制度改革，行政审批项目从 20 项缩减为省级 9 项、县区 6 项，并向社会公布项目清单。通过制定行政审批首问负责制、一次性告知制、服务规范等制度，健全了全省文化市场准入、运行、竞争、

退出机制。我省把专项行动与日常监管相结合，检查经营单位 12 万余家次，规范了文化市场经营秩序。我省歌舞娱乐场所经济效益稳中有升，在营业收入、利润总额增长的同时，对社会的贡献率也不断提高；而互联网上网服务营业场所（网吧）则呈现出逐步萎缩的趋势。我省文化市场为丰富广大群众的业余文化生活，增加就业机会，优化投资环境，促进经济发展起到了十分重要的作用。但就总体而言，我省文化市场尚处在调整阶段，产业结构还有待进一步优化。

九、注重政策指导，文化产业提质提速

我省以加强顶层设计和完善政策措施为重点，出台《关于支持文化产业加快发展的若干措施》、《关于推进文化创意和设计服务与相关产业融合发展行动计划》，首次设立山西省文化产业发展投资基金。省文化厅与省财政厅、中国人民银行太原中心支行出台《关于深入推进文化金融合作的实施意见》，与山西投资集团有限公司和山西省文化旅游产业投资促进会启动战略合作，与省旅游局签订《促进文化与旅游融合发展合作意向书》。我省组织开展第五批国家级文化产业示范（试验）园区、第六批国家文化产业示范基地申报，完成第三批省级文化产业示范基地审定，截止 2014 年底，我省共有国家级文化产业示范基地 7 家，省级文化产业示范基地 39 家。全省文化产业增速明显，2013 年全省文化及相关产业法人单位增加值 236.27 亿元，占 GDP 比重 1.87%，比上年提高 0.22 个百分点。

十、加强沟通合作，对外文化交流丰富多彩

2014 年，山西文化走出去步伐加快，全年开展对外文化交流 16 批、486 人次，提升了山西文化影响力。文化部、山西省政府主办“情系三晋——两岸文化联谊行”，接待台湾地区各界 98 人参访，成为近年来我省规模最大、规格最高的对台文化交流活动。华晋舞剧团参加中法文化年开闭幕式和哈萨克斯坦“中国文化日”演出，山西歌舞剧院赴斯里兰卡参加“欢乐春节”演出。加强与周边省份合作，与陕西、河南签署《晋陕豫黄河金三角区域文化发展战略联盟合作框架协议》。

十一、文化发展的机遇与挑战并存，文化强省战略任重道远

（一）抢抓机遇、创新理念，科学设置文化考评体系

省委、省政府把转型发展、跨越发展作为全省工作的主题和主线，把早日建成中部地区经济强省和文化强省作为“十二五”及未来一段时期的奋斗目标，在加快经济转型跨越发展的同时，也为文化的转型发展带来了重要的战略机遇。我省继续开展公共文化服务绩效考评创新，提出“公共文化服务绩效考核评价指数”，对引导市、县各级政府进一步提高文化建设的主动性和自觉性，起到了积极的推动作用。

（二）深入分析、科学解读，把脉文化发展短板

通过考评，我们看到制约我省文化发展的深层次矛盾依然没有得到根本解决，文化大发展、大繁荣的任务依然十分艰巨。

1. 地区性差异明显，文化建设亟待制度化、法制化

图11　山西省部分市、县公共文化服务考核对比情况

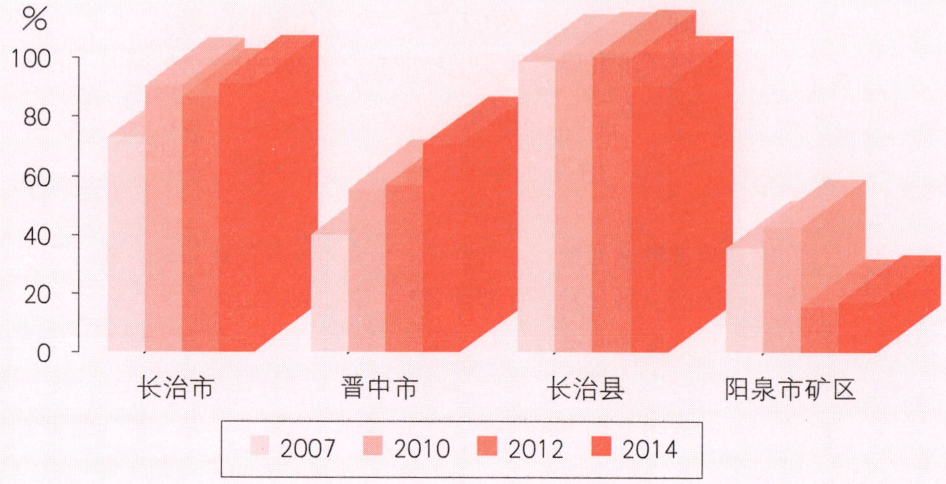

可以看出，近年来，长治市、长治县等地区的公共文化服务体系建设保持了较高水平，而晋中市、阳泉市矿区则始终在低水平徘徊，全省文化建设的地区性差异十分明显，重经济建设、轻文化工作的现象在一些地区还很严重，文化亟需立法，以保障文化建设落后地区的人民群众享受到公平的文化权益。

2. 市级情况不容乐观，对县级的示范作用有待加强

考评显示：2014 年，我省市级“公共文化服务绩效考核评价指数”平均为 77.97%，全省 11 个市中有 5 个市既无图书馆建制也无场所，7 个市级群众艺术馆无馆址或面积不达标。除晋城、长治、运城、晋中、吕梁设立市级建设专项资金外，其他市级政府还没有出台新的文化投入政策，对县级等基层地区的引导亟待加强。

3. 城区发展成瓶颈，政策支持需提质提速

在县、区、市的对比中，县级市的完成情况最好，县次之，而城区公共文化服务体系建设水平还低于县城。城区文化建设遇到的困难集中表现在：基础设施常年得不到更新、文化事业费投入严重不足等方面，成为文化建设的一个最薄弱环节。

（三）深入实践、总结经验，寻求体制机制创新

作为中部经济欠发达省份，我省经济实力相对较弱，对文化特别是基层文化设施建设的投入相对不足，历史欠账较多。在充分调研和论证的基础上，省财政厅、省文化厅联合印发了《县级文化基础设施省级彩票公益金资助项目管理指南》，利用社会资金资助建设文化设施工作正式启动。截止 2014 年底，省级共下达 8 批共计 9650 万元资助资金，涉及全省 59 个县区的 42 个图书馆和 33 个文化馆。全省受资助项目开工率 95%，完工率 80%，收到了良好的预期效果。

2014 年，通过全省广大文化文物工作者的艰苦努力，全省文化工作取得了长足进步，但同时也要看到，文化建设与全面建设小康社会的目标尚有差距，与政治、经济、社会、生态文明建设的协调发展还有待提高。2015 年是全面深化改革的关键之年和“十二五”规划的收官之年，全省文化系统将紧紧围绕弘扬“三个文化”战略部署，牢固树立以人民为中心的工作导向，着力推出一批思想性、艺术性、观赏性有机统一的优秀作品，着力提升公共文化服务效能和质量，着力完善现代文化市场体系，着力推动文化产业健康快速发展，着力构建优秀传统文化传承体系，着力提升文化开放水平，努力开创文化改革发展新局面。

（山西省文化厅　山西省文物局）

山西：加快推进政府购买公共演出服务工作

2014年4月，山西省政府第40次常务会议通过《山西省省级购买公共演出服务方案（试行）》，省级购买公共演出服务正式启动。通过一年的实践和探索，山西省政府购买公共演出服务工作取得初步成效。

按照省政府部署，省文化厅、省财政厅主要从五个方面推进工作落实。一是制定下发《山西省省级购买公共演出服务实施方案（试行）》、《山西省省级购买公共演出服务实施细则（试行）》，明确具体规程和办法。二是建立省级购买公共演出服务联席会议制度，定期研究重要事项。三是紧扣《方案》确定的购买内容，编制《2014年公共演出计划》。四是严格履行政府购买程序，依托省公益演出管理中心组织中标演出院团在规定时间、规定地点开展演出服务，并填写《山西省省级购买公共演出服务申报表》，交联席会议办公室审核。五是围绕省委省政府工作重点开展演出服务，省级全年购买公共演出308场，其中：定向补贴演出主要开展剧场常态化惠民演出，为群众提供低票价戏剧、艺术鉴赏服务；送戏下乡演出主要面向基层厂矿、企业、贫困地区、革命老区开展惠民演出。

政府购买公共演出服务作为公共服务供给领域改革的一项试点，在五方面取得了良好成效。一是为政府购买公共服务积累了经验。山西率先出台程序规范的政府购买公共演出服务政策，创新现代公共文化服务供给模式，受到省内外关注，《中国文化报》、人民网、中国政府采购网等多家媒体进行了专题报道。二是促进了政府职能和财政支出方式转变。政府购买演出服务体现了依法行政、管办分离原则，从根本上解决了过去政府组织公益演出管理粗放、演出费用大、资金使用效果差等问题。三是实现了群众多看戏、看好戏的目的。在政府购买公共演出服务政策推动下，省直院团演出遍布11个市、60多个县，改善了文化民生。四是在最困难的时候，给省直院团提供了演出市场。在经济下行压力增大、演艺市场不景气的情况下，为院团打造了平台、疏通了渠道、增加了活力。五是对全省起到了示范带动作用。在省级示范效应下，我省已有10个市出台规范政策，落实专项购买资金3300余万元，演出超过6500场，观众超过500万人次，成效明显。

内蒙古自治区2014年文化发展情况分析

2014年，全区文化工作以深入贯彻党的十八大和十八届三中、四中全会精神，深入学习领会习近平总书记系列重要讲话精神，以不断加强公共文化服务体系建设，更好满足人民群众文化需求为工作出发点，以深化文化体制改革，推进文化事业和产业共同发展为工作着力点，以扩大对外文化交流，增强草原文化影响力为工作拓展点，努力推进民族文化强区建设，各项工作取得了显著成绩。

一、2014年内蒙古文化发展情况

（一）机构、从业人员比上年略有增加

2014年底，全区共有文化文物（含文化市场）机构8376个，比上年增加185个，增长2.2%；从业人员41973人，比上年增加1219人，增长2.9%；其中：文化部门直属机构1860个，从业人员19271人；文物机构173个，从业人员2204人；文化市场经营机构6442个，从业人员20812人。

表1　2014年全区文化机构和从业人员情况

单位类型	机构数(个)			从业人员数(个)		
	2014年	2013年	增减	2014年	2013年	增减
总　计	**8376**	**8191**	**185**	**41973**	**40754**	**1219**
艺术表演团体	177	143	34	7428	7024	404
艺术表演场馆	19	18	1	327	317	10
图 书 馆	116	116		1964	1998	-34
群众文化服务机构	1156	1156		5008	4649	359
其中：文 化 站	1038	1038		3055	2727	328
艺术教育业	3	4	-1	336	373	-37
文化市场经营机构	6442	6298	144	20812	20224	588
文艺科研	11	10	1	141	138	3
文 物 业	173	169	4	2204	2133	71
其中：文物保护管理机构	89	89		643	635	8
博　物　馆	75	72	3	1470	1412	58
其　　他	279	277	2	3753	3898	-145

（二）文化文物事业费投入逐年增加

2014 年，全区文化文物（不含基本建设投资）事业费 23.58 亿元，比上年增加 1.79 亿元，增长 8.2%。文化事业费投入占财政支出的 0.49%，与上年略有增长，文物事业费占财政支出的 0.12%，与上年持平。

表2　2009-2014年文化文物事业费占全区财政支出情况

年份	财政支出（亿元）	文化事业费（亿元）	占财政支出比重（%）	文物事业费（亿元）	占财政支出比重（%）
2009年	1926.8	9.19	0.48	1.95	0.10
2010年	2280.5	11.30	0.49	2.89	0.13
2011年	2989.5	12.77	0.43	4.04	0.14
2012年	3429.4	16.22	0.47	4.68	0.14
2013年	3682.1	17.36	0.47	4.43	0.12
2014年	3884.3	18.97	0.49	4.62	0.12

全区人均文化事业费不断提高。近年来，随着我区文化事业费的总量不断增加，全区人均文化事业费不断提高，2014 年全区人均文化事业费 75.72 元，比上年增加 6.2 元，增长 8.92%。

图1　2008年-2014年全区人均文化事业费

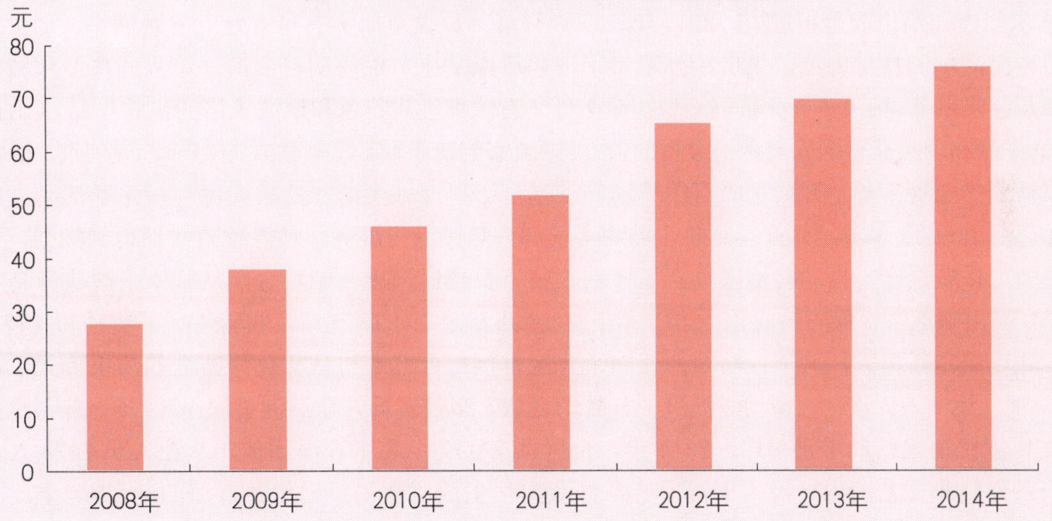

（三）公共文化基础设施建设迈上新台阶

2014 年，全区对文化基础设施建设的投入进一步加大，公共文化设施建设取得显著成绩，公共文化服务网络日趋完善，数量不断增加。以公共图书馆、博物馆、文化馆（文化中心）为重点的一大批文化工程和项目得以实施，有力地支持了公共文化服务体系建设。

2014 年，全区文化设施建设项目 36 个，本年计划投资 4.78 亿元，本年完成投资 4.4 亿元，竣工项目 16 个，竣工面积 43.82 万平方米。本年全区在建项目 20 个，计划总投资 16.22 亿元，计划建筑面积 60.49 万平方米，累计完成投资 6.48 亿元。

表3　近几年全区文化基本建设投资情况

年 份	项 目（个）	本年计划投资（亿元）	本年完成投资（亿元）	本年竣工项目（个）	本年竣工面积（万平方米）
2008年	119	9.80	7.83	79	8.73
2009年	325	12.95	10.91	230	16.23
2010年	277	8.77	8.69	245	23.04
2011年	216	6.39	5.41	179	12.59
2012年	100	11.46	9.33	70	16.90
2013年	36	2.74	2.52	17	9.42
2014年	36	4.78	4.40	16	43.82

上表显示，2014年文化建设项目与上年持平，本年完成投资额增加1.88亿元，增长74.6%。从文化设施拥有量来看，2014年全区公共文化设施建筑面积总量稳步提高，全区每万人拥有公共文化设施面积为651.89平方米，比上年增加34平方米，增长5.3%。其中全区每万人拥有公共图书馆面积为137.04平方米，比上年增加5.54平方米，增长4.2%；全区每万人拥有群众文化设施面积为291.05平方米，比上年增加23.95平方米，增长8.97%。

（四）文艺创作进一步繁荣，文化惠民活动丰富多彩

1. 艺术创作和演出取得新进展。2014年，深入开展“放歌草原·书写百姓”主题创作，加大对民族原创剧目和惠民演出的扶持力度。先后举办了第十一届草原文化节优秀剧目展演、第六届乌兰牧骑艺术节、第三届二人台艺术节，推出了一大批展示“中国梦”、具有浓郁民族特色和地域风格的优秀作品。《山村“九品”官》等9个作品和项目获得国家艺术基金资助，话剧《国家的孩子》荣获中宣部“五个一工程”奖，话剧《惊蛰》荣获全国话剧“金狮”奖。开展了“百团千场”下基层、“深入生活、扎根人民”演出季活动，各级院团为基层群众演出6000多场，并首次面向社会购买了部分惠民演出服务。乌兰牧骑建设得到加强，召开了全区乌兰牧骑工作座谈会，推动自治区设立了乌兰牧骑下乡惠民演出补贴资金，从根本上解决了乌兰牧骑成立以来下乡演出缺乏经费保障的问题。2013年下拨1660万元，对73支乌兰牧骑进行了奖励和支持。同时，积极探索驻场演出新模式，《千古马颂》开创了我区首例舞台艺术与马文化相结合的演出形式，在锡盟演出22场，观众近4万人次；《情动满洲里——梦幻之旅》杂技音舞秀在满洲里演出42场，取得良好效果。

2. 文化惠民演出活动丰富多彩。2014年，全区共有177个艺术表演团体，从业人员7428人。面向基层开展一系列精彩文艺演出，极大丰富了城乡群众文化生活。全年新创作并首演的剧目68个，比上年增加15个；全年共演出2.56万场，比上年减少0.09万场；其中赴农村演出1.36万场，占演出场次总数的53.1%，服务观众人次达1779万人，其中农村观众人次1122万人，占观众人次总数的63.1%。全年演出收入5930万元，比上年增加2688万元，增长82.9%。全区文化部门管理的院团有103个，民营剧团74个。

全年全区文化部门所属艺术表演团体共组织政府采购的公益演出0.45万场，比上年增长55.2%；观众318.5万人次，比上年增长23.8%。利用流动舞台车演出0.35万场次，比上年下降17.8%；观众254.3万人次，比上年下降17.6%。

年末全区国有艺术表演场馆19个，观众坐席数1.7万个。全年共举行艺术演出540场，比上年增长42.1%，观众29.8万人次，比上年下降0.7%。

（五）社会文化活动丰富活跃、异彩纷呈

1. 公共图书馆服务社会的能力明显加强。2014年，公共图书馆财政拨款3.11亿元，比上年增加0.21亿元，增长7.24%，其中：图书购置费2640万元，比上年减少508万元，下降17.2%；人均购书费1.05元，比上年减少0.21元，排全国第14位；人均拥有图书藏量0.58册，比上年增加0.05册，排全国第12位；每万人拥有公共图书面积137.04平米，比上年增加5.54平米，排全国第5位。政府投入的稳步增长为公共图书馆事业的健康发展打下良好的基础。

2014年，全区116个公共图书馆，总藏量1449万册，全年总流通人次621万人次，外借册次571万册次。为读者举办各种活动1542次，参加52万人。全区公共图书馆房屋建筑面积34.3万平方米，其中阅览室面积9.3万平方米。

表4　全区公共图书馆主要业务指标

	图书馆经费（万元）	新增藏量购置费（万元）	人均购书费（元）	人均拥有公共图书馆藏量(册)	每万人拥有公共图书馆建筑面积(平方米)
2010年	17898	939	0.38	0.38	90.4
2011年	20954	2004	0.81	0.44	94.6
2012年	26029	2838	1.14	0.49	104.9
2013年	28999	3148	1.26	0.53	131.5
2014年	31052	2640	1.05	0.58	137.0

2014年，全区“三馆”免费开放经费资金投入1.05亿元，其中中央投入0.86亿元，自治区投入0.19亿元，使全区各级公共图书馆积极开展各种活动，创新服务方式，为广大群众提供优质服务。

2. 群众文化活动日益丰富。2014年，全区文化馆（站）1156个，从业人员5008人，其中：群艺馆13个，文化馆105个，文化站1038个；全年财政拨入群众文化经费4.32亿元，比上年增加0.28亿元，增长6.9%，其中用于业务活动专项经费6696万元，比上年增加1160万元；平均每人拥有业务活动专项经费2.67元，比上年减少0.47元；排全国第12位；全区每万人拥有群众文化设施面积291.05平方米，比上年增加23.9平方米。排全国第10位。

表5　全区群众文化开展活动基本情况

	举办展览（个）	组织文艺活动次数（次）	举办训练班（次）	培训人次（万人次）	公共房屋建筑面积（万平方米）
总　计	2116	15431	6008	40.3	72.90
群艺馆	59	729	389	3.1	6.88
文化馆	505	4215	2186	13.7	20.62
文化站	1552	10487	3433	23.5	45.41
其中：乡镇站	1193	7771	2723	18.5	37.77

（六）文化产业发展成效显著

1. 加强区域合作，促进我区文化产业发展。2014年，为了破解“旅游与文化衔接不紧、融合不深”的难题，举办了首届文化与旅游融合发展系列主题活动，在文化产品展示中，共有181个企事业单位展出民族服饰、

工艺美术品、奇石字画、动漫产品等3000多件文化产品，65家文化企业与旅游企业开展项目对接，共签约34个项目，协议金额566.67亿元。

2. 加强规划指导，充分发挥政府职能作用。编制并争取自治区政府出台了《自治区文化产业中长期发展规划》，明确了发展目标、战略布局和重点任务。研究制定了《进一步促进文化与旅游融合发展的指导意见》。

3. 多措并举，促进新兴文化产业发展。为了推动文化企业更好更快发展，积极搭建政银合作平台，近两年，全区有25家文化企业的27个项目获得银行贷款26.7亿元。鄂尔多斯东联影视动漫科技有限公司成为我区第一家上市文化企业。组织15家文化企业参加了2014深博会，现场签约近1800万元。还组织参加了2014香港经贸文化活动周和第七届西安文博会，宣传推荐了我区特色文化企业和产品。启动了首批自治区级文化产业园区和第四批文化产业示范基地评审命名工作。全区现有国家级文化产业示范基地6个，自治区级文化产业示范基地34个，国家级动漫企业5家。

2014年全区实现生产总值17769亿元，较上年增加937亿元，增长5.6%，其中第三产业增加值6923亿元，比上年增长12.6%。2014年全区文化产业实现增加值346亿元，比2013的289亿元增加57亿元，增长19.7%，占全区GDP比重的2%。占全区第三产业增加值的5%。

（七）文化市场健康有序发展

2014年，全区文化市场经营单位（含互联网上网服务营业场所、娱乐场所和民营艺术表演团体）6473个，比上年增加144个；从业人员22484人，比上年增加1027人。全年全区文化市场经营单位营业收入25.5亿元，比上年增长25.1%；营业利润8.68亿元，下降3.6%。

分区域看，年末盟市所在地文化市场经营单位1802个，占文化市场经营单位总量的27.8%；旗县所在地4082个，占63.1%；县以下地区589个，占9.1%。

表6　2014年按区域全区文化市场经营单位主要指标

		机构数(个)	从业人员(人)	营业收入(亿元)	营业利润(亿元)
总量	总计	**6473**	**22484**	**25.50**	**8.68**
	城市	1802	7536	13.58	3.66
	县城	4082	13556	11.09	4.66
	县以下	589	1392	0.83	0.36
比重(%)	总计	**100.0**	**100.0**	**100.0**	**100.0**
	城市	27.8	33.5	53.2	42.2
	县城	63.1	60.3	43.5	53.7
	县以下	9.1	6.2	3.3	4.1

年末全区共有娱乐场所3032个，比上年末增加9个；从业人员11399人，增加1965人；全年营业收入16.58亿元，比上年增长78.9%；营业利润4.96亿元，增长16.98%。

年末全区共有互联网上网服务营业场所3367个，比上年末增加272个；从业人员9195人，减少1595人；全年营业收入8.41亿元，比上年下降22.1%；营业利润3.6亿元，下降21.3%。

通过数据分析，2014年我区文化市场在发展过程中，互联网上网服务营业场所（网吧）经营状况不佳，经济效益普遍下滑。同时数据显示2014年娱乐场所经营状况好转，效益好于去年。总之，我区文化市场还处在发展阶段，产业结构有待进一步完善。

表7　2014年我区文化市场经营单位按业务分组情况

		机构数(个)	从业人员(人)	营业收入(亿元)	营业利润(亿元)
总量	**总计**	**6473**	**22484**	**25.5**	**8.68**
	#娱乐场所	3032	11399	16.58	4.96
	互联网上网服务营业场所	3367	9195	8.41	3.6
比上年增长(%)	**总计**	**2.2**	**4.8**	**25.1**	**-3.6**
	#娱乐场所	0.3	20.8	78.9	17.1
	互联网上网服务营业场所	8.8	-14.8	-22.1	-21.7

表8　2009-2014年内蒙古文博事业基本情况

年份	机构数（个）	从业人员（人）	文物藏品（万件）	举办陈列展览（个）	参观人次（万人次）
2009年	133	1836	42.42	262	519
2010年	143	1946	46.15	303	650
2011年	147	2108	48.99	378	687
2012年	155	2000	54.09	525	1021
2013年	169	2133	55.94	396	1012
2014年	173	2204	55.75	518	1105

（八）文化遗产保护成效显著

1. 基本情况。2014年，全区有各类文物业机构173个，从业人员2204人，机构和人员分别比上年增加4个和71人，其中：文物科研机构2个，文化保护管理机构89个，文化部门博物馆75个，文物商店1个，文物藏品55.8万件，其中：一级文物2267件，占总数的0.4%。本年举办陈列、展览518个，接待观众1105万人次，有效发挥了文博机构服务社会、服务公众的公益性功能。

2014年，我区文物保护专项经费投入3.82亿元，比上年增加0.6亿元，增长18.6%，其中中央财政投入3.16亿元，比上年增加0.52亿元，增长19.7%。2014年中央和自治区共投入博物馆免费开放专项资金5975万元。

文物事业费的持续增长，有力促进文物事业健康发展，免费开放为参观人次的迅速增长提供了保障，最大限度地满足广大人民群众的精神文化需求。

2. 文物保护工作取得了新成效。2014年全面展开了我区首次全国可移动文物普查。国家级重点文物保护单位由79处增至141处，锡盟正镶白旗伊和淖尔墓群被评为“全国十大考古新发现”，呼伦贝尔市陈巴尔虎旗岗嘎墓地被评为“中国六大考古新发现”辽上京遗址、二道井子、萨拉乌苏遗址3处文物遗址进入全国考古遗址公园候选名单，经过努力，“红山文化遗址群”、“辽代大遗址群”、“阴山岩刻群”列入国家申报世界文化遗产预备名录。土左旗塔布赛村等5处传统村落列入第二批中国传统村落名录。实施了19个旗县，36万平方公里的边境地区“草原神鹰”、“草原神灯”工程及马背文物保护队等文物保护管理工作，文物安全防范得到了加强。

截止2014年，内蒙古已查明的不可移动文物21099处（古遗址15240处，古墓葬3160处，古建筑452处，石窟寺及石刻472处，近现代重要史迹及代表性建筑1759处，其他16处）。全区有世界文化遗产2处（长城、元上都遗址），1座全国历史文化名城（呼和浩特市），2处全国历史文化名镇（赤峰市喀喇沁锦山镇、锡盟多伦镇），2个全国历史文化名村（包头市美岱召村、五当召村）。全国古村落20多处，有全国重点文物保护单位141处，自治区重点文物保护单位511处，旗县级重点文保单位1000余处，全区还拥有7570公里的历代长城，总长度位居全国第一。

3. 博物馆事业蓬勃发展。2014年，全区文物部门博物馆为75个，从业人员1470人，分别比上年增加3个和58人，文物藏品为49.4余万件（套），比上年减少0.4万件（套），其中：一级文物1951件（套），比上年增加29件（套）。全年举办陈列展览429个，接待观众990余万人。2014年全区博物馆财政拨款2.85亿元，比上年减少0.06亿元，下降2.1%。全区现有博物馆房屋面积56.07万平方米，平均每万人拥有博物馆面积223.9平方米，比上年增加15.2平方米。

表9　2010年—2014年全区博物馆基本情况

年份	机构数（个）	文物藏品（万件）	举办陈列展览（个）	参观人次（万人次）	房屋面积（万平方米）	每万人拥有博物馆面积（平方米）
2010年	54	40.8	224	584	32.28	130.7
2011年	59	43.3	304	610	36.20	145.9
2012年	65	48.2	399	940	44.42	178.4
2013年	72	49.8	333	908	52.13	208.7
2014年	75	49.4	429	990	56.07	223.9

4. 非物质文化遗产保护取得新进展。2014年，蒙古族图案等11个非遗项目、6个拓展项目进入第四批国家级非遗代表性项目公示名单。截止目前，我区有人类非物质文化遗产代表作2项（世界级）；国家级非遗保护名录78项；自治区级非遗保护名录342项　；盟市级非遗保护名录1124项；县级非遗保护名录2095项。有国家级非遗项目代表性传承人42人，自治区级代表性传承人564人，盟市级代表性传承人2202人，旗县级传承人3154人。基本实现了全区非物质文化遗产项目及其代表性传承人的分级保护。

2014年，全区非物质文化遗产保护累计拨付专项资金1.27亿元，其中中央财政下拨1.05亿元，自治区财政拨付2362万元。2014年拨入2247万元，（其中中央财政下拨1858万元，自治区财政拨付389万元），各级非物质文化遗产保护中心逐步添置了必要的设施设备，并分别建立了非遗普查工作档案，积极组织开展了大量卓有成效的传承和保护工作。

（九）继续扩大对外文化交流，草原文化影响力不断提升

2014年，充分发挥我区的民族特色和地区特色，提高交流的质量和层次，取得了较好的成绩。2014年，全年共派出文化艺术团组20多个200多人次，分赴俄罗斯、泰国、丹麦等10多个国家及港澳台地区开展对外文化交流。在澳大利亚举办“美丽的草原我的家——澳大利亚·内蒙古文化周”，包括蒙古族青年无伴奏合唱团演出、内蒙古风情摄影展、非物质文化遗产展示等系列文化活动，反响热烈，受到了澳方和我驻澳使馆的高度评价。派团赴泰国、埃及、土耳其参加2014年海外“欢乐春节”系列活动，得到文化部的表扬。民族舞台剧《马可·波罗传奇》在美国布兰森市白宫剧场累计演出320多场，刷新了在海外主流剧院开展商演的历史记录。与蒙古、俄罗斯等毗邻国家的合作不断加强，内蒙古民族艺术剧院赴蒙古国进行观摩、学习，参加蒙古国举办的第四届国际马头琴那达慕，内蒙古考古研究所与蒙古国继续联合开展“蒙古国游牧民族文化遗存考古调查与发掘”，取得了系列成果。

二、文化发展存在的困难和问题

2014 年，内蒙古文化发展取得了新成效，但同时也要看到，总体上与内蒙古经济发展规模和速度还不协调，与人民群众迅速增长的精神文化需求不相适应，文化建设存在投入不足，地区之间文化发展不平衡，基层文化设施建设薄弱，文化人才队伍素质偏低等问题，具体表现在：

（一）城乡之间、地区之间发展不平衡

近年来，内蒙古的文化建设虽然取得了长足的进步，但总体上还滞后于经济建设，区域之间、城乡之间的发展还很不平衡，贫困地区和农村、牧区文化建设相对薄弱。

（二）文化投入总量偏少

随着自治区财政收入不断增加，各级政府对文化的投入逐年增加，但是长期以来欠账太多，基数较低，文化投入所占财政支出比重始终徘徊在 0.5% 以下，距文化事业发展的需求不相适应。

（三）文化设施难以满足公共文化服务体系建设的要求

1. 大多公益性文化单位面积狭小、陈旧落后、设备紧缺。自治区本级，群艺馆建筑面积 3570 平米，低于省级群艺馆 6000 平米的国家最低标准。没有省级非遗展示馆，国家已启动中国非遗展示馆建设，并支持建设非遗保护设施，全国近 10 个省市区建有非遗馆。在盟市，5 个图书馆低于 4500 平方米的国家最低面积标准，9 个群艺馆低于 4000 平方米的国家最低面积标准。在旗县，有 62 个图书馆不足 1500 平方米，文化馆有 55 个不足 1500 平米，不符合国家二级图书馆、三级文化馆的最低面积要求。

2. 全区现只有 8 个旗县有剧场、影剧院，截止 2014 年底，93% 的旗县政府所在地都没有专业演出的剧场或影剧院，文艺演出活动受到演出场地的限制。

3. 乌兰牧骑是我区文艺战线的一面旗帜，被誉为“草原文艺轻骑兵”。成立 50 年来，为宣传党的民族政策、活跃广大农牧民的精神文化生活发挥了重大作用。目前，自治区按照中央要求，对乌兰牧骑等文艺院团进行了体制机制改革。48 支保留事业体制乌兰牧骑，由于历史和体制等方面原因，事业发展也面临诸多困难和问题，突出问题是办公条件和排练场所简陋。现有办公和排练场所面积不足 2000 平方米的有 37 支，不足 1000 平方米的有 18 支；设施的落后严重制约了乌兰牧骑事业的发展。

（四）日常运行经费不足，难以有效地发挥其应有的作用

1. 公共图书馆购书费短缺，制约了其服务功能的发挥。全年图书购置费 2640 万元。其中：自治区级馆购置费 923 万元；盟市级馆平均 49 万元，旗县级馆平均 11 万元，32 个图书馆无购书专项经费，全年没有购置新书。全区人均藏量 0.58 册，仅比上年增加 0.05 册，人均藏量居全国 12 位，投入不足导致图书馆新书入藏少、难以吸引读者和满足群众阅读需求，是影响我区图书馆事业发展的重要因素。

2. 大多旗县文化馆（站）业务经费短缺。2014 年平均每馆业务费 21 万元，人均业务活动专项经费 2.67 元，大多每年只能开展一次春节元宵文化活动。乡镇文化站年平均业务经费仅为 3.9 万元，基本活动难以开展，特别是冬季取暖都成问题。

3. 文物事业发展相配套的地方专项资金拨付不到位，如可移动文物普查旗县区配套经费投入不足。

（五）文化产业的总量规模依然偏小

全区文化产业增加值增幅仍低于 GDP 增幅，2014 年文化部门实现增加值 29.5 亿元，比上年增加 0.1 亿元，占全区 GDP 的 0.17%，与上年持平。文化产业增加值占全区经济总量比重仍较低，产业集约化程度不高，文化产业单位还处于小规模分散化经营状态，有实力的文化企业数量不多。许多国有文化单位还没有成为自主经营、自负盈亏、自担风险、自主创新的市场主体。文化产业中科技含量低，科技创新能力较弱，产

业政策还不完善，文化消费市场有待培育。

三、对策及建议

加快文化创新、构建公共文化服务体系为主要任务，更加自觉、更加主动地推动内蒙古文化大发展大繁荣，加大文化投入、加快文化建设，提升文化软实力。

（一）把文化基础设施建设列为自治区每年实施的“十项民生工程”之一。

（二）进一步加大文化投入，形成多元文化投入机制。

（三）自治区本级设立文化设施建设专项资金，引导和推动全区文化基础设施建设。

（四）深化文化体制改革，激发文化创新活力。

（五）强化文化人才队伍建设。

（六）加强文化法规体系建设。

（内蒙古自治区文化厅）

内蒙古：内蒙古图书馆首创“我阅读，你买单”彩云服务

自2014年5月开展彩云服务创新实践活动以来，内蒙古图书馆完成了内蒙古新华书店总店（图书大厦）、新华书店内蒙古图书馆分店（内蒙古图书馆馆内）、内蒙古博物院书店、北京西单图书大厦4个试点单位的建设。已有1万余名读者通过彩云服务购买1.2万册图书，内蒙古图书馆共支付购书经费40多万元。

“我阅读，你买单；我的图书馆，我做主。”不再是一句口号，而是一项初具成效的惠民新举措。内蒙古图书馆通过自主研发“公共文化服务体系中读者、书店、图书馆集‘借、采、藏’一体化服务管理平台”将图书馆和书店的资源与服务集成整合，扩充资源总数，提供联合编目、资源共享、图书外借等一系列基于动态数据的云服务。在内蒙古自治区呼和浩特市任一与数据交互平台实现计算机联网的图书销售单位，读者只需持有内蒙古图书馆的读者证就可采购借阅。读者选好书后在书店柜台刷读者证、输入密码，即可完成读者下单购书环节。在书店工作人员对所购（借）图书进行条码和RFID芯片粘贴并通过光笔扫描转换后，系统自动将图书编目信息上传图书馆数目数据库，完成图书的图书馆编目业务操作。为规避重复采购图书，进而导致图书资源浪费，该系统也做了相应的程序设计。当读者在书店借阅系统“下单”后，系统会自动与内蒙古图书馆库存数目比对，若该书在图书馆的库存数已达到一定量，系统会提示读者去图书馆借阅。还书环节也极为便捷。“在所借图书到期之前，读者可通过图书馆自助还书机完成。”

“彩云服务的实施将原来图书馆购书、读者借书的流程变成了‘借采藏’，是一次真正将读者的需求放在第一位的革命性创新，读者不仅是图书馆服务的主体，更是图书馆馆藏建设的主体。”

目前，传统的公共图书馆图书采购途径不外乎书目征订、从本地新华书店购书、在各类订货会和书市上看样书直接选购等。“这样的图书采购渠道往往有很大弊端，比如通过图书采购计划买回来的书如果不是读者喜欢的，就会被束之高阁，不仅造成资源浪费，而且也使捉襟见肘的采购经费落不到实处。”

辽宁省2014年文化发展情况分析

2014年，全省文化系统全面贯彻落实党的十八大、十八届三中、四中全会和习近平总书记系列重要讲话精神，围绕建设文化强省的目标，以改善文化民生为根本任务，以转变文化发展方式为主线，抓住文化改革和文化发展这两个关键环节，努力多出精品，多出人才，多出效益，各项工作取得明显成效。

一、文化建设发展现状

我省是文化大省。全省各级各类文化事业单位2200余个，从业人员2万余人。全省专业艺术院团23个；专业艺术演出剧场26个；公共图书馆129个，拥有藏书3562.9万册；群众艺术馆（文化馆）124个，实现了市、县均有图书馆、文化馆的目标；乡镇和城市街道文化站1419个，乡镇文化站覆盖率达90%以上；社区文化室3473个和村文化室9134个；文化系统所属博物馆61个，省级以上文物保护单位349个，拥有文物藏品74万余件，一级品1315件；全省各级各类文化市场经营场所8527个，安排就业人员4.1万余人。

表1　2012年-2014年机构、人员情况

项目	机构(个)			从业人员(人)		
	2012年	2013年	2014年	2012年	2013年	2014年
总计	2324	2265	2252	23370	23290	21623

文化政务保障水平全面提高。一是积极争取文化投入。省财政厅下达我厅2014年度预算经费4.8亿元；争取国家补助的项目资金近1.4亿元。全年争取资金总计6亿余元。二是积极开展文化艺术人才培养工作。先后推荐吕萌、赵一飞、田剑锋、王筱雯参评国家百千万人才工程、辽宁“双千计划”百千万工程领军人才评选。三是加强机关内部管理。加强门户网站建设、电子政务平台建设，加快推进机关后勤标准化、公开化。

公共文化服务成效显著。一是“血脉相连、心系百姓”群众文化宣传教育工作有效开展。举办了群众文艺演唱活动、优秀图片展、优秀影片影视剧展映、百题征答活动、百场文艺演出、美术书法摄影展、文化志愿服务基层行7项活动，全省开展宣传党的群众路线文艺演出近600场。省委常委、组织部长辛桂梓做出重要批示，给予充分肯定。二是公共文化流动服务取得突破性进展。开展了流动图书馆、流动博物馆、流动大舞台、流动传习所四项活动。“辽宁省图书馆百万图书万里行”活动服务总里程近1.3万多公里，流动图书车开展服务646次，覆盖读者近20万人次，借、阅图书10万余册次。各市完成各类流动服务近7000余场。三是“七个一百”等基层文化创建活动初见成效。评出县区特色群众文化基地、基层文化活动示范广场、文艺下基层骨干队伍、群众文化辅导基地、群众自办文化典型、群众原创优秀文艺作品、“群文之星”各30余个。四是文化志愿服务向规范化常态化发展。举办“传递书香、见证成长”公共图书馆志愿服务活动等7个主题活动，组织各类活动2500余场。

表2 2012-2014年全省图书馆发展情况

指 标	计量单位	2012年	2013年	2014年
机构数	个	129	129	129
从业人员	人	2971	2892	2932
总藏量	万册、件	3470.5	3355.4	3562.9
本年新购藏量	万册、件	296.6	168.9	194
实际使用公共房屋建筑面积	万平方米	47.5	45.4	34.9
#书库	万平方米	8.6	7.9	8.3
阅览室	万平方米	11.5	11.3	11.9
阅览座位	万个	3	3	3
#少儿阅览室	万个	0.8	0.8	0.8
图书借阅情况	—			
外借人次	万人次	1939.3	1939.3	1891.7
书刊文献外借册次	万册次	1615.8	1749.8	1622.7
累计发放有效借书证数	万个	91.8	102.1	109.9
为读者举办各种活动	—			
次数	次	1820	2099	2343
参加人次	万人次	38.1	34.6	35.0
年末固定资产原值	亿元	9	10.3	10.6

文艺创作演出亮点纷呈。一是成功举办辽宁省第九届艺术节。精心创作了一批原创剧目，艺术节期间，共有 26 部剧目在沈阳等 9 个城市演出 50 余场，观众 5 万余人。话剧《祖传秘方》、舞剧《梅兰芳》、歌剧《雪原》、芭蕾舞剧《乌斯浑河的回声》等 12 台剧目获优秀剧目奖。二是深入开展 “送戏到基层”等惠民演出活动。全省共完成“送戏到基层”演出 5239 场，观众达 400 余万人。三是精品剧目创作取得新成绩。沈阳京剧院创作的京剧《将军道》入选中宣部第十三届精神文明建设“五个一工程”奖优秀剧目。歌剧《雪原》在第二届中国歌剧节上获得优秀剧目奖等 6 个奖项。四是国家艺术基金项目申报工作取得新突破。省直艺术院团所申报的 4 台剧目、沈阳市、大连市申报的 3 台剧目及项目进入“国家艺术基金剧目交流推广、艺术人才培养等资助项目”。

表3 艺术表演团体综合情况

年份	机构数（个）	从业人员（人）	本团创作首演剧目（个）	演出场次（场）	国内演出观众人次（万人次）	财政拨款（万元）	演出收入（万元）
2012年	23	2314	5	2700	245.9	23638.7	2028.5
2013年	23	2234	10	2650	255.0	23758.4	2147.2
2014年	23	1872	18	3563	263.6	244427.0	1765.0

文化遗产保护利用成绩斐然。一是经省政府第32次常务会议审议通过，正式公布第九批省级文物保护单位251处，我省省级文物保护单位达到472处。二是组织编制了圣水寺等40余项全国重点文物保护单位的保护工程方案和立项报告；组织申报了医巫闾山辽代遗址等20余项考古发掘项目。共争取国家资金1.4亿元。三是第一次全国可移动文物普查有序推进。组建省第一次全国可移动文物普查专家库，举办七期“辽宁省可移动文物信息登录平台培训班”，开展国有单位文物收藏情况的复查工作。四是非物质文化遗产代表项目名录体系建设积极推进。7个省级项目入选国家级非物质文化遗产代表性项目。2人获“中华非物质文化遗产薪传奖”。五是非物质文化遗产保护得到加强。完成了《辽东文化生态保护区规划纲要》编制，阜新市细河区珏艺轩玛瑙素活制品厂被命名为第二批国家级非物质文化遗产生产性保护示范基地。

表4　文物业综合情况

项目	机构数（个）	从业人员（人）	藏品数（件/套）	一级品	二级品	三级品	本年新增藏品数（件/套）	举办展览（个）	参观人次（万人次）
2012年	127	3651	710761	1668	14151	113719	4330	253	1257.32
2013年	127	3669	745930	1726	13306	133624	7041	330	1391.2
2014年	143	3818	779775	1988	13864	136533	9747	424	1336.5

文化产业发展势头良好。全年实现文化产业增加值411.4亿，比2013年增长20.7%。一是全省文化产业发展调研顺利完成。二是辽宁剧院联盟建设取得了新成效，新增剧场8家，达到了30家。三是动漫游戏产业平稳发展。大连博涛多媒体有限公司等3家动漫企业成功入选商务部、中宣部等国家十部委“2013－2014年度国家文化出口重点企业公示名单”。四是工艺美术产业健康发展。抚顺平天蜡工艺厂成功入选2013－2014年度国家文化出口重点企业公示名单。五是文化会展业扎实推进。第三届辽宁精品文化节吸引省内外220家文化企业展出产品2000余种，现场交易额接近5000万元。六是园区、基地建设不断加强。大连市被科技部、中宣部、文化部、新闻出版广电总局四部门认定为国家级文化和科技融合示范基地。

对外文化交流取得新突破。组团赴非洲纳米比亚、毛里求斯、塞舌尔和欧洲的爱尔兰，开展“欢乐春节”访演交流活动10场。实施与毛里求斯中国文化中心、塞舌尔大使馆对口合作项目。辽宁芭蕾舞团参加巴林“中国文化周”交流活动博得观众的赞扬。与澳门有关部门联合主办“历史的跨越—纪念《澳门特别行政区基本法》颁布21周年暨澳门回归14周年”图片展。举办了俄罗斯艺术家演奏音乐会、美国全美女艺术家联盟“半边天-社会实践艺术的交叉点”展览。

表5　全省境外展览团和文化代表团来访情况

年份	展览团（个）	文化代表团（个）	文化代表团来宾人数（人）
2012年	6	222	1535
2013年	3	171	1959
2014年	4	96	1269

文化基础设施进一步改善。省博物馆、省图书馆新馆建筑面积分别为10万平方米，现已竣工，正在准备搬迁。辽宁艺术中心和两个剧场建筑面积11.5万平方米，目前已进入收尾阶段，预计10月份搬迁。省艺术学校教学楼项目已竣工投入使用。沈阳艺术大厦、本溪市群众艺术馆、阜新市博物馆新馆等建设、改造项目扎实推进。

文化市场管理水平不断提高。持续规范上网服务营业场所，保持全省上网服务营业场所总量稳中有降。春节、“两会”、国庆期间，组织督查2次；开展了“净网2014”专项行动。全省共出动执法人员11.9万人次，检查经营单位6.8万家次，立案调查717件，办结案件590家。

全省互联网上网服务营业场所（网吧）5039个，娱乐场4030所个，为活跃群众的各种文化生活做出了贡献，同时有部分文化企业已成为发展文化产业的中坚力量。

二、文化发展存在的主要问题

（一）文化投入占财政支出的比重偏低

目前，尽管全省各级财政对文化的投入逐年增加，但财政投入基数过小，用于文化事业发展的财政投入还仅仅是保障，文化事业建设经费投入不足的问题仍相当普遍。许多区、县公共文化机构运转经费缺乏制度性保障。公益性文化事业单位的业务经费紧缺，难以有效地发挥其应有的作用。

（二）文化产业规模偏小

文化系统产业集约化程度不高，文化产业单位还处于小规模分散化经营状态，有实力的文化企业数量不多。许多国有文化单位还没有成为自主经营、自负盈亏、自担风险、自主创新的市场主体。

（三）人才缺乏，后劲不足

人才队伍结构不合理，结构性人才积压与人才短缺并存。一方面高层次、高素质管理人才、专业人才和复合型人才普遍紧缺，部分专业已经出现断档。话剧表演、指挥、演出经纪、文博拔尖人才严重不足，艺术科研专业具有研究人员能力的人员不多；另一方面艺术院团和其他单位不同程度地存在着学非所用的现象，部分高职称、高技能的人员长期闲置或不在岗位工作，降低了人才使用效率。

三、几点建议

为深入贯彻落实党的十八届四中全会精神，大力发展社会主义先进文化，扎实推进社会主义核心价值体系建设，努力抓好各项文化工作，开创文化工作新局面。建议如下：

（一）完善文化投入政策保障机制

提高文化投入总体基数，增加年初预算额度，改变文化事业经费零基预算的财政政策，保证公共财政对文化建设投入的增长幅度高于财政经常性收入增长幅度，提高文化支出占财政支出比例。

（二）加强文化队伍建设，提高服务能力

造就高层次领军人物，培养一批文化名家和拔尖人才。完善人才结构，加大人才储备力度。加强基层文化人才队伍建设，培养一批基层文化骨干。建立完善人才培训机制和激励机制。

（三）深化文化体制改革

继续推动转制文化单位建立健全现代企业制度，加快公司制、股份制改造，促进资源整合和战略性重组，增强面向市场、参与竞争的能力。推进事业单位分类改革。深化公益性文化事业单位人事制度、分配制度及社会保障制度改革。

（辽宁省文化厅）

辽宁：开展“血脉相连、心系百姓”群众文化宣传活动

一、开展群众文艺演唱活动

1. 创作群众文艺作品，编印辅导唱本。4月上旬，创作编排了一批戏剧曲艺节目作品。经认真研究审核通过了42篇扬清风、树正气，贴近实际、贴近生活，群众喜闻乐见的作品，并编写成《群众文艺辅导唱本》，印制15000册，落实到市、区、县、乡镇文化馆（站）。

2. 组织16场示范演出。示范演出活动历时2个半月，60余名群专结合的演职人员，在全省14个市及绥中、昌图县共演出16场，各市、县（区）群众文化工作者及城乡基层群众近20万人观看。

3. 举办群众文艺辅导唱本培训班。群众文艺辅导唱本培训班在辽宁大剧院举办。来自各市及绥中、昌图县的文化馆业务馆长、文艺骨干40余人参加了培训。

二、举办优秀图片展

1. 制发宣传挂图15000套。5月初，15800套党的群众路线教育实践活动宣传挂图编制印刷工作完成，5月19日至26日发送至各市。宣传挂图共4张、23幅图片，以漫画形式宣传介绍了党的群众路线教育实践活动的总要求以及党的群众路线在基层群众中的落实情况。据统计，约有60余万基层群众参观了挂图展。

2. 举办图片展览。图片展览横向覆盖我省14个地区，纵向深入到我省各村镇、社区等最基层的单位，吸引了愈百万群众参观，各地媒体均就此进行了深入报导。展览为时40天，共8万余观众参观了展览。

三、举办优秀影片影视剧展映

展映活动播出的影视剧全部是弘扬主旋律、歌颂基层共产党员先进事迹的优秀国产影片，通过辽宁文化共享频道送进全省除大连外的全部涉农县、区和11225个行政村的广大观众家中。播出《焦裕禄》、《雷锋》、《孔繁森》、《郭明义》等25部优秀影片达200余场次。

四、组织百场文化演出

厅直属艺术院团以“全省公共文化流动服务工程”为载体，组织话剧《郭明义》、《周恩义》及近几年来我省文艺院团创作的符合“血脉相连，心系百姓 -- 党的群众路线教育实践活动”主题的优秀剧（节）目、综合晚会等到全省各地乡村、社区、学校、军营、厂矿演出，以专业艺术的形式把党的群众路线教育实践活动送到基层一线。在全省共演出170余场，观众达12万人。

五、举办美术书法摄影展

面向全省征集作品，规定参展作品应紧扣党的群众路线教育实践活动这一主题，记录各级党组织为民服务、密切党群关系的生动实践，展示党员干部践行群众路线的风采，反映教育实践活动成果。经过层层遴选，最终确定了520幅作品入选参展。展览在辽宁美术馆举办，观展人数达10000人。

六、开展文化志愿服务基层行

围绕“我们的中国梦　文化志愿服务基层行”主题，通过“大舞台”、“大讲堂”、“大展台”等活动载体，把党的群众路线教育实践活动的宣传有机融入其中，文化志愿者共组织4500场演出及其他活动。

吉林省 2014 年文化发展情况分析

2014 年，在省委、省政府的正确领导下，在相关部门的大力支持下，全省文化系统围绕中心、服务大局、开拓创新、务实进取，文化改革发展取得新成果。

一、全省文化文物基本情况

（一）机构、人员情况

截止到 2014 年底，全省文化部门机构共计 1,446 个，从业人员 13,615 人，其中：图书馆 66 个，从业人员 1,642 人；群众艺术馆、文化馆 78 个，从业人员 2,481 人；艺术表演团体 40 个，从业人员 2,540 多人；博物馆 78 个，从业人员 1,214 人；美术馆 8 个，从业人员 69 人。

（二）全省文化事业经费投入情况

全省文化事业经费逐年增加，特别是党的十六大以来，我省各级党委、政府更加重视文化建设，把文化发展列入经济和社会发展的总体规划之中，不断加大投入，使文化建设的基础更加巩固。1998 年 -2014 年十六年间，全省各级财政对文化事业经费投入累计达 107.80 亿元（不含基建拨款），从 1998 年的 1.62 亿元增加到 2014 年的 17.28 亿元，年均增长 17.08%。

图1　1998-2014年全省文化事业经费财政拨款情况表

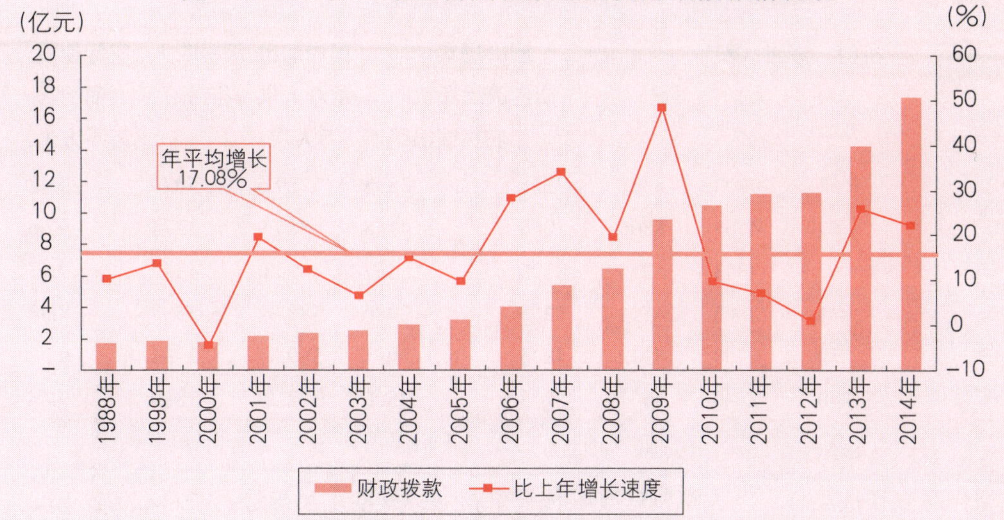

其中：对公共图书馆经费投入从1998年的0.24亿元增加到2014年的2.49亿元，年均增长16.97%（省图书馆每年购书经费直至2008年200万元增加到1,000万元）。对群众文化经费投入从1998年的0.27亿元增加到2014年的4.64亿元，年均增长20.72%。对艺术表演团体经费投入从1998年的0.42亿元增加到2014年的2.53亿元，年均增长12.66%。对博物馆经费投入从1998年的0.11亿元增加到2013年的2.33亿元，年均增长21.33%。省直文化事业经费从1998年的0.51亿元增加到2014年的3.18亿元，年均增长12.98%。

2014年，全省文化事业经费17.28亿元（不含基建拨款），占财政支出2906.94亿元的比例为0.64%；人均文化事业经费为70.06元。

二、2014年文化工作硕果累累

（一）文艺创作演出方面

1. 全省艺术表演团体总量和从业人员情况。截止到2014年底，全省共有艺术院团56个，从业人员2,954人，其中：省直艺术院团4个，从业人员643人；各级文化部门管理的艺术院团36个，从业人员1,897人；民间职业剧团16个，从业人员414人。

2. 吉剧振兴工程稳步推进。吉剧振兴工程取得重要阶段性成果。吉剧《站醒台》荣获中宣部“五个一工程”戏剧奖，吉剧《焦裕禄》荣登国家大剧院舞台，并在省内巡演百余场，省里设立吉剧振兴引导资金，已扶持12个吉剧剧目。成功举办吉剧优秀剧目汇演和“吉林文化上海行活动”。吉剧电影《大唐女巡按》拍摄完成，吉剧《包公赔情》参加2015年新年戏曲晚会。

3. 送戏下乡工作创新开展。2014年我厅仍承担4000场送戏下乡文化惠民演出任务。为创新公共服务供给模式，有效动员社会力量，构建多层次、多方式的公共服务供给体系，根据《吉林省人民政府办公厅关于政府向社会力量购买服务的实施意见》，2014年送戏下乡演出补贴纳入政府采购。通过招投标，省演出公司组织省内演出团体较好完成了4000场送戏下乡演出任务。在加快吉剧振兴的同时，其它艺术门类竞相发展。

表1　全省文化部门艺术院团主要指标

	机构（个）	从业人员（人）	演出场次（场）			国内演出观众人次（万人次）	演出收入（万元）	实际使用面积（万平方米）	
				国内演出场次	农村演出场次				排练场
2009年	68	4103	8382	7225	3598	729.6	5070	9.47	2.53
2010年	69	4101	8806	8063	4158	885.9	3274	9.66	2.14
2011年	67	4043	8955	8326	5467	893.6	4342	9.47	2.77
2012年	41	2803	6591	5266	2980	588.02	5588	8.88	2.48
2013年	39	2700	4912	4845	3091	389.47	2983	9.32	2.42
2014年	40	2540	4467	4218	2526	372.38	2860	9.48	2.6

4. 优秀作品创作成果喜人。大型整理改编传统京剧《孙安动本》当选“2011-2012年度”国家舞台艺术精品工程重点资助剧目，在全国当选的15台剧目中排名第6；梨树县地方戏曲剧团有限责任公司二人转《香妃梦》获全国曲艺、木偶剧及皮影戏优秀剧（节）目扶持；吉林市歌舞团连续17年登陆央视春晚舞台；吉林市戏曲剧团吉剧戏歌《骏马奔腾拜大年》入选2014央视戏曲春晚；结合纪念抗战胜利70周年，成功

创排大型现代革命京剧《杨靖宇》；围绕提高我省舞台艺术产品创作水平及吉剧汇演，举办了全省剧本讨论会和多场小型剧本讨论会；有 8 个项目获得国家艺术基金扶持。

（二）公共文化服务方面

1. 全省公共文化服务机构总量与分布。据统计，截止到 2014 年底，公共文化服务机构 1,126 个，其中：公共图书馆 66 个、文化馆（含群艺馆）78 个、乡镇综合文化站 626 个、街道文化站 270 个、博物馆 78 个、美术馆 8 个。

图2　全省公共文化服务机构分布情况

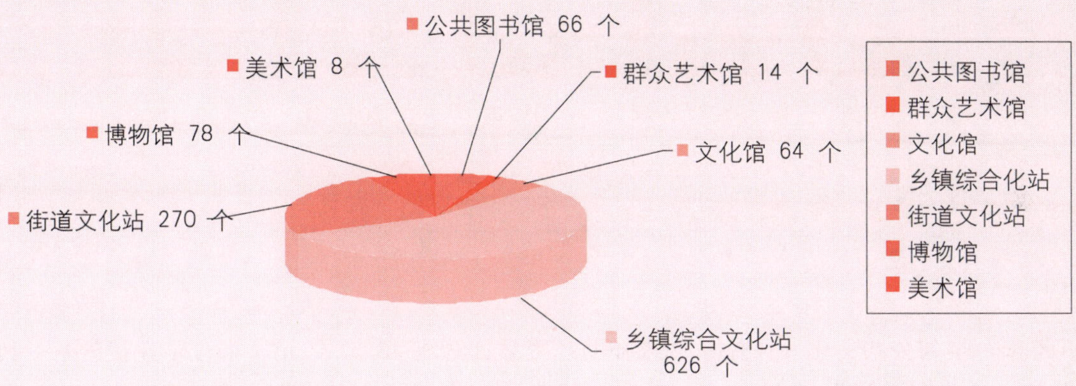

2. 公共文化设施面积偏低。全省有公共文化机构 1126 个，实际使用房屋建筑面积为 960461 平方米，每万人拥有公共文化设施面积 359.54 平方米。

表2　全省每万人拥有公共文化设施面积

序号	全省排位	地区	机构数（个）	实际使用房屋建筑面积（平方米）	户籍人口数合计	每万人拥有公共文化设施面积（平方米）	备注
		合计	1126	960461	2671.33	359.54	
1	3	长春市	200	340540	754.55	451.32	
2	6	吉林市	175	129606	427.65	303.06	
3	9	四平市	94	54244	221.8	245.01	
4	8	辽源市	63	30670	121.8	251.82	
5	2	通化市	98	74737	161.55	462.62	
6	4	白山市	89	52124	124.35	419.17	
7	7	松原市	115	82497	278.45	296.27	
8	5	白城市	116	60899	197.75	307.96	
9	1	延边朝鲜族自治州	116	116094	210.33	551.96	
10	10	其他	60	19050	173.51	109.79	包括公主岭市、梅河口市、长白山管委会

3. 全省公共文化服务体系财政补助经费逐年不断提升。近五年来，从 2010 年的 5.16 亿元增加到 2014 年的 8.98 亿元（不含基建拨款），年平均增长 20.32%。

图3　全省公共文化服务体系财政补助经费投入情况

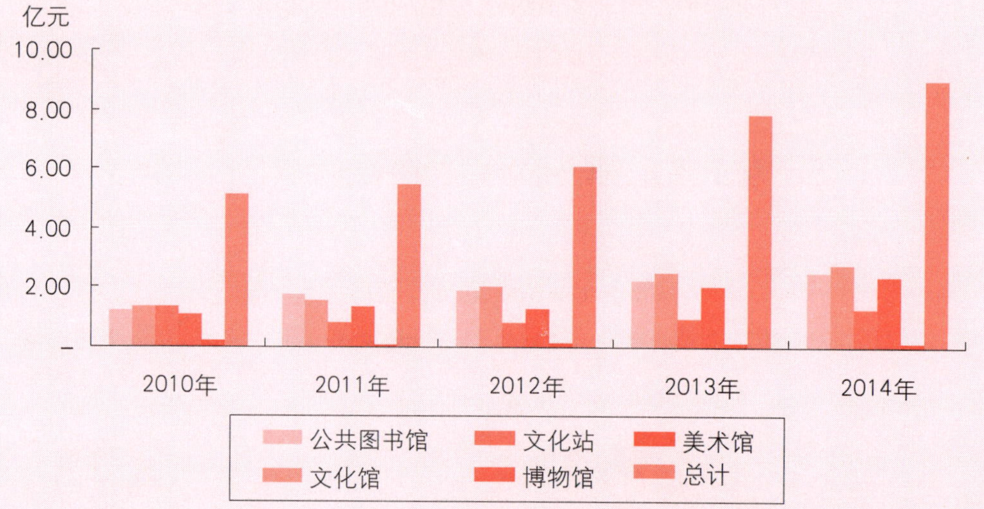

近五年来，全省公共文化服务体系财政补助经费累计达到 33.51 亿元（不含基建拨款）。其中：按机构类型分，公共图书馆 9.62 亿元，占财政补助总计的 28.72%；文化馆（含群艺馆）10.08 亿元，占 30.07%；文化站 5.17 亿元，占 15.42%；博物馆 8.04 亿元，占 23.99%；美术馆 0.60 亿元，占 1.79%。

图4　近五年来公共文化服务体系财政补助经费情况

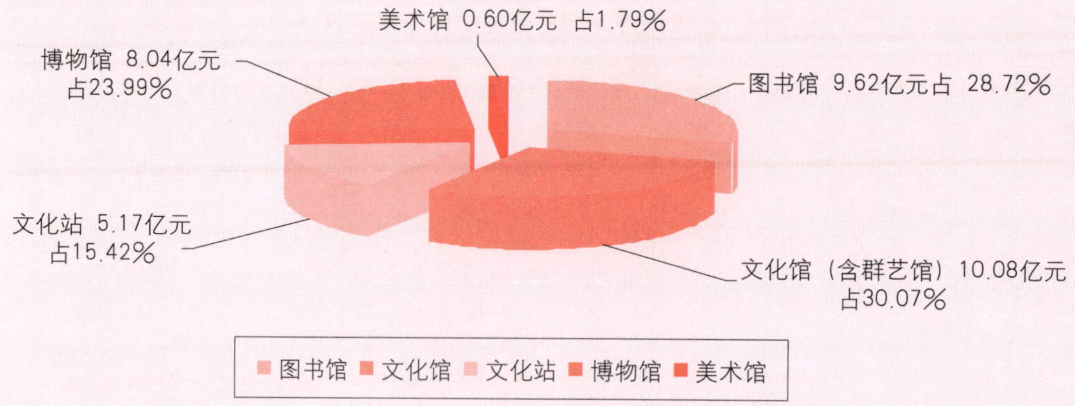

4. 不断提升公共文化服务体系综合服务水平。2014 年，全省扶持建设 200 个农村文化大院小广场、400 个社区文化活动室和“送戏下乡”4000 场三项省政府年度民生实事项目按计划完成。全省公共图书馆、博物馆、文化馆、美术馆和乡镇综合文化站免费开放服务效果进一步提升，文化共享工程、图书馆联盟、数字阅读网站、数字图书馆建设不断深化。省政府批准公布了第一批“吉林省珍贵古籍名录”851部，第一批“吉林省古籍保护重点单位”11家。农民文化节、市民文化节和“长白之声”合唱节等群众文化活动成功举办，以农村文化大院和城市社区文化活动室为阵地的基层文化活动异彩纷呈。全省初步建立了省、市（州）、县（市、区）三级文化志愿者管理和服务网络。

（三）文化市场建设方面

1. 全省文化市场经营单位总量和从业人员。截止到2014年底，全省文化市场经营单位4139家，从业人员15738人。其中娱乐场所1659家，从业人员8613人；互联网上网服务营业场所（网吧）2464家，从业人员6711人；非国有艺术表演团体16家，从业人员414人。资产总计25.86亿元，比上年增加0.39亿元，增长1.54%。营业收入12.20亿元，比上年增加1.74亿元，增长16.67%。利润总额5.11亿元，比上年增加0.41亿元，增长8.80%。

2. 积极推进网吧转型升级，提升行业整体形象。在坚持科学发展，严格控制总量，合理规划布局的基础上，依托省动漫集团，积极、稳妥、有序地推进网吧连锁工作，促使网吧转型升级，使全省90%以上的网吧加入了连锁经营，统一了操作系统和运营软件，降低了运营成本，探索了新盈利模式，促进了网吧业态的多样化发展，推进了网吧转型升级。

3. 行政审批进一步规范。确立了全省文化市场行政审批权力清单，调整后的审批项目共7项，精简比例达41.7%。文化市场综合执法队伍建设得到加强，综合执法改革成果进一步巩固。文化市场监管水平进一步提升，文化厅连续6年被省政府评为全省安全生产工作先进集体。

（四）文化产业发展方面

2014年，全省文化产业发展政策扶持力度加大，在省文化产业发展引导资金中增设了文化产业示范园区和基地孵化引导资金，重点扶持动漫游戏、演艺娱乐、工艺美术等特色产业发展。建立文化产业综合数据管理平台，提高了对文化产业基地、园区及文化企业的管理和服务水平。全省文化产业示范（试验）园区由2011年的29家发展到目前已有58家，其中：国家级文化产业试验园区1家、示范基地11家，省级文化产业示范园区7家、试验园区4家、示范基地35家。

（五）文化遗产保护方面

图5　全省文物机构总量与从业人员情况

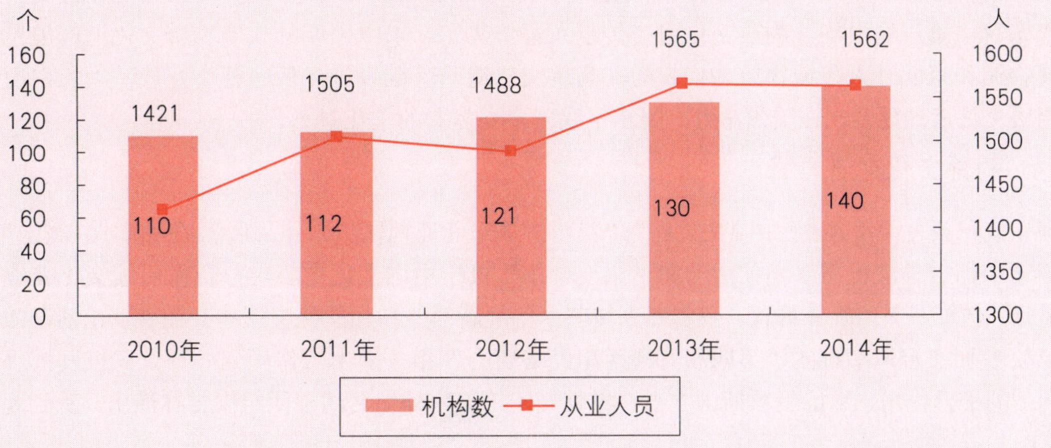

1. 文物业总量和从业人员。截止到 2014 年底，全省共有文物机构 140 家，比上年增加 10 家；从业人员 1562 人，比上年减少 3 人。从单位性质看，全省文物保护机构 52 家，占文物机构总量的 37.14%；博物馆 78 家，占 55.71%。

2. 全省文物事业经费逐年增长。截止到 2014 年底，财政补助收入 3.68 亿元，比上年增加 1.38 亿元，增长 60.02%，其中：文物保护机构 1.23 亿元，比上年增加 1.06 亿元，增长 623.53%；博物馆 2.34 亿元，比上年增加 0.32 亿元，增长 15.84%。

图6　近年来全省文物事业财政拨款情况

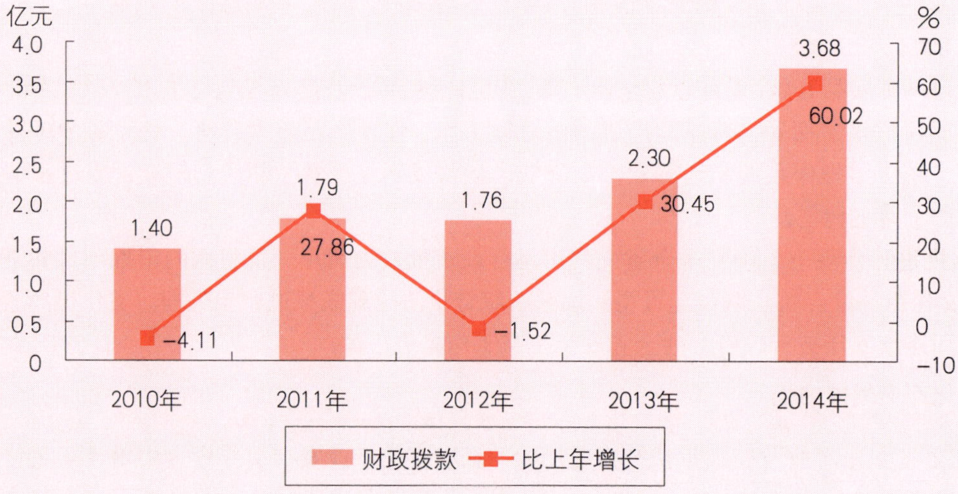

3. 12 处遗址列入全国重点大遗址保护利用名单。集安高句丽、和龙渤海中京遗址列入国家考古遗址公园名录，数量居全国第二位。第一次可移动文物普查工作稳步推进。长影旧址博物馆正式对外开放。积极探索实践抗战文物遗迹保护融入经济社会发展和城市建设改造中的新做法，辽源矿工墓列为全国文物系统抗战文物保护重点支持项目，长春、吉林、通化、辽源、白山、延边等地 21 处抗战遗迹对社会公众开放。抚松县漫江镇锦江木屋村被确定为东北三省唯一一个试点传统村落，以宝马古城遗址为核心的考古发掘项目取得重大发现，对提升长白山核心区的文化内涵起到了积极作用。

4. 非物质文化遗产保护利用项目的影响力不断提升。6 个项目列入第四批国家级非物质文化遗产名录。“朝鲜族民族乐器制作技艺”保护单位被评为第二批国家级非物质文化遗产生产性保护示范基地。2 名国家级传承人荣获“第三届中华非物质文化遗产传承人薪传奖”。以中国朝鲜族非物质文化遗产展览馆、东丰农民画博物馆和东北二人转博物馆为代表的非物质文化遗产基础设施先后向社会开放，“长白山风韵”吉林省非物质文化遗产展首次在美国举办，展示了我省多姿多彩的文化魅力。

（六）对外文化交流方面

圆满完成在蒙古国举办的“中国文化周”、“第十六届东北亚地区美术作品展”，在加拿大、美国举办的“跨越太平洋·中国吉林文化周”相关活动和“央地合作”贝宁中国文化中心对口合作后续文化交流项目，受到当地民众、政要、新闻媒体好评。我省二人转艺术团赴新西兰参加文化交流和商业性演出活动效果良好。省戏曲剧院参加在台湾举办的“第四届海峡两岸民俗庙会”相关演出工作受到好评。积极发挥“东北亚文化艺术周”的平台作用，邀请俄罗斯国立小白桦歌舞团等国内外知名演出团组来吉林演出，受到观众欢迎。

三、下一步的工作打算

2015年是全面深化改革的关键之年，是全面推进依法治省的开局之年，是全面完成“十二五”规划的收官之年。全省文化系统要深入贯彻党的十八大、十八届三中、四中全会精神，深入贯彻习近平总书记系列重要讲话特别是在文艺工作座谈会上的重要讲话精神，深入贯彻省委十届四次全会精神，全力开创全省文化工作新局面。

（一）大力促进舞台艺术繁荣

要求全省广大文艺工作者要坚持以人民为中心的工作导向，以吉剧振兴为契机，努力创作生产出更多更好的优秀文艺作品。

（二）加快构建现代公共文化服务体系

近日，中办、国办印发《关于加快构建现代公共文化服务体系的意见》和《国家基本公共文化服务指导标准》，这是公共文化服务体系建设的标志性重大节点，全省文化系统要抢抓这个重大机遇，充分发挥省公共文化服务体系建设协调组的作用，以推动城乡居民文化工程建设为重点，按照标准化、均等化的目标要求，遵循保基本、广覆盖、可持续的原则，抓好工作。

（三）加快构建现代文化市场体系

建立健全现代文化市场体系，是十八届三中全会提出的重要任务，要实现这样的目标，必须坚持一手抓管理，一手抓服务，着力提高文化市场管理的法制化水平。

（四）加快文化产业发展

加快转变经济发展方式，更广泛、更充分地保障人民群众基本文化权益。提高企业核心竞争力，完善产业链条，提升规模化和集约化水平。

（五）做好文化遗产保护利用工作

遵循科学保护、依法保护的原则，努力促进文化遗产保护利用融入经济社会生活，让悠久的历史文化绽放出强大的力量，造福广大人民群众。切实加强非物质文化遗产代表性项目、传承人保护、普查和基础设施建设工作，提高非物质文化遗产保护传承工作的水平。

（六）积极开展对外文化交流活动

围绕国家和全省外事中心工作，发挥文化系统独特优势，着眼于提高文化软实力，“讲好中国故事，传播好中国声音”。

（吉林省文化厅）

吉林：2014 年吉林文化发展全面开花

吉剧振兴工程取得重要阶段性成果。吉剧《站醒台》荣获中宣部“五个一工程”戏剧奖，吉剧《焦裕禄》荣登国家大剧院舞台，并在省内巡演百余场。省里设立吉剧振兴引导资金。11 名吉剧青年演员进入中国戏曲学院深造。成立了吉林艺术学院戏曲学院。成功举办吉剧优秀剧目汇演和“吉林文化上海行活动”。吉剧电影《大唐女巡按》拍摄完成，吉剧《包公赔情》参加 2015 年新年戏曲晚会。11 卷《吉剧集成》出版发行。吉林歌舞成功亮相北京 APEC 峰会，吉剧戏歌《骏马奔腾拜大年》入选 2014 央视戏曲春晚，改编传统京剧《孙安动本》入选国家舞台艺术精品工程资助剧目，大型现代京剧《杨靖宇》成功参加庆祝建国 65 周年优秀剧目汇演和中国京剧艺术节。

扶持建设 200 个农村文化大院小广场、400 个社区文化活动室和“送戏下乡”4000 场三项省政府年度民生实事项目按计划完成。省图书馆新馆正式开馆，大众剧场试运营。省文化活动中心、省美术馆、东北抗联纪念馆启动建设工作稳步推进。省政府批准公布了第一批“吉林省珍贵古籍名录”851 部，第一批“吉林省古籍保护重点单位”11 家。长春市公共文化服务体系示范区建设项目、松原市农民自办文化示范项目通过国家验收，延边州、吉林市、白城市创建第二批国家公共文化服务体系示范区（项目）工作稳步推进。

在省文化产业发展引导资金中增设了文化产业示范园区和基地孵化引导资金，重点扶持动漫游戏、演艺娱乐、工艺美术等特色产业发展。禹硕公司原创 3D 动画电影《青蛙王国》全国电影院线上映，荣获中宣部“五个一工程”动漫奖和中国文化艺术政府奖第二届动漫奖。

有 12 处遗址列入全国重点大遗址保护利用名单。集安高句丽、和龙渤海中京遗址列入国家考古遗址公园名录，数量居全国第二位。长影旧址博物馆正式对外开放。辽源矿工墓列为全国文物系统抗战文物保护重点支持项目。抚松县漫江镇锦江木屋村被确定为东北三省唯一一个试点传统村落。

有 6 个非物质文化遗产保护利用项目列入第四批国家级非物质文化遗产名录。“朝鲜族民族乐器制作技艺”保护单位被评为第二批国家级非物质文化遗产生产性保护示范基地。有 2 名国家级传承人荣获“第三届中华非物质文化遗产传承人薪传奖”。

圆满完成在蒙古国举办的“中国文化周”、“第十六届东北亚地区美术作品展”，在加拿大、美国举办的“跨越太平洋　中国吉林文化周”相关活动。我省二人转艺术团赴新西兰参加文化交流和商业性演出活动效果良好。省戏曲剧院参加在台湾举办的“第四届海峡两岸民俗庙会”相关演出工作受到好评。

按照文化体制改革总体要求，由文化厅牵头，19 个部门组成的省公共文化服务体系建设协调组正式成立，组织保障更加坚实。

黑龙江省2014年文化发展情况分析

2014年，全省文化工作者深入贯彻落实习近平总书记重要讲话精神，全面贯彻落实党的十八大、十八届三中和四中全会精神，抢抓机遇、团结奋进，文化取得长足发展和进步。但在发展中也存在着一些矛盾和问题，亟待加以解决。

一、2014年文化发展状况

2014年我省主动适应新常态、落实新举措、推动新发展，使文化的宣传作用得到有效发挥、地位有新的提升、影响逐步扩大，文化获得全面发展，重点工作取得新的突破。全省文化事业费达到12.5亿元，比上年增长29.9%；人均文化事业费32.6元，增长30%；均列全国第22位，分别比上年上升3位和4位。文化机构、从业人员分别达到9464个和4.1万人，实现增加值22.7亿元。

（一）公共文化服务体系建设实现新突破

我省始终抓住公共文化服务体系建设不放松，着眼于标准化均等化，坚持重心下移，谋划新项目，争取新突破。2014年全省公共文化机构达到1911个，比上年增加2个，增长0.1%；从业人员9435人，增加82人，增长0.9%。

1. 推动实施中心村文体设施建设工程。我省积极策划争取，将中心村文化设施建设写入《政府工作报告》，作为省政府重点民生项目加以推进。省级财政分两年投入3.9亿元，完善2604个中心村文化室设备配置和文化广场建设；同时争取中央和省级资金5359万元，装备社区文化中心（活动室）1109个。2014年全省投入2.41亿元，1432个中心村基本建成。

2. 继续推进公共数字文化建设工程。全省第三批5个地市数字图书馆建设年内启动，13个地市数字图书馆建设有望完成。文化部总结推广我省“边疆数字文化服务长廊”建设经验，将我省确定为示范省，启动实施“全国边疆万里数字文化长廊”建设工程，并支持我省资金1500万元，用于边远边疆地区移动数字服务和远程数字132个服务点建设。

3. 不断创新公共文化服务方式。全省举办各式农民文化节，掀起农村文化活动的新高潮，中央主流媒体予以专题报道。同时下拨免费开放资金1.57亿元，奖励资金 425万元，全省1336个免费开放场所年接待群众2000万人次，使免费开放工作提升到新水平。继续开展“送欢笑到基层”、“高雅艺术进校园”、“城市之光”“金色田野”等文化惠民活动。全省各级文化部门全年为基层送演出、送培训、送辅导、送图书、送数字资源3万余场，惠及城乡群众2600万人次。木兰县吉兴乡文化站长王向东被评为“2014中国文化馆榜样人物”。

（二）文化产业获得新的发展

我省积极主动担当起推动文化产业发展的职责，推进文化产业抓手更实、成效更明显。2014年全省文化产业总产出34.2亿元，实现增加值22.7亿元，分别比上年增长12.5%和91.4%。

1. 出色完成文化产业地方专项工作。牵头推进哈尔滨国际油画交易中心、哈尔滨美术馆俄罗斯油画精品展等筹建布展工作。在不到2个月时间里，完成选址策划、发动入驻、组织装修、设计布展等各项工作，如期在冰雪节隆重开幕，得到省委省政府领导高度评价。打造系列驻场演出活动，组织10个演出单位积极参与，启动《欢乐冰城》冬季驻场演出活动，努力营造哈尔滨文化艺术氛围。

2. 重点项目推进成效明显。制定《全省文化产业重点项目计划》和《实施方案》，指导、督促企业做实文化内容、完善规划设计、落实投资计划。全省47个文化产业重点项目41个开复工，18个项目建成投产，完成投资45.3亿元。以省政府名义首次设立1亿元文化产业扶持资金，年内奖励46家国家级园区基地和重点文化企业，支持13个建成投产的生产型和文化创意类重点产业项目。

3. 政策引导效应逐步显现。制定出台《黑龙江省文化产业重点项目扶持资金管理办法（试行）》、《关于深入推进文化金融合作的实施意见》等政策文件，有针对性地提出全省文化产业及动漫产业发展的对策建议。全省又有2家企业被命名为国家级文化产业示范基地，22个项目入选国家重点（特色）文化产业项目库。主动步入推介项目和招商引资第一线，组织重点文化企业参加香港、广东、北京等交流推介活动、中俄博览会大型企业项目合作对接会等，促成北京演艺集团、工美集团等大型文化企业落户黑龙江。

4. 转制企业开拓市场迈出重要步伐。省演艺集团克服困难创制完成大型民俗歌舞《黑土情》，改版升级冰上舞蹈杂技《惊美图》和《梦幻图》，开辟两处曲艺演出场所，全年商业性驻场演出470多场，营业收入1100多万元。大庆等地市转企院团也不断转变观念，积极闯市场，取得较好效益。

（三）艺术创作生产取得新成果

我省把创作作为中心任务，从最基础、最关键的环节抓起，艺术生产逐步走上良性发展轨道。2014年全省艺术展览创作机构21个，从业人员148人，其中专业技术人才106人，占71.6%。

1. 进一步强化题材规划和引导。我省两次召开全省舞台艺术精品创作题材规划会，进一步理清思路，明确方向，完善立项、投入保障等相关机制，使全省上下形成主动抓创作生产的势头。组织“中国梦”主题文艺创作采风活动，创作弘扬中国精神和核心价值的剧（节）目近30个。组织开展全省优秀剧（节）目巡演和2014新剧目展演活动，收到文化惠民和推动创作的双重效果。

2. 精心打造重点剧（节）目。龙江剧《鲜儿》、评剧《八女投江》、京剧《月照塞北》等应邀参加全国展演，获专家一致好评。其中《鲜儿》获中宣部“五个一工程”奖，原创话剧《师爱芬芳》获第四届中国校园戏剧节最高奖，龙江剧《松江魂》和冰上杂技《惊美图》入选国家艺术基金扶持项目。美术创作生产迈出重要步伐。组织全省美术馆藏品普查，组织参加第十二届全国美展，有6件作品获奖。

3. 艺术人才培养取得新成效。再次选送48人到国家一流艺术院校集中培训和拜名师重点培养，在省内举办30人的舞蹈编导培训班。4年来全省已累计培养专业艺术人才298名，年内又有8个项目获国家社科基金哲学和艺术学项目立项。

（四）文化遗产保护和传承呈现新局面

我省积极弘扬中华优秀传统文化，主动服从服务大局，统筹谋划、突出重点，不断强化文化遗产保护挖掘工作。2014年全省文物机构251个，比上年增加1个，增长0.4%；从业人员2790人，增加71人，增长2.6%。全省文物藏品72.2万件（套），比上年增长41.4%；列全国第18位，比上年上升5位。

1. 大遗址保护取得重要进展。启动中东铁路建筑群整体保护规划编制，渤海遗址国家考古遗址公园建设有序推进，金上京遗址保护取得积极进展。陆续启动国家支持水毁文物抢救修缮工程。争取国家重点文物保护资金7211万元，启动实施一批重点保护项目。正式公布第六批省级文物保护单位197处。

2. 文物考古工作取得突出成效。全年共完成基建考古32项。大兴安岭岩画调查又有重要发现，洪河遗址考古发现对嫩江流域史实构建及考古学文化序列建立意义重大，4项课题获国家文物局支持。

3. 博物馆事业再上新台阶。2014年全省博物馆参观总人次达到2066万人次，比上年增长13.3%；列全国第15位，与上年持平。成功实施黑龙江籍书画名家艺术典藏工程。著名画家于志学先生的100多件代表作品、王雋珠先生的300多件代表作品无偿捐赠省博物馆，开启了博物馆藏品征集新纪元。省博物馆《白山·黑水·海东青——纪念金中都建都860周年特展》和北安庆华军工遗址博物馆《共和国枪械的摇篮》展览双获全国博物馆十大陈列展览“精品奖”。省博物馆新馆建设已突破困境、赢得主动，相关工作正在有序推进。东北抗联博物馆启动布展工作。

4. 非遗保护传承工作扎实推进。赫哲族伊玛堪和望奎皮影两个联合国项目履约工作进展顺利，《伊玛堪集成》正式出版，伊玛堪皮影戏完成创排，保护传承更加规范。满族刺绣等7个项目入选第四批国家级名录，同江、饶河2个非遗设施建设项目获国家2000万元资金支持，推荐10个国家级项目和13名传承人申请中央补助资金868万元。实行项目保护动态管理，对7个国家级项目保护单位进行调整和重新认定。《黑龙江省非物质文化遗产条例》基本完成地方立法前的准备工作。

（五）对外文化交流与合作取得新进展

我省充分发挥文化部门在我省对俄全方位交流合作中的重要作用，成功组织多次大型文化交流活动，收到良好效果。2014年全省拥有对外文化交流单位1个，从业人员3人，组织参与人员466人，全部为演展人员，分别比上年增长39.1%和52.3%。

1. 圆满举办首届中俄博览会开幕式演出。博览会期间举办第四届黑龙江国际文化周，邀请俄罗斯、阿尔及利亚等国家多个优秀团组来访，共举办65场精品文化活动，有力配合了中俄博览会活动开展。

2. 创新举办第五届中俄文化大集。第五届中俄文化大集在原有基础上，内容更为丰富，活动又有创新，规模和层次进一步提升，成为国家和我省对俄文化交流与合作的高端平台和“边境地区文化交流与合作的示范项目”。

3. 成功举办首届中俄边境文化交流论坛。论坛主会场，我省制作的《相约未来——中俄文化大集五周年图片展》较好地展示了我省对俄交流的丰硕成果，受到中俄两国文化部长和各界代表欢迎。我省代表与俄方代表就扩大边境文化合作进行深入交流，达成广泛共识。

（六）文化市场取得平稳发展

我省紧紧围绕清除市场壁垒，建立统一开放、竞争有序的文化市场发展格局，加强市场宏观管理，有效地促进了我省文化市场发展。截至2014年底，全省共有文化市场经营单位8083家，从业人员2.7万人，经营面积173.3万平方米，资产总计达到32.3亿元，实现营业收入16.4亿元，比上年有所增长。

1. 演出经纪机构数量大幅增长。2014年，我省演出经纪机构共有73家，从业人员798人，分别比2013年同期增加了48%和11.4%，出现较大幅度增长。

2. 网吧规划管理水平有所提升。截至2014年底，全省共有4861家取得了《网络文化经营许可证》，比2013年底增加5家。

表1　全省文化市场经营机构基本情况

指　标	2013年	2014年	增加	增长(%)
机构个数(个)	7986	8083	97	1.2
从业人员(人)	26352	27241	889	3.4
经营面积(平方米)	1643522	1732817	89295	5.4
资产总计(万元)	311572	323412	11840	3.8
营业收入(万元)	151756	164352	12596	8.3

（七）文化体制改革取得积极进展

我省按照国家和省全面深化文化体制改革的要求部署，积极推进改革各项任务落实。

1. 行政审批制度改革成效显著。主动下放权力，取消和下放审批权限 11 项，占比 33.3%，并全部实现网上运行，取消省级年检，前置审批改后置备案 6 项。

2. 分类推进事业单位改革取得实质进展。直属事业单位改革方案顺利实施，各单位全部完成岗位设置和竞聘上岗任务，文化事业发展活力增强。《省市京评剧院合并重组实施方案》正式出台。

3. 文化体制改革台帐任务较好落实。进一步理清文化体制改革思路，明确改革任务，制定省文化厅改革台帐，如期完成 2014 年改革任务。

二、文化发展存在的问题

虽然我省文化取得了长足发展，但与全国的总体水平相比还存在着一些差距。具体表现在：

（一）经济和农村居民生活水平相对降低

2014 年全省地区生产总值、人均地区生产总值分别为 15039 亿元和 39237 元，均列全国第 20 位，均比上年下降 3 位。农村居民人均可支配收入 10453 元，列全国第 12 位，比上年下降 2 位；农村居民人均消费支出 7830 元，列全国第 18 位，比上年下降 6 位。农村居民生活水平相对降低，势必造成农村居民文化生活水平随着降低，限制百姓文化生活需求，进而影响文化发展。

（二）艺术表演团体收益水平相对降低

2014 年全省艺术表演团体国内演出观众 311 万人次，比上年减少 23%；列全国第 30 位，比上年降低 2 位。观众人数下降，使收入受到影响，艺术表演团体经费自给能力降低。2014 年全省文化部门艺术表演团体（事业）经费自给率 4.4%，比上年降低 1.5 个百分点；列全国第 30 位，比上年降低 1 位。

表2　我省相对降低的经济和文化指标

指　　标	2013年	位次(位)	2014年	位次(位)
GDP(亿元)	14383	17	15039	20
人均GDP(元)	37509	17	39237	20
农村居民人均可支配收入(元)	9634	10	10453	12
农村居民人均消费支出(元)	6814	12	7830	18
艺术表演团体国内演出观众(万人次)	404	28	311	30
文化部门艺术表演团体(事业)经费自给率(%)	5.9	29	4.4	30
人均文化业务活动专项经费(元)	1.6	20	1.7	21
每万人拥有群众文化设施建筑面积(平方米)	190	22	206	24
人均购书费(元)	0.49	24	0.48	27
人均拥有公共图书馆藏量(册)	0.48	14	0.45	20

（三）公共文化投入和装备水平相对降低

2014 年全省人均文化业务活动专项经费 1.7 元，列全国第 21 位，比上年降低 1 位；平均每万人拥有群众文化设施建筑面积 206 平方米，列全国第 24 位，比上年降低 2 位。2014 年全省人均购书费 0.48 元，比上年降低 0.01 元；列全国第 27 位，比上年降低 3 位。全省人均拥有公共图书馆藏量 0.45 册，比上年减少 0.03 册；列全国第 20 位，比上年降低 6 位。

（四）文化市场经营单位收益下降

2014 年全省文化市场经营单位利润总额 57342.8 万元，比上年降低 10.5%。我省只有 19 家演出场所经营单位，演出市场经营单位类型不全，总量较少。全省网吧管理水平虽然有所提高，但数量稳中有降。娱乐市场经营单位资产总计、营业收入和利润总额都出现了下降局面。

三、文化发展的对策建议

针对文化发展存在的上述问题，我省需要在坚持文化发展战略的同时，积极采取措施，努力加以解决。

（一）发展地方经济，增加百姓收入

我省经济发展相对滞后，财政和百姓收入水平相对较低，百姓生活消费水平和用于文化消费的支出受此影响，同样处于相对较低的水平。对此，我省一是要大力发展地方经济，努力增加地方财富，使百姓有钱用于文化消费。二是要转变百姓消费习惯和观念，使大家愿意和习惯于进行文化生活消费。三是建立相对完善的社会保障体系，使百姓无后顾之忧，放心大胆地进行文化消费。

（二）增强文化责任意识，推动“两个体系”建设

一是要牢固树立责任意识，牢牢掌握文化宣传的领导权、管理权、话语权，紧紧围绕“两个巩固”根本任务，把社会主义核心价值观融入全省文化建设的所有领域、各个环节，正面宣传党的主张和人民的意愿，努力营造健康向上的文化氛围。二是要有主动服务大局意识，用不同的文化表现形式，热情讴歌党和政府制定的发展战略、实施的发展举措、取得的发展成就、涌现的发展典型，为新时期全省文化改革发展注入新的生机和活力。三是要采取超常规的举措，包括实施大项目建设，全力推动现代公共文化服务体系和现代文化市场体系建设，不断取得新成效。

（三）深化全省文化体制改革，激发文化发展动力和活力

一是要明确改革总目标和任务，落实各项改革，包括落实好改革台账确定的各项任务；尊重市场经济规律，简政放权，深化行政审批制度改革，鼓励更多的文化市场主体融入文化产业发展当中，不断发展和壮大，促进文化市场发展；深化国有文化单位改革。二是要创新文艺创作工作理念，树立精品意识，研究观众需求，把创作生产优秀作品作为中心环节，采取抓实落靠题材规划任务，运用新机制抓艺术创作生产，申请和使用好国家艺术基金等手段，抓好文艺创作和生产，努力推出更多思想性、艺术性、观赏性有机统一的精品力作，吸引观众，进而改善文艺院团的生存和经营状况，提高盈利水平和能力。

（四）增强开发保护意识，继承和弘扬优秀传统文化

一是要不断提高全民对继承和弘扬优秀传统文化的重要性的认识，不能为了谋取眼前或局部利益而破坏全社会和后代的利益。二是要切实加强文化遗产保护，在重视文化遗产保护传承的大氛围中，担负起文化遗产保护的重任，继续做好大遗址保护工作。三是要努力释放文化遗产的社会价值，充分运用现代技术手段，创新方式方法，推动文化遗产保护成果创造性转化，加强考古研究工作。四要推进非物质文化遗产保护与传承，推动博物馆事业进一步发展。

（五）强化文化法治建设，为文化建设发展营造良好环境

一是要树立文化法治思维，善于用法治思维和法治方式解决文化发展中的困难和问题。二是要加快文

化立法进程，进一步完善地方性文化法律法规，健全文化法律法规体系。三是要深入推进依法行政，坚持依法决策、依法行政、依法办事，提高文化市场监管水平。四要提升综合执法能力，保障全省文化市场合法有序经营、安全稳定发展。

（六）加快公共文化服务体系建设，推进公共文化服务标准化均等化

一是要结合实际，制定和完善全省公共文化服务体系建设实施意见。二是要进一步落实完成基层文化设施建设任务，推动基层文化建设工作取得突破性进展，提高包括图书馆在内的公共文化装备和服务水平。三是要加快推进公共数字文化建设工程，使科学技术更广泛应用于公共文化领域，发挥示范和表率作用。四是要广泛开展特色文化惠民活动，提高公益性文化设施免费开放水平。五是要抓好公共文化服务示范区建设，切实发挥示范引领作用，带动全省上下加快构建现代公共文化服务体系。

（黑龙江省文化厅）

黑龙江：黑龙江文化建设步入新阶段

2014年，是黑龙江省文化建设取得突出成果的一年，各项工作整体推进，重点工作有创新、有亮点。公共文化服务体系建设实现新突破。

一、启动实施中心村文体设施建设工程，省级财政分两年投入3.9亿元，完善2604个中心村文化室设备配置和文化广场建设，2014年投入2.41亿元，启动的1432个中心村已基本建成。

二、公共数字文化建设工程扎实推进，完成全省平台搭建任务，文化部总结推广黑龙江“边疆数字文化服务长廊”建设经验，启动实施“全国边疆万里数字文化长廊”建设工程，并将黑龙江省确定为示范省，当年在边远边疆地区建设移动数字服务和远程数字服务点132个。

三、创新公共文化服务方式，举办全省农民文化节，农民群众热烈欢迎、广泛参与，掀起农村文化活动的新高潮，中央主流媒体予以专题报道。

四、文化产业获得新发展。制定《全省文化产业重点项目计划》和《实施方案》，全年18个项目建成投产，完成投资45.3亿元。制定出台《黑龙江省文化产业重点项目扶持资金管理办法（试行）》，省政府首次设立1亿元文化产业扶持资金，奖励了46家国家级园区基地和重点文化企业，支持了13个建成投产的生产型和文化创意类重点产业项目。

五、艺术创作生产取得新成果。组织“中国梦”主题文艺创作采风活动、全省优秀剧（节）目巡演和2014新剧目展演，创作弘扬中国精神和核心价值的剧（节）目近30个，有一批剧目获“五个一工程”奖等国家重要奖项，又有8个项目获国家社科基金哲学和艺术学项目立项。

六、文化遗产保护和传承工作呈现新局面。以七三一旧址为重点的大遗址保护取得重要进展，各项保护工作整体启动运行，旧址考古、本体保护、展示和申报世界文化遗产等工作实质进展。启动中东铁路建筑群整体保护规划编制。省政府公布第六批省级文物保护单位197处。

七、非遗保护传承工作扎实推进。赫哲族伊玛堪和望奎皮影两个联合国项目履约工作进展顺利，满族刺绣等7个项目入选第四批国家级名录，《黑龙江省非物质文化遗产条例》完成立法前的准备工作。

八、对外文化交流与合作取得新进展。充分发挥黑龙江在对俄全方位交流合作中的重要作用，成功组织第四届黑龙江国际文化周、第五届中俄文化大集、首届中俄边境文化交流论坛等多项大型文化交流活动，取得了交流合作的丰硕成果。

上海市 2014 年文化发展情况分析

上海作为正在加速建设中的国际文化大都市，把提升城市文化软实力作为 2014 年工作重点，以更加开放的视野和改革创新的新举措，全面打造上海城市文化软实力，这对于全面建设上海“四个中心”、实现“四个率先”具有重要意义。

2014 年上海市文化文物类机构共计 4176 个，从业人员为 49741 人。文化文物类相关产业按性质可分为公益性文化、经营性文化和文物业。公益性文化主要包括图书馆、群众文化服务、艺术教育业、文艺科研等单位 448 个；经营性文化单位主要包括非国有艺术表演团体 135 个，娱乐场所 2206 个，互联网上网服务营业场所（网吧）1305 个，文化市场经营机构营业总收入为 41.11 亿元，营业成本为 33.71 亿元，营业利润为 7.39 亿元；历史文化遗产机构数 114，其中文物保护管理机构 6，博物馆 103，文物商店 1 个，其他文物机构 4 个。

表1　2014年文化文物基本情况表

	机构数（个）	从业人员（人）
艺术表演团体	158	5773
艺术表演场馆	24	364
图书馆	25	2,104
群众文化服务	238	4,958
艺术教育业	1	79
文艺科研	2	44
文化市场经营机构	3511	30037
文物业	114	3367
其他	103	3105

一、努力营造城市文化氛围

从文化进地铁、进商圈、进机场、进绿地、进街区等入手，大力营造城市文化氛围，城市的文化元素更加活跃、文化气息更加浓郁。让文化真正进入城市的方方面面、角角落落，在城区与郊区间、区域与区域间、社区与社区间、本土与外来人员间广泛流动；将提升百姓的文化幸福指数作为营造氛围的出发点和落脚点；依托自贸区文化开放平台，加大文化开放力度，充分发挥自贸区文化开放对全市文化开放的边际效应和释放效应；从五位一体融合布局出发营造氛围，推动文化与科技、教育、旅游、商业、金融、贸易、信息等相关领域融合发展。

（一）文化资源利用率不断提升

截至2014年底共有区县级以上公共图书馆25个。其中：市级2个，区级22个，县级1个，与去年相同。2014年上海市图书总藏量7363万（册、件），比去年增加124万（册、件）。图书总流通3961万人次，比去年增加356万人次。图书馆业2014年总收入9.26亿元，比去年增加0.59亿元，其中财政拨款8.14亿元，比去年7.61亿元增加0.53亿元，占总收入的87.90%。

表2　2010-2014年上海公共图书馆基本情况

	总流通人数（万人次）	图书总藏量（万册）	总收入（万元）
2010年	1853	6809	64723
2011年	1926	6891	67287
2012年	2062	7202	74425
2013年	3605	7239	86639
2014年	3961	7363	92581

截止2014年12月，中心图书馆一卡通服务流通册次5306.55万，同比增长32.5%；借阅人次1306.12万，同比增长20.2%，显示了广大读者对于“一卡通”服务的认可，也显示了公共图书馆“一城一网一卡一系统”服务体系建设发挥出来的同城积极效应，进一步提升全市公共图书馆的文化资源利用率，倡导全民阅读。

（二）群众性文化活动日益丰富

截至2014年底，本市共有25个文化馆（市级1个、区级23个，县级1个），文化站有213个（其中乡镇文化站109个）。从业人员3998人。举办展览3423个，举办训练班3.89万次。群众文化2014年全年保障经费总收入13.07亿元，比去年12.97亿元增加了0.1亿元，，其中财政拨款11.16收入的85.39%。

表3　2010-2014年上海市群众文化服务基本情况

	举办展览（个）	培训人次（万次）	本年收入（万元）
2010年	2403	126	72594
2011年	2520	139	95375
2012年	2754	173	109010
2013年	3220	241	129717
2014年	3423	287	130707

1.2014年市民文化节呈现品牌效应。2014年市民文化节突显人文培训和传统文化传播品质，围绕“听、说、读、写”四大系列和九大赛事展开，产生7百支（个）优秀市民乐队、市民颂读达人、市民演说家等一批公共文化成果。全面培训首届“百强”优秀团队和个人。

2.市区联动创意“文化遗产日”活动。以弘扬上海城市精神为主题，举办“海派文化 弄堂风情”主题系列活动。在虹口区四川北路公园和德大里，推出上海风情展演、非遗美食展销、石库门专题展览、实景弄堂体验、国际电影节3D电影露天放映等多项活动。通过传统媒体和微博微信等平台，广泛营造“文化遗产日”人人参与的氛围。在全市统筹推进，指导举办各类活动106场（次）。

（三）财政投入持续增长

2014 年上海市文化系统财政拨款 34.22 亿元，比去年增加 4.05 亿元，增长 13.42%，艺术表演团体财政拨款 5.19 亿元，艺术表演场所财政拨款 0.30 亿元，图书馆财政拨款 8.14 亿元，群众文化活动经费拨款 11.16 亿元，增长 14.53%，其它文化事业经费拨款 9.44 亿元。

2010 年至 2014 年，财政部门对文化事业投入由 2010 年 18.63 亿元增至 2014 年 34.223 亿元，累计投入达 134.91 亿元，年均增长 17%，有效地保证了上海文化事业和文化产业的发展。

积极与市财政、市委宣传部、发改委等部门协调沟通，争取专项资金保障文化项目的顺利实施。各单位按照优化预算支出结构、保障重点、兼顾一般的原则，科学安排节约使用经费。2009 年至 2014 年，财政部门对文物事业投入由 2010 年 17.96 亿元增至 2014 年 36.93 亿元，累计投入达 125.37 亿元，年均增长 17%，有效地保证了上海文化事业和文化产业的发展。

二、积极推动文化市场健康有序发展

截止 2014 年底，全市注册文化市场经营单位 7783 家，比去年增加 6%。其中，演出单位 1205 家，艺术品单位 501 家，网络文化单位 522 家，动漫企业 150 家，娱乐场所 2629 家，网吧及连锁企业 1682 家，棋牌室 1094 家。

（一）演出市场

至 2014 年底，全市剧场举办演出 1.2 万场，观众 742 万人次，演出票房约 12 亿元。其中，中心城区 20 余家剧场演出场次 6000 余场。上海文化广场等 15 家剧场年演出场次超过 200 场，东方艺术中心等 7 家剧场年演出场次达 300 余场。

（二）艺术品市场

2014 年，上海艺术品进出口总量为 10316 件（进口 6034 件，出口 4282 件），同比增加 3800 件，贸易总额，13.91 亿元，同比减少 27.79 亿元。

（三）文化娱乐市场

2014年，上海文化娱乐市场实现营业收入32.54亿元，同比减少3.09亿元，降幅8.67%；上缴各项税金2.7亿元，同比减少 0.5 亿元；实现增加值 2.56 亿元；行业从业人员 27154 人。

根据市政府要求，自 2014 年 1 月 21 日起，音乐茶座、音乐餐厅、台球室不再需要获得文化管理部门颁发的《娱乐经营许可证》，文化管理部门也不再按娱乐场所对上述场所进行管理。

2014 年 4 月 10 日，市政府办公厅印发了市文广影视局、市工商局、市质量质监局、上海海关、中国（上海）自由贸易试验区管委会共五部门制订的《中国（上海）自由贸易试验区文化市场开放项目实施细则》。根据上述文件，市文广影视局核准微软游戏游艺设备（上海）有限公司、百视通新媒体股份有限公司联合申报的家庭娱乐游戏机（Xbox One）及配件、核准索尼电脑娱乐（上海）有限公司、上海东方明珠文化发展有限公司联合申报的电脑娱乐机（PlayStation 4）及配件进入国内市场销售。

（四）网吧市场

至 2014 年底，上海共有网络游戏运营企业 458 家，新增网络游戏企业 131 家，比 2013 年增长 40.1%。产业总产值达 305 亿元，比 2013 年增长 18.4%。2014 年上海网络游戏产业增幅明显，呈现以下新特点：一是端游企业发力手游市场，移动游戏竞争加剧。二是移动游戏企业并购热潮延续，资本市场趋于理性化。三是内容为王，版权争夺成为未来市场的竞争点。四是电视游戏市场处萌芽期，上海的电视产业矩阵初步形成。五是电竞大热，上海成为国内大型赛事集中地。六是游戏直播市场迎来爆发期，上海有望搭建产业生态。七是国内市场增长放缓，海外市场成豪强争夺之地。

（五）动漫产业

截止 2014 年底，上海共有 30 家经国家认定的动漫企业（其中重点动漫企业 5 家），原创漫画作品 32 部，动画作品 67 部，自主知识产权动漫软件 22 套，网络动漫下载次数 5000 万次。近年来国家及本市扶持动漫产业发展政策的持续激励下，上海动漫产业发展势头良好并涌现出许多新亮点：一是多部本地动漫原创作品荣获国家级奖项。二是动画电影产量与票房双增长取得新进展。2014 年度，全国电影院线上映的国内原创动画电影共 27 部，电影票房 10.21 亿元，其中上海动漫企业制作的动画电影有 6 部，票房合计 2.61 亿元，分占全国上映数量及总票房的 22% 和 26%。三是漫画佳作大力弘扬社会主义核心价值观。四是行业协会服务行业产业作用得到加强。

（六）网吧市场

上海共有互联网上网服务场所门店 1688 家，终端数量 213054 台，互联网上网服务连锁企业 22 家，连锁门店数量 1193 家，连锁率已达 70.68%。全年总产值 17 亿元，同比下降 10.5%。

11 月 26 日，全国互联网上网服务行业转型升级高峰论坛在松江区举办，文化部同时下发了《文化部 工商总局 公安部 工业和信息化部 关于加强执法监督 完善管理政策 促进互联网上网服务行业健康有序发展的通知》（文市发〔2014〕41 号）和《文化部关于推动互联网上网服务行业转型升级的意见》（文市发〔2014〕42 号）对行业转型升级进行指导。

三、加快文化“走出去”步伐，提升国际影响力

为提高文化开放水平，强化国际活动的外宣功能，上海依托海外平台开展对外宣传交流。2014 年上海市出访团体 63 个，来访 96 个，参与交流人员 4899 人次，其中官方 105 个，民间 54 个。演出（展览）天数 1210 天，经费收入 1.42 亿元，其中财政拨款 0.11 亿元。

（一）部市合作，海外文化中心成为交流重点

2014 年，上海与柏林中国文化中心开展年度合作，以“海派文化”为重点，在柏林开展了民乐、舞蹈、话剧等形式多样的文化活动，为配合国家文化外交大局，上海积极参与文化部与上海市“部市合作”共建布鲁塞尔中国文化中心工作。

（二）〝欢乐春节〞影响力进一步提升

2014 年上海共有 13 各团组近 500 人分赴美国、加拿大、德国、古巴、智利、新西兰和我国台湾地区等 10 个国家和地区举办“欢乐春节”演展活动，其中近一半项目经由商业渠道成功“走出去”。

（三）以中华文化为纽带，促进两岸三地文化交流

京昆沪越四百余人大团在台北、台中、高雄献演 13 场。坚持做港澳台地区民众和青少年人心回归工作。

（四）市区联动，扶持和推动区县文化〝走出去〞

2014 年上海着力加强扶持区县等交流主体，借助“欢乐春节”、海外中国文化中心部市合作等平台搭建交流渠道，推动区县和民营院团“走出去”。

四、促进文化产业融合发展，逐步优化市场发展环境

截止 2014 年底，上海共有经文化部命名的国家文化产业示范园区 1 家，国家文化产业示范基地 16 家。国家级示范基地和园区从业人员 21200 人，营业收入 236.39 亿元，利润总额 205.75 亿元，向社会捐赠总额 0.61 亿元，获得国家级文化奖项 158 个，获得著作权、发明专利 1426 项。

推进上海音乐产业创新基地建设。明晰了项目定位。明确通过引进格莱美项目，选址杨浦滨江 119 地块建立上海音乐产业创新基地，推动中国音乐产业标准体系建设，成为亚洲最具影响力的音乐中心。推动文化产业示范基地建设。2014 年，上海新增三家公司获得文化部授予的国家文化产业示范基地荣誉称号。

更多优质文化产业项目获得专项资金扶持，10 个项目获得 4060 万元的国家文化产业发展专项资金，8 个项目获得 605 万元的国家文化产业发展出口专项资金，120 余个项目获得 14000 万元的市文创资金，1 个项目获得 800 万元的上海市现代服务业重大示范项目扶持资金。246 个项目、25 家剧团、34 家影院等获得 9370 万元由我局主导的文化文物一类专项资金。

五、夯实文博保护基础，延续城市历史文脉

2014 年纳入国家文物局统计范围的上海市文博业机构共计 114 个，其中文物保护管理机构 6 个，博物馆 103 个，文物商店 1 个，其他文物机构 4 个，从业人员 3,367 人（其中，高级职称 60 人）。文物藏品 405.97 万件，其中：一级文物 2332 件，占总数的 0.06%。2014 年修复藏品数为 754 件，本年举办基本陈列 378 个、临时展览 487 个，参观人数 1969.33 万人次，其中，未成年人 534.62 万人次。

（一）博物馆（纪念馆）服务能力不断提升

上海市博物馆（纪念馆）机构逐步健全，截止 2014 年底，在上海市文物行政部门登记，并通过市文物行政部门年检审核备案的博物馆数量总计达 120 个。（本年纳入国家文物局统计范围的有 103 家）。博物馆从业人员队伍也进一步充实壮大，2014 年底上海博物馆（纪念馆）从业人员 3,138 人。

2014 年上海纳入国家文物局年报统计范围博物馆 103 个，比去年增加 3 个，主要是部分行业和民营博物馆也纳入统计范围。文物藏品共计 235.91 万件 / 套，其中一级品 2332 件 / 套，较去年增加 6 件，主要是新纳入统计范围的 3 家行业和私人博物馆馆藏一级品所致，本年从有关部门接收文物 64 件 / 套。

1. 加大上海市第一次全国可移动文物普查管理、指导力度

2014 年一季度顺利完成第一阶段国有单位文物收藏情况调查。指导区县按照应登尽登的原则，核查国有单位文物信息，确保普查覆盖率；开展对非文博单位申报文物的认定工作；全面开展可移动文物悉心采集、登录。

2. 促进民办博物馆建设

修订并出台 2014 年版资金管理办法和申报指南，共有 56 个场馆 92 个申请项目拟列入资助范围，共计 1275.1 万元。通过扶持资金向免费开放、特色展览、文教集合等项目的重点指出，提高民办博物馆提供公共文化服务的自觉性，提升其陈列展示水平，增强博物馆核心业务能力。

3. 着力提升以发挥文物资源作用为重点的公共文化服务水平

围绕“博物馆藏品架起沟通的桥梁”这一主题举办系列宣传活动，“博物馆巴士游”、“博物馆之夜”、“百家博物馆文化助残公益行动”等百余项特色活动，找准公众和媒体的关注点，开展了全媒体的宣传普及活动，吸引更多市民参与。加强宣传工作，扩大博物馆社会影响力。完成“文化上海”品鉴系列的《百家博物馆品鉴》、典藏系列的《上海市行业博物馆藏品精选》的编辑出版。尝试推出六月亲子主题、七月红色主题、九月抗战主题的宣传活动，提升博物馆的社会认知度。

（二）文物保护工作不断加强

2014 年，上海文物围绕“坚持文物工作方针不动摇，坚持公益属性不动摇，坚持政府主导不动摇，坚持服务社会、惠及民生不动摇”的原则，通过制定规划政策，加大经费投入、鼓励社会参与等措施，开展文物保护、利用、宣传、管理、普查、认定、研究等各项工作。

目前，分布在上海市域的各级文物保护单位及登记不可移动文物共有 4422 处。其中，全国重点文物保护单位 29 处，市级文物保护单位 238 处（含保护地点、纪念地点），区（县）级文物保护单位 411 处，全年共完成龙华烈士陵园保养维护工程等全国重点文物保护单位修缮工程 4 个，完成书隐楼抢险加固、宝山孔庙大成殿修缮等市级文物保护单位修缮工程 12 个。

表4　2014年上海市历史文物保护基本情况

指标名称	合计(个)	全国重点保护	市重点保护	区县重点保护
总　计	**678**	**29**	**238**	**411**
古遗址	27	5	11	11
古墓葬	10	1	5	4
古建筑	168	5	26	137
石窟寺及石刻	8	1		7
近现代重要史迹及代表性建筑	465	17	196	252
其　他	4			

1. 公布新一批市级文物保护单位，丰富城市文化资源

4 月 4 日，市人民政府正式核定公布了新一批上海市文物保护单位。其中新增市级文物保护单位 85 处，归并入现有市级文物保护单位 3 处，调整原市级纪念地点、保护地点、抗日战争纪念地为市级文物保护单位 47 处。这是上海历次公布市级文物保护单位数量最多的一批。

2. 加强名镇名村街区保护，用传统文化丰富城镇化积淀拓展文物利用途径

一是今年 3 月，经我局与市建交委联合申报，青浦区金泽镇、浦东新区川沙镇、松江区泗泾镇下塘村和闵行区浦江镇革新村等“两镇两村”，获建设部和国家文物局共同公布为中国历史文化名镇、名村。二是会同市规划部门，积极开展中国历史文化街区申报工作。三是积极承办人社部高级研修人才培训项目，成功举办《新型城镇化建设中的城乡历史文化遗产保护与再利用》高级研修班。

3. 文保修缮入选全国十大工程，首次获得国家文保专项资金

一是全年按计划有序完成 4 项全国重点文物保护工程，12 项市级文物保护工程，其中北京东路 2 号修缮工程入选首届全国十佳文物保护工程，在全国范围内奠定了上海在近现代文物建筑修缮中的领军地位。二是今年首次申报国家重点文物保护专项补助资金，最终获得中央专项资金 1392 万元，实现了零的突破。

大力推进《上海市实施〈中华人民共和国文物保护法〉办法（草案）》立法进程。加强文物拍卖标的审核，优化审批程序，提高行政效率。探索民间收藏与展示的新思路、新方法，启动全市民间收藏展示中心的建设。

六、探索非遗活态传承，合理利用新方式

2014 年上海非物质文化遗产保护本着加强政策保障，着力活态传承的理念，不断完善非物质文化遗产保护体系。2014 年文化部新认定本市国家级非物质文化遗产项目代表性名录 9 个，目前上海市国家级非物质文化遗产项目代表性名录 55 项（单项已达 63 项）。2014 年新认定上海市非物质文化遗产传承人 85 名，

目前上海市级非遗产传承人总数 539 名。2014 年市级专项资金共 748.4 万元，补助项目 50 个，补助传承人 164 名。

（一）积极推动非遗保护生活化

指导市、区开展非遗项目品牌化整合与传播。市非遗保护中心在重阳节期间推出汇集海派糕点精品、融入非遗创新元素、弘扬重阳尊老敬老美德的上海重阳糕新装礼盒；金山区以当地品牌农民画点缀农产品外包装，推动非遗资源融入现代生产渠道，建立科学、依法、规范的产业链。提升了农产品附加值和文化内涵。

（二）文教结合推动非遗进入学生群体

与教委合作共同推进非遗进校园、进课堂、进教材的工作。与上海大学联合举办非遗精品课程进入 MBA 课堂；与上海师范大学专家团队合作，启动非遗“进中小学教材”课题调研；整合非遗资源，通过展、演、讲的形势，将非遗传统文化送进八所院校。

（三）非物质文化遗产宣传展示不断普及

2014 年上海市开展非物质文化遗产举办展览 225 个，参观人次 60.54 万，举办民俗活动 159 次，参观人次达 173.36 万，举办演出 645 场，观众人次 28.53 万。

（上海市文化广播影视管理局）

上海：向社会力量购买服务工作初见成效

为规范政府向社会力量购买服务工作，提高政府向社会提供公共服务的质量水平和资金效率，2014年，上海市文广影视局通过出台管理办法，完善制度设计，规范操作流程，全年共完成政府向社会力量购买服务公告项目71个，涉及资金1751.83万元。一年来的实践证明，合理利用好社会资源、采取政府购买服务的方式，是有效提高财政性资金使用效益的良好途径，也是发挥多元主体积极性，鼓励创新的有效手段。

制度设计是前提。为规范政府向社会力量购买服务工作，上海市文广影视局根据《国务院办公厅关于政府向社会力量购买服务的指导意见》、《上海市市级政府购买公共服务项目预算管理暂行办法》以及国家和本市有关规定，制定了《上海市文化广播影视管理局向社会力量购买服务管理办法》，并根据上海文化建设与发展工作实际需要，配套制定了具体的《服务目录》（2014版）。

社会参与是基础。政府向社会力量购买服务需要充分的、多样的社会组织参与竞争，为此，上海市文广影视局积极做好社会动员工作。2014年4月23日，通过全市各大新闻媒体向社会广泛发布购买服务有关事项的公告。公告发布后受到了社会各界的高度关注、反响强烈。购买服务项目的招标信息还陆续在局官网上发布，极大地便利了社会主体参与相关工作。上海市文广影视局向社会力量购买服务的过程，也成为社会组织增强自身专业化水平，提升自身社会影响力、资源的筹集力、内部管理的约束力的过程。

流程规范是保障。为做好向社会力量购买服务工作，上海市文广影视局配套制定了内部工作规范，规定了购买服务的原则范围和指导目录，目录包含基本服务事项、政府履职所需辅助性和技术性事务两个层级、共分为18个大类、76项业务。从项目经费预算的申请、项目信息的编制、投标人资质的审查和评审、购买服务合同的签订、项目实施的监管和绩效评价、项目调整等整个流程作了具体的规定，具有较强的可操作性。向社会力量购买服务逐渐将一些事务性、服务性工作剥离给社会组织承办，同时形成了社会权利的回归和政府角色的转换。

向社会力量购买服务有利于发挥社会组织根植于社会、机制灵活、反应迅速的优势，为群众提供更多样化、专业化、个性化的服务。比如，2014年通过政府购买服务的形式让专业院团进驻地铁音乐角，使其与上海市民直接亲密接触，赢得了市民的一致好评，在百姓受惠的同时，也扩大了市文广影视局服务社会的感知度。

江苏省 2014 年文化发展情况分析

2014 年，全省文化系统深入学习贯彻习近平总书记系列重要讲话精神，认真落实省委、省政府各项决策部署，坚持以人民为中心的工作导向，积极推进文化体制改革，深入实施文化建设工程，大力弘扬优秀传统文化，培育践行社会主义核心价值观，着力提升文化治理能力，各项工作取得了新的进展和成效。

一、文化机构和人员构成情况总体保持稳定

截止 2014 年底，全省各类文化机构共计 18473 个，比上年减少 506 个。从业人员 151578 人，比上年减少 6905 人，具有高级职称的人员占从业人员的比重为 2.32%。其中文化部门直属各类机构 2382 个，从业人员 30276 人。

表1　2014年全省机构和人员构成情况

单位类型	机构数(个)			从业人员数(人)		
	2014年	2013年	增减(%)	2014年	2013年	增减(%)
总计	**18473**	**18979**	**-2.70**	**151578**	**158483**	**-4.4**
艺术业	399	403	-1.00	11140	12158	-8.4
图书馆	114	113	0.90	3034	3033	
群众文化服务	1395	1394	0.10	7022	6917	1.5
其中：文化站	1280	1278	0.20	4927	4828	2.1
艺术教育业	14	14		891	896	-0.6
文化市场经营机构	15630	16147	-3.20	86299	92231	-6.4
文艺科研	9	10	-10.00	104	110	-5.5
文物业	417	410	1.70	7115	6780	4.9
其它	495	488	1.40	35973	36358	-1.1

二、公共财政投入稳中有降

2014 年，全省文化（文物）行政事业单位的财政拨款总额为 50.23 亿元。全省人均文化事业费（不包括文物业和艺术教育业）43.21 元，全国排名 14 位，去年同期排名 12 位。各级财政对艺术业（包含艺术表演团体、艺术表演场馆及艺术教育）、图书馆业、群众文化业、其它文化业（包含艺术展览创作机构、非物质文化遗产保护、其他文化事业机构及文化产业等）、文物业（包含博物馆、科研保护机构及其它文物机构等）的投入分别占总投入的 12.4%、14.0%、23.5%、25.9%、24.2%。各级财政对文化投入有所减少，人均文化事业费苏南区域仍高于全国平均水平，但同比下降 11.37 个百分点，苏中、苏北区域增长平稳，但是仍低于全国平均水平。

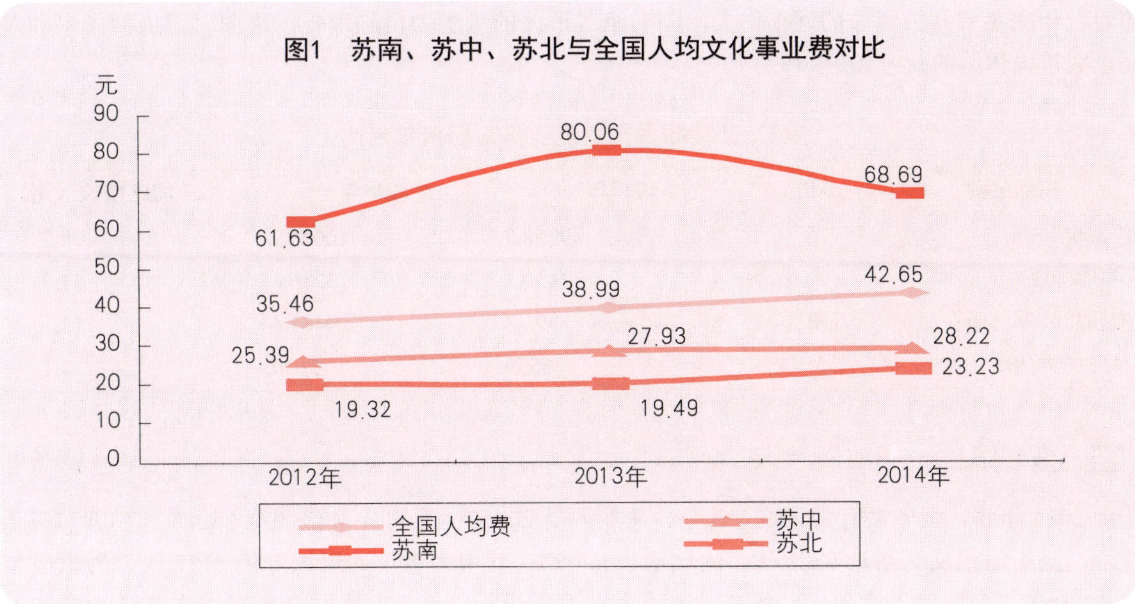

三、艺术创作生产势头良好

开展中国梦主题文艺创作和“深入生活、扎根人民”主题实践活动，各地涌现了一大批新创剧目，京剧、昆剧、话剧、舞剧、歌剧、锡剧、淮剧、扬剧、滑稽戏等各式剧种全面创作，呈现出人出戏的良好局面。《杨家碾坊》、《小花旦当官》、《探亲公寓》、《紫薇树下》、《如姬夫人》等剧目获得江苏省舞台艺术重点投入。《运之河》、《丁香》在中国歌剧节、中国越剧艺术节等全国性赛事中获奖，京剧《镜海魂》、《如姬夫人》入选中国京剧节，获得好评。《乡村好人》等 10 台剧目被评为省舞台艺术精品工程资助剧目。扬剧《衣冠风流》等 18 个项目入选国家艺术基金资助名单。昆剧《南柯梦》等 74 个项目获省文化产业引导资金文化艺术精品补助。《柳琴姑娘》等 11 部作品获江苏省戏剧文学奖。

截止 2014 年底，全省共有艺术表演团体和艺术表演场馆 398 个、从业人员 11140 人，具有高级职称人员 1173 人，占从业人员的 10.53%。原创首演剧目 117 个，国内演出 38.6 万场次，观众 4302.44 万人次。政府采购的公益演出 0.52 万次，受众 396.09 万人次，同比分别增长 6.1%、14.0%，可见政府采购的公益文化产品受到市民喜爱。随着文艺院团转企改制的推进，艺术表演团体和艺术表演场馆的财政补贴逐年递减；演出收入总体稳定，但演出收入占总收入的比重仍然很小，最多的年份也只占总收入的 49%，艺术团体和剧场演出市场化经营能力有待市场考验。

四、公共文化服务成效显著

（一）公共图书馆

截止 2014 年底，全省共有公共图书馆 114 个，其中少儿图书馆 9 个。从业人员 3034 人，其中高级职称 355 人。全省各级公共图书馆总藏量 6279.68 万册，电子图书 3781.72 万册（件、种）。本年新增藏量 361.1 万册，新增电子图书 237.76 万册（件、种）。发放借书证 525.77 万个。书刊文献外借人次 3216.57 万人次，书刊文献外借 4481.44 万册次，同比分别增长 31.28%、12.1%。为读者举办的各类活动 5630 个，受众 263.76 万人次。全省各级公共图书馆共有计算机 10026 台，供读者使用电子阅览室终端 5279 台；阅览室坐席 44782 个，其中少儿阅览室坐席 12291 个、盲人阅览室坐席 1084 个。

随着近年来免费开放资金的逐年增大，图书馆对市民的吸引力日趋增强，进图书馆借阅图书和参与各类活动已成市民休闲的新方式。

表2　公共图书馆主要业务指标两年对比

指标名称	单位	2013年	2014年	同比增长（%）
总藏量	万册	9258.7	10060.9	8.7
书刊文献外借人次	万人次	2450.1	3216.6	31.3
书刊文献外借册次	万册次	3996.8	4481.4	12.1
举办各类活动	个	5579	5630	0.1

（二）文化馆

截止 2014 年底，全省共有文化馆 115 个，从业人员 20959 人，其中高级职称 262 人。品牌节庆活动共计 360 个。全年组织文艺活动 9321 次，同比增长 6.02%。其中为老年人组织专场 2137 次、为未成年人组织专场 1035 次、为残障人士组织专场 278 次、为农民工组织专场 665 次。全年组织文艺活动参加人次达 671.94 万人次，同比去年增长了 22.05 万人次。全年举办训练班 5383 次、举办展览 1261 个、组织公益性讲座 1792 个，观众共计 200.5 万人次。全省各级文化馆利用流动舞台车演出 1185 场次，观众共计 112.94 万人次，同比分别增长 39.41%、22.57%。可见各级文化馆组织的文艺活动以及公益性讲座受到市民喜爱。在为老年人、未成年人、残障人士、农民工等群体提供公共文化服务均等化方面优势明显，利用流动舞台车提供的文艺演出受到观众的喜爱，场均观众人次稳中有升。

表3　文化馆主要业务指标两年对比

指标名称	单位	2013年	2014年	同比增长（%）
组织文艺活动	次	8792	9321	6.0
文艺活动观众人次	万人次	649.89	681.94	4.9
举办培训班	次	4812	5383	11.9
培训人次	万人次	40.44	38.38	-5.1
举办展览	次	1302	1261	-3.1
参观人次	万人次	156.45	132.91	-15.0
组织公益性讲座	次	1231	1792	45.6
参加人次	万人次	16.92	29.2	72.6

（三）文化站

截止 2014 年底，全省共有文化站 1280 个，其中乡镇综合文化站 919 个。从业人员 4927 人，其中专业技术人员 1311 人。全年组织各类活动 6.07 万次，观众达 1474 万人次，同比分别增长 11.8%、14.8%。文化站藏书 2619.2 万册，较上年增长 2.9%，文化站建筑面积 267.5 万平方米，较上年增长 7%。全省共有文化室 23978 个，其中社区文化活动室 7963 个、村文化活动室 16015 个。文化室建筑面积共计 528.75 万平方米，较上年增长 6.6%。

（四）美术馆

截止 2014 年底，全省共有独立建制美术馆 23 个，较上年增加 6 个，目前全部对外免费开放。全省各级美术馆从业人员共计 335 人，具有高级职称 91 人。全年举办展览 503 个（其中自主办展 321 个），参观人次达 287 万人次，其中未成年人参观人次达 60 万人次。美术馆举办展览的次数稳中有升，市民参观展览的热度逐年递增。

图2 四年来各级美术馆举办展览和参观人次对比

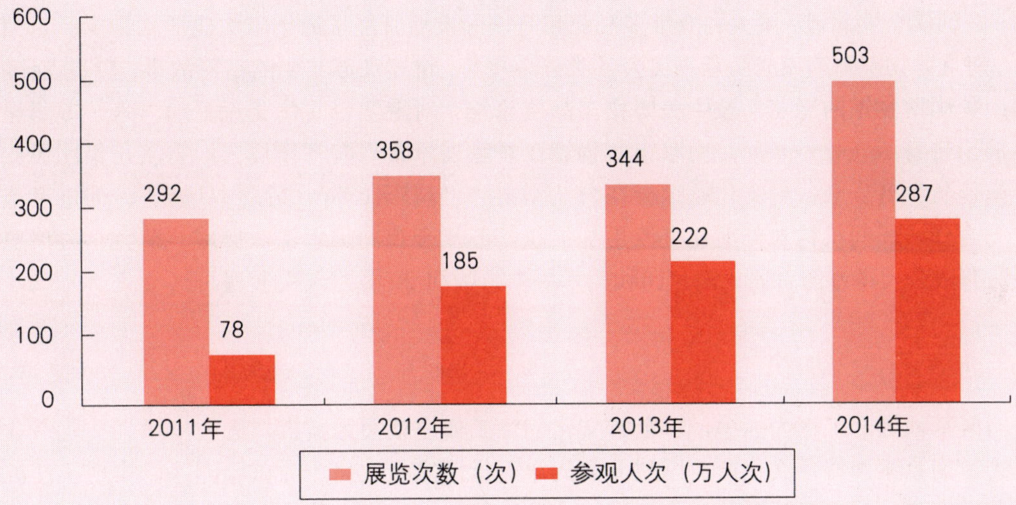

五、非物质文化遗产保护稳步推进

截止 2014 年底，全省共有各级非物质文化遗产保护机构（含非物质文化遗产保护中心）175 个。目前国家级非物质文化遗产名录 9 个，保护单位 9 个；省级非物质文化遗产名录 5 个，保护单位 5 个；市级非物质文化遗产名录 183 个，保护单位 167 个；县级非物质文化遗产名录 3258 个，保护单位 1823 个。全年举办各类宣传展示活动共计 5483 个，参与人次达 1009 万人次，同比分别增长 -6.7%、26.3%。普查成果

表4 非物质文化遗产保护相关指标两年对比

指标名称	单位	2013年	2014年
国家级非物质文化遗产名录	个	9	9
保护单位	个	9	9
省级非物质文化遗产名录	个	5	5
保护单位	个	5	5
市级非物质文化遗产名录	个	347	183
保护单位	个	448	167
县级非物质文化遗产名录	个	3002	3258
保护单位	个	1566	1823
目前各类健在传承人	人	2731	3323
学徒人数	人	4867	6028

7.18 万件（套、册），同比去年减少 0.32 万件（套、册）。目前各类健在传承人 3323 人，学徒 6028 人。

六、对外文化交流日趋活跃

借助国家对外文化交流平台，发挥江苏国际友城众多优势，推动江苏文化走出去。2014 年全省共有 65 批文化团组 541 人次赴世界 19 个国家及港澳台地区实施文化交流项目，有 73 个国家及港澳台地区的 1051 批文化团组 2199 人次来江苏开展或参与 1054 个文化交流项目。苏州市入选联合国“全球创意城市网络联盟——手工艺和民间艺术之都”主题城市。6 个文化艺术团组参加了在荷兰、法国、比利时、葡萄牙等国家举办的“欢乐春节”活动，传递了“欢乐、和谐、共享”的文化理念。赴俄罗斯举办 2014 年“感知江苏”文化周活动，在韩国全罗北道、澳大利亚维多利亚州等国际友城开展了周年庆文化活动，展示了“精彩江苏”的文化魅力。南京博物院圆满完成南京青奥会各类外事接待，讲述江苏文明的精彩故事，精心设计活动主题;举办“文宴：美国博物馆的展览”暨中美博物馆高层论坛。对港澳台文化交流更加深入，苏州昆剧院在香港中文大学演出青春版《牡丹亭》；南京市博物馆在香港展示紫砂陶制作技艺；省演艺集团民族乐团在澳门举办“江南丝竹”音乐会；省文化联谊会在台北举办“‘精彩江苏’书画作品展”，促进了苏台两地艺术家的交流与合作。民间机构对外文化交流更加活跃，苏州金鸡湖美术馆在挪威、荷兰举办展览，南京布罗德文化投资有限公司举办的首届“南京国际美术展”，吸引 20 多万人次参观。

七、文化产业发展步伐加快

以实施园区基地提升工程为抓手，以全省文化创意工作座谈会为契机，进一步增强文化产业创新能力和整体竞争力。南京秦淮特色文化产业园被命名为第五批国家级文化产业试验园区，实现了江苏国家级文化产业园区零的突破；吴江静思园等 3 个园区被命名为第六批国家文化产业示范基地；常州恐龙园被评为最具影响力的国家文化产业示范基地。新命名 7 家省级文化产业示范园。2014 年全省有 32 家文化类企业、18 个文化类项目和 9 个文化出口项目获国家文化产业引导资金支持，资助金额比 2013 年分别增长 81%、93%、47%，项目数和金额数连续三年居全国之首。省级文化产业引导资金对全省 252 个项目给予 2.2 亿元扶持。文化与金融合作取得积极进展，承办全国文化金融合作会议，3 个项目获全国十大优秀文化金融合作创新成果，总数全国第一；无锡市成立了全省首家专业文化金融机构——无锡农村商业银行太湖文化支行。成功举办第三届苏州创博会、第十一届常州动漫艺术周、第四届中国（无锡）文博会，30 多个国家和地区的 1500 多家企业参展，促进了文化产业转型发展。2014 年全省文化产业增加值突破 3000 亿元，占 GDP 比重超过 5%。

八、文化市场繁荣有序

截至 2014 年底，江苏省共有网络文化、娱乐、艺术品、演出等文化市场经营企业 16367 个，比上年减少 649 个。从业人员 99432 人，比上年减少 4052 人。资产总计 2103173.0 万元，同比增长 3.79%。营业收入 1166527.7 万元，同比下降 4.17%。营业利润 388257.1 万元，同比增长 15.97%。

1．网络文化市场

截至 2014 年底，全省共有互联网上网服务营业场所 8356 个，比上年减少 204 个。从业人员 26640 人，比上年减少 1928 人。资产总计 477159.8 万元、营业收入 333984.4 万元，分别同比下降 5.63%、1.34%。营业利润 130691.0 万元，同比增长 10.46%。随着信息网络迅速发展，许多传统经营模式的互联网上网服务营业场所生意跌入低谷，互联网上网服务行业发展进入转型调整期。很多传统经营模式的场所积极寻求出路，转型升级。目前一批以网咖、主题内容等形式的新型场所崭露头角，逐步发展成为适合不同消费群体，兼具上网服务、社交休闲、竞技娱乐、电子课堂、远程服务、电子商务等功能，在公众文化生活中起积极引领作用的社区信息服务平台和多功能文化活动场所。

全省共有经营性互联网文化单位 120 个，比上年增加 6 个。从业人员 8720 人，比上年增加 2555 人。资产总计 458191.0 万元、营业收入 199956.0 万元，分别同比增长 74.99%、23.28%。营业利润 84388.0 万元，同比增长 558.51%。全省经营性互联网文化企业的数量和规模持续增长，规模化、专业化水平不断提高，逐步成为人们文化消费的重要组成部分，在满足人们日益增长的文化需求和推动精神文明建设中发挥了积极的作用。

2．娱乐市场

截至 2014 年底，全省共有歌舞、游艺等娱乐场所 7245 个，比上年减少 342 个。从业人员 59482 人，比上年减少 4181 人。资产总计 1060152.1 万元、营业收入 531500.1 万元、营业利润 154513.9 万元，分别同比下降 7.68%、18.03%、22.82%。近年来，随着近百家规模大、品牌响、信誉好的娱乐场所落户江苏，全省娱乐市场发展结构得到进一步优化，取得了良好的社会效益和经济效益。

3．艺术品市场

截至 2014 年底，全省共有艺术品经营机构 259 个，比上年减少 128 个。从业人员 1053 人，比上年减少 144 人。资产总计 53366.0 万元，同比下降 18.73%。营业收入 53469.0 万元、营业利润 11624.0 万元，分别同比增长 111.54%、54.08%。近年来虽然艺术品市场经历起起伏伏，但市场总体还是在大幅上升。全省树立了一批经济效益与社会效益双赢、社会反映良好、无不良经营记录的艺术品经营单位典型，提升行业层次，引领行业健康有序发展。

4．演出市场

截至 2014 年底，全省共有演出经纪机构 206 个，比上年增加 14 个。从业人员 659 人，比上年增加 31 人。资产总计 30267.1 万元、营业收入 29361.2 万元、营业利润 3819.2 万元，同比增长 2.47%、3.91%、1.5%。非公有制艺术表演团体 181 个，比上年增加 5 个。从业人员 2878 人，比上年减少 485 人。资产总计 24037.0 万元、营业收入 18257.0 万元、营业利润 3221.0 万元，同比增长 56.95%、25.32%、25%。全省演出市场始终保持活跃、稳定的发展态势。

九、关于文化建设发展的几点建议

一是继续加强文化人才队伍建设。着眼于高层次高素质的人才培养和引进，着眼于基层文化骨干培训，发挥引领示范作用。

二是继续加大对文化的投入。目前苏中、苏北区域人均文化事业费仍旧低于全国平均水平。全省各级财政对文化的投入占地方财政一般预算支出的比重为 0.05%，低于去年同期。

三是以市民文化需求为导向，合理安排公共文化服务供给产品形式，适度增加政府采购公共文化服务产品，满足市民多样化文化需求。

（江苏省文化厅）

江苏：文化体制改革有序推进

省文化厅紧紧围绕省委深化文化体制改革的工作部署，坚持正确的改革方向，积极稳妥地推进改革任务。成立省文化厅文化体制改革小组，分解落实14项牵头任务，明确具体的时间表、路线图和任务书。制订《江苏省公共文化服务体系建设协调机制工作方案》，并报省文化体制改革领导小组同意。积极开展改革试点，南京图书馆成立首届理事会、监事会，建立“四位一体”的法人治理结构，列为省政府和文化部改革试点。苏州市公共文化服务标准化建设和镇江市基层综合公共文化服务中心建设列入文化部试点。无锡市、连云港市公共文化服务标准化建设，泰州市基层综合性文化服务中心和盐城市盐都区文化馆法人治理结构列为省级试点。在常熟市、南通市通州区和大丰市开展村图书室纳入县级图书馆总分馆试点。探索文化遗产保护新机制，在镇江市、淮安市淮安区、徐州博物馆、南京市太平天国历史博物馆、镇江博物馆开展的首批文物安全综合管理实验区试点工作，进展顺利。省文化艺术研究院推行“开门办院”，与中国艺术研究院签订战略合作协议。深化行政审批制度改革，省文化厅取消审批项目9项，下放3项，承接文化部5项，保留行政许可项目7项；省文物局取消审批项目3项，下放1项，承接国家文物局2项，保留行政许可项目17项。加强“放管结合”，做好取消下放后的衔接工作和事中事后监管。加快文化类社会组织发展，成立江苏省文化产业协会、江苏省中国画学会、江苏省艺术品行业协会，调动更多社会力量参与文化建设。

浙江省 2014 年文化发展情况分析

浙江历史文化底蕴深厚，文化名人灿若星河，艺术流派精彩纷呈，民间艺术特色浓郁。改革开放以来，特别是浙江省委将“推动文化大发展大繁荣，加快建设文化强省”列为建设“两富”浙江的主要任务之一以来，浙江文化事业更是呈现出整体推进、蓬勃发展的态势。党的十八届三中全会吹响了文化改革从“破冰期”向“深水区”挺进的集结号。浙江文化系统将坚持“以文化人、以文惠民、以文强省”的工作理念，积极推进全国公共文化服务示范区、文艺精品创作繁荣区、文化遗产保护模范区、文化产业发展先行区、优秀文化人才集聚区、文化体制机制创新区等“六区”建设，着力打造浙江文化升级版，建设全国文化改革发展示范区。

一、主要指标稳定，文化环境优化

（一）机构规模较大，人员素质提升

2014 年，全省共有文化机构 1.49 万个，从业人员 14.3 万人，分别比上年增长 7.1% 和 3.4%；其中归属文化部门机构 2170 个，从业人员 27394 人，所占比重分别为 14.6% 和 19.2%。

表1　2014年浙江文化机构数及从业人员情况

	机构数（个）		从业人员数（人）		归属文化部门占比（%）	
		#文化部门		#文化部门	机构数	从业人员数
总　计	**14863**	**2170**	**142971**	**27394**	**14.6**	**19.2**
艺术表演团体	891	57	27293	3735	6.4	13.7
艺术表演场馆	62	62	1156	1156	100.0	100.0
图书馆	98	98	3483	3483	100.0	100.0
文化馆	102	102	2167	2167	100.0	100.0
文化站	1318	1318	4741	4741	100.0	100.0
艺术教育业	6	6	896	896	100.0	100.0
文艺科研	7	7	144	144	100.0	100.0
文化市场经营机构（不含非公有制艺术表演团体）	11771		90902			
文物业	347	262	7040	6113	75.5	86.8
其　他	261	258	5149	4,959	98.9	96.3

文化从业人员中，专业技术人才占比 13.8%，其中，文艺科研、艺术教育、图书馆、群众文化和艺术业的专业技术人才分别占比 84.0%、68.8%、59.5%、55.8% 和 36.7%，大大超过平均水平。

（二）文化投入增长，结构有待优化

2014 年各级财政对浙江文化的投入总量达 54.83 亿元，增长 6.7%，占财政支出的比重 1.06%。其中，文化事业费 37.92 亿元，增长 5.3%，占财政支出的比重为 0.73%。按年末常住人口计算，人均文化事业费 68.85 元 / 人，居全国第 8 位。文物事业费 15.05 亿元，增长 7.5%，占财政支出的比重为 0.29%，人均文物事业费 27.32 元，增长 7.3%。

2014 年，浙江文化部门总收入 87.3 亿元，总支出 86.3 亿元，收支大体平衡。财政补贴收入占总收入的 67.8%，可见公益文化的发展主要依靠各级政府推动。工资福利支出占总支出比重仍然偏高，说明财政投入的增加主要用于人员开支，对文化事业的投入还有待于进一步提高。

表2　2014年浙江文化部门收支情况

	收入(亿元)	占比(%)		支出(亿元)	占比(%)
总收入	87.29	100.0	总支出	86.31	100.0
其中：财政补贴收入	59.18	67.8	其中：基本支出	32.78	38.0
事业收入	5.75	6.6	项目支出	43.28	50.1
上级补助收入	3.20	3.7	经营支出	0.70	0.8
经营收入	0.71	0.8	工资福利支出	19.47	22.5
其他收入	18.45	21.1	对个人和家庭补助支出	6.49	7.5

（三）基本建设高涨，设施利用加强

1. 基建规模扩大，省级带动地方

“十一五”期间，浙江文化文物基建投资 154 亿元，其中文化基建占比 74.9%。2014 年，浙江文化文物基建完成投资 9.0 亿元，同比增长 12.5%，其中：文化基建投资 6.5 亿元，占比 72.2%，高于“十一五”期间。

表3　历年浙江基本建设投资情况

年份	计划时期	建筑面积（万平方米）	计划总投资（亿元）	本年完成投资（亿元）	本年资金来源小计（亿元）	#国家预算内资金（亿元）	竣工项目数（个）	竣工面积（万平方米）
2006	十一五	58.4	33.5	5.8	5.3	3.9	29	4.1
2007		55.3	33.9	5.7	7.8	4.5	50	17.2
2008		25.2	17.8	3.1	2.3	1.7	33	9.2
2009		65.8	38.1	4	4.6	2.7	84	11.6
2010		76.6	30.7	7.2	7.7	4.8	144	23.2
2011	十二五	77.3	40.7	5.3	6.4	3.6	71	12.3
2012		80.6	49.9	5.8	7.4	5.9	34	15.8
2013		99.1	57.5	8	8	6.1	37	12.8
2014		125.3	85.7	9	10.6	6.2	32	13.8

2. 设施网络完善，服务效应明显

实施村级文化活动室全覆盖计划，基本实现省、市、县、乡、村五级文化设施网络全覆盖。积极推进县图书馆乡镇分馆建设，加快推进数字图书馆推广工程，完成了省、市和县级数字图书馆虚拟网建设，并与国家数字图书馆虚拟网联通。

二、艺术舞台繁荣，精品成果丰硕

（一）配合中心工作，创作形成热潮

紧扣省委省政府“五水共治”“三改一拆”等重大工作部署，组织举办了“美丽浙江·水之韵”国庆文艺晚会、“五水共治”专场音乐会等一系列文艺晚会，凝聚了社会共识，得到了省领导的充分肯定。紧扣“中国梦”“美丽浙江”等主题，组织举办了“中国梦想·美丽浙江”优秀创作歌曲音乐会、“中国腔·中国梦”全国小戏精品邀请展演、“中国梦想·美丽浙江”浙江省第二届合唱节、“中国梦想·美丽浙江”浙江省文化礼堂乡村排舞大赛等一系列重要演出活动和“中国梦想·美丽浙江”传统手工艺主题创作展、“美丽浙江”浙江省视觉艺术创作群体优秀作品展等一系列展览活动；组织实施了以“中国梦想·美丽浙江”为主题的全省文艺巡演和优秀剧目展演，累计完成演出379场，观众人数达20万多人，营造了团结奋进、昂扬向上的良好社会氛围。

（二）创作强力推动，重大奖项频出

深入学习贯彻习近平总书记在文艺工作座谈会上的重要讲话精神。通过召开全省学习贯彻专题座谈会、全省艺术创作题材规划会议等，强化抓导向、抓题材、抓剧目、抓采风、抓评论、抓队伍等一系列措施，有力地推动了全省文艺创作。据2015—2016年全省舞台艺术创作题材摸底调查，全省各地共申报近150个创作题材，聚焦时代和人民的创作题材不断增加，奠定了今后两年我省舞台艺术精品创作的“主基调”。

（三）面向市场基层，经济效益提高

同时，随着文化体制改革步伐加快，各级剧团适应市场的能力不断增强，经济效益明显提高。

文艺精品创作和演出丰富了舞台，收获了良好的社会效益。文化部门所属的专业剧团和民间职业剧团主动面向市场、面向基层开展丰富多彩的演出，自身实力不断发展壮大。

表4　2014年浙江剧团演出情况

项　目	机构数（个）	演出场次（万场次）	国内观众人次（万人次）	平均每场人次（人）	演出收入（亿元）	演出收入与上年相比	
						绝对值（亿元）	增速（%）
文化部门剧团	57	1.2	1260	1050	1.34	0.54	67.5
其中：到农村演出		0.7	783	1119			
其他部门剧团	834	17.0	13410	789	9.88	-0.42	-4.1
其中：到农村演出		13.9	8713	627			

三、公共文化提升，群文生活蓬勃

（一）图书服务推进，受惠读者增加

2014年，浙江各级公共图书馆总收入8.27亿元，比上年增长5.4%，其中：财政补贴收入7.74亿元，

比上年增长 7.8%，占总收入的比重达到 93.6%。各级政府投入的稳步增长成为促进公共图书馆事业发展的主要动力，公共图书馆免费开放经费的投入为“十二五”公共图书馆业的发展打下了良好的基础。

2014 年，各级公共图书馆累计支出 8.32 亿元，其中：基本支出占到 48.9%，项目支出占到 48.6%，经营支出占到 0.2%。各项费用中，工资福利支出占到 32.6%，新增藏量购置费占到 17.2%，支出结构有待优化。

2014 年全省公共图书馆新购藏量达到 436.48 万册，总藏量达到 5634.08 万册，比上年增加 469.29 万册，增长 9.1%。

在藏书量增加、服务条件不断改善的同时，社会效益显著提高，到图书馆参加讲座、参观展览、参加培训班的读者数量不断攀升。2014 年，公共图书馆组织讲座参加人次 65.95 万人次，举办展览参观人次 352.54 万人次，比上年增长 5.5%。总流通人次 5479.52 万人次，比上年增加 533.22 万人次，增长 10.8%。

（二）群文多措并举，百姓生活丰富

2014 年，浙江对群众文化事业的投入继续保持稳定增长，全省各级文化馆、文化站总收入 18.22 亿元，其中：财政补贴收入 15.44 亿元，比上年增长 14.1%，主要是免费开放经费的投入，说明政府投入明显提高，普遍加大了扶持力度，呈现出市、县、乡逐级提高的趋势，说明各级政府对基层，特别是对农村文化投入的力度明显加强。

2014 年，全省有群众文化服务机构 1420 个，全年组织各类文艺活动 53039 次，组织公益性讲座次数 1921 次，举办培训班 36555 班次，举办展览 8918 个，比上年均有不同幅度的增长。各级文化馆有馆办文艺团体 346 个，全年演出 5567 场次。

（三）服务持续加强，体系日趋完善

成功承办全国基层公共文化服务工作现场经验交流会，浙江农村文化礼堂建设、流动文化加油站等经验得到了推广。积极探索公共文化供需对接机制，组织全省文化系统开展送文化下乡活动，全省组织送戏下乡 1.81 万余场次，送书下乡 214 万余册次，送展览讲座 5800 余场次，开展“文化走亲”活动 1150 场次。

（四）博物馆发展快，服务能力提高

截至 2014 年底，浙江共有博物馆机构 187 个，其中文物部门博物馆 105 家，其他部门博物馆 31 家，民办博物馆 51 家，开展了指导、推进国有博物馆对口帮扶民办博物馆试点工作。各级各类博物馆的基本陈列 429 个，临时展览 988 个。

表5　2014年浙江博物馆陈列展览及参观情况

	机构数（个）	基本陈列（个）	临时展览（个）	参观人次（万人次）	未成年人参观人次（万人次）
总　计	187	429	988	4121	1125
文物部门博物馆	105	275	878	3657	1013
其他部门博物馆	31	52	60	317	72
民办博物馆	51	102	50	147	40

2014 年，浙江博物馆共计接待观众 4121.45 万人次，门票收入 1976 万元，博物馆事业对经济社会发展的拉动力越来越大，在促进发展、惠及民生方面迈出了坚实的步伐，博物馆文化服务能力日益提升。

四、文化产业倍增，集聚成效显著

浙江作为民营经济大省，发展文化产业具有得天独厚的优势。近年来，深入贯彻落实《浙江省文化产

业发展规划（2010—2015）》，突出重点门类，着力打造服务平台，优化发展环境，文化产业持续快速发展。浙江在新闻出版、影视服务、文化旅游、文化会展和文化产品制造等产业逐步确立了在全国的优势地位。

五、市场监管加强，繁荣有序发展

近年来，浙江文化市场随着经济社会的发展，规模不断加大，经济效益普遍提高，同时吸纳了大量的从业人员，解决了社会就业问题。

2014 年共有文化市场经营单位 12598 个，从业人员 114195 人，营业收入 112.73 亿元，实现营业利润 21.53 亿元。从结构上来看，网吧和娱乐场所仍是文化市场的主体。2014 年，网吧和娱乐场所机构数分别占文化市场总数的 55.8% 和 37.7%，从业人员数分别占 21.6% 和 58.0%，营业收入分别占 26.8% 和 63.1%，营业利润分别占 23.0% 和 67.8%。

六、非遗亮点纷呈，文保长足发展

各类文化遗产重要名录申报工作成果丰硕。大运河成功列入《世界遗产名录》，大运河浙江段成为我省第二处世界文化遗产。在国务院公布的第四批国家级非遗代表性项目名录项目中，我省以 30 项的入选数，再次位列各省（区、市）第一，实现“四连冠”，现总入选数已达 217 项。湖州被国务院列为国家历史文化名城。 我省有 4 个镇和 14 个村入选第六批中国历史文化名镇（村），有 86 个传统村落入选第三批中国传统村落。

文物保护与利用工作扎实推进。我省第一次全国可移动文物普查工作取得重要阶段性成果，文物认定工作基本完成，登录藏品总数 14 万件（套），超过了国家文物局要求完成 10 万件的目标，普查工作整体走在全国前列。

非遗工作在创新中不断前进。根据中央和省有关领导关于加强传统戏剧保护的重要指示，制订了全省 56 个传统戏剧项目分级保护措施，命名了首批 22 个浙江省传统戏剧之乡，绘制了浙江省传统戏剧《项目分布图》，拍摄了《微纪录》片，编印了资料丛书等。

七、艺术教育创新，科研成效显著

艺术教育体系建设全面启动。分高等艺术院校、高职艺术院校和艺术学校三个层面构建层次清晰、各具特色的艺术教育体系。截至 2014 年底，浙江共有文化部门艺术教育机构 6 所，高等艺术院校 2 所，其中 1 所是高等职业院校，中等艺术学校 4 所，全年各类院校共计招生 2116 人，在校生 7481 人，为国家培养各类艺术人才 1958 人。

八、深化体制改革，对外交流深拓

积极推进事业单位法人治理结构改革，6 家试点单位改革任务进展顺利，其中，浙江图书馆已制订了全国首个公共图书馆章程，温州市图书馆等 5 家试点单位的理事会已挂牌运行，浙江图书馆、温州市图书馆被列为全国试点单位。积极转变政府职能，不断减少和下放行政审批事项，建立了“权力清单”和“责任清单”。

组织实施了多项高规格、高水平的对外文化活动，有力地配合了国家的整体外交部署。优化浙江文化节的举办形式、输出渠道和辐射地域，赴美国、泰国举办了“浙江文化节”，“浙江文化节”首次走进东南亚；赴台举办了第八届“台湾·浙江文化节”，推动两岸文化交流合作，增强两岸中华文化认同。提升海外“欢乐春节”活动规模质量，2014 年我省参与海外“欢乐春节”活动涉及欧洲、美洲、亚洲、大洋洲

10个国家和地区的20个城市。着力落实“2014年对非文化工作部省对口合作计划”，组织文化艺术团体与莫桑比克、马达加斯加、马拉维等国文化机构开展文化交流和合作项目，积极参与对非文化领域人力资源培训，省文化馆被文化部授予“对非培训基地”。2014年度，我省共执行对外、对港澳台文化交流项目1239起，9174人次直接参与交流。引进项目1106起，7060人次；派出项目133起，2114人次。

九、存在的主要问题

虽然浙江文化建设取得了重大成就，但与经济社会发展的要求，与人民群众日益增长的文化需求，与文化强省的目标要求还不相适应，相对于经济发展来说文化建设还是薄弱环节，文化改革发展中还存在一些矛盾和问题。

（一）投入总量持续加大，但与经济社会总体发展而言总量仍低

近年来，浙江省文化投入逐年加大。2011年全省各级财政对文化的投入总额为40.8亿元，2014年达到54.82亿元，年均增长11.5%。虽然文化总投入逐年增加，但与浙江经济社会发展现状不相匹配，总量相对而言尚小。从人均文化事业费来看，上海为137.13元（全国第2），浙江为68.84元（全国第8，比上年又下降1位），差距更大。

（二）文化投入增幅呈先扬后抑的规律性态势

自本世纪以来，浙江省的财政对文化投入的增幅呈现出先扬后抑的规律性态势。

图1 2001-2014年浙江各级财政对文化投入总量及增幅

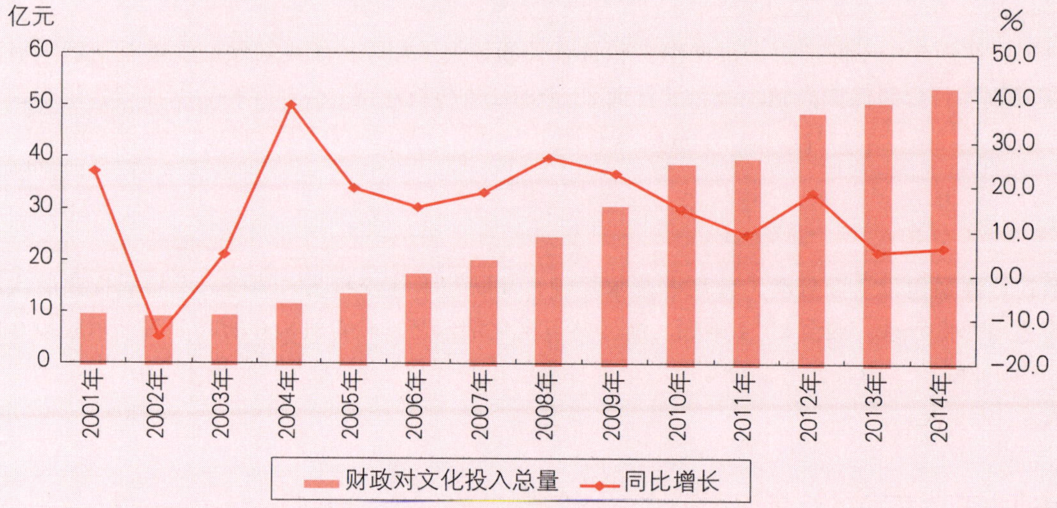

（三）各项人均文化事业费难以满足需求

一是人均文化事业费与全国第一梯队差距明显。按年末常住人口计算，我省人均文化事业费均比上年有所提高，但增幅出现回落。二是人均文化事业费的增长动力明显不足。

（四）文化投入占财政支出的比重明显偏低

《浙江省文化发展“十二五”规划》保障措施中明确提出：进一步加大公共财政对文化的投入力度，力争做到“两个高于”，即文化投入的增幅高于本级财政经常性收支的增幅，“十二五”时期文化投入占

财政支出比重高于“十一五”时期。但从目前文化投入情况看，形势堪忧。

表6　2010-2014年浙江文化投入与财政收支的增长情况

	财政对文化投入总量增速（%）	#文化事业费增速（%）	#文物事业费增速（%）	财政收入增速（%）	财政支出增速（%）
2010年	15.4	14.9	16.6	18.8	20.9
2011年	9.6	19.3	-9.8	21.0	19.8
2012年	19.1	23.7	7.1	8.2	8.3
2013年	5.8	0.9	19.0	7.8	13.7
2014年	6.7	5.3	7.5	8.5	9.1

2014年，通过全省广大文化文物工作者的艰苦努力，全省文化工作取得了长足的发展，但同时也要看到，文化建设与全面建设现代化浙江的要求尚有差距，与政治、经济、社会建设协调发展还不完全相适应。下一步，浙江省将按照中央关于文化建设的决策部署，继续加大对文化事业投入力度，努力实现全省文化建设又好又快发展。

（浙江省文化厅）

浙江：抓好三项公共文化服务全国试点工作

2014 年，浙江省公共文化服务标准化、基层综合性文化服务中心建设、公共文化机构法人治理结构改革被文化部确定为全国试点，是全国试点最多的省份。这三项试点也是贯彻中办国办《关于加快构建现代公共文化服务体系的意见》的重要抓手。今后我们将扎实推进，努力为全国贡献新鲜经验。下面将三项试点分别向大家介绍一下：

试点之一：推进公共文化服务标准化。这是党的十八届三中全会部署的一项任务。2014 年，由省领导牵头，浙江率先组织开展了浙江省基本公共文化服务标准化均等化课题研究，初步制定了《浙江省基本公共文化服务标准》。2015 年上半年，已正式颁发《浙江省加快构建现代公共文化服务体系实施意见》和《浙江省基本公共文化服务标准》，制定《浙江省实施基本公共文化服务标准化均等化五年行动计划》，同时，加强对 10 个省级基本公共文化服务标准化重点县的扶持，提升短板，促进区域均等。

试点之二：加强以农村文化礼堂为代表的基层综合性文化服务中心建设。这是浙江公共文化服务的一大创新。从 2013 年起，浙江全省行政村广泛开展了文化礼堂建设，打造集思想道德、文体娱乐、知识普及于一体的农村文化综合体。浙江省委、省政府对这项工作十分重视，连续三年将其列入浙江省政府为民办实事项目。将这一民生工程与基层综合性文化服务中心建设全国试点工作有机结合，制定“五有三型”（有场所、有展示、有活动、有队伍、有机制，学教型、礼仪型、娱乐型）的标准，突出价值引领，强化“建管用”一体化，积极推进教育教化、乡风乡愁、礼节礼仪、文化文艺进礼堂，着力打造农民群众的精神家园。农村文化礼堂是浙江基层公共文化服务体系建设的升级版，两年时间全省共建成农村文化礼堂 3400 余家，提供了包含 1708 项内容的服务菜单，成为浙江农村亮丽的文化风景线。2015 年浙江计划新建 1000 家以上农村文化礼堂，并在文化资源整合、运营投入和产品服务、人才队伍建设等方面提炼“浙江模式”，努力为全国提供“浙江经验”。

试点之三：探索公共文化机构法人治理。公共文化机构建立法人治理结构，是激发文化事业单位活力、提升公共文化服务水平的一项重要改革。浙江共有 2 家全国试点和 6 家省级试点。目前，这项试点进入了扩面提升阶段，全省已有 10 家单位成立了理事会，台州市黄岩区 63 家农村文化礼堂均成立了理事会。通过吸收社会人员参与决策与管理，有效促进了公共服务水平和效率的提高。2015 年，将重点做好浙江图书馆、温州图书馆 2 家全国试点工作，指导和督促试点单位进一步完善理事会制度，到年底在试点单位初步建立比较完善的法人治理结构，同时，也要再做一些面上的拓展工作，比如在文化站、文化礼堂等开展试点探索。

安徽省2014年文化发展情况分析

2014年，安徽省各级文化部门认真贯彻文化部和省委、省政府决策部署，落实《文化强省建设实施纲要》和《安徽省深化文化体制改革实施方案》，围绕全省文化建设总体思路、发展目标和重点任务，抢抓机遇，主动作为，扎实苦干，开拓创新，努力推动文化改革发展取得新进展新突破，呈现出许多新亮点新成效，文化强省建设迈上新台阶。

截至2014年底，全省共有各类文化机构12261个，从业人员为81906人。

表1　2014年全省文化机构和人员情况

机构类别	机构数(个)	从业人员(人)
总计	**12261**	**81906**
艺术业	1038	21974
艺术表演团体	988	20796
艺术表演场所	48	1172
其它艺术业	2	6
图书馆事业	113	1410
群众文化事业	1557	5979
文化馆	120	1473
文化站	1437	4506
艺术教育事业	6	494
文艺科研	11	141
文化市场经营单位(不含非公有制艺术表演团体)	8996	44168
文物业	270	3312
文物机构	104	609
文物保护管理机构	94	472
文物科研机构	1	42
其他文物机构	9	95
博物馆	164	2657
文物商店	2	46
其　他	270	4428

一、文化发展取得新成就

（一）文化投入稳定增长

2014年，全省文化事业费为11.99亿元，比上年增加0.88亿元，增长8%；文化事业费占同年全省财政支出 0. 26%，与上年持平；全省人均文化事业费 19.72 元，比上年增加 1.29 元，增长 7%。

图1 2010年-2014年全省人均文化事业费情况

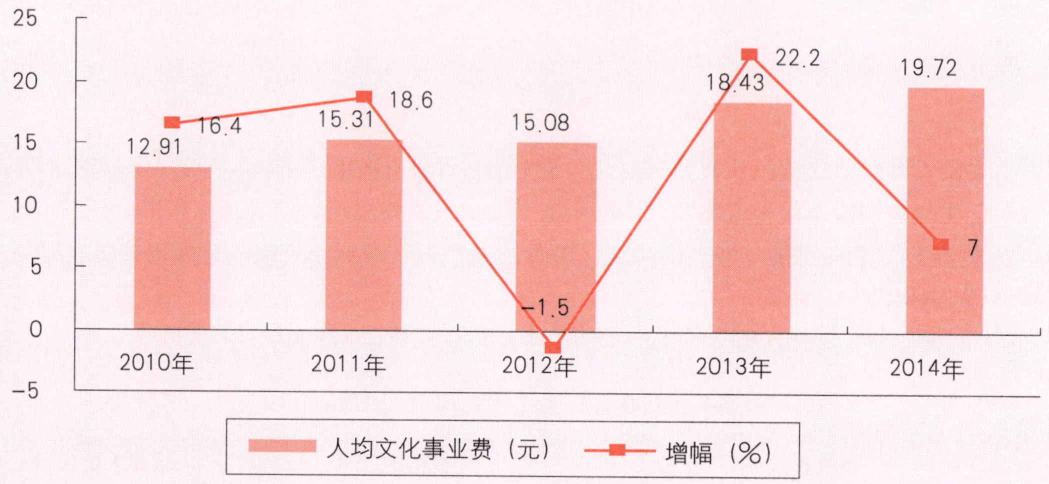

（二）设施建设进展顺利

2014 年，我省总共实施文化文物基础设施建设项目 23 项，总计建筑面积 45.32 万平方米，总投资 6.41 亿元，当年完成投资 0.53 亿元。安徽省美术馆桩基工程顺利完成，展览陈列设计方案完成招标，正紧锣密鼓推进。宿州市文化中心（含图书馆、文化馆）建成完工并对外开放。列入 2014 年省民生工程的公共文化服务信息化 339 个电子阅览室建设提前 4 个月完成并投入使用。至此，覆盖全省的 1632 个基层公共阅览室全部建成，公共文化信息化服务体系初步形成。继续推进全省博物馆纪念馆展陈提升工程，其中获国家支持项目 7 个，省级重点支持项目 9 个。

（三）公共文化服务创新发展

2014 年，全省 113 个公共图书馆、120 个文化馆、18 个美术馆、149 个博物馆、1437 个乡镇综合文化站全部免费开放。创新组建全省“三馆联盟”，组织全省 107 个图书馆、120 个文化馆、67 个公办博物馆和 10 个民办博物馆，分别组建了全省公共图书馆阅读推广联盟、全省文化馆活动联盟、全省博物馆陈列展览联盟三大联盟，公共文化服务水平和质量再上台阶。创新推进省、市、县、乡、村五级公共文化服务体系建设，积极抓好安庆市和宣城市、蚌埠市创建第二批国家公共文化服务体系建设示范区（项目）以及宁国市等 12 个县（市）创建省级公共文化服务体系示范区建设。

1. 公共图书馆服务能力不断提升

2014 年，全省公共图书馆财政拨款 2.46 亿元，比上年增加 0.26 亿元，增长 11.8%，其中图书购置专项经费 3270 万元，比上年增加 159 万元，增长 5.1%；人均购书费 0.63 元，比上年增加 0.06 元，增长 10.5%。全省 113 个公共图书馆总藏量 1753.8 万册（件），比上年增长 7.4%，其中：图书 1397.7 万册、增长 5.9%；人均拥有公共图书馆藏量 0.29 册，比上年增长 7.4%；书架单层总长度 230300 米，比上年增长 4.8%；共计发放有效借书证 752542 个，比上年增长 15.7%。

表2 近几年全省公共图书馆基本情况

年份	实际使用房屋建筑面积（万平方米）	总藏量（万册）	人均藏量（册）	购买报刊种类（种）	书架单层总长度(米)	发放有效借书证(个)
2011	24.50	1207	0.23	22053	168751	440488
2012	28.20	1407	0.24	27031	190171	529348
2013	35.37	1687	0.28	37710	219700	650698
2014	36.85	1753	0.29	34465	230300	752542

2014 年，我省公共图书馆创新服务，积极开展读书讲座等各种惠民活动，各项业务指标稳步上升。全省图书馆总流通人次达到 1545.83 万，比上年增长 14.8%；书刊外借 1394.1 万册次，比上年增长 10.8%。全年组织各类讲座 1768 次，比上年增长 23.5%；举办展览 584 次，比上年增长 8.6%；举办培训班 797 个，比上年增长 11%。同时积极推进农村公共图书服务一体化试点建设，选择金寨、五河等 6 个县为试点，探索推进县乡公共图书馆总分馆制新路子。

图2 2011年-2014年全省公共图书馆业务活动比较

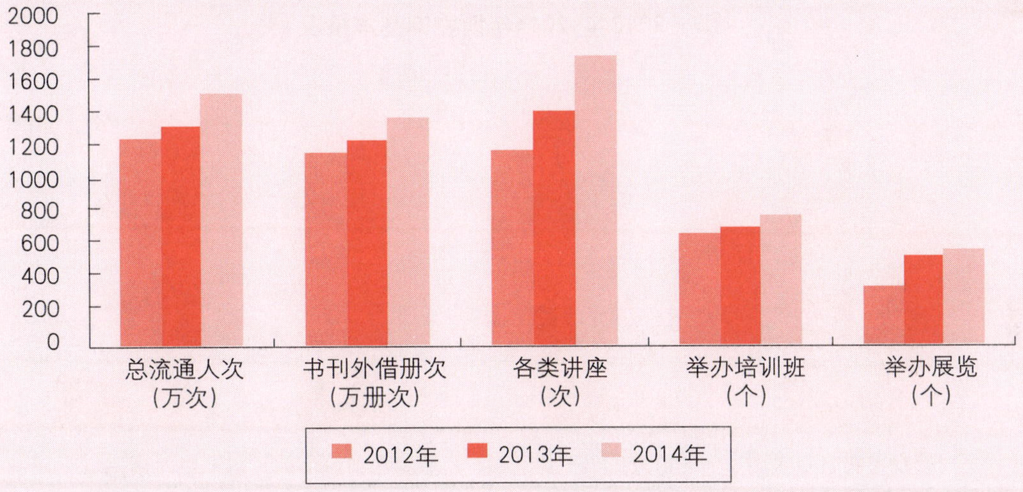

2. 文化馆（站）惠民服务丰富多彩

2014 年，全省群众文化服务机构 1557 个，实际使用建筑面积 98.05 万平方米，比上年增长 6.3%；藏书 568.9 万册，比上年增长 6%；组织各类文艺活动 33318 次、公益性讲座 701 次，分别比上年增长 21.5%、2.6 %；举办培训班 17869 班次、展览 5116 个，分别比上年增长 17.8% 和 8.2%。文化馆（站）文化服务惠及 1542.1 万人次，比上年增长 8%。

表3 文化馆基本情况

年份	实际使用房屋建筑面积（万平方米）	文化服务惠及人次（万人次）	组织各类文艺活动(次)	公益性讲座（次）	举办培训班（米）	藏书（万册）
2011	82.41	635.97	17757	587	12850	394.87
2012	90.65	1184.71	20196	591	13580	511.03
2013	92.21	1427.79	27422	683	15174	536.87
2014	98.05	1542.09	33318	701	17869	568.89

深化群众文化志愿辅导工作，引导社会力量参与。健全机制，加强考核，推动群众文化辅导工作常态化发展。下发《关于加强群众文化辅导员队伍建设的通知》，部署开展群众文化辅导员队伍建设工作，发展队伍至 9300 余人，超额完成年度队伍发展目标。部署开展全省群众文化辅导工作评优表彰，推出一批优秀群众文化辅导员、优秀服务项目、优秀服务团队，加强典型引导。我厅承办的青海省藏北藏族自治州公共文化服务培训活动，入选“春雨工程”——全国文化志愿者边疆行示范项目，在全国文化志愿服务工作推进会上受到表彰。

3. 博物馆建设不断加强

近年来，我省博物馆举办的陈列展览、参观人次等稳步上升，公益性文化服务功能和惠民作用充分发挥，人民群众多样化多层次的精神需求得以满足。2014 年，全省各类博物馆（包括民办博物馆）新增 10 家，达到 164 个，比去年增长 9.2%，其中 149 个纳入免费开放，占总数 90.8%。各类博物馆实际使用房屋建筑面积 63.84 万平方米，比上年增长 28.3%。全省博物馆馆藏文物等级品 715617 件，其中一级品 2331 件，二级品 5162 件，三级品 47853 件，等级品藏量比上年增长 6.7%；全年接待观众 2406 万人次，其中未成年人数 749 万人次，占比 31.1%，与往年基本持平。

图3 2013年-2014年博物馆基本情况

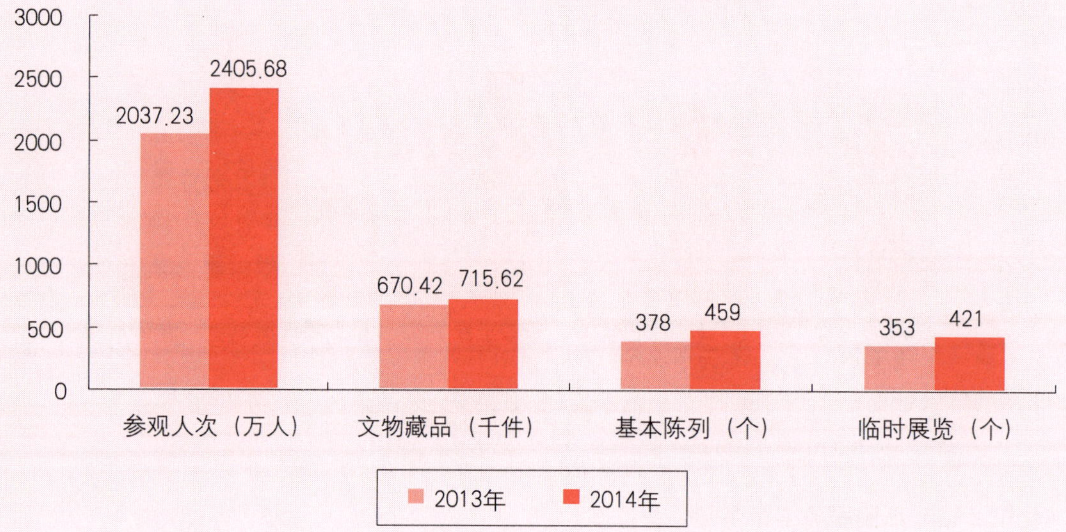

目前，以国有博物馆为主体、民办博物馆和行业博物馆为补充的全省博物馆体系初步形成。蚌埠市、芜湖市、铜陵市、蒙城县、南陵县、来安县等博物馆新馆完成布展或对外开放。89 个博物馆、纪念馆纳入省民生工程，实施博物馆免费开放绩效考评，博物馆公共服务设施、环境、展陈内容、讲解水平、服务能力等有了新提升。首次开展国家二、三级博物馆运行评估工作，全省 7 个 2 级馆、22 个 3 级馆全部通过国家文物局复核，其中安徽中国徽州文化博物馆、马鞍山市博物馆、寿县博物馆名列优秀行列。合肥市渡江战役纪念馆《百万雄师过大江——渡江战役纪念馆基本陈列》获第十一届（2013 年度）全国博物馆十大陈列展览优胜奖。巢湖市博物馆两件文物精品被遴选参加大型文物展览“丝绸之路”。

4. 文化惠民工程深入民心

除公共场馆免费开放外，我省采取政府购买服务方式，在全省组织开展 “送戏进万村”活动，探索服务基层的新路径。通过积极争取，提高补助标准，将每个行政村演出活动经费由 2400 元增加到 4400 元，全省增加 3100 多万送戏演出经费。送戏活动由县级文化部门具体组织实施，面向符合条件的国有、民营艺术表演团体，集中统一采购，为全省 15539 个行政村每村送 1 场正规演出。演出剧（节）目结合农村实际、体现乡土特色、内容健康向上、形式丰富多样、农民喜闻乐见。全年共完成演出 21722 场，超额完成预定目标场次，丰富了农民文化生活。

5. 农民文化乐园试点建设扩面提速

2014 年，我省以推进基本公共文化服务标准化、均等化为目标，创新开展农民文化乐园建设。省级农民文化乐园试点增加至 100 个，同时启动 1296 个美好乡村示范村文化活动中心的规划和建设，滁州、六安市等地开展市级试点 112 个，按照“分级推进”、“一村一特”、“一园一品”开展试点工作。

（四）文化产业健康发展

认真贯彻落实国务院以及文化部、财政部等部委出台的文化产业扶持政策，大力促进文化产业发展，着力提高文化产业规模化集约化专业化水平。蚌埠市成功创建第五届国家级文化产业示范园区。2 个企业成功申报国家级文化产业示范基地，全省总数达到 10 个。文化产业重点项目推进顺利。组织举办第三届安徽省动漫大赛。各市县建立文化产业项目库，编制文化产业项目，招商引资，用社会力量推动文化产业发展。文化产业服务平台建设加快。全力推动产业项目进入国家重点文化产业项目库、特色文化产业项目库，63 个项目入选。建立省文化企业直接融资项目库，128 个企业 145 个项目入库。截至 2014 年底，我省有各类文化产业示范园区和基地 104 个，从业人员 76523 人。

（五）文艺创作展演展示繁荣活跃

近些年，我省以创作文艺精品力作、丰富文化展演展示为抓手，全力推进全省艺术创作生产，成效明显。截至 2014 年底，我省有各类艺术表演团体 988 个，从业人员 20796 人，演出近 29 万场次。黄梅戏《徽州往事》、《惊天一兰》成功在国家大剧院公演。黄梅戏《小乔初嫁》进京参加庆祝中华人民共和国成立 65 周年优秀剧目展演。黄梅戏《寂寞汉卿》和花鼓歌舞剧《珠城的传说》成功上演。原创精品儿童剧《青蛙王子》等 4 部作品进入保利院线全国巡演。安徽省重大历史题材美术创作工程圆满收官，历时三年创作生产的 53 幅作品，集中在安徽博物院对外展出。“首届安徽文化惠民消费季 • 好戏大家看”系列活动精彩呈现，创新推出大戏小戏看过瘾、我们精彩我们展示、群星璀璨耀江淮、美术走进生活“四大板块”共 58 项、212 场系列展演展示活动，深受群众欢迎。群众文艺创作演出势头良好。组织开展全省“群星奖”评选活动，成功组织开展全省小戏折子戏调演、全省“六一”少儿文艺调演和“校园大舞台—徽风皖韵进高校活动”。

（六）文化市场规范有序

2014 年，我省共有经营性文化产业机构 9928 个，从业人员 61598 人。其中：娱乐场所 3600 个、网吧 5392 个、非国有艺术表演团体 936 个，机构数和从业人员数比去年略有减少。

为繁荣文化市场，我省坚持管建并重，加强文化市场监管，规范市场秩序，营造良好发展环境。完善准入政策，促进公平竞争。取消上网服务场所问题和布局要求，降低准入门槛，实行先照后证管理，推动上网服务行业转型升级。转变职能简政放权力度加大。推动文化部门从“办文化”向“管文化”转变，清理行政权力 205 项，精简 137 项，精简率 67%。文化市场环境不断优化。加强网吧、娱乐、演出等市场监管，深入开展重点时段文化市场专项检查、2014 净网行动、公共娱乐场所“清剿火患”等专项行动。全面推广应用文化市场综合执法技术监管与服务平台。建立演出市场黑名单制度。民营艺术院团发展强劲。实施民营艺术院团“四个十”工程，建立动态管理长效机制，3 个民营院团被评为第二批“十大名团”，3 个剧目被评为第二批“十大名剧”。召开民营艺术院团发展座谈会，开展民营院团优秀剧目展演，鼓励民营院团树立自信、提升形象、扩大影响，帮助民营院团提升水平、练就内功、打出品牌。

（七）文物工作扎实有效

2014 年，全省文物机构共有 270 个，从业人员 3312 人。我省共有全国重点保护文物单位 130 个，省级文物保护单位 708 个。文物工作开展扎实有效。

一是重点文物保护项目推进成效明显。大运河成功入选世界文化遗产名录。中国大运河项目正式被联合国教科文组织列入《世界遗产名录》，我省淮北、宿州 3 处大运河遗址成功申报为世界文化遗产，历时八年的大运河申遗工作圆满成功。文物保护样板工程和古村落综合利用试点工程加快实施，作为国家文物保护样板工程的黄山市徽州区呈坎村古建筑群和泾县黄田村古建筑群，以及同时列入全国古村落保护利用综合试点的呈坎村，目前正在紧锣密鼓地实施，进度不断加快。国家考古遗址公园项目扎实推进，含山县凌家滩和凤阳县明中都皇故城两个国家考古遗址公园建设，村民安置、保护展示等各项工程方案抓紧推进，凌家滩遗址完成 2014 年内环壕考古发掘和勘探工作，明中都遗址全面考古勘探基本完成。组织编制了凌家滩遗址东西居住址区域文物保护工程和内环壕保护展示工程立项方案，防洪一期工程启动；编制上报了明中都皇故城东华门及角楼修缮、护城河修缮等 8 个工程立项，正在实施明中都皇故城西城墙抢险加固工程。文物维修保护利用和考古发掘成效显著，推进国保、省保单位肥西刘铭传旧居、旌德江村古建筑群、黄山区程氏宗祠等 20 多处重点维修工程。泾县桃花潭镇、绩溪县龙川村等 10 个镇村入选第六批中国历史文化名镇名村名单。

二是文物基础工作不断夯实。社会文物管理规范有序，省文物鉴定站鉴定馆藏文物、涉案文物等 8843 件（套），为群众开展义务鉴定 2800 件（套）。各地一些含有文物经营的古玩市场、艺术品市场人气较旺，较好地满足了群众对精神文化消费的需求。文物科研及人才建设得到加强，出土木漆器保护国家重点科研基地——安徽工作站在安徽博物院成立。省考古所开展六安双墩一号汉墓现场“黄肠题凑”维护、宣城大夫第保护等 5 项现场文物保护和科技考古工作，实施国家文化科技提升计划项目“徽州牌坊的保护修复与数字化展示研究”。文物宣传活动丰富多彩，创新举办文化遗产日主场启动仪式及“文化遗产进校园”系列活动，开展安徽省文化遗产摄影展和“黟县百工”展、非物质文化遗产系列讲座与会议、民谣音乐会、含山凌家滩遗址公众考古开放日等丰富多彩活动，主题突出、影响广泛。

（八）非遗保护工作稳步推进

2014 年，我省以挖掘、整理、盘活各类文化资源为抓手，着力推进全省文化遗产保护利用水平。一是非遗立法取得重大进展。省人大常委会第十三次会议全票通过《安徽省非物质文化遗产条例》，于 2014 年 10 月 1 日起施行。淮南市等地出台了非遗传习基地管理办法。二是非遗保护工作力度加强。全省 4 个新项目、8 个扩展项目入选第四批国家级非遗代表性项目名录。7 个非遗项目进入国家非遗数字化保护试点。开展第二批省级非遗传习基地和第五批省级非遗传承人评审认定工作。三是非遗保护利用成效明显。全面建立非遗四级名录保护体系，积极推进国家和省级非遗濒危项目抢救工程，完成 15 个省级非遗濒危项目的采录。徽州文化生态保护区建设整体推进，与央视联合摄制的非遗系列专题片《安徽文房四宝》在央视科教频道黄金时段播出。

表4　2013年 – 2014年安徽省非遗项目及传承人情况

单位：个、人

	国家级		省级		
	非遗项目	非遗传承人	非遗项目	非遗传承人	传习基地(传习所)
2013年	60	75	343	409	33
2014年	72	75	343	576	50

（九）文化交流活动有声有色

在文化部和省委省政府关心支持下，2014年全省完成对外和对港澳台文化交流项目56批次，比上年增长33%，演出（参观）观众近27万人次，涵盖亚、欧、美、非26个国家和地区。组织参加了泰国“欢乐春节”和香港“元宵彩灯会”等演出活动，圆满完成部省对口合作项目——乌兰巴托中国文化中心文化交流互访活动及纪念中蒙建交65周年演出活动。参与中俄“两江地区”交流活动，赴俄罗斯参加了第22届“俄罗斯之源”艺术节活动。圆满完成中韩省道文化交流活动。皖台交流成果丰硕，在我省成功举办了三项皖台文化交流活动，赴台湾开展了“亲情之旅、文化之旅”交流活动，彰显了两岸文化同心。

经多方努力，唐代文物佛塔回乡、欧豪年美术馆开馆、孙多慈艺术展开幕仪式等三项皖台文化交流活动，在安徽博物院隆重举行，彰显两岸文化认同、文化连心。参加省文化经贸宝岛行活动，开展“亲情之旅、文化之旅”文化交流。先后组织参加了泰国“欢乐春节”、香港“元宵彩灯会”等演出活动。圆满完成部省对口合作项目——乌兰巴托中国文化中心文化交流互访活动及纪念中蒙建交65周年演出活动。参与中俄“两江地区”交流活动，赴俄罗斯参加了第22届“俄罗斯之源”艺术节活动。成功承办了中国——意大利博物馆联盟2014年年会。举办了“绿色六安·山水江原”中韩文化交流活动，并首次将文化交流活动从城市走向农村，在六安市金寨县南溪村农民文化乐园等乡村先后演出四场，8000多名农民在家门口看到国外专业艺术表演，实现了文化交流与文化惠民的有效结合。

二、存在问题

2014年我省文化建设虽然取得了一些成绩，但也还存在一些问题，比如文化投入不足，人均水平落后，基础文化设施建设及文化服务能力仍需加强等。

（一）文化投入仍然不足

近些年我省各级政府对文化的投入逐年加大，但从总体情况看，投入仍然不足。2014年，安徽省文化事业费为11.97亿元，在全国居第24位。就人均文化事业费来说，我省为19.72元，居全国第29位，比全国平均水平少22.93元。

图4 2010年-2014年人均文化事业费情况

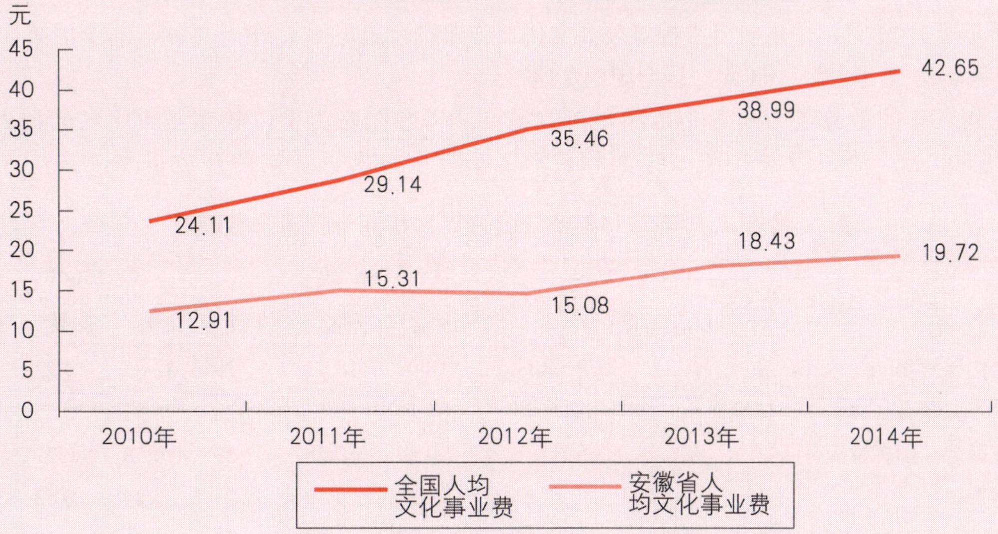

表5　2012年-2014年全国暨中部地区文化事业费情况表

省份	2012年		2013年		2014年	
	总量(亿元)	人均(元)	总量(亿元)	人均(元)	总量(亿元)	人均(元)
全国	480.1	35.46	530.49	38.99	583.44	42.65
安徽	9.03	15.08	11.11	18.43	11.99	19.72
山西	13.12	36.34	14.11	38.86	14.09	38.63
江西	7.98	17.71	8.97	19.84	10.37	22.83
河南	15.04	15.99	16.14	17.15	17.39	18.43
湖北	13.87	24	15.41	26.58	16.8	28.89
湖南	12.69	19.12	14.47	21.63	16.26	24.14

（二）基础文化设施建设仍需加强

“十二五”以来，我省的公共文化基础建设快速有效，大大改善了文化服务条件。但是，与不断增长的群众文化需求相比较，文化基础设施建设还需要进一步加强。

截至2014年底，按市级文化馆三级馆实际使用面积不少于2500平方米为标准，安徽省共有合肥、蚌埠、淮南、铜陵、安庆、阜阳等6个市级文化馆实际使用面积未达等级馆标准，六安、亳州两市未建成文化馆。按县（区）级文化馆等级馆实际使用面积不少于1500平方米为标准，我省还有46个县（区）文化馆实际使用面积未达标。

按市级图书馆二级馆实际使用面积不少于6000平方米为标准，安徽省共有淮南、滁州、宣城、阜阳市图书馆等4个市级图书馆实际使用面积未达等级馆标准，六安未建成图书馆。按县级图书馆二级馆实际使用面积不少于1500平方米为标准，25个县图书馆实际使用面积未达标。按市辖区区级图书馆二级馆实际使用面积不少于1200平方米为标准，9个区图书馆实际使用面积未达标，另外还有不少县（区）未建图书馆。

（三）服务能力仍需提高

目前我省主要公共文化服务指标都居于全国相对落后位置。其中：平均每万人拥有公共图书馆建筑面积是60.57平方米，居全国第29位，人均拥有公共图书馆藏量是0.29册，居全国第29位，人均购书费是0.63元，居全国第21位，平均每万人拥有公共文化设施建筑面积是161.18平方米，居全国第27位，人均文化活动业务活动专项经费1.64元，居全国第22位。

我省公共文化的服务能力还远不能满足群众需要。以合肥市为例，随着城市区域的扩大，城市常住人口达到500万，而市级公共图书馆面积仅有1.5万平方米，自免费开放以来，接待人次成倍增

表6　我省2013年-2014年部分公共文化指标与全国排名情况

主要公共文化发展指标	计量单位	2013年			2014年		
		全国	安徽	排名	全国	安徽	排名
人均文化事业费	元	38.99	18.43	29	42.65	19.72	29
平均每万人拥有公共图书馆建筑面积	平方米	85.14	58.66	28	90.04	60.57	29
人均拥有公共图书馆藏量	册	0.55	0.28	29	0.58	0.29	29
人均购书费	元	1.22	0.57	21	1.24	0.63	21
平均每万人拥有群众文化设施建筑面积	平方米	249.09	152.90	27	269.51	161.18	27
人均群众文化业务活动专项经费	元	2.59	1.67	19	2.69	1.64	22

长，年读者接待量超过 80 万人次，已远超合肥市图书馆原设计要求。在全省不少地方都存在类似问题。

三、几点建议

文化的发展离不开各级政府和社会各界的支持，各地要进一步增强加快文化建设的责任感紧迫感，贯彻落实党中央对文化事业发展的决策部署，把文化改革发展摆在全局工作的重要位置，凝聚强大工作合力，建立健全党政齐抓共管、有关部门分工负责、社会力量积极参与的工作格局，凝心聚力推动文化建设发展。

（一）加大文化投入力度

政府要加大财政、税收、金融等方面对文化事业和产业的政策扶持力度，以向社会提供更多更好的文化产品和服务作为财政投入重要依据，促进金融资本、社会资本和文化资源有机对接。进一步完善转移支付体制，重点向大别山等革命老区和皖北地区倾斜，支持农村和城市社区基层公共文化服务设施建设。整合优化各级各类财政文化资金，加大对文化类民生工程的投入。创新公共文化服务投入方式，采取政府购买、项目补贴、定向资助等政策措施，支持包括文化企业在内的社会各类文化机构参与提供公共文化产品服务。

（二）促进文化基础设施建设

根据各地文化基础设施实际情况，认真贯彻落实中共中央办公厅、国务院办公厅《关于加快构建现代公共文化服务体系的意见》，并结合各地城市发展总体规划和社会主义新农村建设，对公共文化基础设施的建设发展目标、整体布局、实施步骤及保障措施等进行全面系统的分析研究，合理布局，做好规划。在规划设计上充分体现便民、利民和实用的原则和先进性、创新性的要求。本着以人为本、因地制宜的原则，既考虑文化基础设施的公益性，又考虑政府投资的效益，针对城乡实际，加大城乡公共文化基础设施投入，对已有未达标公共场馆进行改造扩建，没有文化场馆的地方要创造条件规划建设，逐步改善公共文化服务条件，在场馆使用面积等硬件上达标。

（三）完善公共文化服务评价机制

建立健全公共文化服务绩效考核标准，增强公共文化服务评价的客观性和科学性。在提供公共文化产品和服务时，多从人民群众自身的角度来考虑问题，使公共文化产品和服务与群众需求有效对接。研究制定公共文化服务群众满意度指标，推广群众评议等做法，开通公共文化服务热线电话、电子邮箱和社交媒体平台，拓展公众参与渠道。组织人大代表、政协委员、专家和群众代表参与考核，探索建立公共文化服务第三方评价机制。

（安徽省文化厅）

安徽：安庆市黄梅戏特色文化成果丰硕

2014年，安庆市依托黄梅戏特色文化优势，加强文化服务，着力改善文化民生，特色文化成果丰硕。

一、抓创作，特色文艺精品常演常新

黄梅戏是安庆市的一张特色文化名片，为永葆特色活力，安庆市适应市场需求，特别重视抓好作品创作。一是组织开展了以“中国梦”为主题的文艺创作活动，创作完成小戏剧、音乐广播剧等一批新作品。创排精品剧目大型黄梅戏《寂寞汉卿》，桐城市黄梅戏新剧目《惊天一兰》应邀赴国家大剧院成功演出，望江县创排推出黄梅戏新剧目《胡久耕卸任》。二是组织举办了2014年安徽省黄梅戏剧本研讨会、安庆市“黄梅戏编剧读书班”、民营剧团优秀剧本创作研讨会等活动，培育黄梅戏编剧队伍，推动精品剧目创排。三是开展黄梅戏小戏剧本征集活动，评审推荐《巧嫂卖瓜》、《红娘》等25部进行排演。黄梅戏大戏《徽州往事》和小戏《红娘》、《骄杨》成功申报国家艺术基金2014年度舞台艺术创作资助项目。

二、抓惠民，三大艺术展演普惠百姓

2014年，安庆市以黄梅戏展演为核心内容，举办了三大艺术展演普惠老百姓。一是成功举办2014年“十一”黄梅戏展演周文化活动。秉持“艺术的盛会，群众的节日”活动理念，将“好戏演给百姓看”作为活动根本目的和评价标准。青春版传统戏《五女拜寿》、《梁祝》，经典古装戏《天仙配》、《女驸马》、《牛郎织女》，新创现代戏《半个月亮》、《寸草心》等13台14场大戏竞相出彩。二是创新举办全市小戏小品展演比赛，25折6场全部免费送给社区工作者和广大市民观看，组织获奖小戏走进社区“文化舞台”巡演9场，让老百姓在家门口舒舒服服看好戏。三是圆满承办2014安徽省小戏折子戏调演活动。来自全省16个地市的56个国有院团、民营文艺院团及非专业组齐聚安庆，5天共演出15场74个小戏折子戏，其中原创剧目58个，10元钱惠民票价赢得观众纷纷点赞。这三大活动直接惠及群众近20万人次，丰富了百姓文化生活，社会反响热烈，好评如潮。

三、抓品牌，黄梅艺术之花绽放飘香

以黄梅戏为安庆市文化品牌和金色名片，以黄梅戏原创精品和著名黄梅戏演员韩再芬等为重点，让黄梅戏之花在省内外飘香。再芬公司最新原创黄梅戏《徽州往事》走进北京、上海，在国家大剧院连演6场刷新纪录，并参评“上海白玉兰戏剧表演艺术奖”。举办了2014深圳　安庆黄梅戏艺术周活动，采取展演、展览、展销综合方式进行，安庆市黄梅戏艺术剧院展演了《天仙配》、《女驸马》、《六尺巷》、《为奴隶的母亲》等经典剧目。开设“再芬黄梅大讲坛”和“再芬黄梅”电视栏目，成立了再芬黄梅戏友会，“再芬黄梅”品牌更加响亮。引导黄梅戏专业院团、民营剧团走进广东、江苏、浙江、山东、四川等地，开拓培育演出市场，宣传推广安庆黄梅戏文化。

福建省 2014 年文化发展情况分析

2014 年，全省文化系统自觉主动服务于省委、省政府的战略发展大局，全面贯彻落实党的十八届三中、四中全会精神，深入贯彻落实习近平总书记系列重要讲话，特别是在文艺工作座谈会上的重要讲话精神，按照省委、省政府工作要求，抢抓机遇、改革创新、积极作为，圆满完成年初制定的各项工作任务，多项工作有新突破，取得了新成效。

一、福建文化发展总体情况

（一）财政投入文化占比逐年持稳

2014 年，党的十八大报告中提出要建设社会主义文化强国的战略目标，我省紧跟中央的步伐，各项文化工作都进入了一个新的发展时期，各级财政对文化文物投入逐年增长，2014 年全省各级财政对文化文物投入达 22.04 亿元，占当年财政总支出的 0.667%。增幅保持稳定增长，各项文化事业呈现全面发展态势。

（二）文化结构进一步优化

2014 年底，我省共有文化机构 6803 个，比上年减少 114 个，从业人员 6.88 万人，比上年减少 0.96 万人（因网吧数减少及院团改制撤消等原因），下降 12.17%，其中：文化部门产业机构 2457 个，从业人员 2.38 万人；文化市场经营机构 4201 个，从业人员 4.29 万人；文物部门产业机构 145 个，从业人员 0.22 万人。

表1　文化部门机构和从业人员情况

	机构数			从业人员		
	2013	2014	增长速度(%)	2013	2014	增长速度(%)
总计	**6917**	**6803**	**-1.65**	**78431**	**68888**	**-12.17**
艺术业	563	450	-20.07	15260	14056	-7.89
其中：艺术表演团体	506	393	-22.33	14365	13114	-8.71
艺术表演场馆	57	57		895	942	5.25
图书馆	91	88	-3.30	1301	1278	-1.77
群众文化服务	1237	1215	-1.78	3335	3602	8.01
其中：文化站	1139	1118	-1.84	2442	2672	9.42
艺术教育业	12	12		569	595	4.57
文化市场经营机构（不含民间文艺表演团体和演出场所经营单位）	4623	4201	-9.13	51843	42883	-17.28
文艺科研	10	10		110	101	-8.18
文物业	150	145	-3.33	1989	2185	9.85
其他文化及相关产业	231	232	0.43	4024	4188	4.08

2014年，我省文化文物投入继续稳步增长，全省文化部门机构总收入37.87亿元，总支出35.48亿元，收支比上年增长3.83%和总支出与上年持平，从收支结构看，收支大体平衡。

收入情况看：2014年财政拨款22.04亿元，占总收入的78.48%，较上年增长3.43%。其中：艺术类、公共文化服务类的财政拨款达到21.24亿元，占各自总收入的96.37%，反映我省文化特别是公益文化的发展主要依靠各级政府推动，争取各级政府加大投入仍将成为各级文化部门的一项中心工作。

2014年，全省文物事业收入7.04亿元，比上年增长0.4亿元，增长6.02%。中央财政和省财政安排全省博物馆、纪念馆免费开放专项经费补助0.94亿元，2014年全省共举办各种440个临时展览和249个基本陈列，全面完成了对全省98个博物馆、纪念馆绩效考评和评估定级工作。

（三）艺术精品剧目创作亮点频频

2014年，我省各级国有剧团有71个，从业人员3341人。创作首演剧目143个，其中：地方戏曲类93个，歌舞、音乐类29个，话剧、儿童剧、滑稽剧类11个，杂技类1个，曲艺类4个，其他剧种5个。在深入推进文化体制改革的同时，我省继续加大剧目建设力度，不断打造舞台艺术精品，文化艺术业得到进一步繁荣发展，一批文艺作品在全国性赛事中获奖或参加展演。

去年我省文化工作得到中央有关领导、文化部和省委、省政府的充分肯定。中央政治局委员、国务院副总理刘延东，中央政治局委员、中宣部部长刘奇葆，原国家领导人贾庆林、贺国强、吴仪，原文化部部长蔡武，省委书记尤权、省长苏树林等省领导，亲自指导观看了《丝海梦寻》舞剧演出或海峡漆艺术大展。去年我省文化工作也得到新华社、人民日报、中央电视台、光明日报、中国文化报等主流媒体的广泛关注和好评。中央电视台新闻联播4次播报福建文化成果；《新华社内参》2次专报、《新华每日电讯》头版2次报道我省文化工作；《人民日报》刊发《地方戏文化生态的保护与建设——以福建经验为例》署名文章，《求是》理论网、《半月谈》等收录或转载。《福建日报》、福建电视台等省内媒体常年不断报道我省文化工作成果。

在打响福建文化品牌方面。一是精心创排大型舞剧《丝海梦寻》在国家大剧院献演，引起全国热烈反响。《丝海梦寻》还应邀赴美国纽约联合国总部展演，赴西安首届丝绸之路国际艺术节、澳门世界旅游论坛、厦门第九届全球孔子学院大会等重大外事活动演出，有力配合了国家"一带一路"战略大局。二是举办"丝路帆远——海上丝绸之路文物精品展（含图片展）"。不仅在福州、北京、济南、南宁等国内巡展，在巴西、英国、西班牙、澳大利亚等国外展览，去年12月还赴美国纽约联合国总部展示并在美国哥伦比亚大学举办"海上丝绸之路国际研讨会"，中国常驻联合国代表团向中央外宣办、外交部、文化部及省政府发专电通报表扬。三是举办"福建戏剧优秀剧目晋京展演"。集中了8台福建优秀地方戏在国家大剧院、中央党校和北京梅兰芳大剧院联袂上演，其中以反腐倡廉为题材的闽剧《兰花赋》进中央党校礼堂演出，并在中国艺术研究院举办"福建地方戏剧继承与发展学术研讨会"，我省地方戏曲在北京引起轰动。四是举办"大漆艺术——2014海峡漆艺术大展"。晋京在中国美术馆展出，集中展示了两岸漆艺术创作发展的优秀成果，在海峡两岸漆艺界及美术界引起轰动。五是晋京举办"福建非物质文化遗产精品展"。组织了我省寿山石雕、莆田木雕、漳州木偶头雕刻等7个非遗项目近300件非遗工艺精品在国家大剧院展览，其中7件优秀寿山石雕作品被国家大剧院收藏。

表2　文化艺术业发展主要指标

指　　标	单位	总量指标		增长速度（%）
		2013年	2014年	
艺术表演团体				
机构数	个	506	393	-22.33
演出场次	万场次	11.02	10.84	-1.63
农村演出场次	万场次	9.81	9.15	-6.73
国内演出观众人次	万人次	4157	4182	0.60
农村演出观众人次	万人次	3555	3640	2.39
演出收入	万元	44066	37403	-15.12
艺术表演场馆				
机构数	个	57	57	
艺术演出场次	万场次	0.08	0.10	28.21
艺术演出观众人次	万人次	41.55	34.95	-15.88
艺术演出收入	万元	7611	9424	23.82

2014年我省还举办了第八届青年演员比赛、第12届音乐舞蹈节、第12届华东六省一市戏剧小品大赛、首届“海峡杯”闽台两岸少儿歌手赛、“八闽清风”廉政文艺走基层等大型活动。芗剧《保婴记》荣获第十三届“五个一工程”优秀剧目奖。6家省属文艺院团公益性惠民演出928场，极大地繁荣了我省文艺市场，营造出剧场周周有戏，百姓低价看戏的良性互动，得到人民群众的广泛赞誉；福建省芳华越剧团尹派传承人王君安出演《柳永》剧目，荣获第27届中国戏剧“梅花奖”。2014年全省各级专业剧团和民间职业剧团全年共演出10.84万场，观众人数4182万人次，实现演出收入3.74亿元，文化产业增加值6.7亿元。文化部门所属的专业剧团和民间职业剧团，充分利用当地百姓喜爱地方戏的热情，主动面向市场、面向基层开展丰富多彩的演出，自身实力不断发展壮大。

（四）公共文化服务体系趋于完善

公共图书馆业发展情况：2014年，我省对公共图书馆业的投入继续保持稳定增长，全省各级公共图书馆88个，从业人员1278人，总收入3.25亿元，比上年增长7.69%，其中：财政拨款2.87亿元，比上年增长7.66%，占总收入的比重达到88.31%；各级政府投入的稳步增长成为促进公共图书馆事业发展的主要动力。公共图书馆免费开放经费的投入为公共图书馆业的持续发展打下了良好的基础。

2014年，各级公共图书馆累计支出2.99亿元，比上年增长5.68%，其中：基本支出占46.82%，比上年回落0.7个百分点；项目支出占50.84%，比上年回落13.24个百分点；经营支出占0.43%，比上年增长0.03个百分点，其他支出占2.04%。各项费用中：人员支出占到31.44%，新增藏量和数字资源购置费占到17.73%，支出结构还有待优化。2014年，全省公共图书馆新购藏量达到205.66万册（件）和新增电子图书137.54万册，比上年下降24.33万册，下降11.83%，说明新藏量购置，因物价上涨成本加大；总藏量达到2660.19万册（件），比上年增加193.45万册（件），增加7.27%，增加原因主要是国家对电子图书归属，进行了重新界定，单独计量。在总藏量中，图书藏量2064.55万册、古籍藏量47.80万册，报刊藏量217.07万册、视听文献61.59万件、微缩制品2.3万件，其他藏品266.87万件。全省共有电子图书1660.48万册。

表3　公共图书馆主要指标

指　　标	单位	总量指标		增长速度 (%)
		2013年	2014年	
机构数	个	91	88	-3.30
总藏量	万册	2466.74	2660.19	7.84
总流通人次	万人次	1809.15	2051.91	13.42
购书经费	亿元	0.392	0.452	15.31
图书馆新购藏量	万册	229.99	205.66	-10.58

在政府投入的扶持下，省属四馆（图书馆、艺术馆、美术馆和博物馆）免费开展公益讲座130场和公益展览80场活动。

群众文化业发展情况：2014年，我省对群众文化事业的投入继续保持稳定增长，全省各级97个文化馆（群众艺术馆）、1118个文化站总收入2.04亿元，其中：财政拨款1.69亿元，占82.84%，比上年增长2.84个百分点，主要是免费开放经费的投入；业务活动专项经费0.44亿元，比上年回落0.3个百分点，说明政府投入明显提高。而与“十二五”期初相比，全省各级群众文化事业单位总收入、财政拨款收入都实现了倍增，群众文化事业发展提速，而政府投入的稳步增长是推动这一发展的主要动力。

表4　群众文化馆主要指标

指　　标	单位	总量指标		增长速度 (%)
		2013年	2014年	
机构数	个	1237	1215	-1.78%
文化站	个	1139	1118	-1.84%
举办展览	个	2991	3407	13.91%
组织文艺活动	次	13771	14897	8.18%
其中：为老年人组织专场	次	452	526	16.37%
为未成年人组织专场	次	480	485	1.04%
为残障人士组织专场	次	98	85	-13.27%
为农民工组织专场	次	322	369	14.60%
组织公益性讲座	次	466	458	-1.72%
举办训练班	次	8331	10041	20.53%
培训人次	万人次	57.53	64.75	12.55%
全省当年总收入	亿元	3.49	4.06	16.33%
其中：财政拨款	亿元	2.82	3.39	20.21%
全省当年总支出	亿元	3.38	3.74	10.65%
实际拥有产权面积	万平方米	47.58	73.08	53.59%

2014年，各级政府十分重视群众文化发展，普遍加大了扶持力度，与“十二五”期初相比，增幅普遍较高，并且呈现出市、县、乡逐级提高的趋势，各级政府对基层，特别是对农村文化投入的力度明显加强。

（五）重点文化设施建设规模增速明显

政府投资、建设规模提升，文化设施建设增速明显。2014年，全省主要的文化基础设施建设项目36个，计划投资26.83亿元，2014年资金来源合计4.21亿元，其中：国家预算内资金2.28亿元，省级投入0.59亿元，地市县各级配套1.54亿元，与“十一五”末期相比，投资规模明显提升。2014年，省委、省政府继续推进为民办实事文化项目工作，财政下拨补助经费1500万元，扶持30个非物质文化遗产地方剧种公益性演出和下拨2000万元，先后分二批完成了500个乡镇综合文化站文化信息共享服务点建设，随着国家经济实力提高，中央、省、市、地方各级都加大了对文化设施建设的投入力度，投资比重逐级提高。2014年，中央投入我省文物保护事业的专项资金达到1.4亿元；重点涉台文物保护工程项目经费投入2000万元，传统村落保护2110万元，并在逐年提高。中央补助地方文博免费开放共投入7700万元，加大了对我省文物的重点保护的扶持力度。

此外，全省各地积极规划和建设与城市相适应的文化设施，各级政府文化建设的主动性进一步增强。总投资超过6亿元的海峡演艺中心、省美术馆、人文社科馆和省图书馆改扩建项目、三明万寿岩大遗址等考古遗址公园建设项目工程等一批省重点建设项目相继开工；通过扶持和引导，一批县级文化设施相继建成或得到改善。

（六）文化非遗产保护持续深入

2014年，我省继续开展非物质文化遗产名录申报工作，全省非物质文化遗产生产性保护示范基地的评估性调研和第二批国家级非遗生产性保护的示范基地的申报、推荐和第二批省级非遗生产性保护的示范基地的评审认定工作。目前，我省共有国家级非物质文化遗产名录项目80个，保护单位113个；省级非物质文化遗产名录项目353个，保护单位353个，市级项目607个，传承单位617个；国家级传承人109人、省级552人、市级739人、县级676人。通过开展传承人申报评审工作，我省现有280个省级非物质文化遗产传习所和3个大师工作室。

（七）文物保护工作成绩斐然

截至2014年底，我省共有博物馆机构98个。按性质可分为：综合性博物馆64家，历史性博物馆27家，其他博物馆7家。全省有国家一级博物馆4家，二级博物馆9家，三级博物馆17家。 98家博物馆全部实现免费开放，年接待观众2308.21余万人次，未成年观众813.18万人次，共举办了243个基本陈列和371个临时展览。文物事业对经济社会发展的拉动力越来越大，在促进发展、惠及民生方面迈出了坚实的步伐，文物事业社会贡献率日益提升。

（八）艺术教育科研工作成效显著

2014年，我省以提升艺术教育层次为核心，大力实施“人才培养工程”，福建艺术职业学院与省内外各大院校合作提升办学层次，取得重要进展。截至2014年底，我省共有文化部门艺术教育机构12所，从业人员595人。其中：高等艺术院校1所，中等艺术学校9所，其他教育机构2所，拥有专业技术职称的412人，占从业总人数的70.47%。其中：副高级以上职称90人，中级职称的144人。全年各类院校共计招生1197人，在校生4368人，当年为国家培养输送各类艺术人才1073人。

全省艺术科研工作紧紧围绕建设文化强省这一主题，依托丰厚的文化资源，突出地域研究特色，取得了一批有重要学术价值与社会影响的研究成果。2014年完成2项国家级科研项目、2项省级科研项目研究，本年度共有6个科研项目获得奖项。其中：1个科研项目荣获国家级奖，有5个科研项目获省部级奖，还有

7 册专著和 66 篇论文在省级及以上刊物公开发表。所办刊物有 3 种。

（九）文化市场网络监管健康有序

我省坚持一手抓繁荣、一手抓规范，在加强市场培育的同时，坚持依法管理、过程监管，积极营造公平竞争、内容健康、规范有序的发展环境。2014 年全省共有 4522 个文化市场经营机构，从业人员 52550 人；其中：非国有艺术表演团体 332 个，娱乐场所 1947 个，网吧 2254 个，营业收入 242.14 亿元，利润总额 77.66 亿元，资产总计 68 亿元。2014 年，在全省开展了文化执法队伍培训，实现了从事前静态审批向事后动态监管转变、进一步简政放权，实现了网上审批、减少审批环节，实现了从刚性管理向刚柔相济方式转变、从人工巡查向技术监管转变的新目标。

（十）文化产业实现加速发展

2014 年我省成功举办第七届海峡两岸文博会。本届文博会共有 21 个省区市和 8 个海外国家参展；台湾参展商 657 家，参展企业覆盖台湾所有县市，成为大陆吸引最多台湾企业参展的文化展会；本届文博会产业投资签约项目 140 个、签约金额 387.7 亿元，现场总交易额 7.77 亿元，观展人次约 26 万人次。

（十一）对台对外文化交流影响深远

深化对台文化交流。成功举办“福建优秀舞台剧（节）目赴台巡演”。6 月至 7 月组织省属六院团 462 人赴台湾桃园、新竹、台南、高雄等地，上演了 12 台福建优秀舞台剧，前后历时 17 天，观演人数达 3 万多人；本次巡演活动人数多、规模大、水平高，创下多个第一；巡演轰动了台湾全岛，两岸反响热烈。积极参与第六届“海峡论坛”文化交流活动。举办妈祖文化活动周、第 8 届闽台对渡文化节暨蚶江海上泼水节、第 12 届河洛文化研讨会、陈靖姑文化节、郑成功文化节、闽台同宗同名村对接联谊等系列文化活动，两岸文化交流平台影响力得到进一步提升。继续发挥“祖地文化”和“小三通”优势，不断巩固对台湾南部地区和金马澎的文化交流。厦门、泉州、漳州等地组织文艺院团赴台湾南部地区交流演出；省杂技团春节第 5 次到澎湖上演杂技专场；省实验闽剧院元宵节第 14 次到马祖演出，5 月赴台湾 10 所院校开展“福建文化宝岛校园行”交流活动；福建民族乐团 6 月赴金门举办“国乐闽韵海峡情”专场音乐会。2014 年首次在台湾举办海峡两岸民间艺术节，并首次有台湾县市参与主办，期间组织了厦门、漳州等 5 个团组入台交流演出 29 场次。台湾佛光山寺星云大师在闽台缘博物馆举行“一笔字书法展”。

拓展对外文化交流。圆满完成文化部确定我省与我驻塞内加尔、佛得角、赤道几内亚使馆开展对口合作交流年的任务。省政府代表团访问佛得角，双方就文化交流项目等达成共识；落实“中非文化合作伙伴计划”，受文化部委派，福建艺术团赴埃塞俄比亚、塞内加尔访演；成功在我省举办第二届“中非文化产业圆桌会议论坛”福建分会场活动。积极融入国家“一带一路”建设战略，文化部、省政府共同主办“首届海上丝绸之路国际艺术节”以及“东亚文化之都•2014 泉州”系列活动；省歌舞剧院大型原创舞剧《丝海箫音》片段成功在上海“亚信”峰会开幕式上演出；参与第三届阿拉伯艺术节系列活动。

二、文化发展存在的困难和问题

2014 年，全省文化发展取得了可喜的成绩，但总体上与福建省经济发展规模和速度还不协调，与人民群众迅速增长的精神文化需求还不相适应，还存在投入不足，地区间文化发展不平衡，基层文化设施建设薄弱，文化人才队伍素质偏低等问题。

一是城乡之间、地区之间发展不平衡。贫困地区和农村、中央苏区、革命老区文化建设相对薄弱。与城市相比，农村、中央苏区、革命老区缺乏必需的文化基础设施和基本条件，财政对文化投入不能满足人民群众对文化发展的需求，城乡差别更大。同时，不同地区的文化发展水平也不平衡，一些地区对文化的投入明显滞后于经济发展的速度。

二是文化投入总量还偏少。随着我省财政收入不断增加，各级政府对文化的投入逐年增加，但是长期以来欠帐太多，基数较低，文化投入所占财政支出比重没有增长，相反有下降的趋势。2014 年文化事业费投入 22.04 亿元，占财政总支出的 0.668%，人均文化事业费 57.91 元。与沿海发达省市还有差距，和海峡对岸的台湾相比，只有其 1/6 左右，投入不足是制约我省文化事业发展的主要因素。

三是文化设施难以满足公共文化服务体系建设的要求。全省还存在一些公益性文化单位场馆面积狭小、陈旧落后、设备紧缺。比如省本级艺术馆建筑面积 5850 平米，低于省级群艺馆 6000 平米的国家最低标准。全省九个设区市，有 4 个图书馆低于 4500 平米的国家最低标准。5 个群艺馆低于 4000 平米的国家最低标准。全省各县区，还有 5 个图书馆建筑面积不足 1500 平米，不符合国家二级图书馆、三级文化馆的最低面积要求。国家数次评估定级不能达标，远远滞后于公共文化服务体系发展需求，还有的文化馆借用其他场所与其他单位合用，无法真正发挥作用。全省 749 个乡镇文化站虽然完成了年百个文化站建设，但多数没有独立的产权，许多站点也被当地乡镇其他中心、合并使用，还存在盲区和死角。

四是多数文化单位文化日常运行经费不足，难以有效地发挥其他应有的作用。公共图书馆购书经费短缺，制约了其服务功能的发挥。全年购置费 4520 万元。其中：省本级 1000 万元，9 个设区市级图书馆平均 193 万元，78 个县区图书馆平均 20.2 万元。还有 15 个图书馆无购书经费，全年没有购置新书。全省人均藏量 0.69 册，仅比上年增加 0.04 册，投入不足导致图书馆新书入量少，难以吸引读者和满足群众的阅读需求，是影响我省图书馆事业发展的重要因素。另外，全省大多数文化馆（站）业务经费短缺。2014 年平均每馆业务费 17.8 万元，人均业务活动专项经费 191 元，大多每年只能开展一次春节元宵节庆文化活动。乡镇文化站年平均业务经费 3.55 万元，基本活动难以开展。

五是文化产业总量规模依然偏小。全省文化产业增加值增幅仍低于 GDP 增幅，2014 年文化部门实现增加值 111.33 亿元，比上年增长了 71.24 亿元，占全省 GDP 的 0.462 %，同比增加了 177.70 %，文化产业增加值占全省经济总量比重仍较低，产业集约化程度不高，文化产业单位还处于小规模分散化经营状态。有实力的文化企业数量不多，许多国有文化单位还没有成为自主经营，自负盈亏，自担风险，自主创新的市场主体。文化产业中的科技含量低，科技创新能力较弱，产业政策还不完善，文化消费市场有待于培育。

三、建议

今后，我们要以十八届三中、四中全会精神为引领，深入贯彻落实习近平总书记系列重要讲话，特别是在文艺工作座谈会上的重要讲话精神，按照“海西跨越、文化强省”为指导，沿着建设海峡西岸经济区的目标，坚持以政府为主导，以公共财政为支撑，建立完善保障公共文化服务体系建设和运行的长效机制。积极提升文化软实力，加大政府投入、政策保障、地方配套、民间注资的建设文化的文化的宣传导向。

一是要落实中央和省委决策部署，进一步加大对文化的投入力度。要实现福建文化跨越式发展，关键是抓好落实。坚持政府主导，建立健全同财政收入相匹配、同人民群众文化需要相适应的公共文化投入保障机制。各级财政保证文化支出（不含基本建设支出）的增长幅度应高于同级财政收入增长，提高文化支出占财政支出比例，研究采取措施，逐步增加文化等公益金用于文化事业的支出。

二是深化文化体制改革，完善文化管理体制机制。积极推进文化管理体制改革，实现文化部门由“办文化”到“管文化”转变，由“管微观”到 “管宏观”转变，由主要“面向直属单位”到“面向社会”转变，由“小文化”到 “大文化”的转变，从而有效提升政府的文化治理能力。

三是整合资源、构建现代公共文化服务体系。按照中央和省委部署，建立我省的公共文化服务体系建设协调机制，打破部门壁垒，实现资源整合，共建共享。促进公共文化设施充分利用，综合利用，向内涵发展，向纵深发展，提高公共文化设施的利用率，明确各类公共文化服务的标准，建立群众评价和反馈机制，扩大政府购买文化服务的范围，使公共文化服务与人民群众需求有效对接。同时引入单键竞争机制，制订鼓励社会力量、社会资本参与公共文化服务体系建设的政策措施，在政策、资金、职称等方面一视同仁，推动公共文化服务社会化发展。

四是强化文化人才队伍建设，实施人才兴文，加大文化艺术人才培养与引进力度。继续实施青年艺术人才培养战略，加大闽剧、京剧、越剧、舞蹈、音乐、杂技人才的培养力度，打造一批有实效、有亮点、有影响的重点项目。加强文化人才培养和学科体系建设，鼓励文化单位与高等院校通过联合办学、定向培养、在职进修、出国培训等多种途径培养文化急需人才。

（福建省文化厅）

福建：服务丝路 打造品牌 突出亮点

2014年，福建省文化工作有多项工作有新突破，新亮点。

在打响福建文化品牌方面。一是精心创排大型舞剧《丝海梦寻》在国家大剧院献演和到联合国总部展演，以及赴西安首届丝绸之路国际艺术节、澳门世界旅游论坛、厦门第九届全球孔子学院大会等重大外事活动演出近80场，受益群众近百万，有力配合了国家“一带一路”战略大局。二是举办“丝路帆远——海上丝绸之路文物精品展（含图片展）”。不仅在福州、北京、济南、南宁等国内巡展，在巴西、英国、西班牙、澳大利亚等国外展览，参观群众达200万人次。获得中国常驻联合国代表团向中央外宣办、外交部、文化部及省政府发专电通报表扬。三是举办“福建戏剧优秀剧目晋京展演”。集中了8台福建优秀地方戏在国家大剧院、中央党校和北京梅兰芳大剧院联袂上演，演出观众约10万人，其中以反腐倡廉为题材的闽剧《兰花赋》进中央党校礼堂演出。四是举办“大漆艺术——2014海峡漆艺术大展”。晋京在中国美术馆展出，先后有200万人次展览了两岸漆艺术创作发展的优秀成果，在海峡两岸漆艺界及美术界引起轰动。五是晋京举办“福建非物质文化遗产精品展”。组织我省寿山石雕、莆田木雕、漳州木偶头雕刻等7个非遗项目近300件非遗工艺精品在国家大剧院展览，7件优秀寿山石雕作品被国家大剧院收藏。

在公共文化服务体系建设方面。省属四馆免费开展公益讲座130场和公益展览80场活动。制定了《福建省“三馆一站”免费开放的评估考核办法》。“福建艺术扶贫工程”等2个国家文化创新项目通过文化部验收。开展《福建文化记忆》数据库群建设规划和《闽南文化》（第一期）《客家文化》（第一期）数据库建设。挖掘推广 “乡规民约”“祖训家规”等传统美德文化，编辑出版《福建历代乡规民约》《历代家训家书选粹》等出版物。

在发展文化产业和对台对外文化交流方面。2014年我省成功举办第七届海峡两岸文博会。本届文博会共有21个省区市和8个海外国家参展；台湾参展商657家，参展企业覆盖台湾所有县市，成为大陆吸引最多台湾企业参展的文化展会；本届文博会产业投资签约项目140个、签约金额387.7亿元，现场总交易额7.77亿元，观展人次约26万人次。

在对外交流上，2014年共进行了122批次，演出了358场，共3611人参与对外文化交流，共有36万人演出观众进行交流，先后举办“福建优秀舞台剧（节）目赴台巡演”，开展了“福建文化宝岛校园行”交流活动。举办了第六届“海峡论坛”系列文化交流活动。充分发挥“小三通”地缘优势，不断深化对台湾金马澎文化交流和文化部确定我省与我驻塞内加尔、佛得角、赤道几内亚使馆开展对口合作交流年的任务。“东亚文化之都 2014泉州”举办了“首届海上丝绸之路国际艺术节”等系列活动。

在文化遗产保护利用方面。加强历史文化名城名镇名村和传统村落整体保护利用，配合起草了《福建省历史文化名城名镇名村保护条例》（初稿），我省有3个村入选全国首批50个传统村落整体保护利用项目。推进涉台文物保护、厦门鼓浪屿申报列入《世界遗产名录》、国家考古遗址公园建设等工作。初步建立闽南文化生态保护区非物质文化遗产名录体系。

江西省2014年文化发展情况分析

2014年，江西省文化工作认真贯彻落实党的十八届三中、四中全会特别是习近平总书记系列重要讲话精神，围绕省委省政府稳增长、促改革、调结构、惠民生的工作大局，以改革为动力，积极适应日益变化的文化发展条件和环境，提升发展理念，转变发展方式，深化文化体制改革、公共文化服务、文艺创作繁荣、文化产业发展、优秀文化传承、对外文化交流等各项工作，开创了新局面。

一、文化建设开创了新局面

据统计数据显示，截至2014年，全省各类文化机构为10077个，比上年减少402个，减幅3.84%；从业人员60145人，比上年减少1550人，减幅2.51%；其中艺术业从业人数6754人，比上年减少803人，减幅达10.63%；文化专业技术人才正高级和中级职称分别为147和2448人，比上年分别增加3人和72人。江西省文化体制改革进一步深入，文化人才队伍结构进一步优化，文化发展深入崭新的阶段。

（一）艺术创作传播体系更完善

江西省坚持在创作主体上，统筹专业力量与社会力量；在传播渠道上，统筹公益性展演与经营性演出；在传播阵地上，统筹城区（景区）驻点演出与下基层流动演出，文艺创作传播体系加快完善，有力地丰富了广大群众的精神文化生活，弘扬了社会主义核心价值观。

1. 文艺创作再上台阶。江西省歌舞剧团有限公司创作的歌剧《回家》荣获第十三届精神文明建设“五个一”工程奖，这是继《八子参军》之后的又一获奖力作，赣南采茶歌舞剧院获评文化部全国重点院团。话剧《生如夏花》获中国话剧剧目“金狮奖”，演员宋运成获中国话剧表演“金狮奖”，江西省话剧团有限公司获评全国优秀话剧团。全省文艺创作与繁荣工程征集各类创作剧目42个，确定10个重点扶持项目，有7个项目入选国家艺术基金2014年度资助项目。组织召开全省美术工作会议，这是建国以来召开的首次美术工作会议。与江西省文联共同举办第十四届江西省美术作品展览，87件作品入选第十二届全国美术作品展；成功举办首届“八大山人”花鸟画作品展，收藏作品50余幅，省美术馆有了第一批新作储备。开展了《江西美术史》、《20世纪江西美术史》等课题研究。

2. 公益展演力度加大。2014年先后组织开展“百部新戏送万村”、“伟大复兴路、共圆中国梦”庆祝新中国成立65周年全省优秀剧目集中展演、“我们的中国梦——文化进万家”等送戏下乡和公益展演活动，全省国有改制院团全年完成下乡演出8347场，观众达192万人次，完成年初下达任务，其中省直院团完成下乡演出1048场，比上年增长4.8%。

3. 演艺市场更加繁荣。全省国有改制院团全年完成商业演出3592场，实现演出收入3190.3万元，在2014年大型活动多、主题性演出任务重的情况下，能取得这样的成绩实属不易。民营院团全年完成演出21985场，实现演出收入6696万元，其中10个民营院团收入过百万。景区（城区）驻场演艺项目达13个（新增鹰潭寻梦龙虎山景区演艺项目），全年演出2567场，实现演出收入9734.6万元，分别比上年增长28%、128%，井冈山实景演出、印象上饶、南昌琴岛之夜3个演艺项目收入过千万，其中琴岛之夜总收入达1500万元，成为全省城区演艺的龙头。与此同时，“团场线”联盟演出636场，实现演出收入2623.7万元，其中省艺术中心举办演出116场，实现演出收入2073万元，演出场次和收入比上年均实现增长，联盟促进演艺繁荣的作用日益凸显。

（二）公共文化服务体系进一步完善

1. 设施条件加速投入，服务条件日臻完善。近年来，党中央国务院、省委省政府高度重视基层公共文化设施建设，投入了大量的资金，使江西省实现了“县县都有图书馆、文化馆，乡镇都有文化站”的目标，公共文化设施条件日臻完善，经费更为充足。据统计数据，截至2014年底，全省有公共图书馆114个（其中县级公共图书馆103个），财政补贴收入21955.7万元，较上年增幅达17.11%，其中购书经费2536.4万元，较上年增幅达23.82%，建筑面积36.6万平方米，较上年增幅达6.80%；文化馆（群众艺术馆）118个（其中县级文化馆104个），财政补贴收入32672.5万元，较上年增幅达3.54%，其中业务活动专项经费3941.5万元，较上年增幅达34.44%，建筑面积106.518万平方米，较上年增幅达24.45%；文化站1762个，业务活动专项经费2689.7万元，较上年增幅达34.20%，建筑面积75.167万平方米，较上年增幅达28.48%；博物馆137个，财政补贴收入39846.3万元，较上年增幅达21.77%，建筑面积52.702万平方米，较上年增幅达4.49%。地市级“三馆”建设19个纳入国家地市级公共文化设施建设规划，其中已经有9个完工，3个已经动工。

2. 服务内容日趋丰富，服务水平逐日提高。随着服务条件的进一步改善，公共文化服务水平显著提高。2014年全省图书馆总藏量比上年新增6.92%，新增藏量比上年增长1.70%；购买报刊的种类达27662种，比上年增长7.85%；有效借书证比上年增加15.61%，总流通人次比上年增长4.16%，书刊文献外借1059.2万册次，比上年增长11.86%，组织各类讲座、举办展览、举办培训班分别为1441次、780次、883次，比上年分别增长2.27%、24.20%、63.52%；图书馆阅览室坐席数31506个，比上年增长11.40%。

图1　2013年与2014年图书馆服务内容对比情况

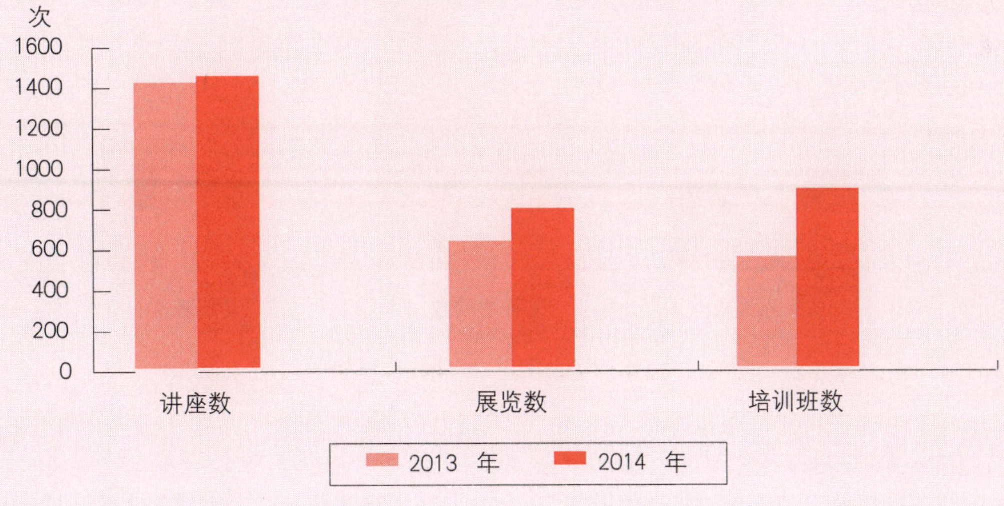

2014年全省文化馆从业人员比2013年增加64人，其中专业人才增加23人，占增加人数的35.94%；组织品牌节庆活动比上年增幅达50%；提供文化服务次数增加3488次，其中文艺活动次数增加1087次，举办训练班增加2271次，举办展览增加125次。

图2　2013年与2014年文化馆服务内容对比情况

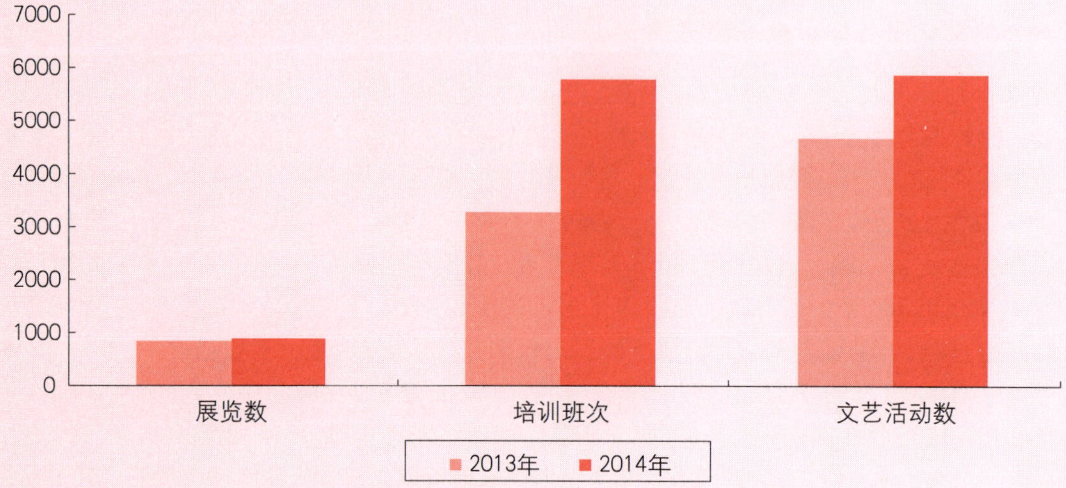

2014 年全省文化站从业人数 3918 人，比上年增长 11.69%；文艺活动 13300 次，比上年次数增长 37.09%，举办训练班 6023 次，比上年增长 40.23%；藏书由 2013 年的 539.746 万册增长到 2014 年的 680.357 万册，增幅达 26.05%。

图3　2013年与2014年文化站服务内容对比情况

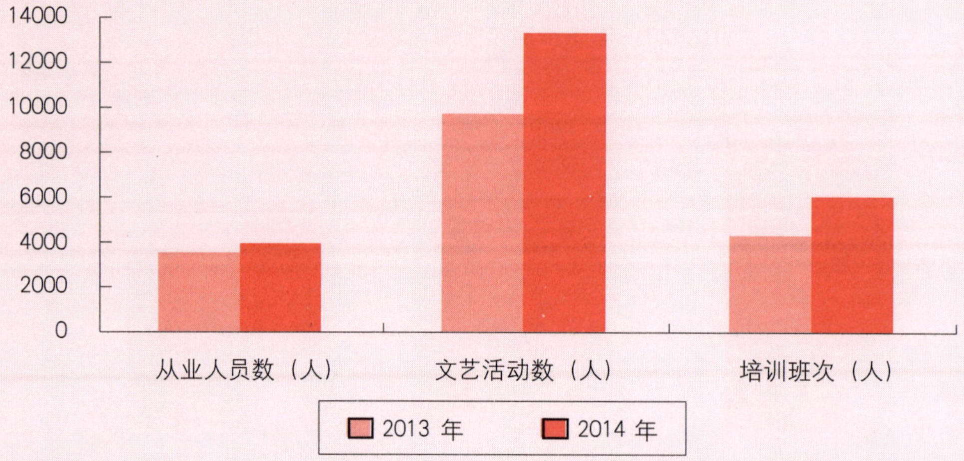

2014 年全省博物馆展览 264 个，比上年增加 39 个；主办刊物 9 种，比上年增加 3 个，增幅达 50%。

3. 信息化水平快速提高，服务方式呈现多样。随着信息技术的广泛应用，全省文化信息资源共享工程、数字图书馆推广工程和公共电子阅览室建设计划等公共数字文化惠民工程稳步实施，初步构建起覆盖城乡的公共数字文化服务网络，公共文化机构信息化水平显著提升。2014 年，全省图书馆电子图书 587.7 万册，比上年增长 15.41%；计算机 7015 台，比上年增长 2.16%；图书馆网站访问量达 10307485 页次，比上年增长 13.64%；新增数字资源购置费 799.6 万元，比上年增幅达 68.66%；电子阅览室面积达 1.965 万平方米，比上年增长 12.35%。全省群艺（文化）馆、文化站计算机分别为 1235、7804 台，比上年分别增长 1.66%、29.68%。

4. 基层文化发展提速，城乡文化差距缩小。中央对公共文化服务体系越来越重视，且通过实施例如“三馆一站”免费开放、数字文化建设等一系列惠民工程，将“三个下移”，即重心、资源、服务，大力倾向扶持基层。江西省图书馆电子图书比上年县级增长 22.50%，比全省增长速度快 7.10%；总流通人次比上年县级增长 6.61%，比全省增长速度快 2.45%；计算机比上年县级增长 2.27%，比全省增长速度快 0.11%；购书专项经费比上年县级增长 38.91%，比全省增长速度快 15.09%；电子阅览室面积比上年县级增长 13.30%，比全省增长速度快 0.95%。江西省文化馆县级、文化站藏书比上年分别增长 17.90%、26.05%，比全省文化馆（站）增长速度分别快 3.80%、11.95%；文化馆县级、文化站计算机比上年分别增长 5.26%、29.68%，比全省文化馆（站）增长速度分别快 2.77%、27.19%。显而易见，越到基层扶持力度越大。

（三）文化产业逐渐成为新的经济增长点

1. 文化产业规模不断壮大。全省文化产业机构比上年增长 5.13%；资产 27.25 万元，比上年增长 12.99%；主营业务收入预计达 2130 亿元，比上年增长 19.2%。有国家级文化产业示范基地 9 家，新增 3 家；省级文化产业示范基地 87 家，新增 36 家。全年签约文化产业招商项目 53 个，总投资 26.3 亿元，分别比上年增长 28%、29.3%。全年争取中央文化产业发展资金 1.13 亿元，比上年增长 26%，通过金融合作为文化企业融资 17 亿元，这是文化系统首次为文化企业提供如此大规模融资。从发展数据看，文化产业对全省国民经济贡献率进一步提高，去年底文化部产业司发布中国文化产业指数，我省文化产业综合指数以 74.2 居全国第十，文化产业影响力指数以 77.6 居全国第八，两个指数双双首次进入全国前十。

2. 文化产业增长速度远快于 GDP 的增长速度。2014 年，江西省 GDP 增长速度 9.56%，增速跃居全国第七位。文化产业总产出 20.83 亿元，比上年增长 38.96%；文化产业增加值 13.23 亿元，比上年增加 21.75%；生产税净值 3708.2 万元，比上年增加 17.03%；营业盈余 8203.8 万元，比上年增加 62.70%。以上文化产业系列数据均远远快于 GDP 的增长速度，文化产业已经成为江西经济新的增长点。

（四）文化遗产保护工作成果丰硕

1. 文物机构服务能力大幅度提升。“随着人类文明程度不断提高，文物事业愈备受关注”的理念已深入人心。江西省秉持这份理念，从多层次全方面提升文物机构服务能力。2014 年，江西省文物方面的财政补贴收入 56746.1 万元，比上年增长 49.52%；资产 218117.4 万元，比上年增幅达 112.35%；文物方面项目比上年增长 9.09%，计划投资 15487.0 万元，建设面积比上年增加 74.45%。江西省文物保护管理机构从业人员迅速增加到 593 人，比上年增长 103.08%；专业技术人才激增到 212 人，比上年增长 114.14%；藏品数 102702 件套，比上年增长 252.78%；基本陈列是上年的 118.18%，临时展览是上年的 268.75%；资产 15614.4 万元，是上年的 282.16%；房屋建筑面积 13.075 万平方米，是上年的 293.71%；进行考古发掘的出土器物 113915 件套，是上年的 317.75%。江西省博物馆房屋总面积 52.702 万平方米，比上年增加 4.49%；藏品数 476469 件套，比上年增长 6.12%；临时展览 264 个，比上年增幅达 17.33%；主办刊物比上年增加 50%。

2. 文物事业异彩纷呈。全省国家级历史文化名镇名村达 33 个，新增 12 个；国家级传统村落 125 个，新增 36 个，省级历史文化名镇名村 115 个，新增 32 个。32 个中国传统村落入选国家文物局 2014—2016 年文物保护利用综合试点名单，5 个村落入选 2014 年首批试点名单，入选数量均居全国第一。景德镇御窑厂国家考古遗址公园正式挂牌对外开放，实现我省国家级考古遗址公园“零”突破；赣南等原中央苏区 16 大革命遗址群修缮利用工程获国家文物局立项，项目涉及 54 个苏区县的 600 多个革命遗址点。景德镇乐平南窑唐代遗址入选 2013 年度全国十大考古新发现；新建县墎墩汉墓考古发掘取得重要成果，仅真车马陪葬坑就出土 3000 多件精美文物。完成全省 48094 家国有单位文物收藏情况普查，已登录收藏单位 410 家，全国排名第八。

3. 非物质文化遗产保护工作全面发展。全省国家级非物质文化遗产项目达70个，新增24个，新增数量居全国第二。继婺源徽州文化、赣南客家文化生态保护实验区成为国家级保护实验区后，景德镇陶瓷文化生态保护实验区申报国家级实验区有望获批。全年组织478项非遗项目进景区，成为文化旅游融合的一大亮点；文化部公布我省2014—2016年度中国民间文化艺术之乡13个，重新命名全省民间文化艺术之乡38个。从发展数据看，陈列在赣鄱大地的文化遗产正在加快“活”起来，赣鄱儿女的精神家园更加丰富多彩。

（五）对外文化交流工作务实推进

2014年，统筹国际国内两个方面，走出去与引进来“两促进”，文化交流与文化贸易“两手抓”，文化对外开放度进一步扩大，江西文化国际国内影响力进一步提升。

首先，政府愈来愈重视文化对外交流工作。在江西省委省政府的大力支持下，先后组织举办北京·江西文化月、2014年中国（南昌）国际演出交易会、首届驻华外交官“中国文化之旅”、2014中国文化遗产日景德镇主场城市等系列重大文化交流展示活动，系统展示了江西厚重的历史文化、独特的文化魅力和良好的文化发展前景。重点推进了中埃部省对口合作交流、俄罗斯彼尔姆·江西特色文化商品展、伊朗第15届穆巴拉克国际木偶节等“一带一路”主要沿线国家文化交流项目；组织文物精品展在赣台经贸合作研讨会期间赴台北展览，10余万台湾同胞前往观展；组织《回家》等精品剧目参加海峡两岸高峰论坛、第三届世界旅游经济论坛、第十二届澳门妈祖文化节演出，精彩演出得到与会人员的高度评价。2014年对外文化交流的财政拨款是237.2万元，经费增长幅度是上年的11.82倍。

其次，文化交流项目的策划实施推动合作。“北京江西文化月”活动先后组织7台戏3个展览走进北京，前往观看的首都各界人士达32万人次，赣鄱文化之花借助首都高端平台绚丽绽放；演出交易会有来自国内外的1000余名代表和600多个演出项目参加，有力激发了我省演艺市场活力；驻华外交官“中国文化之旅”有来自19个国家的23位外交官参加，活动充分展示了景德镇陶瓷文化的独特魅力；文化遗产日活动向外界充分展示了我省文化遗产保护的丰硕成果，并推动我省和国家文物局签署遗产保护合作框架协议等等。以上的文化交流项目，不仅启动在欧洲建立省部共建、江西承办的海外中国文化中心，而且极大地丰富了我省对外文化交流的理念、方法和路径。

再次，文化对外贸易构建新格局。2014年，我省对外文化贸易持续保持高速增长势头，全省核心文化产品出口11.7亿美元，居全国第十位，文化出口产品涵盖创意陶瓷、烟花爆竹、演艺、艺术品等多个门类。全年引进境外优秀演艺项目92批次，来赣的境外演艺人员达973人次，演出1074场，高水平的境外演艺活跃了我省演出市场，进一步丰富了广大群众的精神文化生活。

二、文化建设快速发展的原因分析

（一）文化体制改革更深入

2014年，江西省全面推进文化领域各项改革，取得良好开局，文化发展活力进一步激发，改革成为文化发展的“关键词”。

一是全面启动。按照省委文化体制改革重点任务和分工安排，由江西省文化厅牵头实施的改革事项21项，其中明确当年启动的14项年内全部启动，要求在2015年完成的关于建立公共文化服务体系建设协调机制的改革任务，也于2014年下半年提前完成；明确应完成制定推进文化创意和设计服务与相关产业融合发展的实施意见，文稿不久将正式出台。

二是突出重点。公共文化服务标准化均等化试点是2014年的改革重点与难点。在深入调研的基础上，制订了《实施意见（试行）》，先后启动2批试点，试点县（区）达32个，并于2014年下半年在新干县组织召开了全省基本公共文化服务标准化均等化试点工作现场经验交流会。在试点过程中，还牵头成立了由22家省直部门组成的全省公共文化服务体系建设协调组，构建了资源整合的新平台。试点工作在省、市、县三级的合力推动下，取得良好成效，新干县统筹相关资源，在所有乡镇和社区建立“八位一体”文化设施，在所有村、组建立“八项文化”阵地，吉安市已率先在13个县（区）全面推广新干经验；寻乌县统筹各方帮建政策，捆绑相关部门资金，在7个乡镇和社区建设了标准化的文化活动中心。试点县还围绕标准化、均等化，积极探索“文化低保”、“文化快递”、“总分馆”等一系列文化服务新模式。从试点范围和试点成效来看，我们走在了全国前列，得到各有关方面和社会各界的广泛关注，中央电视台《新闻联播》等中央媒体先后进行了深度报道。

（二）〞办文化〞向〞管文化〞转变更到位

2014年，加快政府职能转变，管准入、定政策、建平台、抓监管渐成江西省文化工作新常态。

一是管准入。江西省文化厅先后取消行政审批事项2项，下放管理事项12项，取消和下放率达46%，与此同时，减少和规范行政审批程序，社会资本进入文化领域的活力不断激发，参与公共文化建设、进入文化市场的社会资本越来越多。如民营博物馆全省达24家，新增5家；民营院团全省达210家，新增13家；文化娱乐、电子游艺、网络经营等文化市场经营主体达9393家，新增896家；全省71家国有改制院团中，有12家引进社会资本进行股份制改造。

二是定政策。全年制定出台政策性文件10个，如推动省政府出台了加快发展文化创意产业的若干政策措施，联合有关部门制定出台了深入推进文化金融合作意见、支持文化赣商回乡创业的政策、公益性演出服务项目政府购买服务试点办法、加快江西省美术事业发展意见等等，非遗《保护条例》列入2015年地方性立法规划，条例文本进入征求意见阶段。文化政策法规体系加快完善。

三是建平台。围绕产业发展，继去年初组建江西省文化企业协会后，又着力推动动漫公共服务、文化金融合作、南昌文化科技融合等平台建设，组织召开全省文化金融合作会议，这是文化领域首次召开的文化与金融对接工作会议；围绕促进演艺繁荣，整合院团、剧场、院线等资源，“团场线”联盟成员单位发展至20家。与此同时，积极举办、承办和组织参与各类文化展会、交易会等，搭建文化交流展示平台。

四是抓监管。认真履行管导向、管阵地职能，切实抓好文化领域的秩序治理、安全管控。推行网络经营许可网上审批、文化市场技术监管与服务平台等新型监管方式，监管与服务平台数据激活率在全国11个上线省份中居第二；全年累计出动执法人员46万人次，检查各类文化经营单位和场所27万家（次），责令整改5782家（次），1个办案质量获评2014年度全国文化市场十大案件，这是我省首次获此奖项，2个办案质量获评2014年度全国文化市场重大案件。全年对1115处文博单位进行消防安全隐患检查，对142处文博单位的文物安全进行实地督查，完成3起文物违法案件执法，1个案件质量获2014年全国文物行政处罚案卷“优秀案件”，较好完成景德镇陶瓷馆馆藏文物管理整改工作，得到中央巡视组的高度肯定。

（三）文化服务业态更多样

2014年，顺应群众阅读方式、消费方式、娱乐方式新变化及文化需求个性化、多样化的时代特征，不断推进公共文化服务方式、项目和运行机制创新，公共文化服务业态更加多样、更加便民、更加对接需求，服务能力提升到一个新水平。

一是免费开放提质提效。江西省图书馆和11家设区市图书馆数字虚拟网并入国家数字图书馆“推广工程”网络体系，全部共享国家图书馆超过120TB的数字资源。上等级博物馆中有26家建有专门网站，安源路矿工人运动纪念馆、洪州窑青瓷博物馆、秋收起义铜鼓纪念馆等还开通了3D数字展馆。在南昌市和各设区市城区推行图书通借通还“一卡通”、自助借阅等数字借阅方式，有力促进了全民阅读，全年各级图书馆借阅人次达356.65万人次，借阅图书1070万册，分别比上年增长26%、30%。全省各级图书馆、文化馆、美术馆举办讲座 697 场、展览 1217 场，分别比上年增长 40%、94%。完成南昌八一起义纪念馆、庐山抗战博物馆等 24 家博物馆的陈展提升，完成陈展提升的博物馆总数达 56 家。各级博物馆（纪念馆）全年推出基本陈列展览、临时展览 522 个，接待观众达 2865 万人次，分别比上年增长 10%、13%。“数字化、联盟化、便捷化”建设，使文化场馆免费开放服务水平大为提升，在丰富广大群众精神文化生活的同时，也成为了宣传展示江西的重要窗口。

二是文化活动创新开展。充分发挥省、市、县三级文化馆的策划、指导和带动作用，推动全省群众文化活动城乡一体、联动开展。如策划的“百姓大舞台”公益展演活动，以“百姓演，百姓看，百姓乐”为宗旨，采取“零门槛、零距离、零付费”的方式，整合社会各类演出资源免费向群众提供演出服务，自年初在南昌市城区试点以来，在全省各市、县逐步推开，累计开展公益演出 1960 余场，参演群众 8 万余人次，观众达 120 余万人次，正逐渐成为我省群众文化活动品牌。据统计，去年以来，全省各地结合实际组织开展欢乐广场、文化志愿社区行等各具特色的群众文化活动，涌现出各类群众文化活动项目 630 余个，参与群众达 780 多万人次。群众文化活动有力激发了蕴藏在群众中的文化需求和创造活力，既满足了百姓参与文化活动的需求，又催生出一批群众文艺精品，42 个群众文艺剧（节）目获全国性大奖。

（四）文化发展保障更有力

2014 年，进一步加强文化发展的基础保障，围绕组织保障、资金保障、人才保障、作风保障，推动文化工作科学发展、有序发展的能力显著增强。

一是组织保障。切实加强文化系统党员干部的教育管理，以党的十八届三中、四中全会和习近平总书记系列重要讲话特别是文艺座谈会上的讲话精神为统领，统一思想、凝聚共识、明确目标；切实加强干部队伍建设，坚持正确用人导向，干部队伍干事创业的积极性进一步提升。

二是资金保障。积极争取各级财政加大对文化重点工作、专项工作的投入，切实提升资金使用效益。全年争取中央和省本级财政资金 15.18 亿元，比上年增长 36%，其中争取中央财政资金 10.3 亿元，比上年增长 53%，6 个项目经费比上年实现增长，其中文物保护经费由 2013 年的 2.95 亿元增长至去年的 5.87 亿元，比上年增长 98%，我省成为国家文物局支持最多的省份之一；争取省本级财政资金 4.9 亿元，比上年增长 11.7%，2 个项目经费同比去年实现增长，文化资金投入的大幅增长，为文化发展提供了坚实保障。

三是人才保障。采取委托培养、合作培养、项目培养等方式，重点抓创作、演艺、文博、动漫等专业人才培养，委托省外艺术院校培训 40 名赣剧学员、组织动漫人才参加文化部集训。选派 1000 名文化干部赴“三区”开展文化帮扶，从 19 个“三区”县选拔 30 名文化经管人才赴中央文化干部管理学院学习。有 3 人获得文化部优秀专家称号，17 人获得全省“四个一批”人才、中青年文化名家称号，评定文化艺术高级职称 111 人，2 个项目获得文化部科技创新立项，完成省级文化科研项目 312 个。全省各级文化馆全年举办各类文化培训班 146 期，培训基层文化骨干 1.1 万人次，尤其是省群艺馆积极争取省财政专项培训资金 500 万元，举办各类文化人才培训班 15 期，培训基层文化骨干 1500 余人次。

四是作风保障。2014 年江西省市、县、乡、村四级文化部门的党员干部全部参加了党的群众路线教育实践活动，江西省文化厅党组加强对活动的指导，开展了“强基、连心、模范”三大工程，使教育实践活动取得良好成效。与此同时，厅党组自身不断巩固和深化党的群众路线教育实践活动成果，严格执行各项制度规定，防止“四风”反弹，厅机关全年“三公”经费比上年减少 14.17 万元，下降 11.6%，其中公务接待经费减少 12.7 万元，比上年下降 61%。厅离退休党支部获全省老干部工作先进集体，党风廉政建设和反腐败工作扎实推进，全省文化系统政治生态总体良好。

（江西省文化厅）

江西：深化改革　锐意创新推动文化改革发展步入新常态

2014 年是全面深化改革开局之年、党的群众路线教育实践活动向基层推进之年、反“四风”反腐败深化之年、全面依法治国蓝图铺就之年，经济正在向形态更高级、分工更复杂、结构更合理的“新常态”阶段演进。这一年，全省文化工作认真贯彻落实党的十八届三中、四中全会特别是习近平总书记在北京文艺工作座谈会上的重要讲话和关于文化工作系列重要讲话精神，围绕省委省政府稳增长、促改革、调结构、惠民生的工作大局，以改革为动力，积极适应日益变化的文化发展条件和环境，提升发展理念，转变发展方式，公共文化服务、文艺创作繁荣、文化产业发展、优秀文化传承、对外文化交流等各项工作开创了新局面，为全省“发展升级、小康提速、绿色崛起、实干兴赣”凝聚了正能量。

（一）文化体制改革更深入。去年以来，我们全面推进文化领域各项改革，取得良好开局，文化发展活力进一步激发，改革成为文化发展的“关键词”。

（二）办文化向管文化转变更到位。去年以来，我们加快政府职能转变，管准入、定政策、建平台、抓监管渐成文化工作新常态。

（三）文化发展基础更厚实。去年以来，我们更加注重打基础管长远，充分运用各方面政策，完善各项工作措施，文化发展各项基础指标均实现升级，文化发展站在了新的、更高的起点。

（四）文化服务业态更多样。去年以来，我们顺应群众阅读方式、消费方式、娱乐方式新变化及文化需求个性化、多样化的时代特征，不断推进公共文化服务方式、项目和运行机制创新，公共文化服务业态更加多样、更加便民、更加对接需求，服务能力提升到一个新水平。

（五）文艺创作传播体系更完善。去年以来，我们坚持在创作主体上，统筹专业力量与社会力量；在传播渠道上，统筹公益性展演与经营性演出；在传播阵地上，统筹城区（景区）驻点演出与下基层流动演出，文艺创作传播体系加快完善，有力丰富了广大群众的精神文化生活，弘扬了社会主义核心价值观。

（六）文化对外开放举措更务实。去年以来，我们统筹国际国内两个方面，走出去与引进来“两促进”，文化交流与文化贸易“两手抓”，文化对外开放度进一步扩大，江西文化国际国内影响力进一步提升。

（七）文化发展保障更有力。去年以来，我们进一步加强文化发展的基础保障，围绕组织保障、资金保障、人才保障、作风保障，推动文化工作科学发展、有序发展的能力显著增强。

山东省 2014 年文化发展情况分析

2014 年，全省文化系统深入贯彻党的十八大、十八届三中四中全会和习近平总书记系列重要讲话、重要批示精神，认真落实省委、省政府推进文化强省建设的重大决策部署，以文化体制改革机制创新和群众路线教育实践活动为强大动力，着力加强优秀传统文化研究传播，着力巩固扩大“后十艺节”效应，着力推动公共文化服务标准化均等化，着力健全现代文化市场体系，着力推动孔子文化走出去，各方面工作取得显著成绩。

一、2014 年山东文化发展情况

（一）全省文化机构和从业人员有所减少

根据统计，截止 2014 年底，全省共有文化、文物、文化市场经营单位 16172 个，比上年减少 851 个；从业人员 96590 人，比上年减少 743 人，具有高级职称的人员占从业人员的比重为 17.78%。减少的主要原

表1　2014年全省文化机构和从业人员情况

单位类型	机构数(个)			从业人员数(人)		
	2014年	2013年	增减	2014年	2013年	增减
总计	**16172**	**17023**	**-851**	**96590**	**97333**	**-743**
艺术业	575	197	378	13257	7281	5976
其中：艺术表演团体	481	103	378	11519	5557	5962
艺术表演场馆	93	93		1734	1719	15
图书馆	153	153		2730	2760	-30
群众文化服务	1969	1966	3	8228	7977	251
其中：文化馆	158	159	-1	3047	3062	-15
文化站	1811	1807	4	5181	4915	266
艺术教育业	4	4		293	297	-4
文艺科研	6	6		81	93	-12
文物业	431	384	47	10672	9866	806
其中：文物保护管理机构	112	115	-3	3382	3484	-102
博物馆、纪念馆	243	194	49	5369	4748	621
文化市场经营机构	12716	13996	-1280	56010	63012	-7002
其中：娱乐场所	2584	2973	-389	27589	30403	-2814
网吧	10131	11023	-892	28419	32609	-4190
其他	318	317	1	5319	6047	-728

因：一是文化市场经营单位比上年净减少1280个，从业人员减少7002人，减少的单位和人员主要集中娱乐场所和网吧；二是新建博物馆数量增加，且受统计口径变化影响，部分文物保护管理机构划至博物馆，使得博物馆比上年增加49个，从业人员增加621人；三是全省公共图书馆、文化馆从业人员比上年略有减少。

（二）全省文化投入不断增长

1. 全省文化投入不断增长。根据统计，2014年全省文化事业财政拨款（不含基本建设投资）25.35亿元，比上年增长2.92%。分地区看，有6个市文化事业费投入过亿元，分别是青岛市（3.7亿）、济南市（2.49亿）、烟台市（2.27亿）、济宁市（1.78亿）、潍坊市（1.64亿）、淄博市（1.05亿）。青岛、烟台、潍坊、泰安、威海、临沂、德州、聊城、滨州9市增长幅度超过全省平均水平。

图1　2009-2014年文化事业财政拨款及增长速度

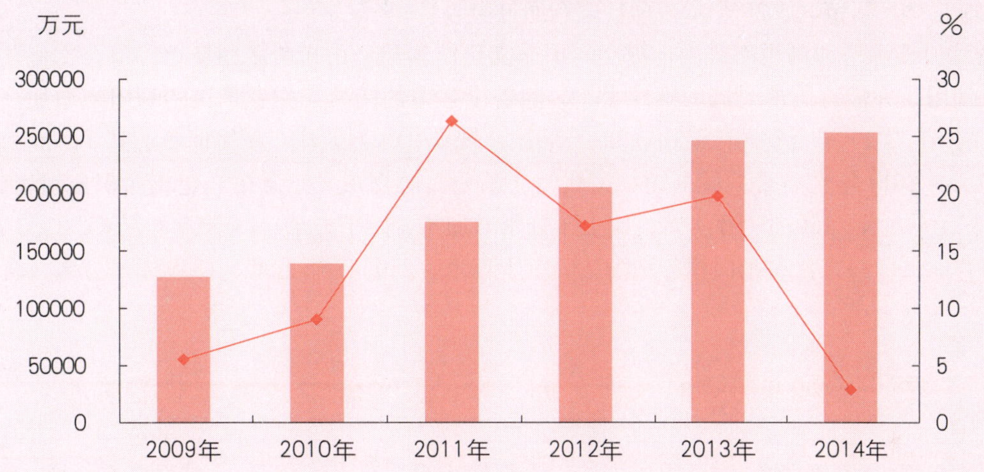

图2　2009-2014年全省文物事业财政拨款及增长速度

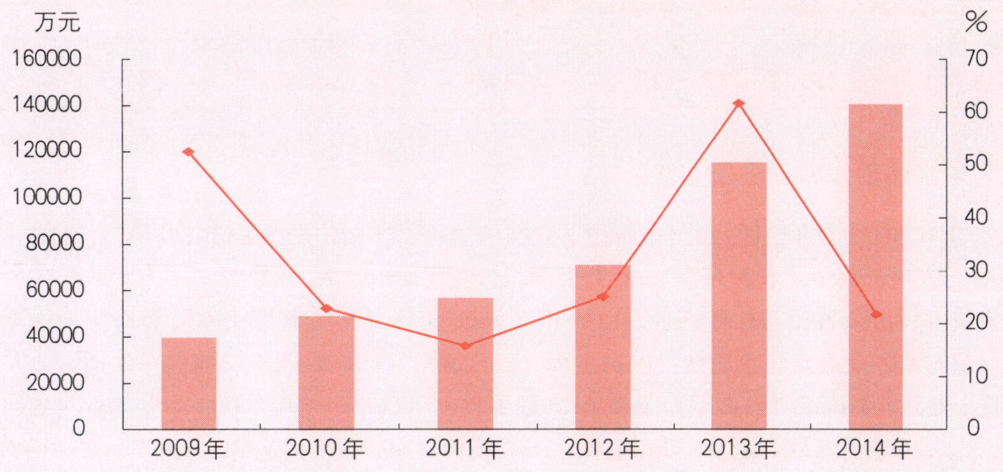

2. 全省文物投入快速增长。根据统计，2014 年全省文物事业财政拨款（不含基本建设投资）14.09 亿元，比上年增长 21.9 个百分点。分地区看，有 7 个市文物事业费投入与上年相比是增加的，分别是淄博市（19.82%）、枣庄市（45.61%）、潍坊市（21.53%）、威海市（38.76%）、聊城市（61.20%）、菏泽市（414.80%）。

3. 人均文化事业费不断提高。伴随着文化事业费总量的不断增加，全省人均文化事业费不断提高，2014 年全省人均文化事业费 25.9 元，比上年增加 0.59 元，增长 2.33%。

（三）文化基础设施建设亮点纷呈

1. 着力巩固扩大“后十艺节”效应，不断提高全省演出场馆和公共文化设施建设水平。2014 年我省不断加快推进基层综合性文化服务中心建设，在枣庄等 5 市开展试点工作，全省覆盖率达到 40%。深入推进文化信息资源共享工程，建成分支中心 157 个、基层服务点 8 万个，年服务人次超过 6000 万，建成“海疆公共电子阅览室”15 个，在全国率先建成省级盲人数字图书馆。济南市历城区等 5 个县（市、区）荣获全国先进文化单位，垦利县等 12 个县（市、区）被命名为第九批山东省社会文化先进县。济南市等 22 个首批省级公共文化服务体系示范区、25 个示范项目顺利通过验收。

2. 演出场馆设施水平和利用率进一步提高。山东文化馆新馆、山东美术馆新馆、省会文化艺术中心大剧院顺利建成使用，并拥有国内一流的硬件水平。随着十艺节的闭幕，空置场馆的利用率增加，充分保证了文化资源的利用。2014 年全省场馆演出 0.95 万场次，观众 313 万人次，场馆面积达到 44.35 万平方米。

3. 根据统计，2014 年全省公共图书馆、文化馆（站）、博物馆（纪念馆）建筑面积分别达到 73.1 万平方米、245.5 万平方米、150.6 万平方米；比上年分别增加 4.4 万平方米、13.8 万平方米、27.6 万平方米。每万人平均拥有以上公共文化设施面积分别为 73.67 平方米、250.78 平方米、153.84 平方米（含民营和企业博物馆）。

表2　近年全省图书馆、文化馆(站)、博物馆（纪念馆）个数与建筑面积

单位：个，万平方米

年度	图书馆		文化馆(站)		博物馆(纪念馆)	
	个数	面积	个数	面积	个数	面积
2010年	149	47.6	2013	209.9	114	50.6
2011年	150	51.4	1988	215.6	120	65.5
2012年	150	55.8	1979	229.4	178	133.7
2013年	153	71.5	1966	243.0	194	123.0
2014年	153	73.1	1969	245.5	243	150.6

（四）艺术精品创作和演出日益繁荣

根据统计，全省 104 个专业院团，2014 年新排上演剧目 84 个，全年演出 22984 场，其中：农村演出 15070 场。国内观众 2172 万人次，其中：农村观众 1530 万人次。营业性演出收入 6906 万元，比上年增长 27.51%。全省 3 台剧目荣获首届山东省优秀保留剧目，12 个剧目入选 2014—2015 年度山东省舞台艺术精品工程，10 个剧目入选山东省地方戏振兴和京剧扶持保护工程。省吕剧院《回家》入选第四届全国地方戏（北方片）优秀剧目展演，青岛歌舞剧院《红高粱》荣获第 14 届中宣部“五个一工程”奖，省京剧院《瑞蚨祥》、省话剧院《严复》、省杂技团《聊斋遗梦》获得省第十一届精神文明建设“文艺精品工程”，济宁山东梆子《圣水河的月亮》和聊城豫剧《陈三两》参加第三届中国豫剧节获得佳绩。启动实施大型系列画册《齐鲁画风大系·山东中国画》编辑、大型人文艺术电视专题片《中华画坛齐鲁风》拍摄工作，取得阶段成果。支持青海省海北州创作了大型话剧《草原之子》。启动面向全国征集剧本工作，征集剧本 313 个，组织评出优秀剧本 30 个，向全省艺术院团集中推荐。组织申报“国家艺术基金”项目，上报项目 154 个，11 个入围。

（五）公共文化服务产品和活动丰富多彩，扎实推进公共文化服务体系建设

全省公共图书馆 153 个，总藏量 4480 万册（件），累计发放有效借书证 165.95 万个，总流通人次 2558 万人次，比上年增加 203 万人次，其中：书刊文献外借人次 1540 万人次，外借册次 2623 万册次。全省文化馆（站）1969 个，组织文艺活动 60352 次，参加人次 2202 万人次，举办各种训练班 25211 次，培训 227 万人次，组织公益性讲座 1787 次，参加人次 45.73 万人次。省文化厅牵头的“文化惠民、服务群众”5 件实事扎实推动，全部落实到位。扩大全省美术馆、公共图书馆、文化馆（站）免费开放范围，省财政投入免费开放资金 4500 万元，全省新增服务窗口 692 个、服务品牌项目 836 个，服务群众近 3100 万人次，同比增长 12%。优化升级农村文化大院（综合文化中心）1 万个，为 3 万个村（居）广场舞蹈队配备了便携式移动音响和道德舞曲。通过政府购买服务，推动“一村一年一场戏”工程，完成演出 3 万余场。

参照国家东部地区标准，我省拟定了山东省公共文化服务保障标准。在全国率先制定农村文化大院建设服务标准、公共电子阅览室建设和服务标准、“尼山书院”建设服务标准。在济南等 6 市启动标准化建设试点，取得初步成效。全省县以上文化志愿者组织机构达到 334 个，注册文化志愿者 23 万余人，开展培训、活动 4.7 万期（次），服务群众 1700 余万人次，基本形成了组织完善、运行有序、内容丰富的文化志愿服务体系。

（六）文化遗产保护成效明显

1. 积极推进文物保护和免费开放工作。全省共有文物机构 431 个，同比增加 47 个；从业人员达到 10672 人，较上年增加了 806 人，增长 8.17%。文物机构建制逐渐完善、分布日趋合理。全面规划建设“七区两带”文化遗产保护片区，实施曲阜片区文化遗产保护规划、“大运河历史文化长廊”建设规划，加快推进文物保护 88 项重点工程，启动可移动文物普查，加强抢救性维修保护，加快推进全省文物安全天网工程，文物保护水平显著提升。另外，加强文物展示利用，大力发展博物馆事业，不断加强博物馆的社会服务水平，创新展陈展览方式，打造特色展览品牌，着力让文物“活起来”。2014 年全省博物馆、纪念馆 243 个，增加 49 个；从业人员达到 5369 人，增加 621 人；藏品数 150.21 万件，新增藏品 11310 件，馆藏一级品数达到 12193 件；参观人次 4818 万人次，其中未成年人参观人次 1641 万人次。

2. 积极推进非物质文化遗产保护工作。成功举办第三届中国非物质文化遗产博览会，实现经济效益和社会效益双丰收；健全名录体系，完善管理机制，全省共有国家级名录 173 项，省级名录 555 项，市级名录 2054 项，县级名录 7513 项；加强非遗传承机制建设，71 人被评为第四批省级非物质文化遗产项目代表性传承人，总数达到 324 人，五音戏传承人霍俊萍获“2013 年度中华非物质文化遗产薪传奖”；加强非遗基础设施建设，菏泽市地方戏曲（大弦子戏）传承展示中心列入国家发改委试点补助；大力推进抢救性保护，全省普查各类非遗线索 106 万条，整理各类项目 5 万多项；鄄城县鲁锦工艺品有限公司、潍坊杨家埠民俗艺术有限公司被评为第二批国家级非物质文化遗产生产性保护示范基地；加快推进国家级潍水文化生态保护实验区建设。下发《关于实施“乡村记忆工程”的通知》，启动建设民俗生态博物馆、社区博物馆、乡村博物馆，评选一批传统民居、传统街区、古村落和传统名镇。

（七）文化市场繁荣有序，文化产业快速发展

坚持日常监管与集中整治相结合和进一步规范行政权力自由裁量权双管齐下，保证了我省文化市场的繁荣有序发展。着力加强暑假、五一、十一等重要节点和演出、娱乐、网吧等重点领域监督执法，重点打击色情低俗演出、网吧超时经营、接纳未成年人等违法经营行为。2014 年全省执法人员共出动 175 万余人次，检查经营单位 43 万余家次，受理举报 2000 余件，立案调查 2800 余件，办结案件 3067 件，有效净化了文

化市场环境。组织完成《山东省文化厅行政裁量基准》，对 65 类违法行为作了具体规定；加强文化市场执法信息化建设，建成全国文化市场技术监管与服务平台北方分中心（服务覆盖 12 个省份）、省级文化市场技术监管与服务中心，市、县文化市场技术监管与服务中心建设加快推进。

充分发挥文化部门的职能作用，积极推动文化产业政策支撑体系、项目服务平台和园区基地建设，文化产业发展呈现良好势头。编制区域文化产业发展专项规划加快，《省会城市群经济圈文化产业发展规划（2013—2020 年）》、《西部经济隆起带文化产业发展规划（2014—2020 年）》制定实施，《曲阜文化经济特区规划纲要》编制工作顺利推进。我省国家级、省级文化产业示范基地分别发展到 14 个和 81 个，国家级文化产业示范园区 2 个，国家级文化产业试验园区 1 个，省级文化产业示范园区 3 个。大力推进青岛"千万平米"文化创意产业园、烟台文化创意产业园、中国数字化舞美科技应用产业基地、日照国际海洋城影视基地等项目建设，产业规模进一步壮大。全省国家级、省级文化产业园区（基地）年主营业务收入达到 1202.6 亿元，带动就业 15.2 万人。2014 年共有 197 个重点文化产业项目成功列入国家文化产业公共服务平台，居全国各省区市前列。巨野县书画艺术产业园入选文化部 2014 年特色文化产业项目名录。动漫原创能力不断提升，5 家动漫企业通过国家认定，《〈论语〉名句故事》及配套图书等 3 个项目入选 2014 年弘扬社会主义核心价值观动漫扶持计划。

（八）对外文化交流日益活跃

积极响应中央"参与世界文明对话"的号召，着力推动以孔子和儒家思想为代表的中华文化。第三届尼山论坛围绕"不同信仰下的人类共同伦理"主题，组织学术演讲和文化对话交流活动 30 余场，在世界舞台上展现当代中国价值观的风采。澳亚文化节"聚焦山东"活动有力配合国家整体外交和习近平总书记访澳，得到文化部、外交部的高度评价。《红高粱》、《聊斋遗梦》在南澳洲阿德莱德艺术中心剧场精彩上演，高端儒学论坛、孔子文化展、山东历史图片展、山东非物质文化遗产展受到广泛欢迎，双方文化合作备忘录成功签署，有效推动了齐鲁文化和中华文化走出去。在俄罗斯莫斯科、波兰华沙、新西兰奥克兰、澳大利亚悉尼等新设立 6 家"尼山书屋"，总数达到 7 家。与开罗中国文化中心合作举办"文明的对话——2014 埃及·中国山东文化年"系列交流活动。以孔子为主题，整合文物、非遗、演艺、图书等资源，积极开展多种形式的对外、对港澳台文化交流活动，有效扩大了"孔子品牌"影响。圆满完成文化部海外欢乐春节、朝鲜"四月之春国际友谊艺术节"活动，成功举办第十届"艺海流金——感悟齐风鲁韵"内地与港澳文化联谊活动、海峡两岸孔庙文化研讨会、星云大师一笔字书法展、千古传奇·张大千艺术作品展、"菊兰飘香——京昆知多少"京剧导赏等对港澳台文化交流活动。全年办理出访团组 126 起、1394 人次，山东成为我国对外、对港澳台文化交流最活跃的省份之一。李奇茂美术馆被文化部、国务院台办命名为全国首批海峡两岸文化交流基地。

二、山东文化发展存在的主要问题

虽然通过巩固扩大"后十艺节"效应，我省文化建设取得了重大成就，但与经济社会发展的要求，与人民群众日益增长的文化需求，与文化资源大省的地位还不相适应，相对于经济发展来说文化建设还是薄弱环节，文化改革发展中还存在一些矛盾和问题。

（一）文化投入总量少，地区间不平衡

虽然近几年我省不断加大对文化的投入力度，特别是习总书记主持召开文艺座谈会并发表重要讲话以后，但与上海、北京等发达省份相比、与科技教育卫生等社会事业相比、与人民群众的精神文化需求相比，投入不足仍将是当前和今后一个时期制约文化发展的因素之一。

1. 文化事业费总量排名较高，但人均水平较低。我省 2014 年文化事业费总量居全国第 6 位，列广东、

浙江、四川、江苏、上海之后，但人均文化事业费 25.90 元，列全国第 26 位，比全国平均水平（42.65 元）低 16.75 元。

表3　2014年山东与部分省市文化事业费比较表

地区	文化事业费（亿元）	全国位次（位）	人均文化事业费（元）	全国位次（位）
北 京	24.94	7	115.91	3
天 津	12.27	23	80.87	5
广 东	45.23	1	42.17	17
上 海	33.26	5	137.13	2
江 苏	34.4	4	43.21	14
浙 江	37.92	2	68.84	8
安 徽	11.99	24	19.72	29
福 建	14.81	15	38.92	18
江 西	10.37	27	22.83	28
山 东	25.35	6	25.9	26
全 国	583.44		42.65	

2. 文化投入占地方财政支出的比重较低。中共十七届六中全会《决议》指出“保证公共财政对文化建设投入的增长幅度高于财政经常性收入增长幅度，提高文化支出占财政支出的比例”。2014 年我省文化事业费总量占财政支出的比重为 0.35%，比上年减少 0.02 个百分点，多年来一直呈低水平徘徊趋势。

图3　2009-2014年山东文化事业费占财政支出的比重

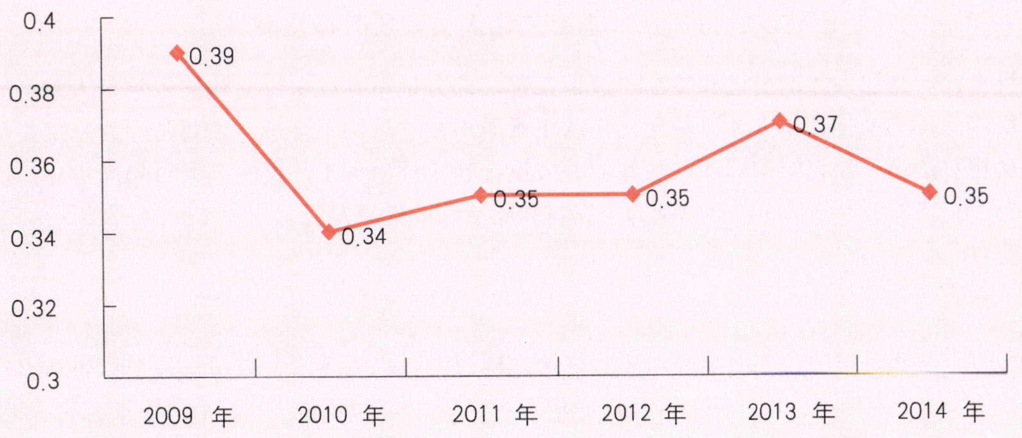

3. 地区投入不平衡。2014 年全省人均文化事业费 25.90 元，有 5 个市超过平均水平，最高的东营市 45.02 元，最低的菏泽市 9.35 元，相差 35.67 元。从文化事业费占地方财政支出的比重来看，有 4 个市超过全省平均水平，最高的济南市 0.44%，最低的日照市 0.20%。

表4　2014年全省各市文化事业费占财政支出与人均文化事业费情况表

地区	文化事业财政拨款（万元）	文化事业财政拨款占地方财政支出的比重（%）	人均文化事业费（元）
全省	**253539**	**0.35**	**25.90**
济南市	24886	0.44	35.21
青岛市	37015	0.34	40.92
淄博市	10513	0.31	22.78
枣庄市	4489	0.21	11.72
东营市	9450	0.39	45.02
烟台市	22746	0.40	32.48
潍坊市	16359	0.31	17.69
济宁市	17836	0.38	21.65
泰安市	9658	0.34	17.30
威海市	8559	0.31	30.47
日照市	3394	0.20	11.82
莱芜市	2032	0.25	15.10
临沂市	9592	0.21	9.38
德州市	7906	0.29	13.86
聊城市	9008	0.32	15.18
滨州市	6403	0.24	16.68
菏泽市	7888	0.23	9.35

（二）公共文化配套设施不完善，经费保障困难

近几年，各级政府建起一批较高水平的文化场所，但由于忽视后续利用，配套设施跟不上，导致服务功能弱化，存在设施闲置、挪用等问题。基层文化活动经费短缺，镇、村两级文化经费没有专门的预算和指标，上级划拨的文化专项经费有时不能专款专用，致使设施运行和文化活动缺乏相应的资金保障，通过多方筹资建起来的基层文化设施普遍利用率不高或闲置。

（三）文化人才队伍建设亟待加强，基层文化人员素质有待提高

当前我省针对文化人才的引进和奖励政策不完善，部分地市难以引进文化艺术领军人才，同时也难以留住自身培养的优秀文化艺术人才；基层文化队伍素质不高、结构不合理，主要是因为基层文化人员年龄偏大、观念相对落后、知识结构陈旧，并且随着大量青壮年外出务工，民间艺人日趋高龄化，民间文化人才逐步减少，文艺骨干十分稀缺，严重制约了农村文化活动的健康发展。

三、政策建议

根据党的十八届三中全会和习总书记文艺座谈会精神，财政部《关于贯彻落实十七届六中全会精神做好财政支持文化改革发展工作的通知》（财教[2012]33号），《山东省“十二五”时期文化改革发展规划》等文件精神。坚持以政府为主导、以公共财政为支撑，建立完善保障公共文化服务体系建设和运行的长效机制。

（一）落实中央和省委、省政府决策部署，加大对文化的投入力度，实现山东文化跨越式发展

中央和省委、省政府对文化建设作出一系列决策部署，现在关键是抓好落实。坚持政府主导，建立健

全同财政收入相匹配、同人民群众文化需求相适应的公共文化投入保障机制。各级财政保证文化支出（不含基本建设支出）的增长幅度应高于同级财政收入的增长幅度，提高文化支出占财政支出的比例，研究采取相关措施，逐步增加彩票公益金用于文化事业的支出。一是支持公共文化服务体系建设，坚持以政府为主导、以公共财政为支撑，把主要公共文化产品和服务项目、公益性文化活动纳入公共财政经常性支出预算；二是支持优秀传统文化保护；三是支持文化产品创作生产和对外文化交流；四是支持文化产业发展；五是统筹城乡与区域发展，参照中央和省里做法，市级建立农村文化建设专项资金，保证一定数量资金用于乡镇和村文化建设。

（二）整合资源，大力推进公共文化服务体系建设

整合闲置场馆资源，用于周边区域文化事业发展。加大乡镇综合文化站示范点、农村文化大院、农家书屋和数字化农家书屋建设力度，打造15分钟公共文化服务圈。整合农村文化资源，实施农村文化广场建设工程。特别要支持乡镇文化站扩展功能、共建共用，形成融宣传教育、信息服务、科学普及、文化娱乐、体育活动等于一体的文化中心。并结合当地实际，因地制宜，分类指导，重点建设一些基础条件较好，具有辐射功能和影响力的示范点，从而带动其他乡镇、社区、行政村再建设、再发展，通过上下联动、乡镇互动，促进全省公共文化服务体系新格局的建设。

（三）加大投入，拓宽渠道，形成多种有效投入机制

各级领导要高度重视文化工作，加大公共文化事业的资金投入，使各级文化工作经费得到有效保障。要建立健全公共文化投入机制，制定财政税收政策，改革资金投入方向和投入方式。对公益性文化事业单位要继续给予经费保障，加大投入力度；对既有公益性又有经营性的事业单位，区别情况给予财政补助；对经营性文化单位要给予政策扶持和引导；对有特色的民族民间文艺要进行重点培育；落实相关优惠政策，鼓励有条件的企业和个人参与公共文化建设。要利用好投融资政策，完善融资手段，开辟安全有效的融资渠道，鼓励和放宽各种社会资金投放文化产业，实现文化投资的多元化。可以探讨以基金会形式促进文化事业发展、在文化生产上更大程度地引进外资以及支持以社会力量举办文化节庆活动等措施的有效实施途径。同时，积极推进政府购买公共文化服务政策研究和探索实践，不断提升公共文化服务水平。

（四）实施人才兴文战略，加大文化艺术人才培养与引进力度

各级政府和文化管理部门要有计划、有步骤地实施文化艺术人才培养工程，多渠道培养和引进高素质的文化艺术人才，以优惠政策吸引人才，以良好机制激励人才。完善基层文化工作人员工作机制，为优秀文化人才健康成长和脱颖而出创造有利制度环境。在人才培养上，要发挥高等艺术院校的优势，培养高学历、高层次文化专门人才，同时加强对文化单位经营管理人员和文化专业技术人员的岗位培训，培养复合型人才，为山东文化可持续发展积蓄人力资本。

（山东省文化厅　山东省文物局）

山东：打造"图书馆+书院"新模式　促进传统文化创新发展

2014年山东省文化部门为推动传统文化创造性转化、创新性发展，将现代公共图书馆和传统书院有机结合，制定"六个一"、"五大板块"建设标准，探索出公共图书馆服务的新模式。

一、探索"图书馆+书院"新模式

书院是我国古代特有的以刊藏典籍、教化育人、研究传播为主要职责的文化教育机构，在文脉传承、教育推广、人才培养等方面发挥了重要作用。现代公共图书馆承担着文献收藏、整理研究、社会教育的职能，是构建学习型社会的重要阵地，是广大群众的终身学校和传承延续文明的文化重镇，与古代书院有着天然的联系。我们积极创新公共文化服务模式，将现代公共图书馆和传统书院有机结合，在全省县级以上公共图书馆建设"尼山书院"。在工作中，坚持试点先行、稳步推进，省级、市级图书馆优先建设尼山书院，县级图书馆立足县情，加快推进尼山书院建设。目前，全省共建成尼山书院69个，省级、市级图书馆以及51个县（市）区图书馆均已经建成尼山书院。

着力构建标准化的服务体系，制定了《"尼山书院"建设与服务标准（试行）》，在设施布局上统一实行"六个一"：即有一个统一标牌、一尊孔子像、一个国学讲堂、一个道德展室或展板、一个国学经典阅览室或阅览区和一个文化体验室或活动区。在活动内容上，主要包括"五个板块"：即经典诵读、国学普及、礼乐教化、道德实践和情趣培养。

二、推广"图书馆+书院"模式

我省成立山东省尼山书院理事会，开通山东省尼山书院网站，省文化厅与山东大学儒学高等研究院签订《关于共同推进尼山书院建设战略协议》，在尼山脚下、山东大学连续举办6期全省尼山书院管理骨干培训班。组织开展尼山书院会讲、"尼山书院国学公开课"等纪念习近平总书记视察孔子研究院发表重要讲话一周年系列活动。相继出台《"尼山书院"建设与服务标准》、《社会力量兴办"尼山书院"认定管理办法》，推动社会力量兴办"尼山书院"健康发展。

"尼山书院"招募专家团队20余人、志愿者380余人，省级投入扶持资金400万元，全省公共图书馆建成尼山书院67个，开展活动近1300场次，服务群众超过17万人次。省图书馆"尼山书院"被国家图书馆授予"中华优秀传统文化实践基地试点单位"。在全省乡镇综合文化站、农村文化大院启动建设"乡村儒学讲堂"，在城市社区文化中心启动建设"社区儒学讲堂"。省级投入"乡村儒学"建设扶持资金1300万元，培训首批乡村儒学骨干500名，建成乡村儒学讲堂2735个，开展活动1.1万余场次，服务群众55.5万人次；建成社区儒学讲堂694个，开展活动2000余场次，服务群众近15万人次。

河南省2014年文化发展情况分析

2014年，在文化部和省委、省政府的正确领导下，全省文化系统认真学习贯彻习近平总书记系列重要讲话精神和党的十八大和十八届三中、四中全会精神，以文化改革发展为主线，以文化惠民为主旨，以党的群众路线教育实践活动为动力，圆满完成全年各项任务，实现了全省文化事业和文化产业的繁荣发展。河南文化建设在打造华夏历史文明传承创新区、推进“文明河南”建设工作中取得重大收获。

一、河南文化发展基本情况

（一）全省文化机构和人员数量稳定

截止2014年底，全省共有文化文物机构15200个，比2013年增加1144个，从业人员111480人，与2013年基本持平。从机构类型看，大部分文化行业机构数和从业人员数与上年持平，艺术表演团体机构数量稳步增长，文物业机构继续增加，主要原因是：我省艺术表演团体的转企改制工作已进入稳定阶段，市场化机构逐步纳入统计范围机构有所增加；同时，各级政府增设了文物保护管理机构。

表1　2014年全省文化机构和人员与2013年对比情况

单位	机构数(个)		从业人员(人)	
	2014年	2013年	2014年	2013年
总计	15200	14056	111480	107954
1、艺术业	738	568	23318	20814
其中：艺术表演团体	598	429	20053	17508
艺术表演场馆	140	139	3265	3306
2、图书馆	157	157	2934	2889
3、群众文化服务	2523	2527	10878	10908
其中：文化站	2318	2322	7319	7295
4、艺术教育业	9	8	349	335
5、文化市场经营机构(不含非公有制艺术表演团体)	10859	9909	54715	53009
6、文艺科研	18	18	180	174
7、文物业	544	519	11862	12199
8、其他	352	350	7244	7626

（二）文化投入稳步增长

2014年，各级党委政府对文化工作高度重视，文化投入明显增长。全省文化事业费17.4亿元，比上年增加 1.26 亿元，增长 7.8%。全省人均文化事业费为 18.5 元，比上年提高 1.35 元，增长 7.87%。

（三）公共文化服务体系建设进一步推进，文化惠民能力显著提升

1. 公共文化服务体系逐步完善

2014 年，全省公共图书馆 157 个，从业人员 2934 人。总藏量 2312.3 万册（件），电子图书 1015.9 万册，共计 3328.2 万册，比上年增加 223.4 万册。全年总收入 28234.9 万元，比上年减少 3029 万元，减少 9.7%，主要原因是 2014 年基建拨款同比减少 2531.9 万元。

表2　全省公共图书馆主要业务指标

年份	机构数（个）	总藏量（万册）	总流通人次（万人）	书刊外借册次（万册）	本年新购图书（万册）	公共用房建筑面积（万平方米）
2010	142	1837.2	1025.7	914.7	32.5	32.5
2011	152	2121.9	1260.9	805.3	113.7	42.1
2012	156	2257.2	1637.7	1377.8	93.5	43.0
2013	157	2218.2	1785.2	1464.8	111.2	53.5
2014	157	2312.3	1968.1	1569.1	104.2	54.6

（注：2011年、2012年、2013、2014年为实际使用公共房屋建筑面积；2013年、2014年总藏量中不包含电子图书）

2. 群众文化活动进一步活跃

2014 年，全省群众艺术馆 19 个，从业人员 548 人；文化馆 186 个，从业人员 3011 人；文化站 2318 个，从业人员 7319 人，其中：乡镇文化站 1904 个，从业人员 6292 人。全年共组织品牌节庆活动 199 个，举办展览 8702 个，组织文艺活动 44527 次，举办训练班 21628 个，组织各类公益性讲座 1383 次。

表3　全省群众文化服务基本情况

年份	机构数（个）	从业人员（人）	举办展览（个）	组织文艺活动（次）	举办训练班（次）	公共房屋建筑面积（万平方米）
2010	2466	10500	7970	35713	11837	89.1
2011	2506	10779	7583	33398	15985	119.6
2012	2514	10843	8090	38639	19207	122.8
2013	2527	10908	8529	41410	19783	127.9
2014	2523	10878	8702	44527	21628	133.4

3. 文化惠民工程进展顺利

全省 157 个博物馆纪念馆、6 个美术馆、145 个图书馆、2072 个文化馆（站）免费开放工作进一步提升，全年接待观众达 8860 万人次。中央和各级财政补助资金有效保障了免费开放活动的开展。

（四）艺术创作生产成果丰硕，河南文艺影响力日益扩大

全年全省国有文艺院团共新创剧（节）目 67 台（个），改编移植剧（节）目 96 个，复排剧目（含折子戏）226 个，加工提高剧目 132 个，共演出 3760 场次。新编历史剧《魏敬夫人》、豫剧《焦裕禄》、方言话剧《老汤》

在全国展演巡演。省直院团和9个省辖市的11台廉政戏剧在全省巡演。组织精品剧目（作品）赴新疆哈密展演。全省16个项目获得首批国家艺术基金1109万元的重点扶持，22个项目获得省直艺术创作1000万元的专项资金扶持。豫剧《焦裕禄》、话剧《红旗渠》获全国“五个一工程”奖。《木兰诗篇》获中国第二届歌剧节最高奖优秀剧目奖。舞剧《太极传奇》、话剧《红旗渠》、方言话剧《老汤》、曲剧《医圣传奇》，豫剧《焦裕禄》《红高粱》《王屋山女人》《山城母亲》《清风茶社》《清风明月》等10部作品获省“五个一工程”奖。戏剧《游子吟》《蔡文姬》《马丕瑶出京》《全家福》《清水湾》《大明皇后》等6部作品入选省“中原人文精神精品工程重点项目”。成功举办第三届中国豫剧节、第十三届河南省戏剧大赛、第九届河南省杂技大赛、第十二届河南省美术作品展和“向祖国汇报”河南省优秀舞台剧目“北京展演月”、“向人民汇报——河南展演月”等系列活动，均受到社会各界好评。

（五）文物保护利用工作进一步提升

1. 全省文物机构稳步增加

2014年全省文物机构共有544个，其中：博物馆248个，文物保护管理机构124个，文物科研机构15个，文物商店6个，其它文物机构7个，文物行政主管部门144个。博物馆较上年增加26个。

2. 博物馆建设持续加快

河南是中华文明的重要发祥地，是华夏历史文明的核心传承区，拥有丰厚的文化文物资源。截至目前，全省博物馆、纪念馆数量达到248个，较上年增长11.7%。其中，文物部门博物馆176座，占总数的71%；其他部门博物馆16座，占总数的6%；民办博物馆56座，占总数的23%。

图1 河南省博物馆建设情况

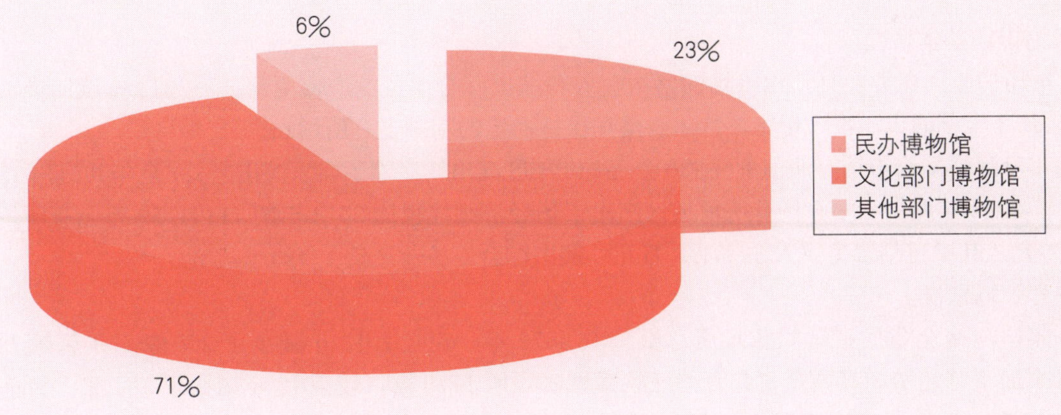

全省博物馆、纪念馆积极落实免费开放部署，进一步提升陈展水平、完善基础设施、提高服务质量，免费开放210个。

3. 文物保护成效显著

世界文化遗产工作取得重大成果。第38届世界遗产大会上，包括河南段在内的中国大运河和丝绸之路文化线路项目成功列入世界文化遗产名录，我省成为全国唯一成功“双申遗”省份，实现了文化遗产保护工作的重大突破，为打造华夏历史文明传承创新区，建设“文明河南”提供了有力文化支撑和亮丽名片。

全省可移动文物普查工作创新开展。南水北调等重点项目建设中的文物保护工作成效显著。做好大遗址保护展示工作。做好重点文物保护维修工作。

（六）文化产业加快发展，文化产业园区、基地建设扎实推进，文化产业融资引资成效显著

文化产业加快发展，文化产业园区、基地建设扎实推进。命名“登封天地之中文化旅游专业园区”、“灵宝函谷关文化产业园”为第四批“河南省文化产业示范园区”。许昌魏都三国文化产业园、河南安绣文化产业有限公司2个项目入选“国家特色文化产业重点项目”。河南约克信息技术股份有限公司等7家文化企业、中国少林大成（柏林）健康中心等2个项目分别被确定为2013—2014年度国家文化出口重点企业、重点项目。举办第三届“中原杯”河南省原创动漫画大赛、第四届“中原动漫嘉年华”等活动，河南红羽文化传播有限公司等3家动漫企业通过国家认定，《少年司马光》《山海奇谭》2部动漫作品入选国家2014年弘扬社会主义核心价值观动漫扶持计划。河南约克信息技术股份有限公司成为全省首家上市的动漫企业。

文化产业融资引资成效显著。会同省财政厅制定《河南省新型文化业态发展专项资金管理办法》，50个文化产业项目得到4000万元资金扶持。组织工商银行等金融单位与30多家文化企业对接贷款融资业务合作。郑州天人文化旅游有限责任公司等7家企业获得文化部、财政部贷款贴息支持4300万元。研究制定对外开放和招商引资专项方案，会同有关部门承办文化产业专题招商推介会。

（七）积极促进文化市场健康有序发展

1. 互联网上网服务场所现状

由于受2013年10月文化部、公安部、工信部和国家工商总局出台的开展无照经营网吧整治，放宽网吧准入政策的影响，河南省上网服务企业市场在2014年呈现了较快的增长态势，全省经过文化行政部门审批发证的上网服务企业有9914家，较2013年增加了965家，增长了近10.5%，电脑终端784017台，较2013年增加了119155台，增长了15.2%。市场规模大约为47.5亿元，较2013年增长了约18.5%，从业人员约74943人。

2. 演出市场基本情况

演出市场的收入主要包括演出市场的票房收入和演出综合服务业产值两部分。2014年度河南演出市场收入，与2013年度的市场收入相比，总体规模在保持稳定的基础上有所增长。

2014年度河南演出市场有演出单位930个。2014年度演出场次除了娱乐演出之外，全年共演出33242场，演出场次较2013年度的29496场有所增加。演出市场经济规模也比2013年的71191.59万元有所增加，为76425.3万元，其中包括票房收入59004.8万元，演出综合服务业产值17420.5万元。

3. 娱乐市场情况

2014年，河南全省的持证娱乐场所总数量共2572年，较之2013年减少了305家，在总数上延续了2012年以来的下降趋势。其中全省共有持证歌舞娱乐场所1770家，较2013年减少了151家，持证游艺娱乐场所802家，较2013年减少了154家，下降幅度较大。歌舞娱乐行业从业人员为32516人，共有包房43230间。游艺娱乐场所经营总面积达392980平方米，共有游戏游艺机31778台，从业人员9237人。2014年，娱乐行业实现营业收入52.4亿元。

（八）对外及对港澳台文化交流亮点纷呈，中原文化影响力进一步提升

积极创新“央地合作”模式，实施2014“欢乐春节”项目，共派11个艺术团、413人次，赴欧洲、中东、非洲和台湾等14个国家和地区，举办文化活动120余场次，受众30多万人次。承办“2014中泰文化交流年”活动，赴泰举办“河南风光”图片展、“中国文字博物馆馆藏精品书画展”，以及少林功夫和民族歌舞交流演出。配合第2届中国－东盟文化部长会议和第6届东盟中日韩文化部长会议，组派参加“2014越南顺化艺术节”，赢得国际舞蹈大赛金奖。

加强对台文化交流，继续实施“两岸互派戏剧艺术人才培训计划”，举办“第 11 届海峡两岸河洛文化暨豫剧发展研讨会”，配合省政府“中原情·一家亲——2014 两岸（河南）经贸合作交流恳谈会”，与中华文化联谊会共同举办“台湾佛光山·2014 河南文化季”交流活动。组织《太极传奇》《画皮》《老鼠嫁女》《开漳圣王陈元光》等剧目，赴美国、加拿大、意大利、韩国等地演出。组织“洛阳·丝绸之路与大运河交汇的城市展”、“河南的世界文化遗产图片展”等 6 个文物展览，赴法国、德国、加拿大、台湾、澳门等地展出。多种形式的对外文化交流活动，推动中原文化进一步走向世界。

二、河南文化发展中存在的问题

河南的文化建设，虽然取得较好成绩，但从总体情况看，尤其是与先进省市区相比，由于人口多、底子薄等原因，全省文化工作也存在着一些不容忽视的困难和问题。主要表现在：

（一）投入不足

尽管各级财政尽了最大努力投入文化建设，但与全国平均水平、与先进地区相比差距明显。目前，用于文化建设的财政投入还是低水平的保障，基层公共文化单位工作经费、运转经费保障不足，如何引导多渠道资本投入文化领域还需要进一步研究和加强。

1. 文化事业费持续增长，总量偏低

2014 年，全省文化事业费 17.39 亿元，比上年增加 1.25 亿元，增长 7.74%。从全国各地情况看，2014

表4　全省各地文化事业费投入情况

地区	2013年文化事业费(万元)	2014年文化事业费(万元)	增减额(万元)	增减幅度(%)
全省	161445.7	173941.6	12495.9	7.18
郑州市	20300.6	21341.3	1040.7	4.88
开封市	5981.3	6086.4	105.1	1.73
洛阳市	12120.6	12178.2	57.6	0.47
平顶山市	8651.6	9572.7	921.1	9.62
安阳市	7559.8	7865	305.2	3.88
鹤壁市	3771.8	4033.5	261.7	6.49
新乡市	6082.4	7839	1756.6	22.41
焦作市	5840.3	6879.3	1039	15.10
濮阳市	5562.7	5658.6	95.9	1.69
许昌市	5747.6	6569.1	821.5	12.51
漯河市	3516.3	4843	1326.7	27.39
三门峡市	6121.4	6742.2	620.8	9.21
南阳市	12264.1	12802.9	538.8	4.21
商丘市	8114.4	9809.7	1695.3	17.28
信阳市	6489.7	7658.5	1168.8	15.26
周口市	9202.1	8858.8	-343.3	-3.88
驻马店市	6996	7325.7	329.7	4.50
济源市	2634.4	2685.4	51	1.90

年，文化事业费超过 20 亿元的地区有 7 个，周边省份文化事业费较高的是山东和陕西。尽管我省近五年来我省文化事业费总量持续增长，但作为全国人口大省，文化事业费总量在全国位居第 11 位，总量偏低，同时，与先进地区的差距却越来越大。

分地区看，全省各地文化事业费分布不平衡。2014 年，文化事业费超过 5000 万元的地市有 15 个地市，前五位分别是：郑州、南阳、洛阳、平顶山、周口。18 个省辖市中有新乡、漯河的文化事业费增幅超过 20%，有 1 个地区文化事业费比上年略有减少。

2. 人均文化事业费水平低

2014 年，全省人均文化事业费为 18.43 元，比上年提高 1.28 元。全国人均文化事业费为 42.65 元，我省人均文化事业费在全国排在第三十一位，还不及全国平均水平的一半。

从增长速度看，全国人均文化事业费同比增长 9.4%，中部省份中，我省文化事业费倒数第一。山西人均文化事业费在全国排名第 19 位；安徽排名在第 29 位，人均文化事业费高出我省 1.29 元。由此可见，我省的财政投入增长还需加大力度，逐步提升文化事业费在财政支出中的比重，才能有效提高全省文化事业费位次。

表5　中部六省人均文化事业费情况

	2013年人均文化事业费(元)	2014年人均文化事业费(元)	同比增长(%)	全国位次(位)
山　西	38.86	38.63	-0.59	19
湖　北	26.58	28.89	8.69	25
安　徽	18.43	19.72	7.00	29
湖　南	21.63	24.14	11.60	27
江　西	19.84	22.83	15.07	28
河　南	17.15	18.43	7.46	31

（二）现代公共文化服务体系仍需完善

近年来，中央和全省各级政府加大投资建设，文化设施建设呈快速发展趋势，但总体看来，城市社区和乡村公共文化基础设施覆盖率偏低，文化服务、文化活动开展得不平衡，与居民“就近、方便、有选择”参与文化活动的要求相比差距明显。一些县级图书馆、文化馆、博物馆和乡级综合文化站开展服务不够，形式单一，缺乏应有的活力。有的地方重视硬件建设，忽视文化内容建设，公共文化设施尚有闲置现象。

由下表可以看出，我省每万人拥有图书馆面积、人均拥有图书馆藏书、人均购书费、每万人拥有群众文化设施面积等主要文化发展指标在全国的排名情况均在倒数第一、第二位，说明我省的公共文化服务水平仍处于低水平。

表6　我省主要公共文化发展指标与在全国排名情况

主要文化发展指标	单位	2005年		2013年	
		数值	位次	数值	位次
每万人拥有图书馆面积	平方米	27.19	30	57.8	30
人均拥有图书馆藏书	册	0.15	29	0.25	31
人均购书费	元	0.10	31	0.23	31
每万人拥有群众文化设施面积	平方米	52.24	27	141.35	30

三、关于文化改革发展的几点建议

坚定总坐标、坚持总思路、完善总方略的战略谋划，是对河南省发展思路的高度概括和总结升华，对于加快中原崛起河南振兴富民强省具有十分重要的现实指导意义。我们将按照战略谋划要求，找准文化坐标，完善发展思路，全力服务战略规划的实现。结合工作实际，提出如下建议：

（一）加快华夏历史文明传承创新区破题

华夏历史文明传承创新区是中原经济区的战略定位之一，是河南对外形象中的重要文化名片，应当早破题、早推进，争取早见效。首先要加强新型城镇化中的文化遗产保护工作。做好重大文化遗产的保护展示和大遗址保护开发、南水北调等重大工程配套文物发掘保护、非物质文化遗产保护等基础性工作，完善中原文化遗产数据库建设、工作体系和名录体系建设，抢救、保护、传承和弘扬优秀传统文化，提升公众文化认同和文化自觉。二是要形成文化资源有效开发的合力。整合文化、广播电视、新闻出版、体育旅游等有关力量。重点培育和打造以“根”文化为重点的中原文化品牌。依托豫剧、文物、杂技、节会、庙会、实景演出等文化资源，打造具有鲜明地域特色、有广泛社会影响的文化项目、优秀舞台艺术精品剧目、文博展示项目、文化产业示范区品牌等。三是继续加强对文化产业示范园区（基地）建设的支持。把文化产业示范园区（基地）建设作为文化产业发展的主要抓手，进一步加强政策和资金扶持，使文化产业成为中原经济区发展的重要支柱产业，优化中原经济区经济结构。四是加大对文化交流合作的支持，增强中原文化辐射力。充分利用中原豫剧、中原文物、中原武术、中原杂技等优秀的文化品牌，扩大活动规模，提升活动层次，配合国家战略，深入实施“中原文化海外行”品牌，推动中原文化“走出去”。

（二）协调推进现代公共文化服务体系建设

建立强有力的组织和机构，加大政策扶持和经费投入，完善公共文化服务体系建设协调机制和统筹服务设施网络，促进基本公共文化服务标准化、均等化，推动文化惠民项目与群众文化需求有效对接。整合基层宣传文化、党员教育、科技普及、体育健身等设施资源建立综合性文化服务中心，尤其在吸引鼓励社会力量、社会资本参与公共文化服务体系建设、培育文化非营利组织和推动公共文化服务社会化发展方面，建议协调有关部门完善、落实好相关政策，构建畅通的参与渠道和平台。

（三）因势利导、宏观调控，促进文化市场健康、持续发展

根据我省网吧、娱乐市场发展现状，充分发挥政策引导和行业协会的作用，严格遵循市场经济规律，打破地区、部门、行业壁垒，完善统一开放、竞争有序的文化市场体系，充分发挥市场在资源配置中的基础作用，发挥市场调节这只“看不见的手”和宏观调控这只“看得见的手”的双重调节作用，促进网吧、娱乐市场转型升级，健康持续发展。

（河南省文化厅）

河南：重视现实题材创作　担当引领时代责任

近年来，河南省文化厅坚持以人民为中心的创作导向，推出了一大批关注现实问题、表现现实生活的舞台艺术作品，如《香魂女》、《村官李天成》、《常香玉》、《焦裕禄》、《红旗渠》、《女婿》、《老街》、《史来贺》、《全家福》等。这些作品在社会上都产生了一定的积极影响，取得了较好的社会效果，实现了社会效益和经济效益的双丰收。在全国性的艺术赛事和展演活动中，现实题材剧目《香魂女》、《常香玉》、《红旗渠》分别获"中国艺术节大奖"和"文华大奖"；现代戏《朝阳沟》、《铡刀下的红梅》荣获文化部第二届优秀保留剧目大奖；话剧《红旗渠》、豫剧《村官李天成》、《焦裕禄》、曲剧《飘扬的红丝带》等获中宣部精神文明建设"五个一工程奖"。豫剧《焦裕禄》推出后，颇受好评，被文化部选调进京参加庆祝中华人民共和国成立65周年优秀剧目展演活动，2014年得到国家艺术基金的资助，现已开始在山东、湖南、湖北、江西等6省（市）进行全国推广交流巡演。

河南之所以在现代戏的创作和生产等方面比较活跃，一方面河南的地方戏剧种的风格决定了我们在现实作品创作方面有较强优势。另一方面我们近年来在抓现实题材剧目的创作和生产方面作了政策上的引导。

一是抓题材规划。省委、省政府强调要大力弘扬的三种精神："愚公移山精神"、"红旗渠精神"和"焦裕禄精神"；河南有很大的英雄劳模人物群体；"感动中国"、"感动中原十大人物"和道德模范等。鲜活的现实生活和丰富多彩的人物故事，为创作现实题材作品提供了丰厚的养料。

二是抓政策引导。为了繁荣我省舞台艺术创作，我们每三年举办一届全省、市级戏剧大赛，每三年举办一届县（区）级暨优秀民营艺术团体戏剧大赛。

三是抓队伍建设。为了鼓励现实作品的创作和演出，我们对编、导、表演等艺术名家，纳入"河南省艺术名家推介工程"向全国进行推介。

四是抓活动载体。举办了"向祖国献礼　河南省庆祝新中国成立60周年现实题材优秀剧目演出季"，在全省组织"向人民汇报　河南省优秀剧目展演月"；特别是反映反腐倡廉题材的豫剧《全家福》演出已过百场，引起强烈反响。

湖北省 2014 年文化发展情况分析

2014 年，全省文化系统以深化改革为统领，以融合发展为契机，以重大活动为贯穿，以从严治党为保证，推动文化改革发展在新的起点上取得了新进展、新突破、新成效。

一、文化体制改革深入推进

省文化厅制定的《贯彻落实中央〈决定〉和省委〈意见〉实施方案》，得到省主要领导批示肯定，作为湖北省全面深化改革领导小组第一次会议的重要内容进行了讨论，并原则通过。省文化厅承担的省改革办 13 项改革任务、省文化体制改革专项领导小组 18 项改革任务，截至 12 月底全面完成阶段性改革任务。与省教育厅、省科技厅、省住建厅、省旅游局分别签订《协同改革融合发展合作备忘录》，共确定 38 条合作事项。大力推进简政放权，对原有 12 项行政审批项目和文化部下放的 5 项行政审批项目进行了清理，取消行政审批项目 1 项，将 9 项行政审批项目合并为 3 项，目前保留行政审批项目 10 项。

二、文化机构规模保持稳定

截至2014年底，纳入统计的全省文化文物部门机构数为2178个，从业人员23536人。其中，艺术业137个，公共图书馆 112 个，群众艺术馆（文化馆）文化服务机构 1390 个，艺术教育机构 7 个，文艺科研机构 12 个，文物业 266 个，其他文化及相关产业 254 个。其中公共图书馆、群艺（文化）馆、博物馆、综合文化站、美术馆等公共文化服务机构总数为 1686 个，比 2013 年增加 11 个；从业人员 10821 个，比 2013 年增加 162 人，公共文化服务机构和从业人员规模保持稳中有升。

三、文化事业投入不断增加

（一）总收入和财政补助收入持续增长

2014 年全省文化文物单位实现总收入 36.46 亿元，比上年增加 7.77%。其中：财政补助收入 24.18 亿

表1　近年来财政补助收入情况

年份	总收入（亿元）	财政补助收入（亿元）	财政补助收入占总收入比重（%）
2009	19.83	12.57	63.39
2010	21.32	14.78	69.32
2011	25.34	17.29	68.23
2012	28.81	19.63	68.0
2013	33.83	22.85	67.54
2014	36.46	24.18	66.32

元，比上年增加 5.82%。2014 年财政补助收入占到总收入的 66.32%，比 2013 年占比减少 1.22%。2009 年至 2014 年，文化文物部门财政补助收入的年均增长 13.98%。

（二）文化事业费继续增长

2014 年全省文化事业费 16.80 亿元（不含基建经费，不含文物事业费），比 2013 年增长 9%。2014 年湖北省文化事业费在全国排名第 12 位，排名比去年下降 1 位；在中部 6 省排名第 2 位，排名与去年相同。

图1　2014年中部6省文化事业经费情况

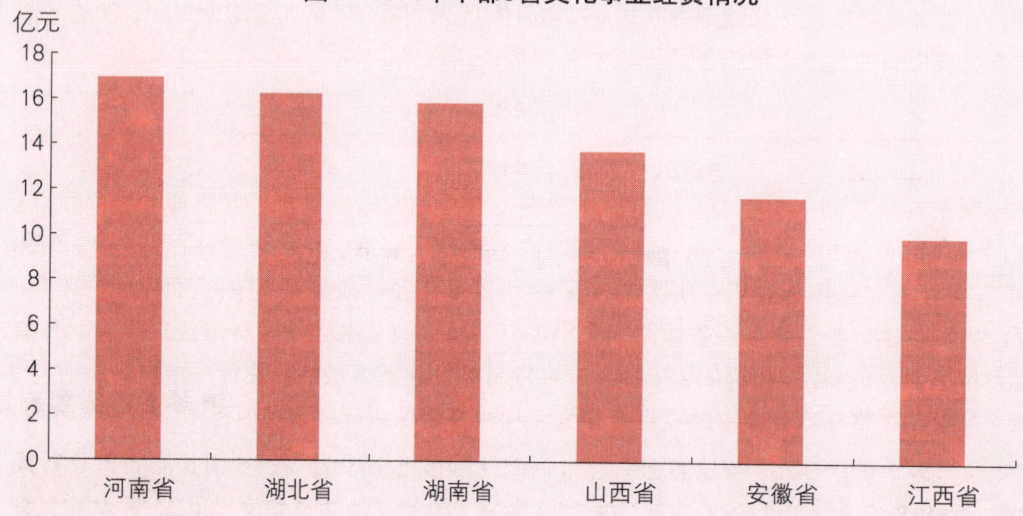

2014 年全省人均文化事业费 28.89 元，比 2013 年增长 8.7%。全国排名第 25 位，排名比去年下降 1 位；中部 6 省排名第 2 位，排名与去年相同。

图2　2014年中部6省人均文化事业经费情况

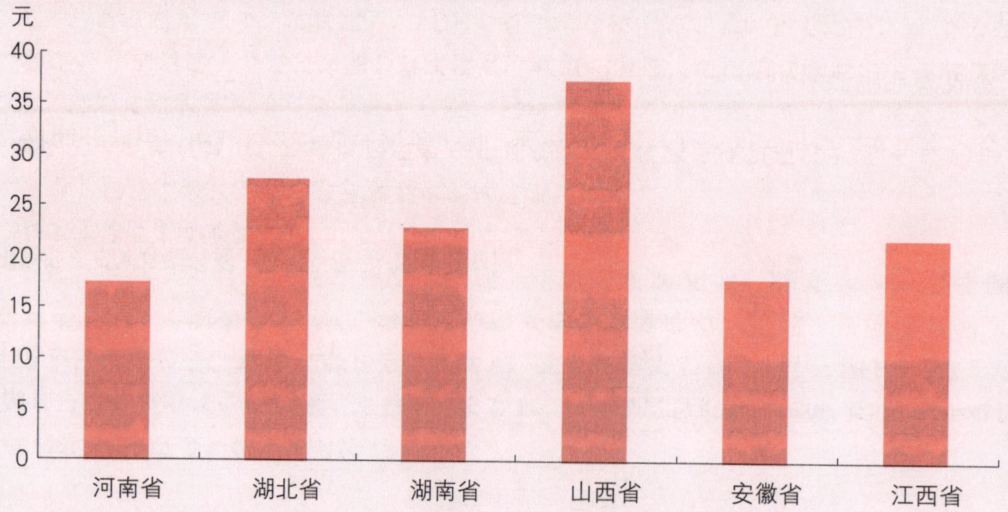

（三）公共文化设施投资稳定推进

2014 年全省项目建设加快推进，基础设施得到进一步强化。

表2　近年来全省基建投资情况表

年份	项目数	建筑面积（万平方米）	本年完成投资（亿元）	竣工项目数
2009	383	82.41	5.69	236
2010	372	58.55	5.51	179
2011	87	57.10	8.34	46
2012	63	74.27	5.45	14
2013	96	86.15	8.33	18
2014	72	115.71	6.44	15

一是省直项目稳步推进。总投资 10.4 亿元、总建筑面积 6.81 万平方米的省博物馆三期扩建工程正在抓紧建设，总投资 6.85 亿元、总建筑面积 14.9 万平方米的湖北艺术职业学院新校区建设正式启动实施，省京剧院谭鑫培大剧院、省群艺馆新馆正在开展规划立项工作。

二是市州项目加快推进。我省纳入国家地市级项目建设规划的 35 个地市级“三馆”项目，总建设规模约 57 万平方米，总投资计划约 42.83 亿元。其中：新建项目 25 个，改扩建项目 10 个。截止 2015 年 3 月底，有 19 个项目已经开工建设，开工率为 54.29%，累计完成投资 11.9 亿元。其中 8 个项目已经完工，11 个项目正在抓紧建设。

三是县级项目全面推进。县级“两馆”建设工程是“十二五”期间省政府实施的一项重要文化基础设施建设工程，我省是全国“十二五”期间实施此项惠民工程的唯一省份，并连续三年以省政府名义召开全省公共文化服务体系建设现场会。截止目前，100 个项目、2 亿元补助资金已全部安排到位。其中：2011 年至 2014 年安排建设的 78 个项目，总建筑面积约 43 万平方米，总投资约 17 亿元，已开工建设项目 61 个，开工率 78.21%，累计完成投资 8.15 亿元。已开工项目中进入装修阶段或已完工的项目 35 个，占已开工项目的 57.38%。其余项目各地正在抓紧开展前期准备工作。上述项目全部完成，我省新建和改建县以上场馆项目总建筑面积将超过 100 万平方米、总投资将超过 100 亿元，居全国前列。

图3　近年来全省公共文化设施面积情况

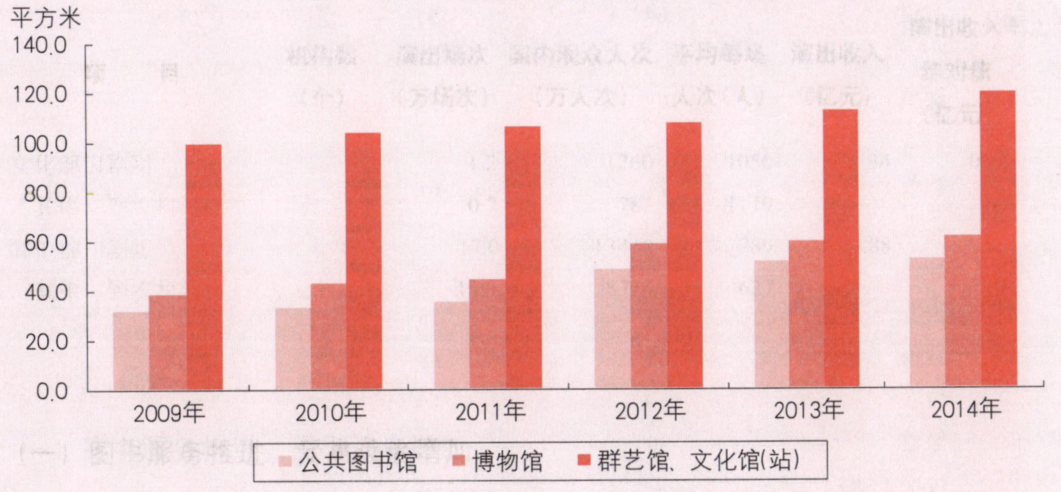

四、文化事业发展取得积极成效

（一）文艺精品创作和演出不断加强

成功举办第二届中国歌剧艺术节、第二届湖北地方戏曲艺术节、“我们的中国梦”文化进万家湖北优秀剧目巡演、“夏之风——东湖戏曲惠民展演周”、“秋之韵.2014 东湖音乐会”、丹青楚韵——湖北省中国画作品展、神游东方——周韶华艺术大展等一系列重大文化活动，推出了一批优秀作品和优秀人才。组织开展“我们的中国梦”湖北省百团送戏进万家演出活动，深入村镇、社区、厂矿、军营等地，演出 2100 多场次，惠及观众 235 万余人次；组织开展“我们的中国梦”文化进万家湖北优秀剧目巡演活动，演出 105 场；组织举办庆祝新中国成立 65 周年湖北省优秀剧目优秀美术作品展演月活动，全省专业艺术院团、美术展览单位和有关艺术院校为人民群众奉献 1112 场演出和 20 多场美术展览活动；组织开展第 22 届全省专业艺术院团上山下乡暨新春金秋巡回演出季活动，全年完成演出场次 2 万场以上，丰富人民群众精神文化生活，受到人民群众的热烈关注和广泛好评。全省国有剧团 2014 年演出场次 2.03 万场，比 2013 年增加 5%；其中农村演出 1.25 万场，比 2013 年减少 0.01 万场；农村观众 1367 万人次，比 2013 年减少 51 万人次。

（二）公共文化服务体系建设不断完善

1. 政府主导责任进一步落实

省委、省政府重视程度持续提升。2014 年初，省全面深化改革领导小组将现代公共文化服务体系建设列入重点改革任务，进行挂牌督办。同年 10 月，省政府召开全省公共文化服务体系建设（恩施）现场会，部署推进各项工作。各地党委政府的自觉性和主动性明显增强。襄阳市政府出台《社区公共文化设施建设费征收管理实施办法》，从房地产开发费用中，征收 1% 用于社区公共文化设施建设。宜昌市政府印发争创国家示范区规划，计划 3 年内投入 70 亿元推动全市公共文化发展。黄石市委主要领导亲自动议、推进村级“文化礼堂”建设。现代公共文化服务体系建设越来越成为各地的思想自觉和行动自觉。

2. 协同发展模式进一步确立

建立由省委常委、省委宣传部部长任组长，30 个部门参与的湖北省公共文化服务体系建设协调领导小组，领导小组办公室设在省文化厅，实行定期例会和重大事项会商制度。加强厅局合作。去年

表3　近年来人均拥有公共图书馆资源情况

		每万人均拥有公共图书馆建筑面积（平方米）		人均购书费（元）	
		全国	湖北	全国	湖北
2009年	数值	64	55	0.78	0.33
	位次	--	21	--	21
2010年	数值	67	57	0.83	0.32
	位次	--	21	--	23
2011年	数值	74	61	1.05	0.37
	位次	--	23	--	21
2012年	数值	78	83	1.09	0.73
	位次	--	15	--	13
2013年	数值	85	88	1.22	1.1
	位次	--	15	--	12
2014年	数值	90	91	1.24	1.27
	位次	--	14	--	11

初，我厅与省教育厅、省科技厅、省住建厅、省旅游局签署合作备忘录，建立“协同改革融合发展机制”，确定 18 项与公共文化服务体系建设相关的合作事项。联合省财政厅，开展专项资金大检查，全省专项资金到位率由 69.1% 提高到了 90%，资金使用率由 32.16% 提高到了 81%。探索区域协作。省图书馆不断深化湘鄂赣皖公共图书馆联盟建设，加快推动文献信息资源整合、共建共享和规模化、专业化、一体化发展。襄阳市发起建立“湘鄂赣区域公共文化联盟”。武汉城市圈图书馆联盟、宜荆荆图书馆联盟努力探索图书馆资源跨地区、跨行业整合利用模式，取得初步成效。

图4　近年来图书流通服务情况

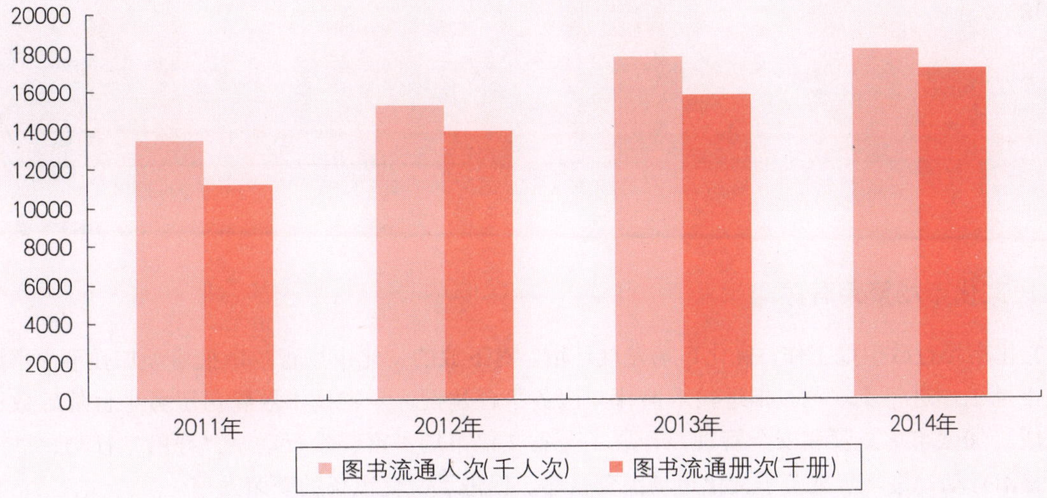

3. 典型示范作用进一步发挥

加大国家、省两级示范区创建指导力度，探索公共文化服务体系建设新途径。加强示范区创建管理，联合省财政厅出台《示范区创建过程管理规定（暂行）》，组织开展省级示范区中期督查，建立专家跟踪指导和创建月度台账工作机制。推动改革任务落实，根据改革导向，为每个创建地区确定 6 项破解任务，实行验收前置和一票否决。大冶市承办全国县域构建现代公共文化服务体系研讨会，交流推广全国县级先进经验。当阳等市邀请国家专家为市委中心组（扩大）授课，进一步提升创建工作认识。来凤县全面加强设施、队伍和机制建设。京山县深入各乡镇开展公益性演出 284 场，服务群众 31.2 万人次。武昌区编印发放《公共文化服务网点地图》、《公共文化服务供给指南》，开展“点单式”公共文化服务，供需对接得以加强。

4. 群众文化品牌进一步树立

进一步对接群众文化需求，形成特色活动品牌，不断提高服务的针对性和影响力。全省已经形成长江讲坛、屈原故里端午文化节、“我们的中国梦”百团送戏进万家演出、群星奖优秀作品巡演等众多品牌活动，以及各地举办的“月月演”、“周周乐”、“社区文化节”、“广场大家乐”等众多群众乐于和便于参与的活动品牌。其中，“长江讲坛”形成 8 个子系列讲座；全年举办讲座 86 场，服务现场听众 46000 人；与省电视台合作播出视频，出版系列图书及光盘，研发推广“长江讲坛”手机 APP，不断扩大讲坛影响，获省委主要领导多次肯定。首届全省群众广场舞展演深受群众欢迎，共举办各级广场舞培训班 3205 个，培训群众近 10 万人次，参演团队 14956 支、近 35 万人次，观众逾 200 万人次。组织参与群星奖巡演 79 场，服务群众约 30 万人次，被文化部表彰为 2014 年群星奖获奖作品巡演优秀组织单位，我厅作为全国文化厅局的唯一代表，作经验交流发言。成功举办第三届屈原故里端午文化节、2014“荆楚风中俄情”湖北非物质文化遗产展、第二届湖北省皮影戏调演等重大活动，产生了良好的社会影响。

图5　近年来全省组织群众文艺活动次数情况

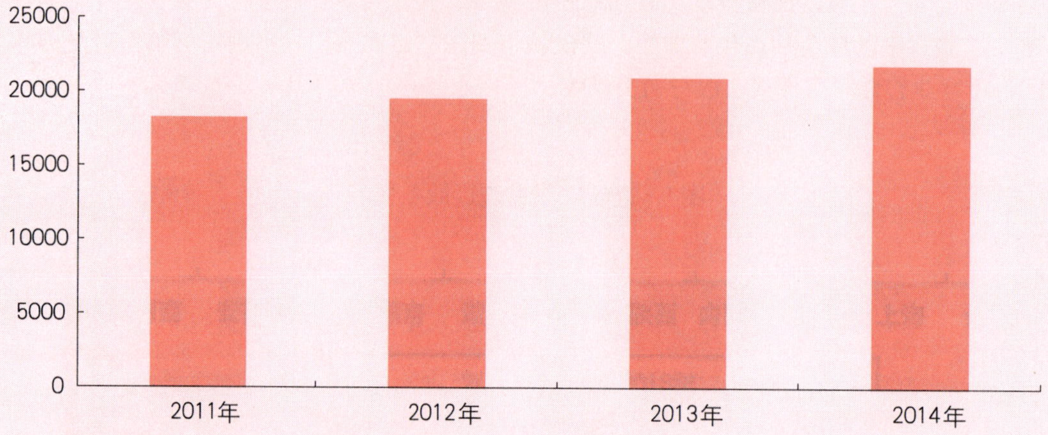

（三）文化市场繁荣有序

规范文化市场行政审批工作，优化市场发展环境。对下放的文化市场行政审批事项加强事中事后监管，促进行政审批工作进一步规范。推进技术监管与服务平台建设，全省技术监管与服务平台基础数据采集工作基本完成。加强市场监管和安全管理，开展了全省文化市场“雷霆”行动、“净网”行动、“清源”行动等专项整治行动，进一步规范了文化市场经营秩序，促进了文化市场的繁荣发展。

图6　近年来文化市场经营机构资产和营业利润情况

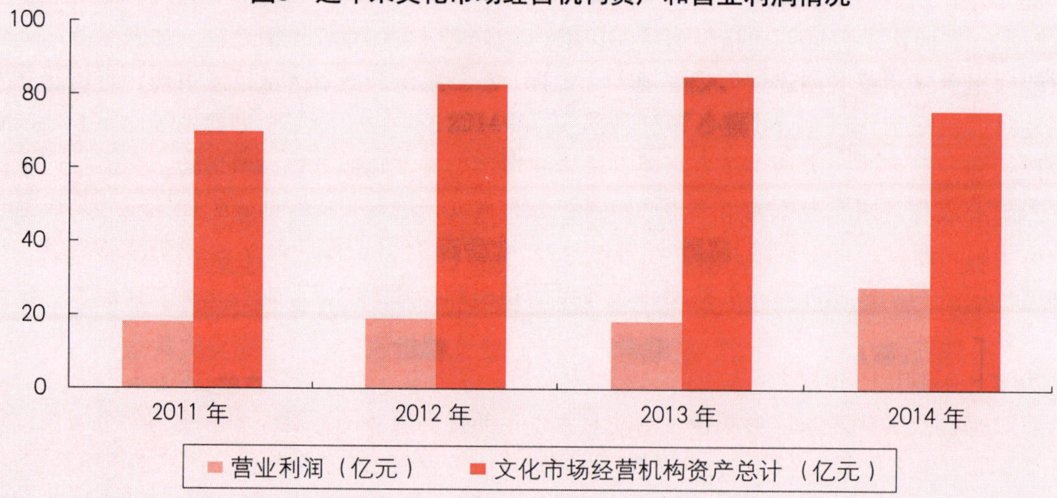

据统计数据显示，截止 2014 年底，我省共有文化经营单位（不含图书报刊、广播电影电视、音像）9167 家，比 2013 年下降 11.24%；从业人员 51723 人，比去年下降 12.66%；利润总额 27.05 亿元，比去年增加 45.27%；资产总计 76.77 亿元，比去年下降 8.8%。数据表明，随着我省一批脏、小、乱、差的文化经营单位被关闭，经营单位总体数量减少、单体规模扩大、利润总额大幅增加，这标志着我省文化经营单位已走上规模化、专业化、规范化的良性发展道路。其中，互联网上网服务营业场所的转型升级工作已取得阶段性成果，淘汰了一批旧的经营设备，经营模式更加专业化、多样化，使互联网上网服务营业场所成为人民群众休闲娱乐的新选择。

（四）文化产业不断壮大

成功举办首届中国湖北文化艺术品博览会，搭建促进文化产业发展新的平台。编制了《湖北省文化产业发展战略规划》，明确了今后几年全省文化产业的规划布局、发展目标、发展措施和具体项目。与人民银行武汉分行、省财政厅联合印发了《关于深入推进湖北省文化金融合作的实施意见》，提出了 21 条指导意见，鼓励各类社会资本积极投入文化产业。推动武汉市武昌区申报国家级文化产业示范（试验）园区，壮大市场主体。2014 年全省文化产业总产出达到 93.51 亿元。

（五）对外文化交流影响不断扩大

完成“荆楚风 中俄情——湖北文化走进俄罗斯”文化交流活动，共组织“文明与发现——《礼乐中国》湖北出土青铜器特展”、“问道与养生——武当山道教文化系列活动”、“最美母亲河——长江与伏尔加河的对话”、“根与魂——中国传统文化交流”4 个专题 10 多项活动，在俄罗斯掀起了荆楚文化热潮，为深化中俄两国文化交流写下了浓墨重彩的一笔。

（六）文化遗产保护利用取得新的成效

全力推动恩施唐崖土司城遗址申报世界文化遗产，省政府公布了《唐崖土司城址保护管理规划》，城址保护和环境整治工作进展顺利，成功迎接联合国专家来现场考察。开展传统村落保护工作，完成 30 余项修缮工程、20 余项保护规划的立项报告。

1. 文物藏品数量继续处于全国前列。全省文物业机构共计 300 个（包括文物部门机构 266 个，其他部门和民办 34 家），其中博物馆 174 个、文物科研机构 3 个、文物保护管理机构 49 个、文物商店 1 个、其他文物机构 73 个。从业人员共 4928 人，中级以上职称共 1409 人，占全省文物单位从业总人数的 29%。文物机构、从业人员主要集中在武汉、黄冈、宜昌、十堰、荆州等文物资源丰富的地区。全省共有文物藏品 215.88 万件（套），位居全国第 5。其中，一级品 2766 件（套）、二级品 8339 件（套）、三级品 92205 件（套）。全省文物藏品中约有 189.49 万件收藏于各地博物馆中，占全省总藏品比例为 87.77%。

2. 文物业经费投入保持较高水平。2014 年全省文物业总收入 9.04 亿元（各级文物部门、单位在报告期内实际收到的经费），与上年基本持平。财政拨款仍是当前文物保护投入的主要来源。

图7 近年来文物业收入情况

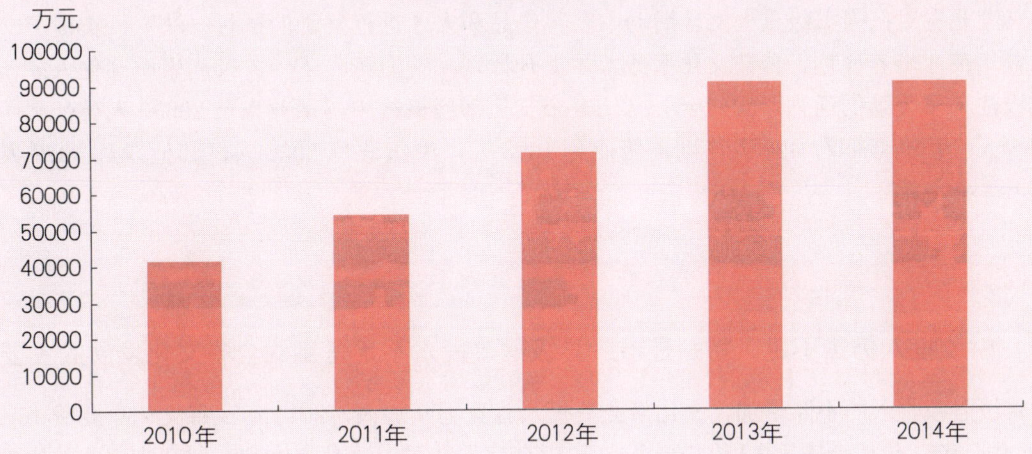

3. 博物馆事业社会效益继续增强。全省博物馆机构174家，其中文物系统管理的博物馆、纪念馆140家；非文物系统管理的博物馆、纪念馆19家，民办博物馆15个。全省博物馆从业人员总数3380人。其中，中级以上职称专业技术人员1098人，占博物馆从业总人数的32.5%。全省博物馆文物藏品及标本数189万件（套）。其中，一级文物2643件（套）、二级文物7934件（套）、三级文物87264件（套）。 2014全年基本陈列465个、举办展览392个，与去年相比略有增加。2014年继续深入推进免费开放，全年参观人数2599.61万人次，全国排名第9，其中全年未成年人参观人数达862.28万人次。

图8　近年来博物馆参观人次

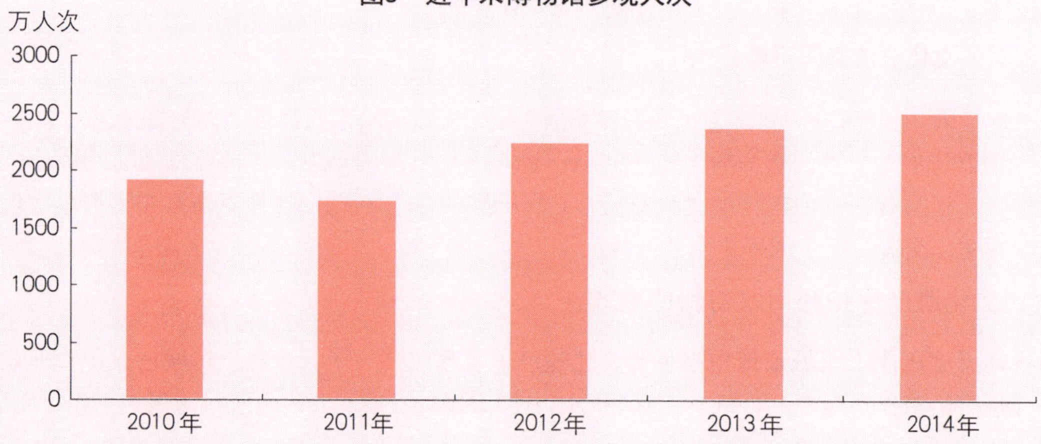

（七）非遗整体性保护和生产性保护取得重大进展

国家级武陵山区（鄂西南）土家族苗族文化生态保护实验区获批成立。文化部在我省举办全国漆艺传承创新发展展示交流活动取得圆满成功，形成了系列成果。武汉江欣苑等5个单位入选国家级非遗保护生产性示范基地，为全国最多的省份。名录和传承人体系进一步完善。21个项目入选第四批国家级非遗代表性项目名录，入选数量在全国排第五位；确定第四批省级非遗代表性传承人119人。保护基础条件进一步改善。争取国家、省级财政支持取得突出成效，省级非遗保护专项资金较上年增长33%。圆满完成全国非遗数字化保护首批试点工作，在全国总结交流会上作大会发言。

（八）人才队伍建设展现新面貌

出台《湖北省对在国家级重大文艺活动中获奖作品和人才进行奖励的试行办法》，实施了文化名家资助计划、青年英才培养计划、公共文化服务人才提升计划，着力培养了一大批高素质文化人才，为推动文化强省建设注入了强劲的活力。2014年， 2178个文化部门机构中，从业人员23536人员，其中专业技术人才11818人（正高级职称420人，副高级职称1393人，中级职称5026人，其他职称4979人），占比50.2%。

八、文化发展任务仍然艰巨

（一）财政投入仍然不足，特别是市、县级财政投入不足是制约全省文化发展的主要原因

随着省级财政收入的不断增加，文化事业费投入总量不断加大，2014年我省文化事业费16.80亿元，比2013年增长9%，位居全国第12位，排名比2013年下降1位。文化事业费在财政支出中的比重呈下降趋

势，从 2009 年到 2013 年，文化事业费占财政支出比重由 0.47% 下降到 0.35%。

表4　近年湖北省文化事业费占财政支出比重情况

单位：%

年份	2008		2009		2010		2011		2012		2013	
	比重	位次	比重	位次	比重	位次	比重	位次	比重	位次	比重	位次
湖北	0.44	15	0.47	12	0.46	10	0.43	20	0.37	20	0.35	21

人均投入仍处于全国下游水平，2014 年我省人均文化事业费为 28.89 元，比上年增长 8.7%，排全国第 25 位，排名比 2013 年下降 1 位。

表5　近年来人均文化事业费排名情况

单位：元

年份	2009		2010		2011		2012		2013		2014	
	人均经费	位次	人均经费	位次	人均经费	位次	人均经费	位次	人均经费	位次	人均经费	位次
全国	21.9	--	24.11	--	29.14	--	35.46	--	38.99	--	42.65	--
湖北	17.11	23	19.98	21	18.77	20	24	25	26.58	24	28.89	25

（二）现代公共文化服务体系发展还面临着许多挑战

一是一些地方的党委政府及文化行政部门缺乏加强现代公共文化服务体系建设的自觉意识，政府主导责任得不到落实、事业发展缺少长远规划的问题仍没有得到彻底解决。二是事业发展保障机制不健全、保障水平不高的问题仍然突出。配套政策不完善、经费不足、人才匮乏、社会力量参与渠道不畅的状况不同程度地存在。三是服务设施和项目存在短板。设施有效覆盖率不高，“最后一公里”问题依然突出。服务总量不足，针对性和实效性不强。四是绩效管理模式还不健全。重硬件轻软件、重投入轻产出、重建设轻管理、重管制轻服务的现象较为普遍。五是公共文化资源整合还不够，多头管理、条块分割、重复建设、资源浪费的状况还较突出。这些问题的存在，制约着公共文化服务体系科学发展，如何抓住机遇，迎接挑战，破解难题，实现跨越，是今后一个时期全省公共文化工作者应着力研究解决的问题。

（三）文化产业与发达省份存在差距

尽管我省文化产业取得了较大发展，但与发达省份相比，还存在一定差距，文化产业发展整体规模偏小、地区发展不均衡、品牌影响力有限、产业融资困难、复合型人才匮乏等因素严重制约着我省文化产业的进一步发展壮大

九、2015 年文化发展目标

一是加强党的建设，为文化改革发展提供坚强领导。通过制度建设增强思想教育的有效性，使加强制度治党的过程成为加强思想建党的过程，使加强思想建党的过程成为加强制度治党的过程。

二是加强人才队伍建设，为文化改革发展提供智力支撑。进一步完善和实施文化名家资助计划、青年英才培养计划、公共文化服务人才提升计划、地方戏曲人才培养计划、 “三区”文化人才支持计划，培育一批推进文化改革发展急需人才。

三是全面深化文化体制改革，提升现代文化治理能力和水平。按照文化部和省委、省政府要求，根据制定的改革方案，深入推进各项改革措施的落实，通过改革破解难题、推动发展。

四是构建现代公共文化服务体系，推进基本公共文化服务标准化、均等化。以国家、省两级公共文化服务体系示范区创建为抓手，以理论研究和制度设计为引导，以基层文化服务中心建设为重点，加快构建现代公共文化服务体系。

五是坚持以人民为中心的创作导向，为人民群众提供更好更多精神文化产品。以举办第二届湖北艺术节为抓手，加强剧目创作和人才培养，推出一批精品剧目和优秀人才。

六是加快建立现代文化市场体系，推动文化产业不断发展壮大。进一步调整和取消文化市场行政审批事项；培育文化市场自律组织和行业协会，推进行业自律，鼓励社会力量开办文化企业、举办文化活动。加强文化市场综合执法业务培训；定期开展文化市场“雷霆”行动、“暑期”集中行动，严厉查处文化市场违法违规经营行为。完善产业发展保障体系，实施科技融合、枢纽构建、特色营造、创意驱动、深层培育、金融助推、旗舰引领七大战略，发展网络文化业、创意设计业、动漫业、游戏业、演艺业、文化旅游业、娱乐业、艺术品业、工艺美术业、文化会展业、数字文化服务业 11 个产业门类，构建科学合理、竞争有序的产业发展体系。

七是加强文化遗产保护利用，建设优秀传统文化传承体系。进一步实施文物保护基础夯实工程、历史文化名城名镇名村和传统村落的保护与利用工程、博物馆建设工程、国有可移动文物普查工程等，加大恩施唐崖土司遗址申报世界文化遗产的准备工作，加快推进省博物馆三期扩建工程建设，与公安、旅游、宗教、气象等部门建立联合安全检查工作机制，适时开展打击文物犯罪专项行动。

八是扩大对外文化交流，提高文化开放水平。继续打造“荆楚文化走世界”对外文化交流品牌，进一步丰富完善品牌内涵、深化固化品牌功能、拓展放大品牌效应。在全省文化系统和相关单位设立外联工作联络员，建立起上下联动、信息通畅的外联工作联络员制度。按照“文化交流与文化贸易并重”的方针，加强对外文化贸易工作。

（湖北省文化厅）

湖北：以人民为中心的公共文化服务活动亮点纷呈

接“地气”，展演受欢迎。一是联合省委宣传部举办“文化力量　民间精彩”全省首届群众广场舞展演，参演团队14956支，参演群众近35万人，观众逾200万人次，是近年来“覆盖范围最广、人数最多、影响最大、最受群众欢迎”的群众文化活动，也是推进惠民活动与群众文化需求有效对接的重要尝试。二是组织我省优秀节目参加文化部组织的全国群星奖巡演33场、省内群星奖巡演46场，服务群众约30万人次，被文化部表彰为2014年群星奖获奖作品巡演优秀组织单位，我厅作为全国文化厅局的唯一代表，作经验交流发言。

创品牌，活动见成效。一是新增“廉政讲堂”、“市场大讲堂”等板块，“长江讲坛”形成8个系列；与省电视台教育频道合作播出讲座视频，研发“长江讲坛”手机APP，圆满完成讲座进学校、进社区、进军营、进基层等任务，分别在新疆和俄罗斯举办“法治与信仰”、“长江与伏尔加河的对话”讲座，实现扩大影响、走出湖北的目标，“长江讲坛”渐成全国知名文化活动品牌。二是开展民间文化艺术之乡创建工作，我省共有21个县乡成功入选，位居全国第六、中部第一。三是建成“楚天智海”网络学习中心等服务平台，构建湖北省公共文化数字服务平台，与文化部全国公共文化发展中心联合举办“公共数字文化惠民活动月”现场会，湖北省图书馆全国一流的数字支撑平台得到国家公共文化发展中心认可。

讲大局，服务获褒奖。一是举办“湘鄂赣皖名山文化解读”、“湘鄂赣皖四省地方文献整理与研究培训班”等活动，服务“中三角”取得良好成效。二是为省领导提供文献信息服务，建立直通省委、省政府的信息报送渠道，每日报送《信息快报》，多有信息被省委《每日要情》、《舆情摘报》采用，省委信息综合室给予充分肯定。

湖南省 2014 年文化发展情况分析

2014 年是贯彻落实党的十八届三中全会精神、全面深化改革的第一年。一年来，全省文化系统按照省委省政府的统一部署，践行社会主义核心价值观，牢固树立以人民为中心的工作导向，围绕大局、抢抓机遇、改革创新，各项文化工作持续良好发展态势。

一、文化文物机构和从业人员规模略有增加

截至 2014 年底，纳入部门统计范围的全省文化文物机构数为 17704 个，较上年增加 670 个，增长 3.9%;从业人员共 100644 人，较上年增加 7509 人，增长 8.1%。其中，艺术业 330 个，图书馆 136 个，群众文化服务机构 2673 个，艺术教育业 4 个，文艺科研机构 7 个，文物业 259 个，文化市场经营机构（不含非公有制艺术表演团体）13947 个，其他机构 348 个。

二、文化文物经费投入持续增长

2014 年全省文化、文物部门经费收入合计 420006 万元，比上年增加 82580 万元，增长 24%。其中，财政补贴收入 295419 万元，占总收入的 70.3%，比上年增加 68232 万元，增长 30%。

承担主要公共文化服务的图书馆、群众文化和博物馆等公共文化设施的财政补贴收入为 141256 万元，仅占文化文物机构财政补贴收入拨款总数的 47%，比例仍然偏低，财政拨款结构失衡问题仍待解决。

图1　主要文化事业单位财政拨款与上年比较

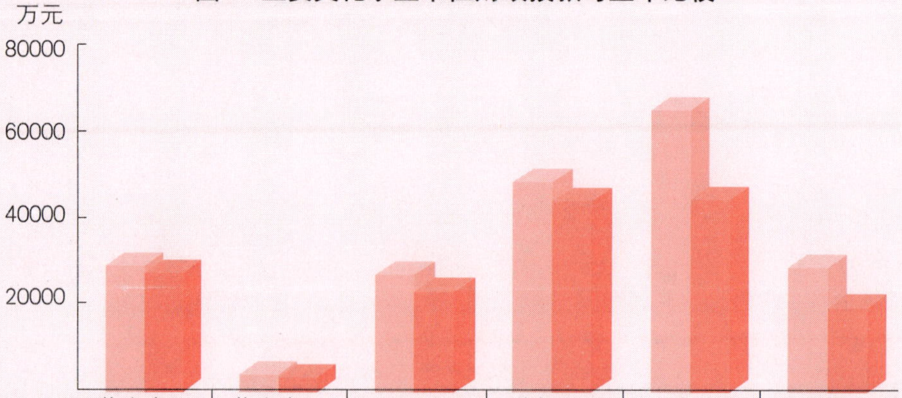

	艺术表演团体	艺术表演场所	图书馆	群众文化	博物馆	文物保护机构
2014年	29213	4013	27136	48657	65463	28898
2013年	27479	3377	23292	44176	44596	19525

尽管全省文化机构财政投入稳步增长，但与全国水平相比仍然有较大差距。2014 年，全国文化事业费总量为 583.44 亿元，我省文化事业费总额为 16.26 亿元，仅占全国总量的 2.8%，在全国排名 13 位，在中部六省排名第 3 位；文化事业费占全省财政支出比重 0.32%，低于全国文化事业费占财政支出比重 0.38% 的平均水平；全省人均文化事业费 24.14 元，而全国人均文化事业费为 42.65，比全国平均数少 18.51 元，仅为全国平均水平的 56.6%，居全国第 27 位，在中部六省排名第 3 位。

三、公共文化设施建设取得新突破

近两年，全省各级党委政府以全面建成小康社会为契机，大力推动基层公共文化设施建设。根据省委规定和省小康办统计口径，截至 2014 年底，全省人均拥有公共图书馆、文化馆、博物馆（纪念馆）、美术馆、艺术表演场馆、歌舞娱乐场所、网吧、文化广场等公共文化设施面积 0.53 平方米，而同期全省人均公共文化体育设施面积为 1.87 平方米，公共文化设施面积仅占 28.3%。因此，文化建设投入不足仍是我省文化事业发展面临的突出问题。

省博物馆改扩建工程正在进行一楼和负一楼施工，正负零以下工程完成量约为 95%；截至 2014 年 12 月，完成总投资约 5.8 亿元。湖南艺术职业学院新校区一期工程 2014 年年底前全面封顶。湖南省文化艺术中心公共文化建设项目已进入待批程序。长沙滨江文化园“三馆一厅”完成主体建设，衡阳建设市影剧艺术中心等设施，株洲将新建市图书馆等，湘潭推进市博物馆展陈工作，邵阳市文化艺术中心即将竣工，岳阳积极推进市图书馆新馆等建设，常德实施“美丽乡村、完美社区”建设，推进市博物馆改扩建等，张家界加快市博物馆建设，益阳筹建市图书馆新建工程，郴州推进市文化艺术中心项目建设，永州市正在推进市文化艺术中心项目，怀化市抓紧“两馆一中心”建设，娄底市文化中心竣工，湘西加快推进州博物馆、州非遗馆建设。

2014 年全省文化文物机构基建项目总数为 42 个，计划总投资 29.22 亿元，规划总建筑面积 48.14 万平方米，本年完成投资 7.3 亿元，其中国家预算内资金 5.39 亿元，占本年完成投资比重为 73.8%，竣工面积 5 万平方米。

四、文艺精品创作生产取得新成绩

湘剧《谭嗣同》获中宣部第十三届精神文明建设“五个一工程”奖；《春风吹起》、《这一个梦想》两首歌曲获省第十二届精神文明建设“五个一工程”奖；花鼓戏《我叫马翠花》等 3 个剧目、3 个美术书法创作项目入选 2014 年度国家艺术基金资助项目。京剧《辛追》正在紧张创排中，具有中国传统建筑特色的“湘京苑”建成启用。木偶剧《马兰花》获上海国际木偶艺术节 “最佳剧目奖”。全年共举办编剧、导演、美术、书法等 8 个高级研修班，大规模培训艺术人才。湘剧《李贞回乡》、花鼓戏《刘海砍樵》选段参加在国家大剧院举行的 2015 年新年戏曲晚会（共 15 个节目），受到中央领导和首都群众的好评。花鼓戏《连升三级》完成 8 个市州的两轮巡演任务。为 5 个地方文艺院团增加 600 万元的艺术创作扶持资金。各市州涌现或正在创排一批文艺精品，如祁剧《焦裕禄》、花鼓戏《莲台观世音》、音乐剧《垃圾宝贝》、情景歌舞剧《那山·那水·那美人》、大型实景演出《中国出了个毛泽东》、花鼓小戏《两份协议》、《老赵家的感恩节》、常德丝弦《刘书记抬轿》、荆河小戏《雁回归》、原创歌曲《爱在中国》、《百姓的呼唤》等。

2014 年全省共有 271 个艺术表演团体，文化部门所属的 99 个艺术表演团体共演出 1.59 万场，平均每团演出 159 场，居全国第 20 位，其中：农村演出 1.05 万场，农村演出场次占总演出场次的 66%；政府采购的公益演出活动 0.71 万场，占总演出场次的 44.7%，逐步加大了政府采购公益演出活动力度；在用流动舞台车 110 辆，利用流动舞台车演出场次 0.98 万场，占总演出场次的 61.6%，流动舞台车的使用发挥了较好的社会效益。2014 年文化部门艺术表演团体，演出收入 4165 万元，比上年增加 2161 万元，增长 107.8%，经过剧团体制改革的初期阵痛，逐渐适应了市场，演出收入有所回暖。

图2　文化部门艺术表演团体收入与上年比较

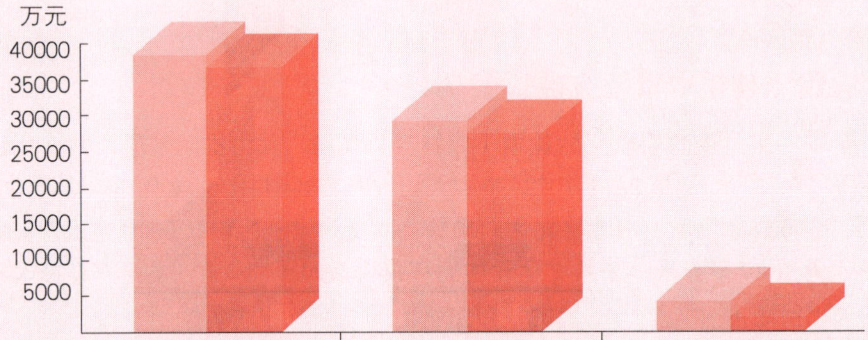

	收入合计	财政补贴收入	演出收入
2014年	38212	29213	4165
2013年	36575	27479	2004

五、公共图书服务提升，受惠读者增加

2014 年全省 136 个公共图书馆，总藏量 3128 万册（含电子图书）；总流通 1694 万人次，比上年增加 204 万人次；书刊文献外借 1476 万册次，比上年增加 120 万册次。组织讲座 2604 次，参加 52 万人次；举办展览 574 个，参观 93 万人次；举办培训班 1355 个，培训 14.6 万人次；阅览室坐席数 31244 个；财政补贴收入拨款 27136 万元，比上年增加 3844 万元，增长 16.5%，其中购书专项经费 2426 万元，较上年增加 227 万元，增长 10.3%，仅占财政补贴收入的 8.9%。2014 年，全省公共图书馆新增藏量 117.36 万册，新增电子图书 59.75 万册，藏量资源配置和财政的投入仍偏重于市州以上图书馆。

图3　公共图书馆业务活动与上年比较

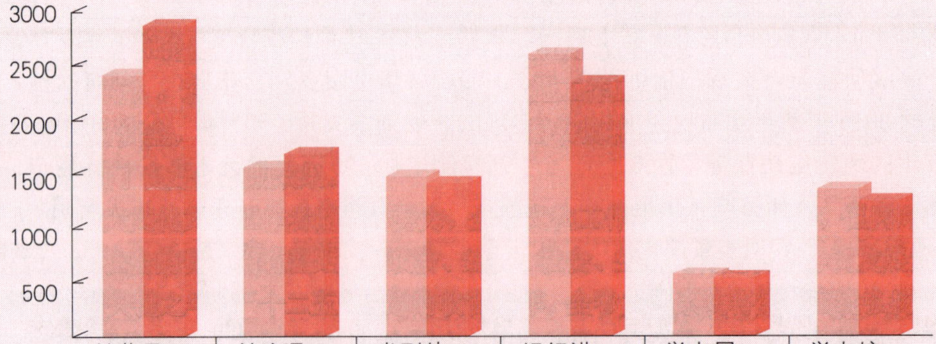

	总藏量（万册）	总流通人次（万人	书刊外借（万册次）	组织讲座(次)	举办展览(个)	举办培训班(个)
2014年	2422	1570	1476	2604	574	1355
2013年	2874	1694	1424	2347	545	1248

2014 年，全省人均拥有公共图书馆藏书 0.36 册， 比全国平均水平少 0.22 册，居全国第 27 位，中部六省第 4 位；人均购书费 0.44 元，比全国平均水平少 0.8 元，仅为全国平均水平的 35.4%，居全国第 29 位，中部六省第 5 位；每万人拥有公共图书馆面积 56.74 平方米，比全国平均水平少 33.3 平方米，居全国第 31 位，中部六省第 6 位。县级公共图书馆业务建设和投入仍是图书馆建设的重要任务。

六、群众文化活动成效显著

组织实施文化部中央文明办开展的全国“春雨工程”文化志愿者服务边疆行系列活动、十艺节“群星奖”全国巡演活动，成效显著，我厅获文化部两项组织工作奖。全省组织开展文化志愿服务活动达 27265 人次，志愿者注册人数达 71047 人。与省委宣传部等联合主办的“欢乐潇湘”大型群众文艺汇演顺利开展，据不完全统计，全省城乡参演的文艺团队达 3 万多个，演出 38485 场，推出新创文艺节目 10243 个，参与群众观众 3000 余万人次，包括各级财政、社会民间投入资金达 3.2 亿元。由我厅与省委宣传部等联合主办的“雅韵三湘”高雅艺术普及计划活动，已演出 238 场。全省已完成“送戏下乡、演艺惠民”演出 11577 场。各市州文化惠民效果显著，如长沙的百佳群众文艺团队评选、乡村社区好戏天天送、城区剧场好戏天天演。衡阳的周末百姓剧场、广场旬旬演、社区周周乐，株洲的周末剧场、社区大舞台，湘潭的文化进万家、莲城周末大戏台，邵阳的宝庆大戏台，岳阳的高雅艺术惠民演出、一元周末剧场，常德的群众文艺演出百团大赛、沅水鼓王擂台赛，张家界的土家“六月六”民俗文化节，益阳的花鼓戏汇演和首届花鼓艺术节，郴州的广场舞大赛、首届民歌大赛、“小桃红·满庭芳”美丽郴州赏昆曲，永州的“雅韵三湘”音乐会，怀化的中国侗族大戊梁歌会、靖州飞山文化节，娄底的社区艺术节、少儿艺术节、广场舞大赛，湘西的吉首国际鼓文化节。

2014 年全省有 1 个省级群众艺术馆、15 个市州级群众艺术馆、127 个县级文化馆、2530 个文化站，文化服务惠及人次 2051.6 万人次，其中：组织文艺活动 29194 次，参加人次 1478 万人次；举办各类培训班 15499 个，培训 133 万人次；举办展览 4977 个，参观人次 422 万元人次；组织公益性讲座 969 次，参加人次 18 万人次。全省扎实推进湖南省乡镇综合文化站评估工作，评出一级站 253 个、二级站 348 个、三级站 444 个。乡镇综合文化站作为农村主要文化阵地，各项主要活动指标均比上年有不同程度的增长，全年提供文化服务 31320 次、文化服务惠及 884 万人次，分别占全省提供文化服务总量的 61.8% 和 43.1%。

图4 2014年文化馆（站）开展活动情况

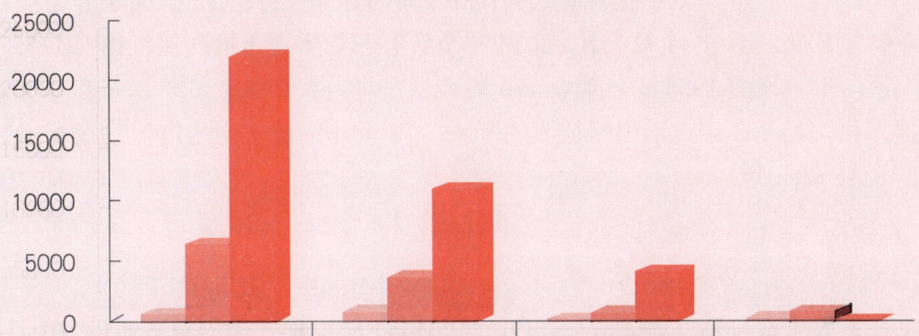

	组织文艺活动（次）	举办训练班（次）	举办展览（个）	组织公益讲座（次）
群艺馆	676	845	133	223
文化馆	6460	3669	709	746
文化站	22058	10995	4135	439

2014 年全省人均群众文化活动专项经费 1.73 元，比全国平均水平少 0.96 元，为全国平均水平的 64%，居全国第 20 位。每万人拥有群众文化活动设施面积 210.9 平方米，比全国平均水平少 58.61 平方米，为全国平均水平的 78%，居全国第 22 位，中部六省第 3 位。

七、博物馆、纪念馆免费开放稳步开展

2014 年全省共有 109 个博物馆（纪念馆），其中文物部门博物馆 101 个，其他部门博物馆 8 个。全年共举办陈列展览 464 个，参观人数达到 3574 万人次。韶山毛泽东同志纪念馆《中国出了个毛泽东》基本陈列被评为“第十一届全国博物馆十大陈列展览精品”。全省免费开放的博物馆（纪念馆）增加到 94 家，观众数量持续增长，服务质量大幅提升。调查问卷显示，观众对博物馆（纪念馆）免费开放工作满意度达到 90% 以上。

八、文化遗产传承保护迈上新台阶

永顺老司城土司遗址申遗完成文物本体保护、环境整治、遗址价值研究等工作，顺利通过国际文化遗产专家现场考察评估。第一次全国可移动文物普查、文化遗产保护园区建设扎实推进。28 个传统村落入选国家文物局全国重点文物保护单位和省级文物保护单位集中成片村落整体保护利用村落名录，数量占全国十分之一。益阳兔子山遗址获 2013 年度全国十大考古新发现。完成海外流失文物青铜皿方罍器身的洽购，去年 6 月 12 日顺利归国回湘， 6 月 28 日实现盖身合体，在国内创造海外流失文物回归的新途径、新模式。湖南省第十二届文物（国际）博览会参展人数逾 2 万人，总成交额达 4.3 亿元，创历史新高。2014 年全省文物单位共有文物藏品 967200 件（套）；举办陈列展览 541 个、观众参观 3946 万人次，参观人次较上年增长 25%。文物保护管理机构共考古发掘面积 326 万平方米，出土器物 19387 件（套）；各级文物保护维修项目 85 个，国保单位保护维修面积 205.6 万平方米。

全省新增 19 项国家级非遗项目、95 位省级传承人、2 个国家级非物质文化遗产生产性保护示范基地，现有国家级项目 118 项。有 220 个国家、省、市州、县级非遗项目在 140 所大、中、小学等开展非遗进校园活动。从 220 个省级非物质文化遗产项目中遴选 20 个代表性项目进行数字化记录保护试点工作。《武陵山区（湘西）土家苗族文化生态保护区》整体保护规划获国家批准，是全国 15 个生态保护实验区中通过评审的 6 个规划之一。全省组织 2014 年“文化遗产日”活动约 150 场，参与人数近千万人。组织参加中华巧艺—中国（深圳）非物质文化遗产百项技艺联展、中国第三届非物质文化遗产博览会，非遗项目走进沪洽周、走进泰国等活动。在全国非遗数字化保护（首批）试点工作中，我省 2 个国家非遗项目数字化采集 3 个单项指标中，两个全国第 2 名，一个第 3 名。2014 年全省有非物质文化遗产保机构 131 个，共举办展览 614 个，参观 143 万人次；举办展演 1953 场，观众 176 万人次；举办民俗活动 627 次，参与 138 万人次。全省共有非物质文化遗产传习所 355 个，培训学徒 23328 人；79 个非物质文化遗产博物馆展示场所共收藏非物质文化遗产实物 118118 件（套）。

九、文化产业取得新进展

加强园区和基地建设。天心文化产业园荣膺“2014 年度中国文化创意产业最受关注的十大园区”榜首；新增张家界天门狐仙文化旅游产业有限公司和湖南华凯文化创意股份有限公司两家国家级文化产业示范基地，我省国家级示范基地已达 11 家。在区域合作上，推介长株潭文化产业招商项目共 63 个，招商合作金额达 107 亿元。

推进特色品牌和项目。3 个项目入选 2014 年度国家级特色文化产业重点项目库，2 个项目入选 2014 年

弘扬社会主义核心价值观动漫扶持计划，71 个重点文化产业项目被收录至文化部《中国文化产业 2014 年投融资项目手册》。为 60 余家企业和项目争取中央、省级文化产业引导资金 8780 万元。湖南华人时代文化传播有限公司等 5 家企业获文化部认定，我省已有重点动漫企业 6 家，动漫企业 29 家。在中国文化艺术政府奖第二届动漫奖的评选中，湖南有 1 个项目获奖、7 个项目入围，湖南动漫获奖数继续保持在全国的领先地位。成功举办了 2014 长沙（国际）动漫游戏展和第九届中国原创手机动漫大赛启动式以及 2014 中国（长沙）手机文化产业博览会。

市州文化产业有新发展。长沙 2014 年文化产业年产值预计达 1600 亿元，占 GDP 总量预计达 8.9%。湘潭推进昭山文化产业示范区、湘潭“798”艺术区，九华漫淘酷动漫城、湘乡吉昌动漫（玩具）产业园等文化产业项目。常德农村演艺产业健康快速发展，全市现有农村演艺团体 2000 多家，年演出收入约 8 亿元。张家界《魅力湘西》入选《中国文化品牌发展报告（2014）》，成为国内唯一获此殊荣的旅游演艺品牌。郴州打造大型文化旅游节目“南国丽都秀”、大型实景演出剧《苏仙传奇》，投资 12 亿元的飞天 • 苏仙国际文化创意产业园项目签约落地。永州引进广州九恒条码有限公司、建设异蛇酒文化产业基地、潇湘文化古玩城、蘋岛文化生态园等文化项目。湘西突出文化旅游业、民族演艺和民间工艺业等重点文化产业发展，《烟雨凤凰》等旅游演艺晚会接待游客 50 万人次，土家织锦和苗族银饰等文化企业实现产值 3 亿元。

十、文化市场管理得到新加强

切实转变政府职能，简政放权，市场审批项目由原来的 18 项缩减为 9 项，审批时间由 12 个工作日缩减为 5 个工作日，实现网络化审批，提高了行政效率。大力开展各类文化市场专项整治行动，排除安全生产隐患，领导、群众关注问题得到有效整治，文化市场保持平安稳定态势。完成文化市场技术监控与服务平台基础信息采集，共录入文化市场经营单位信息 14661 家。加强艺术品市场诚信建设，启动艺术品市场备案登记工作，评出首批 7 家“湖南诚信画廊”。组织查处了一系列大要案件，其中永州、岳阳和衡阳查处的 3 起案件被文化部评为 2014 年度全国文化市场重大案件。据统计，全省各级文化市场综合执法机构共出动检查 49 万余人次，检查经营单位近 19 万家次，责令改正 6071 家次，受理举报 1523 件，立案调查 5139 件，移交案件 188 件，办结案件 4160 件，行政警告处罚 6247 家次，确保了全省文化市场平安稳定繁荣。

2014 年全省共有文化市场经营机构 14117 个，其中非国有艺术表演团体 171 个、娱乐场所 2842

图5　2014年文化市场经营单位经营情况城乡结构

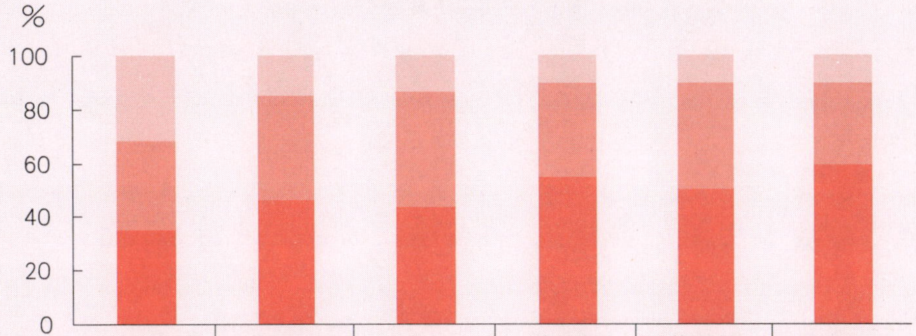

	机构数	从业人员	资产总计	营业总收入	营业总成本	营业利润
县以下	4466	10717	100479	64807	31175	33637
县城	4742	28279	324750	219359	122527	96832
城市	4909	33210	323548	340426	151820	188606

个、互联网上网服务营业场所11104个，全年实现营业收入62.46亿元，营业利润31.9亿元。文化市场经营单位多集中在县城以上城市，农村文化市场经营单位分布少、规模偏小，有待于进一步调整结构。

十一、文化走出去呈现新特点

文化系统出国（境）交流31批次，410人次，来湘交流109批次，931人次。春节期间，先后派出了6批访演团队共计149人，赴亚洲、欧洲、大洋洲共7个国家，14个城市参加海外“欢乐春节”活动，共完成演出52场，观众达33.6万人次，生动传递了浓郁的湖湘文化情怀，成功传播了当代湖南形象。省委书记徐守盛批示：“我省参加2014年海外‘欢乐春节’演出活动取得很好的成绩，值得表扬肯定。文化走出去湖南有基础有能力，希望在这方面再多下些功夫，力争取得新成就。”文化部在全国推介湖南对外文化交流经验。与贝宁中国文化中心文化合作项目、与喀麦隆的文化艺术交流圆满成功，得到好评。

在总结成绩的同时，我们也清醒地看到，我省文化建设还处在攻坚克难、爬坡向上的阶段，我们的工作还存在不少困难和问题，如：在全国叫得响的文艺精品力作不够多；公共文化服务与人民群众快速增长的文化需求还不相适应，与现代公共文化服务体系的要求还有较大差距，总体水平仍然较低；文化人才总量偏少，整体水平偏低，素质及结构等方面亟待提高和改善等等；这些问题，需要我们在下一步的工作中努力加以解决。

2015年是全面深化改革的关键之年，是实施“十二五”规划的收官之年，也是新一轮文化战略发展机遇期的重要之年。我省文化系统将全面贯彻落实党的十八大、十八届三中、四中全会和习近平总书记系列重要讲话特别是关于文化发展重要讲话精神，以核心价值体系引领推进文化强省建设，牢固树立“以文化人、以文惠民、以文强省”的工作理念，坚持“一改二保三优四基”的工作思路（即，文化体制改革，文物保护和非遗保护；优秀文艺作品创作生产、优秀人才队伍建设、优良的文化市场环境；基本政策、基本设施、基本文化活动、基本文化产业项目），抓服务、强基础、兴产业、补短板，积极构建文化发展新常态，着力打造文化发展升级版，不断提振文化系统精气神，提升“湖湘文化”品牌度，提高全省文化软实力。

（湖南省文化厅）

湖南：国之重宝，盖身合一　完罍璧归湘，百年梦圆

1919年，湖南省桃源县出土了一件迄今所见最大、最精美的青铜方罍，因其铭文而被称为“皿方罍”。器盖铸有“皿天全作父己尊彝”8字铭文，器身铸有“皿作父己尊彝”6字铭文。该方罍器盖高28.9厘米，器身高63.6厘米，器型硕大，雄浑庄重，雕刻精美，富丽堂皇，是中国晚商青铜器鼎盛时期的代表之作，充分反映了中国青铜器铸造鼎盛时期的高超技艺和摄人心魄的气势，堪称“方罍之王”，是中华灿烂文明和湖湘文化源远流长的绝佳见证。

上世纪20年代，由于古董商人倒卖等原因，皿方盖身分离，器盖一直留在国内，1956年藏于省博物馆至今，器身不幸流落海外，辗转流失于数国知名古董商人之手，颠沛流离于亚洲、美洲和欧洲的异国他乡。2001年，皿方罍器身惊现美国纽约佳士得拍卖会，被一位法国收藏家以924.6万美元的高价拍得，打破了当时中国青铜器以及中国艺术品拍卖的最高成交纪录。

2014年3月19日纽约亚洲艺术周上，佳士得拍卖公司推出“重要青铜酒器：皿方罍”专场拍卖，引发众多中国乃至全球藏家与博物馆的关注。湖南省省委、省政府高度重视，果断决策，省委宣传部、省财政厅、省文物局、省博物馆、谭国斌当代艺术博物馆等单位和个人积极作为，湖南广播电视台、湖南中烟公司、湖南出版集团、华菱钢铁集团、湘投控股集团、中联重科等6家单位慷慨捐款，湖南代表团经过多番协商，斗智斗勇，最终以低于预计拍卖成交价一半左右的价格，与卖方及佳士得公司达成了购买协议，促成了此青铜重器“身首合一，完罍归湘”，由省博物馆永久收藏。皿方罍的回归见证了中华民族文化自觉的苏醒，中华社会文明程度的进步，在全国创造了海外流失文物回归祖国的新路径、新经验。

皿方罍的洽购成功开创了一种流失文物回归的新模式——政府提供政策支持，社会各界共襄义举，各有关部门通力合作，将回归的国宝交由国办公益性机构永久收藏，由全民永久共享。这也为中国当前博物馆的公共收藏、社会参与办博物馆、海外流失文物回归等问题提供了可资借鉴的宝贵经验和参考实例。

省博物馆改扩建工程计划于2016年竣工开馆，界时将开辟皿方罍专馆陈列，使其成为湖南又一张文化名片。

广东省 2014 年文化发展情况分析

2014 年，我省各级文化部门在省委、省政府的正确领导和文化部的指导支持下，认真贯彻落实十八届三中、四中全会、习近平总书记系列重要讲话和省委十一届四次全会精神，紧紧围绕“三个定位、两个率先”总目标，认真组织实施《广东省建设文化强省规划纲要（2011-2020 年）》，各项工作取得明显成效。

一、文化工作稳步发展

（一）文化文物事业投入不断增加

1. 文化文物事业费稳步增长。2014 年，全省文化文物事业费（指文化系统内的文化事业费、文物事业费，不含基本建设经费，下同）55.7 亿元，比上年增加 4.23 亿元，增长 8.22%。其中：文化事业费 45.23 亿元，居全国首位，比上年增加 3.27 亿元，增长 7.79%；文物事业费 10.47 亿元，比上年增加 0.96 亿元，增长 10.09%。从 2010 年至 2014 年，全省文化文物事业费投入年均增长率为 10.9%。

图1　2010-2014年广东省文化文物事业费及增长率

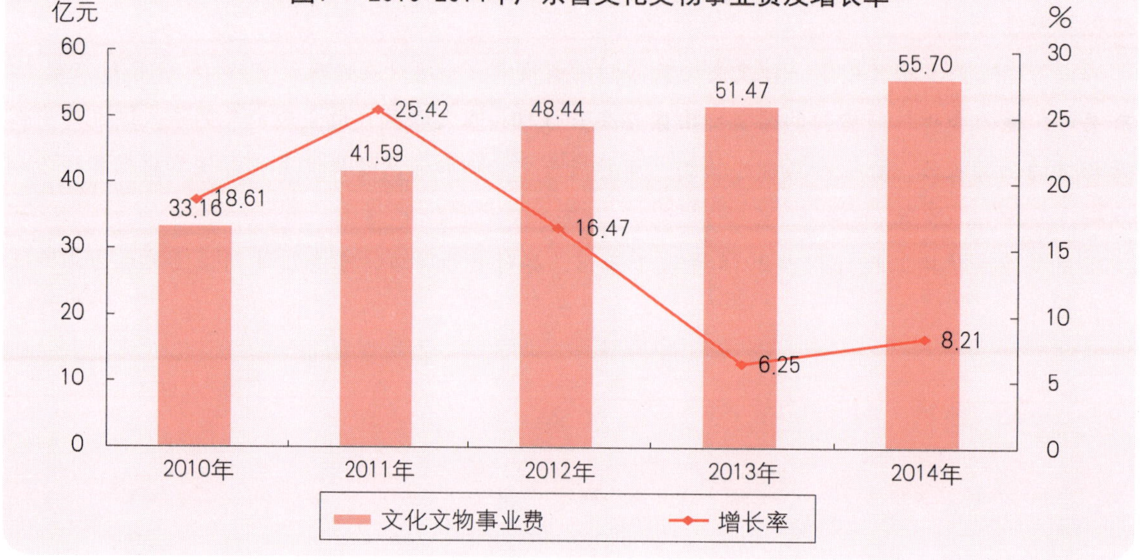

从文化文物事业费构成来看，艺术业事业费 5.25 亿元，增长 10.53%，占全省文化文物事业费总额的 9.43%；图书馆业事业费 10.94 亿元，增长 11.41%，占 19.64%；群众文化事业费 14.88 亿元，增长 1.27%，占 26.71%；其他文化事业费 14.16 亿元，增长 7.11%，占 25.42%；文物事业费 10.47 亿元，占 18.8%。

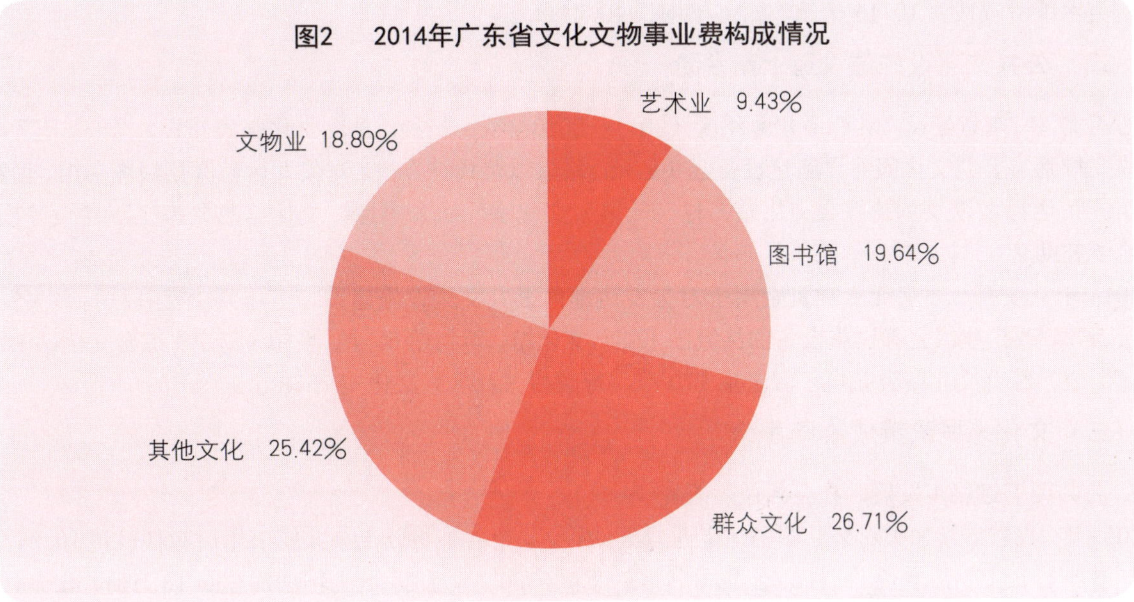

2. 人均文化文物事业费稳步增长。

2014 年，全省人均文化文物事业费 51.94 元，比上年增加 7.4%。其中，人均文化事业费 42.17 元，比上年增长 6.98%；人均文物事业费 9.76 元，比上年增长 9.17%。从 2010 年至 2014 年的 5 年里，人均文化文物事业费平均增长率为 10.3%。

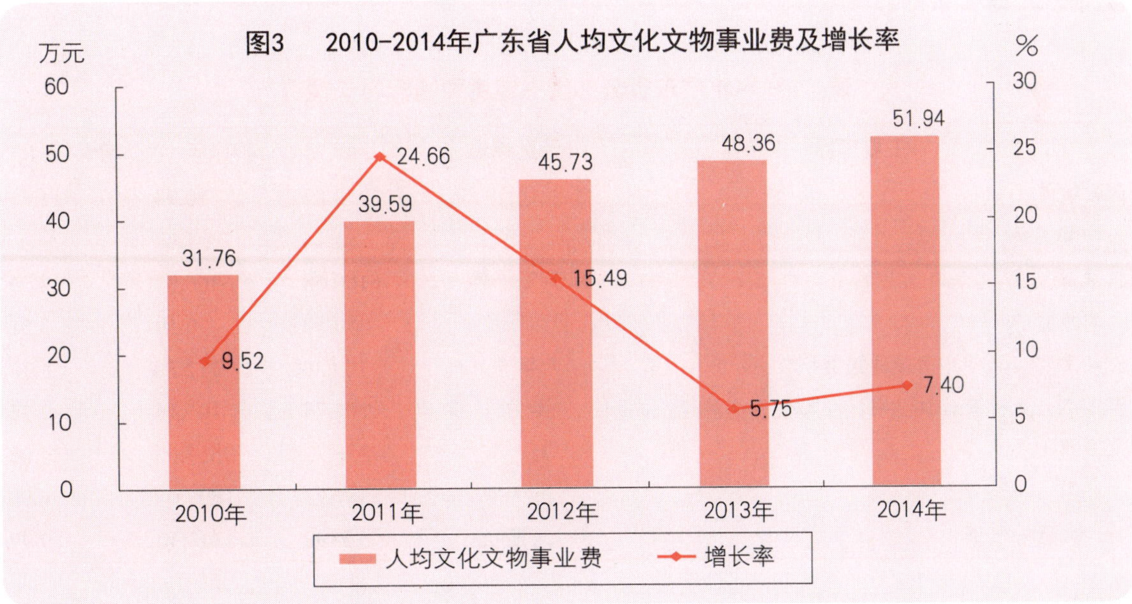

3. 公共文化服务机构财政投入进一步加大。

随着公共文化服务机构免费开放政策的实施，各级财政不断加大对公共文化服务机构的投入。2014 年，全省公共图书馆、群艺馆（文化馆）、博物馆、美术馆、文化站的财政拨款（不含基建拨款）稳步增长，上述馆（站）财政拨款总额达 35.97 亿元，比上年增长 10.71%。其中：公共图书馆财政拨款 10.94 亿元，比上年增长 11.41%；群众文化（群艺馆、文化馆、文化站）财政拨款 14.88 亿元，比上年增长 5.01%；博物馆、美术馆财政拨款 10.15 亿元，比上年增长 19.41%。

（二）公共文化设施建设迈上新台阶

为落实《广东省建设文化强省规划纲要（2011—2020 年）》精神，推动文化强省建设，“十二五”时期，省财政安排基层公共文化服务设施建设资金 9 亿元，采取以奖代补方式，对欠发达地区县级图书馆、博物馆、文化馆三馆达标，以及乡镇综合文化站、村（社区）文化室、农家书屋、文化信息共享工程建设等项目达标县给予补助。

2014 年共安排 2.1 亿元专项资金用于对欠发达地区公共文化设施建设。全年共“奖补扶持”欠发达地区基层新建、改扩建或完善设施设备的县级图书馆、文化馆、博物馆 50 个，乡镇（街道）综合文化站 122 个，乡镇（街道）综合文化站公共电子阅览室 170 个，行政村（社区）文化室 7578 个。

（三）文化惠民政策成效显著

1. 公共图书馆稳步发展，社会效益显著提高

2014 年，我省继续加大对公共图书馆事业发展的投入，全省县级以上公共图书馆财政拨款达 10.94 亿元，比上年增加 1.12 亿元，增长 11.41%；公共图书馆总藏量 6366.81 万册，比上年增加 266.13 万册，增长 4.36%；人均藏量 0.59 册，比上年增加 0.02 册，增长 3.51%；全省公共图书馆实际使用房屋建筑面积 112.8 万平方米，比上年增加 3.5 万平方米，增长 3.2%；平均每万人拥有公共图书馆实际使用房屋建筑面积 105.16 平方米，增长 2.35%。

公共图书馆在藏书量增加、服务条件不断改善的同时，受惠读者不断增加，社会效益显著提高。2014 年，全省图书馆总流通人次为 7657 万人次，比上年增加 300.28 万人次，增长 4.08%；书刊文献外借人次 1697.67 万人次，比上年增加 109.7 万人次，增长 6.9%；书刊文献外借册次 3848.3 万册次，比上年增加 349.3 万册次，增长 9.99%。

表1　2014年广东省公共图书馆主要指标增长情况

主要指标	计量单位	2013年	2014年	增长(%)
财政拨款	亿元	9.82	10.94	11.41
人均购书费	元	1.74	1.74	
总藏量	万册、件	6100.68	6366.81	4.36
人均藏量	册	0.57	0.59	3.51
公共房屋实际使用房屋建筑面积	万平方米	109.30	112.80	3.20
平均每万人拥有公共图书馆实际使用房屋建筑面积	平方米	102.75	105.16	2.35
总流通人次	万人次	7356.72	7657.00	4.08
其中:书刊文献外借人次	万人次	1587.97	1697.67	6.90
书刊文献外借册次	万册次	3499	3848.30	9.99

此外，近年来我省不断创新图书馆服务管理模式，文化惠民成果显著。一方面，从 2003 年起由省政府每年拨出约 600 万元专款建设的“广东流动图书馆”迄今已在全省经济欠发达地区建立了 84 个分馆，接待读者超 5742 万人次，实现了文化信息资源的共享，这种在全省范围内将“流动服务”与“物流配送”两种理念结合的大规模运作方式，属全国首创。另一方面，广东数字图书馆建设蒸蒸日上。珠江三角洲数字图书馆联盟的建立，成为全国规模最大的数字图书馆联盟。据统计，2011—2014 年珠江三角洲数字图书馆联

盟门户网站访问量为 2434 万人次，全省共有 161 个图书馆经常利用该平台开展馆际互借和文献传递活动，提出馆际互借和文献传递请求共 265 万人次，成为我省提供资源共享和文献远程传递服务的重要平台。

2. 文化馆（站）建设稳步推进，群众文化生活日益丰富

2014 年全省共有文化馆（群艺馆）147 个、文化站 1599 个，财政拨款达 14.88 亿元，比上年增加 0.71 亿元，增长 5%。人均群众文化业务活动专项经费 4.67 元，比上年增加 0.77 元，增加 19.74%；组织文艺活动 47791 次，比上年增长 16.22%；举办培训班 45111 次，比上年增长 44.78%；全省文化馆（站）实际使用房屋建筑面积 366.31 万平方米，比上年增加 9.45 万平方米，增长 2.65%；平均每万人拥有文化馆（站）实际使用房屋建筑面积 341.58 平方米，比上年增加 6.32 平方米，增长 1.89%。

表2　2014年广东省文化馆(站)主要指标增长情况

主要指标	计量单位	2013年	2014年	增长(%)
财政拨款	亿元	14.17	14.88	5.00
人均群众文化业务活动专项经费	元	3.90	4.67	19.74
组织文艺活动次数	次	41121	47791	16.22
举办培训班班次	次	31158	45111	44.78
实际使用房屋建筑面积	万平方米	356.86	366.31	2.65
平均每万人拥有文化馆(站)实际使用房屋建筑面积	平方米	335.26	341.58	1.89

近年来，我省文化馆（站）达标率不断提高，为免费开放提供了强有力保障。至 2014 年底，我省经文化部命名的一级文化馆 50 个，二级文化馆 18 个，三级文化馆 27 个，达标率为 66%；经省文化厅组织评估，全省评定特级文化站 325 个，一级站 187 个，二级站 227 个，三级站 504 个，达标率 77.7%。

2014 年，我省以“创新思路，整合资源，壮大品牌，扩大惠民”的思路，通过省、市、县、镇、村五级联动的方式，重点举办“开心广场．百姓舞台”、社区文化节、“同饮一江水”2014 广东打工者歌唱大赛和第六届音乐舞蹈花会等一系列惠民文化活动。这些活动以满足广大群众自我参与、自我展示、自我服务的需要，保障公民文化权益为目的，以各级公共文化服务机构和城乡文化广场、农村小戏台等阵地为依托，种类丰富，形式多样，突出惠民宗旨，取得了良好的惠民成效。

3. 深入推进博物馆免费开放，参观人次大幅增加

我省认真贯彻落实中央《关于全国博物馆、纪念馆免费开放的通知》（中宣发 [2008] 2 号）精神，至 2009 年，除文物建筑和遗址类博物馆外，全省各级文化文物部门归口管理的公共博物馆、纪念馆全部向社会免费开放。同时，我省不断加强博物馆设施建设，提高服务质量，充实博物馆藏品，积极举办各类展览，博物馆参观人次大幅增加。

2014 年，全省博物馆总藏品 108 万件（套），比 2010 年增加 23.54 万件（套），年均增长 6.3%，全省博物馆实际使用房屋建筑面积 109.97 万平方米，比 2010 年增加 27.63 万平方米，年均增长 7.5%；举办陈列、展览 1404 个，比 2010 年减少 61 个；参观人次 4020.6 万人次，比 2010 年增加 1429.8 万人次，年均增长 11.7%。

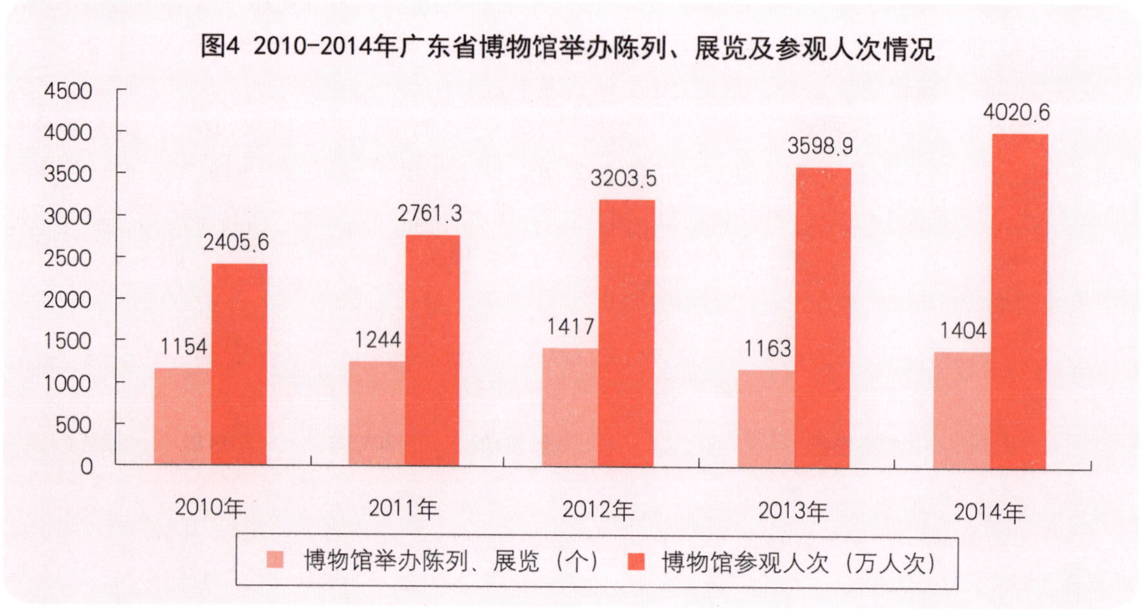

（四）艺术生产稳步推进，精品力作不断涌现

2014年全省各类艺术表演团体机构数为325个，比2013年减少80个，数量有较大幅度的减少。但剧团原创首演剧目47个，比2013年增加12个，增长34.29%；国内演出场次4.637万次，比2013年增加0.398万次，增长10.3%。

2014年我省成功举办了庆祝新中国成立65周年省直艺术院团演出等活动。创新性举办了第十二届省艺术节，共有84台剧目151场演出上演，涵盖了约20个艺术品种，推出舞剧《沙湾往事》等一批精品力作和舞台新秀，吸引了超过7万名观众观看，在业内和社会产生良好反响。启动“省直艺术院团与基层艺术团体结对共建活动”，开展“深入生活，扎根人民”主题实践活动。组织全省部分优秀舞台艺术作品到13个地市进行126场巡演。

（五）文化产业日益繁荣

大力推进文化金融合作，与人民银行广州分行等联合召开文化金融合作对接会议，促成广东各金融机构累计对文化企业授信345亿元。以创建文化创意旅游示范区为抓手，促进文化旅游融合发展。筹备成立广东游戏产业协会，推动全省游戏产业的健康发展。实施对文化创意产业园区（集聚区）的管理办法，加强对各地发展文化产业的政策指导和管理。认真做好第十届深圳文博会广东团组团工作，实现全省地市参展“满堂红”，并取得成交额破纪录的佳绩。

（六）文化遗产保护有效加强

推进省可移动文物普查、省文物保护单位遴选、省水下文物保护区和地下文物埋藏区、传统村落保护申报工作，开展“三旧”改造用地范围内的历史文化遗产保护。举办国际博物馆日活动、“广东省文化遗产保护培训班”，组织免费文物鉴定、免费讲座、制作精品展览等，强化文化遗产保护和宣传。做好“南海Ⅰ号”和“南澳Ⅰ号”等考古项目的后续发掘保护。开展“守护南粤文化遗存”行动和“守望岭南”惠民巡回演出活动。加快非遗数字化建设，加强全省珍稀剧种的保护传承。举办“中国文化遗产日”活动，全省各地组织展演活动77场次，展示63场次，参与人数5万多人，观众达300万人次。

（七）对外文化交流影响扩大

2014年，我省对外对港澳台双向文化交流达818批13954人次，名列全国前茅。积极推进部省合作项目，主动与文化部海外文化中心开展共建工作。加大力度开展对欧洲、北美国家文化交流，加强与海上丝绸之路沿线国家的文化合作，组织有关国家文化机构参与首届广东21世纪海上丝绸之路国际博览会。注重对东盟地区开展文化交流，在新加坡、马来西亚、缅甸等国举办“2014东盟－中国广东文化周”巡演，组派广东艺术团赴菲律宾参加当地华人社团庆祝祖国建国65周年演出活动，汕头潮剧院大型潮剧《红头船》赴泰国演出，受到当地政府和民众特别是广大华人华侨的欢迎。加强粤港澳台文化交流合作，签订了《粤港澳文化交流合作发展规划（2014-2018）》，商定50个合作项目；首次举办了“情系青春——两岸大学生岭南行”活动，邀请台北市立国乐团来粤参加第十二届广东艺术节演出，对台文化交流进一步拓展。

二、存在问题

在分析我省文化建设成绩的同时，我们也清醒地看到，我省文化发展还存在总量大而人均水平不高、区域发展差距大、公共文化服务机构业务经费不足、文化设施建设有待加强等问题。

（一）人均水平偏低

1. 人均文化事业费仅居全国第17位

虽然我省2014年的文化事业费达45.23亿元，居全国首位，但人均文化事业费42.17元，落后于上海、北京、浙江、天津、江苏等省（市），仅居全国第17位。

2. 人均拥有公共图书馆藏量仅居全国第11位

2014年，我省公共图书馆总藏量6366.81万册，藏书规模位于全国前列，但人均拥有公共图书馆藏量0.59册，落后于上海、天津、北京、浙江、江苏、福建、吉林等省（市），仅居全国第11位。

3. 每万人拥有群众文化设施面积居全国第7位

2014年，我省群众文化设施面积居于全国前列，但平均每万人拥有群众文化设施建筑面积446.74平方米，落后于上海、浙江、西藏、江苏、宁夏、新疆等省（市），仅居全国第7位。

（二）区域发展差距大

1. 文化投入差距大

2014年，全省人均文化文物事业费51.94元，其中，珠三角九市人均文化文物事业费69.86元，粤东西北人均文化文物事业费13.48元。珠三角地区人均文化文物事业费相当于粤东西北地区的5.2倍。粤东西北地区人均文化文物事业费远远低于全省及珠三角地区平均水平，梅州市人均文化文物事业费25.26元，在粤东西北地区居首位，但仅相当于全省平均水平的48.63%；茂名、揭阳、湛江、潮州四市人均文化文物事业费均不足10元。

2. 文化设施建设水平不均衡

2014年，珠三角九市每万人拥有公共文化设施建筑面积（含博物馆）700.1平方米，粤东西北地区为401平方米。珠三角地区每万人拥有公共文化设施建筑面积相当于粤东西北地区的1.75倍。

3. 群众参与文化活动次数差距大

2014年，珠三角九市平均每人参加文化馆（站）组织的文艺活动为0.88次，粤东西北地区为0.17次。珠三角地区年人均参加文艺活动次数相当于粤东西北地区的5.18倍。珠三角九市人均参观博物馆次数为0.56次，粤东西北地区为0.16次。珠三角地区年人均参观博物馆次数相当于粤东西北地区的3.5倍。

表3 2014年广东省分区域文化发展指标情况

地区	人均文化文物事业费（元）	每万人拥有公共文化设施建筑面积(平方米)	人均参加文化馆站活动次数	人均参观博物馆次数
全省	51.94	561.7	0.55	0.37
珠三角九市	69.86	700.1	0.88	0.56
粤东西北地区	13.48	401.0	0.17	0.16

（三）公共文化服务机构业务经费不足

2014 年，全省有 18 个公共图书馆无购书专项经费，占公共图书馆总数的 13.4%；有 90 个群艺馆（文化馆）无业务活动专项经费，占群艺馆（文化馆）总数的 61.2%；有 117 个博物馆无文物征集费支出，占博物馆总数的 66.4%。

三、对策建议

（一）建立和完善政府主导、全社会共同参与的多元筹资机制

充分调动社会各方面力量的积极性，鼓励社会力量参与到文化建设中来，使文化投入的筹资方式由单一政府投入向政府引导、社会参与等多元融资方式转变。同时，进一步完善和落实捐赠公益性文化事业的政策措施，引导和鼓励社会各阶层通过捐助、捐赠、自办等方式，投资建设公共文化设施，开展公益性文化活动。

（二）完善公共文化服务体系建设，加大文化惠民力度

一是加大基层文化设施建设扶持力度。继续加大对经济欠发达地区基层公共文化设施建设实施奖补扶持力度，补助部分村级文化室完善设施设备，大力推进基层文化设施全覆盖工程。二是提升馆站免费开放效能。加强对基层馆站的业务指导，继续补助欠发达地区基层“三馆一站”运作经费，提升免费开放水平。三是举办一批示范性文化惠民活动。继续举办“开心广场·百姓舞台”文化惠民系列活动，吸引各界群众广泛参与。四是开展文博惠民。扩大广东省流动博物馆网，进一步加强古村落、古民居保护，组织非遗精品到基层巡演巡展。

（三）加大欠发达地区的扶持力度，促进文化事业均衡发展

我省经济欠发达地区由于经济基础薄弱，文化建设水平远远落后于全国平均水平，今后要进一步加强资金的统一规划部署，促进全省各地区文化事业协调、均衡、可持续发展。一是申请中央财政将东部欠发达地区文化建设纳入补助范围，并不断加大补助力度；二是争取省级补助资金对我省欠发达地区继续适当倾斜，加大文化建设扶持力度；三是探讨制定发达地区对落后地区的对口帮扶政策，提高欠发达地区的文化设施建设水平。

（广东省文化厅）

广东：“甲午•甲午——百年强国梦”展览在广东举行以图证史构筑中国梦画卷

2014年8月15日至9月20日，由广东省文化厅主办、广东美术馆承办、省立中山图书馆协办的“甲午　甲午——百年强国梦”馆藏精品展览在广东美术馆举行。

“甲午•甲午——百年强国梦”是文化部“2014全国美术馆馆藏精品展出季”活动的入选项目。本着对近代历史的深度关注、对社会使命的高度担当、对爱国精神的大力弘扬的探索思考，广东美术馆从3万余件馆藏品中精心遴选出反映中日甲午战争以来中国社会变革的350余件美术作品，展现了中华民族120年来从悲痛、失落到觉醒、奋争，最终独立富强，追寻强国梦的历程。同时，辅以大量珍贵的历史文献、大事记和百年来的经典电影，文史图并重，是策展理念、策展方式的一次创新，对实现“中国梦”、传播正能量、践行社会主义核心价值观有着重要意义。

本次展览具有诸多亮点和鲜明特色：一是以图证史。从艺术视角首次全面梳理独特的时代记忆，全方位、多角度、生动立体地呈现出艺术画卷中的百年变迁，涵盖了全国众多著名艺术家的作品，其中多为广东省内艺术家的作品，本土特色鲜明。二是图文并茂。在展出馆藏优秀美术作品之外，还特设馆藏文献展，展出生动翔实的历史文献图书约200件，囊括了研究甲午历史最权威的书籍史料。比如以往只能在历史书上看到的许多插图原件等珍贵历史资料，鲁迅先生的亲笔手稿也将首次与观众见面。三是拓展影像空间。展览同期举办“百部电影展映”活动，播放100多部不同时代、风格各异的老电影。通过展示这些具有时代记忆的馆藏作品，不仅鲜活呈现中国百年追梦的历史图景，也必将引起人们对民族崛起、强国之路的深入思考，从而进一步坚定走中国特色社会主义道路的信心决心，凝聚起推动祖国繁荣富强和民族发展振兴的强大力量，为实现“中国梦”而努力奋斗。展览在业内及社会各界产生了广泛反响，赢得良好的社会口碑。

据不完全统计，“甲午•甲午——百年强国梦”展览共接待观众2万多人次。广大观众对展览给予了高度好评，观众留言簿上留下了许多充满爱国激情的留言。展览期间，新华社、《光明日报》、《南方日报》、《羊城晚报》、《广州日报》、广东电视台、广州电视台等国家及省市主要新闻媒体和《中国文化报》等专业文化媒体共刊发消息、综述、简讯等约60余篇次，对展览进行了全方位的报道，有力地扩大了展览的社会影响力。

广西壮族自治区 2014 年文化发展情况分析

2014 年，在党中央、自治区党委、政府的正确领导下，全区文化系统认真贯彻落实党的十八大和十八届三中、四中全会精神，深入学习习近平总书记系列重要讲话精神特别是在文艺工作座谈会上的重要讲话精神，围绕建设民族文化强区的目标，继续深化改革，开拓进取，求真务实，服务大局，把握重点，狠抓落实，各项工作取得了新的成效。

一、机构与人员

2014 年，广西全区文化机构总数 8821 个，比上年减少 1304 个，主要是文化市场经营机构减少；从业人员 55589 人，比上年减少 12515 人，主要是艺术表演团体、艺术表演场馆及文化市场经营机构从业人员减少。

表1 2014年与2013年广西文化机构及人员对比情况

项目	机构数(个)			从业人员数(人)		
	2013年	2014年	同比增减数	2013年	2014年	同比增减数
总计	**10125**	**8821**	**-1304**	**68104**	**55589**	**-12515**
艺术业	83	89	6	3936	3212	-724
图书馆	112	112		1519	1508	-11
群众文化服务	1290	1290		5018	5109	91
艺术教育业	4	3	-1	170	148	
文艺科研	10	10		165	170	5
文物业	187	187		2180	2244	64
文化市场经营机构	8142	6833	-1309	50764	38992	-11772
其他	296	297	1	4236	4206	-30

近年来，广西非常注重技术人才的引进和培养，使专业技术人员所占比重逐年增加，文化队伍综合素质逐步提高。

图1　2011年—2014年专业技术人员占从业人员比重

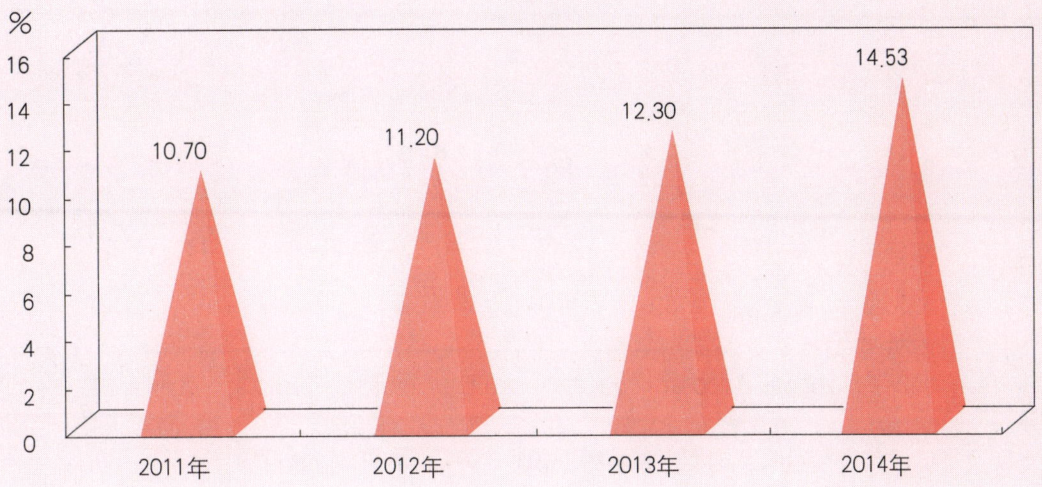

二、文化文物经费投入

表2　2014年与2013年广西文化文物经费投入对比情况

项目	单位	2013年	2014年	同比增减比例（%）
当年总收入	亿元	31.93	32.13	0.62
其中：财政拨款	亿元	20.03	18.73	-6.40
当年总支出	亿元	28.87	29.65	2.70
其中：文化事业费	亿元	13.16	14.45	9.80
人均文化事业费	元	27.89	30.39	8.90

2014 年，广西全区文化文物经费全年收入 32.13 亿元，与上年收入相比，增加 0.2 亿元，增长 0.62%。其中，财政拨款 18.73 亿元，与上年财政拨款相比，减少 1.3 亿元，下降 6.4%。主要是财政实行转移支付后，拨付资金不再作为文化单位财政补助收入，而以事业收入、上级补助收入等来体现。

财政实行转移支付后，广西财政拨款减少了，但对文化投入并没有减少，总收入仍呈逐年增加态势。

2014 年，广西文化事业费 14.45 亿元，比 2013 年增长 9.8%，全国排名第 17 名。人均文化事业费 30.39 元，低于全国人均文化事业费 42.65 元，排名全国第 23 名。

图2　2006年-2014年广西文化事业费和人均文化事业费

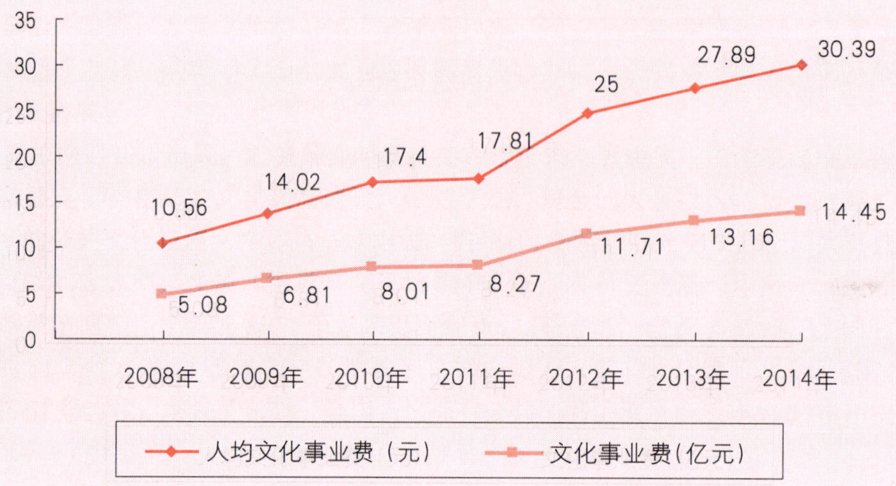

2014年，广西文博单位全年总收入6.38亿元，与上年总收入7.5亿元相比，减少1.12亿元，主要原因是从2014年开始，由财政部下拨的中央转移支付资金通过自治区财政厅直接拨付项目所在县市财政局，不再通过自治区文化厅转拨。但从实际来看，2014年广西获得国家发展和改革委员会、财政部、国家文物局安排国家重点文物保护、抢救性文物保护设施建设、博物馆建设等项目补助资金3.1亿多元，自治区本级财政安排文物保护专项经费4,311.46万元，实际均比上一年有大幅增加。其中：财政补助收入38,173万元，事业收入4,476.7万元，上级补助收入8,321.4万元，经营收入1,916.8万元，其他收入10,922万元。

图3　2014年广西文博系统各单位经费收入所占比例

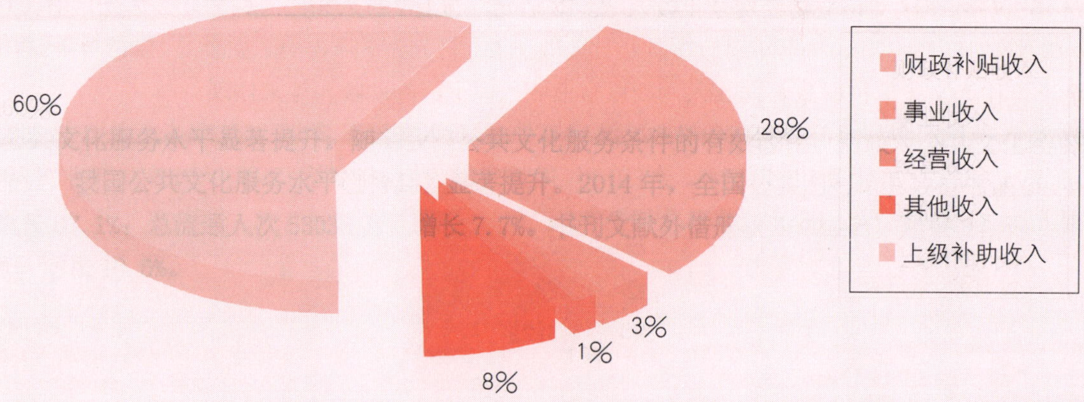

2014年，广西文博单位全年总支出4.77亿元，比上年总支出5.69亿元相比，减少9,203万元，其中基本支出12,652.5万元，项目支出32,340.2万元，经营支出1,312.6万元。减少的主要原因是从2014年开始，由自治区财政厅将资金直接拨付项目所在县、市财政局财政统一专户，不再直接转拨各个文博单位，

由县、市财政局财政统一专户进行支付。

表3　2014年广西文博系统单位经费支出情况表

单位类型	本年支出（万元）			
	支出合计	基本支出	项目支出	经营支出
总计	**47675**	**12652.5**	**32340.2**	**1312.6**
文物保护管理机构	8278.5	1888.7	6064.2	
博物馆、纪念馆	32572.8	9180.4	22689.4	104.5
文物保护科研机构	3999.8	603.3	2188.4	1208.1
文物商店	413.6			
其他文物机构	2410.3	980.1	1398.2	

三、公共文化服务

2014年，全区公共图书馆112个，其中省级图书馆3个（其中少儿图书馆1个），地市级图书馆15个（其中少儿图书馆2个），县区级图书馆94个（其中县图书馆64个）；人均购书费0.6元，人均藏量0.52册，　平均每万人拥有公共图书馆建筑面积70.26平方米。

表4　2014年广西公共图书馆免费开放活动情况

主要指标	计量单位	2013年	2014年	同比增长（%）
财政拨款	亿元	2.34	2.33	-0.4
人均购书费	元	0.71	0.60	-15.0
总藏量	万册件	2109.85	2481.52	17.6
人均藏量	册	0.45	0.52	15.6
公共房屋建筑面积	万平方米	28.13	33.40	18.7
平均每万人拥有公共图书馆建筑面积	平方米	59.62	70.26	17.8
总流通人次	万人次	1470.52	1997.96	35.9
书刊文献外借人次	万人次	438.66	754.21	71.9
组织讲座参加人次	万人次	26.13	37.59	43.8
举办展览参加人次	万人次	105.60	130.44	23.5
举办培训班培训人次	万人次	7.16	10.47	46.2

2014年，全区群众文化机构1290个，其中省级群众艺术馆1个，地市级群众艺术馆14个，县市级文化馆108个（其中县文化馆67个），文化站1167个（其中乡镇综合文化站1127个）；人均群众文化业务活动专项经费0.78元，平均每万人拥有群众文化设施建筑面积157.7平方米。

表5　2014年广西群众文化机构免费开放活动情况

主要指标	计量单位	2013年	2014年	同比增长（%）
财政拨款	亿元	3.46	3.88	21.1
人均群众文化业务活动专项经费	元	0.82	0.78	-4.9
公共房屋建筑面积	万平方米	69.60	74.97	7.7
平均每万人拥有群众文化设施建筑面积	平方米	148.55	157.70	6.2
组织文艺活动参加人次	万人次	1369.62	1687.73	23.2
举办培训班培训人次	万人次	76.22	85.02	11.6
举办展览参加人次	万人次	265.17	262.18	-1.1
组织公益性讲座参加人次	万人次	6.97	13.05	87.2

由于公共文化设施不断改善，经费持续增长，公共文化服务覆盖率和频率继续加大。2014 年，中央及自治区本级财政下达全区公共图书馆、文化馆（站）、美术馆免费开放补助经费 16700 万元，公共文化场地设施和基本服务项目向全社会公众免费开放。全区公共图书馆总流通 1997.96 万人次，比上年增长 35.9%，书刊文献外借 754.21 万册次，为读者举办各种活动 3845 次；全区群众艺术馆、文化馆（站）组织文艺活动 7590 次，举办培训班 4428 次，举办展览 742 个，组织公益性讲座 639 次。

来宾市成功成为全国基层综合公共文化服务中心建设试点十个单位之一，玉林市、柳州市鱼峰区与桂林市临桂县成功圆满通过第二批国家公共文化服务体系示范区中期督查。

四、文艺创作演出

2014 年，广西全区共有艺术表演团体 67 个，比上年增加 8 个，主要是各市艺术表演团体改制后，未变更机构属性；从业人员 3042 人，减少了 894 人。

2014 年，广西全区艺术表演团体全年演出 0.92 万场，比上年减少 40.2%；国内观众 663.89 万人次，减少了 24.7%；演出收入 5496.9 万元，减少 90.8%。主要是艺术表演团体改制后，业务量减少，收入减少。

表6　2014年广西艺术表演团体基本情况

主要指标	单位	2013年	2014年	同比增长（%）
剧团数	个	59	67	13.6
演出场次	万场次	1.54	0.92	-40.2
国内演出观众人次	万人次	881.79	663.89	-24.7
演出收入	万元	9108.5	5496.9	-39.7

2014 年，广西全区艺术表演场馆 17 个，比上年减少 2 个，观众座席数 11593 个，减少 1521 个。全年共举行艺术演出 2.06 万场，比上年增加了 13%；观众 114.53 万人次，比上年减少了 6.7%；演出收入 65.7 万元，比上年减少了 74.8%。主要是广西艺术表演场馆严重缺乏，建设不达标，无法适应演出市场需要，严重制约场馆利用和发展。

五、文物保护

2014 年，广西共有各级各类文物博物管理机构 189 个，其中文物行政主管部门 6 个，博物馆、纪念馆 106 个（国家一级博物馆 1 个，国家二级博物馆 6 个，国家三级博物馆 17 个），各级文物管理所（站）67 个，文物商店 4 个，文物保护科研机构 4 个，文物拍卖企业 2 个，形成了覆盖全自治区 100% 的三级文物保护网络。

表7　2014年与2013年广西文物机构对比情况

指标 机构类别	机构数量(个)			从业人员(人)		
	2013年	2014年	增减	2013年	2014年	增减
合计	**183**	**189**	**6**	**2180**	**2283**	**99**
文物行政主管部门	6	6	-	58	72	14
博物馆、纪念馆	104	106	2	1696	1703	7
文物保护管理机构	63	67	4	267	335	68
文物保护科研机构	4	4	-	78	94	16
文物商店	4	4	-	46	40	-6
文物拍卖企业	2	2	-	35	39	4

2014 年 ，全区从业人员 2283 人，比 2013 年增加 99 人，从人数分布情况看，全区文物系统从业人员仍集中在博物馆和文物保护管理机构，占总数的 89%。具有专业技术人员 1046 人，其中正高级专业技术职称 32 人，副高级专业技术职称 79 人，高级专业技术职称比上年减少 2 人；中级专业技术职称 380 人，中级专业技术职称比上年增加 51 人。

2014 年，广西全区文物藏品总计 48.19 万件（套）（包括文物商店），比上年增加 16691 件（套），增长 1.04%，其中珍贵文物数 73592 件（套），比上年增加 15758 件（套）。从总体上看，我区文物藏品主要集中在博物馆和文物保护管理机构，共收藏有 441557 件（套），占全区藏品数的 92%。在 14 个地级市中，柳州、桂林、梧州、贺州、百色等 5 市文物收藏量占全区文物总数的 50%。

图4　2014年广西文物藏品各地区分布情况

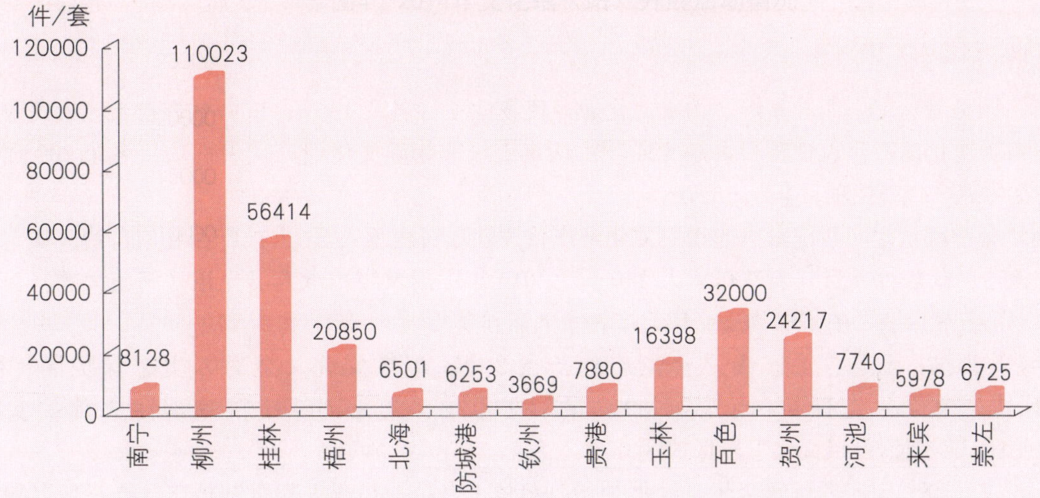

百家博物馆建设成果显现，广西各地兴起建设博物馆的新高潮，极大地促进了广西博物馆事业的发展。2014 年，全区博物馆共举办展览 453 个，其中基本陈列 225 个，临时展览 228 个。观众人数达到 1680.76 万人次，比上年增加 299.8 万人次，增长 17.84%，其中未成年人 416.39 万人次。全区免费开放博物馆纪念馆认真贯彻落实中央四部委关于博物馆纪念馆免费开放工作有关精神，完善服务设施，全年新增藏品 8812 件（套），其中本年藏品征集数 6518 件（套）。全年举办《瓯骆汉风：广西古代陶制明器》、《BEIXNUENGX（贝侬）——壮族文化展》、《星云大师一笔字书法展》等展览，充分展示了广西文物精粹，宣传了广西形象，扩大了文化交流，使文博工作成果进一步融入社区生活、融入经济发展，发挥了博物馆、纪念馆服务社会的公共文化职能。其中“BEIXNUENGX（贝侬）——壮族文化展”重视展览综合水平与整体策划，通过与电视媒体合作制作馆藏文物专题片、与报纸媒体合作开设展览知识专栏等多种手段，展览期间的宣传报道数量 112 篇，报道展览媒体数量达 10 家，年观众量达到 137 万多人次。同时该展览依托民族文化资源，开发了具有壮族文化特色的文创产品 228 种，约 5 万件，销售额达 80 万元，取得了很好的社会、经济效益，并荣获 2014 年度第十二届全国博物馆十大陈列展览精品。

图5　2014年与2013年广西博物馆纪念馆免费开放参观人数对比情况

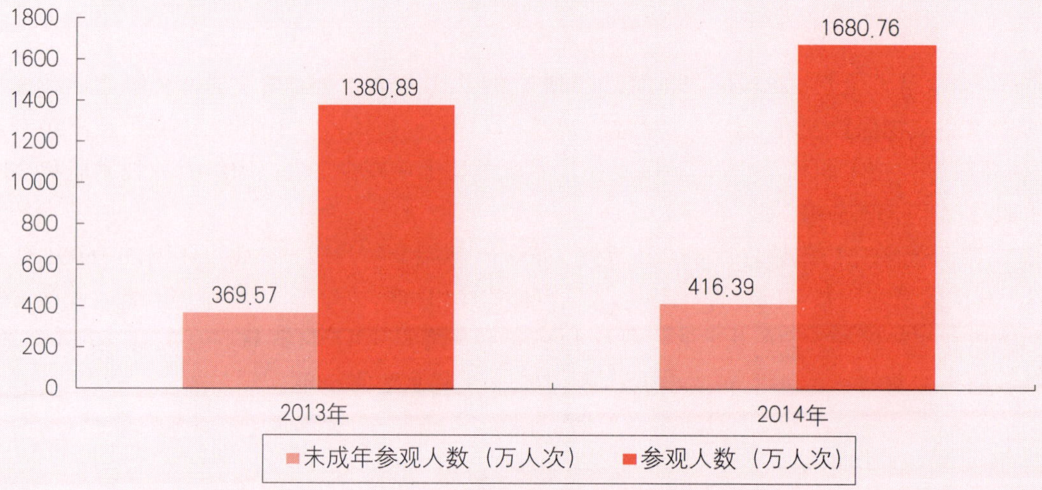

六、非物质文化遗产保护

2014 年，国务院认定广西国家级非物质文化遗产代表性项目名录 49 项；广西壮族自治区人民政府认定自治区级非物质文化遗产代表性项目名录 424 项；认定市级非物质文化遗产代表性项目名录 909 项；认定县级非物质文化遗产代表性项目名录 5627 个。

2014 年，国务院认定广西国家级非物质文化遗产代表性项目传承人 24 人；广西壮族自治区认定自治区级非物质文化遗产代表性项目代表性传承人 240 人。2014 年，国家级传承人吴光祖（侗族大歌）、罗周文（京族哈节）第三届荣获“中华非物质文化遗产传承人薪传奖”。

2014 年，文化厅认定自治区级文化生态保护区 2 个：瑶族文化（金秀）生态保护区、桂派戏曲曲艺文化（桂林）生态保护区。截止 2014 年，我区共有文化部认定国家级生态保护实验区 1 个、广西文化厅认定自治区级文化生态保护区 6 个。

2014 年，文化部认定广西国家级生产性保护示范单位 1 个：钦州坭兴陶烧制技艺（钦州坭兴陶有限责任公司）。截止 2014 年，文化部认定广西国家级生产性保护示范单位 2 个。

七、文化产业

2014 年，全区文化系统文化产业总产出 44.61 亿元，与 2013 年相比下降 6.41%；实现增加值 33.77 亿元，比 2013 年增加 7.26%。由于机构改革，文化及相关产业机构 8821 个，比 2013 年减少 12.88%；从业人员 55589 人，比 2013 年减少 18.3%。

截至 2014 年，共有国家文化产业示范基地 8 个， 省级文化产业示范园区 4 个， 省级文化产业示范基地 103 个。

八、文化演出市场

2014 年，全区文化市场经营单位 6878 个，从业人员 40230 人，营业总收入 247009.8 万元，利润总额 68478.9 万元。分区域看，2014 年城市文化市场经营单位 1912 个，占文化市场经营单位总量的 28%；县城 2415 个，占 35%；县以下地区 2551 个，占 37%。

表8　2014年与2013年广西文化市场经营单位对比情况

年度	机构数（个）	从业人员数（人）	营业收入（万元）	利润总额（万元）
2013年	42	2077	4853.0	-1656.7
2014年	45	1238	2711.6	842.3
2013年	3622	33421	205981.1	64099.3
2014年	2843	23926	159046.8	4372.4
2013年	4520	17343	92059.0	27794.0
2014年	3990	15066	85251.4	2391.3

2014 年，全区非国有艺术表演团体 45 个，比上年增加 3 个；从业人员 1,238 人，比上年减少 839 人；全年营业收入 2711.60 万元，比上年减少 2141.4 万元；利润总额 842.30 万元，比上年增加 2499 万元。

2014 年，全区共有娱乐场所 2843 个，比上年减少 779 个；从业人员 23926 人，比上年减少 9495 人；全年营业收入 115323 万元，比上年减少 90658 万元；利润总额 43724 万元，比上年减少 20375 万元。主要原因：一是受总量布局控制及当地政府政策影响，全区大部分地区都暂停了电子游戏游艺娱乐场所的新增审批；二是由于电子游戏游艺娱乐场所涉赌，近两年公安部门严查并责令停业整顿，导致全区大部分的电子游戏游艺娱乐场所处于关门停业状态；三是电子游戏游艺娱乐行业不景气，场所本身经营不善，难以维持，自主停业。

2014 年，全区共有互联网上网服务营业场所 3990 个，比上年减少 530 个；从业人员 15066 人，比上年减少 2277 人；全年营业收入 61338 万元，比上年减少 30721 万元；利润总额 23913 万元，比上年减少 3881 万元。主要原因：一是受互联网技术高速发展，电子设备更新换代周期缩短影响，互联网上网服务行业转型经营较多；二是互联网上网服务场所经营模式单一，营业利润低，部分场所经营不善，难以维持。

九、对外文化交流

2014 年，广西对外及对港澳台文化交流项目 37 批次，599 人次参加。圆满完成赴毛里塔尼亚、突尼斯、印度、不丹、泰国执行文化部海外“欢乐春节”暨中突建交 50 周年、“中印友好交流年”启动仪式任务，赴马来西亚参加庆祝中马建交 40 周年中国文化周展演活动，与悉尼中国文化中心、莫斯科中国文化中心、马耳他中国文化中心合作举办了“美丽中国·美丽广西”广西文化周、广西文化日活动，赴南非、坦桑尼亚、埃及执行文化部“中非文化人士互访计划”。成功赴香港举办“广西古代陶屋展”，配合2014年桂台经贸文化合作论坛赴花莲开展文化交流活动，积极推进文化部“文化入岛”项目，赴台湾举办“《漓风桂韵》——桂林地方戏曲掇英”专场演出，接待台湾大学院校艺文中心协会访桂交流，接待广西友城美国蒙大拿州的落基山芭蕾舞团访桂演出交流。同时全面推进广西壮族自治区博物馆、广西民族博物馆、广西文物考古研究所、广西图书馆、广西歌舞剧院和老挝、越南、美国等相关机构的文化交流与互访工作，并在广西民族博物馆举办星云大师一笔字书法展等。第九届中国—东盟文化论坛继续在南宁顺利进行举办。

表9　2011年—2014年对外及对港澳台文化交流活动情况

年份	总计		出访		来访	
	批次	人次	批次	人次	批次	人次
2011年	14	871	9	426	5	445
2012年	16	420	13	429	3	238
2013年	21	578	8	344	13	234
2014年	37	599	28	506	9	291

（广西壮族自治区文化厅）

广西：顶层与基层共谋共建　构建广西公共文化服务体系

2014年，文化厅围绕建设民族文化强区的目标，进一步深化公共文化服务体系建设，顶层谋规划设计，基层谋建设推广，不断打牢公共文化服务体系基础，稳步提升公共文化服务能力。

广西现代公共文化服务体系顶层设计工作走在全国前列。2014年10月，自治区文化厅联合自治区党委组织部、自治区党委宣传部，自治区科协，自治区发改委、科技厅、财政厅、新闻出版广电局、体育局等8部门制定并印发《广西壮族自治区构建现代公共文化服务体系工作方案》，成为全国率先制定此项方案的省区。《方案》围绕"促进基本公共文化服务标准化、均等化"目标，明确了2014年–2020年我区现代公共文化服务体系建设的指导思想、总体原则、目标任务，以及十大重点任务，特别是对各参与部门的2014年–2015的主要工作任务进行了分工细化。《方案》的出台加强了对广西构建现代公共文化服务体系的顶层设计和指导。

村级公共服务中心建设"广西经验"在全国交流推广。村级公共服务中心建设作为自治区政府为民办实事项目，列入各市、县政府绩效考评体系，工作推进有力。2014年，再建成村级公共服务中心1500个。至此，全区已累计投入资金约23亿元，建成村级公共服务中心5579个，覆盖全区39%的行政村，成为为老百姓办事的综合服务平台和提高农民素质的教育阵地，在实现我区农村公共服务均等化、常态化、实效化上取得良好成效。刘奇葆、蔡武等领导同志多次到广西视察，充分肯定广西村级公共服务中心建设成果。2014年文化部先后在"全国边疆数字文化工程建设现场会"以及"全国基层公共文化服务工作现场经验交流会"将其作为典型经验进行交流推广。2014年6月，国家发展和改革委员会到我区调研村级公共服务中心建设情况，并决定将广西经验在全国推广。

海南省2014年文化发展情况分析

2014年，全省文化系统在党的十八届三中全会、省委六届五次、六次全会精神指引下，坚持稳中求进的工作总基调，全力以赴转作风、抓改革、促发展、惠民生，较好地完成了年初制定的各项工作目标任务，文化凝聚力、民生服务力、经济推动力和对外影响力得到了明显提升，文体事业产业发展迈上了新台阶，取得了新成效。

一、文化机构及从业人员数量变化较大

（一）文化机构明显减少

至2014年底，全省列入统计范围的文化机构1586个，比上年减少458个。全省文化机构中艺术业78个，比上年增加4个；公共图书馆21个，和上年持平；文化馆21个，和上年持平；文化站212个，和上年持平；文物机构39个，比上年增加3个；列入统计的文化市场经营机构1159个，比上年减少468个；文化教育机构1个；其它文化产业单位55个，比上年增加3个。

（二）文化从业人员减少幅度较大

列入统计的文化及相关产业从业人员15369人，比上年减少1083人，下降幅度为6.6%。其中，艺术业2905人，减少147人；公共图书馆业327人，和上年持平；群众文化服务业790人，减少31人；文化教育业138人，增加2人；文化市场经营机构9851人，减少917人；文物机构531人，减少2人；其他文化机构827，增加12人。

二、文化经费投入继续增加

2014年，全省文化文物经费总收入160004万元，其中各级财政拨款84995万元，分别比2013年增加27.9%和5.58%。在财政拨款中，文化事业费合计60902万元，比上年减少2.2%；文物业拨款合计24094万元，比上年增长32.1%。

图1　近几年文化经费财政拨款情况对比

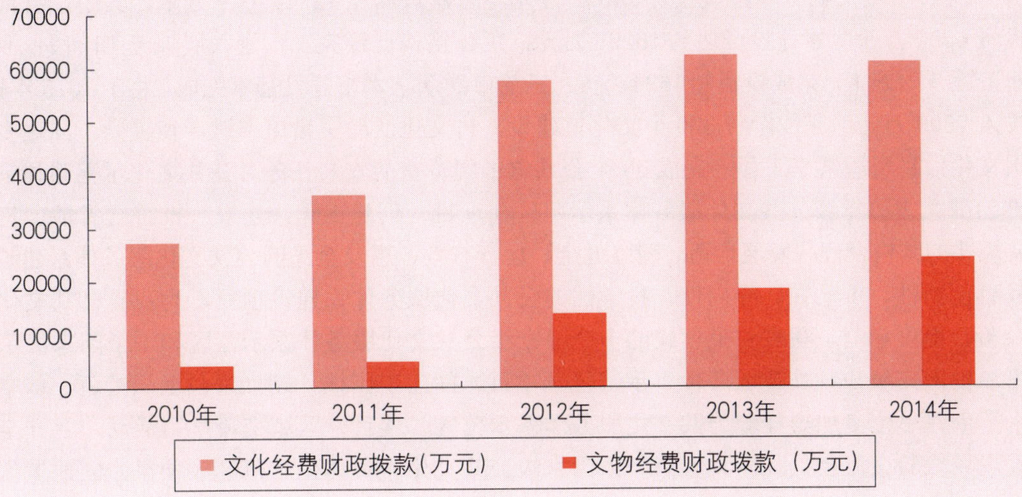

2014 年全省文化事业费支出 142310 万元，比 2013 年增加 33.3%。其中文化业支出 123867 万元，比上年增加 26.5%；文物业支出 18443 万元，增加 90.8%。2014 年，全省人均各级财政文化事业费投入 67.09 元，比 2013 年减少 2.4 元。

图2　海南省近几年人均文化事业费情况

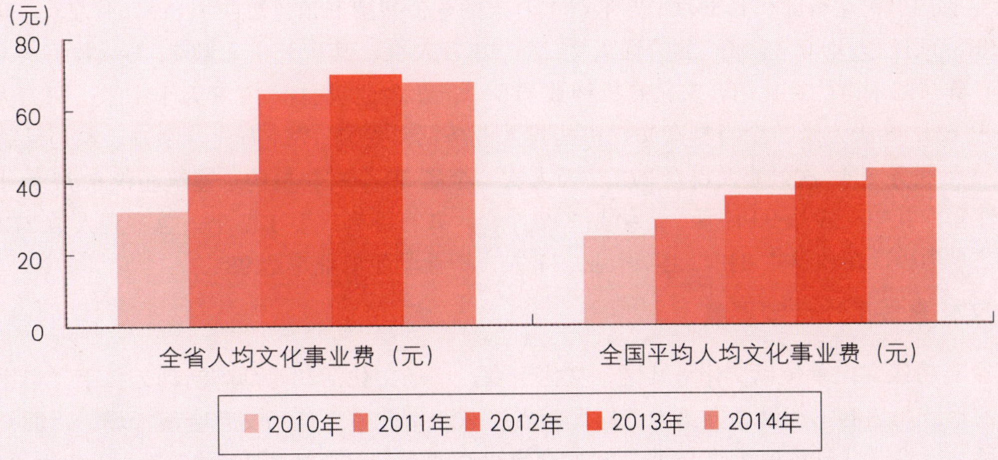

2014 年全省文化经费收入增速比 2013 年明显增加，其中文化经费财政拨款比上年下降 2.2%，增加部分主要是文物经费和其他文化经费收入，例如省博物馆二期建设项目投入和各级文化行政主管部门的行政运营经费全口径计入统计。

三、公共文化设施体系进一步完善

2014 年，全省文化文物基本建设投资 28392 万元，总建筑面积 12.43 万平方米。其中，省博物馆二期本年完成投资 6500 万元，累计投资达到 16296 万元，主体结构已经完工，进入展陈施工阶段；省民族博物馆馆舍复建工程开始施工，完成投资额 1624 万元；三亚市群众艺术馆建设基本完成，将于 2015 年投入使用；省级财政投入 7500 万元，完成全省 300 个文化室建设，村文化活动室覆盖率进一步提升；立足乡镇综合文化站和全国文化信息资源共享工程，完成 60 个公共电子阅览室的安装任务。公共文化示范载体创建整体推进。积极推动国家级和省级公共文化服务体系示范区（项目）创建工作，建立一批符合省情、符合社会主义文化发展规律的结构合理、发展均衡、网络健全、运行有效、惠及全民的公共文化服务体系建设示范区，培育一批具有创新性、带动性、导向性、科学性的公共文化服务体系建设项目，为我省公共文化服务体系建设探索经验、提供示范。我省首批创建的 1 个国家级公共文化服务体系示范区和 1 个国家级示范项目通过验收，第二批国家级公共文化服务体系示范区（项目）创建工作按计划推进，组织澄迈、保亭、三亚、琼中、陵水等创建单位参加粤桂琼公共文化服务体系示范区（项目）区域交流学习活动，召开全省基层公共文化建设现场经验交流会，推广我省第一批国家级公共文化服务体系示范区（项目）创建工作经验，较好地发挥了创建推动和示范引领作用。

四、人民群众文化生活更加丰富多彩

（一）公共文化设施向社会免费开放

2014 年，全年全省共投入免费开放资金 2000 余万元，用于 21 个公共图书馆，233 个文化馆、站，18 个博物馆、纪念馆（园）向社会免费开放，让人民群众真正感受到了文化惠民工程的带来的实惠。

（二）公共文化设施利用率较高

2014 年全省图书馆建筑面积 8.1 万平方米，每万人拥有公共图书馆建筑面积 89.7 平方米，全省图书馆总藏量 411.87 万册，人均 0.46 册，总流通人数 268.48 万人次，其中外借人数 72 万人次，外借书刊 188 万册次。全省群众艺术馆、文化馆、文化站机构数 233 个，馆舍建筑面积 10.9 万平方米，每万人拥有群众文化设施面积 120.48 平方米。全省群众文化机构投入业务活动经费 1724 万元，举办、参与品牌节庆活动 31 个，组织文化服务 5542 次，惠及群众 372.2 万人次。全省 39 个文物机构总建筑面积 5.77 万平方米，总藏品 44440 件套，其中一级品 99 件套，二级品 342 件套，共有陈列展览 132 个，总参观人数 272 万人次。全省有 1 所艺术学校，在校学生 842，当年毕业 217 人，毕业学生就业率达 98%。

（三）文化惠民工作成绩显著

2014 年全省各级文化单位以文化进社区、文化下乡、广场文化活动等品牌活动为抓手，丰富拓展了公共文化活动的形式与内容。相继举办第十三届海南省“东西南北中”广场文艺会演 5 场、“群艺大舞台”惠民演出 9 场、世界读书日系列活动 16 场、“文化惠民直通车”示范活动 10 场、群众文化大讲坛 13 期。全省各类文艺惠民演出 589 场，惠及观众达 90 万人次。省博物馆、图书馆等公益性文化单位，积极加强公共文化设施管理，创新管理理念，关注社会热点和群众需求，丰富免费开放服务的方式和内容，较好地发挥了大型公共文化设施的服务集聚效应。

（四）文艺精品创作成果丰硕

至 2014 年底全省共有艺术表演团体 71 个，从业人员 2708 人。其中国有院团 15 个，民营院团 56 个。全年总演出场次 9740 场，观众人数 1673 万人次，演出收入 8946 万元。一批文艺精品和优秀文体人才获得重大奖项。新编历史琼剧《海瑞》剧组获邀参加文化部2014年全国地方戏优秀剧目（南北片）展演，并于9月获得全国第二十一届曹禺剧本奖提名。省琼剧院梁家梁荣获第三届中华非物质文化遗产传承人“薪传奖”，这是我省第四位获此殊荣的非物质文化遗产传承人。由海南知名作家张品成策划并由海南一品天成影业公司参与联合拍摄的电影《指尖太阳》荣获第十五届华表奖“最佳儿童电影”提名奖。我省艺术科研单位申报国家社科基金艺术学项目和文化部科技创新项目有关课题10个，其中海南黎族旅游音乐资源开发研究获得国家资金资助。

五、文化产业持续快速发展，文化市场繁荣有序

（一）文化产业持续发展

围绕“服务企业、促进发展”开展关于省重点文化项目和示范园区推进情况的调研，完成海南省首批2个文化产业示范园区和9个文化产业示范基地命名、授牌工作，并推荐1家省级文化产业示范园区和5家省级示范基地进行申报国家级文化产业示范园区（基地）。至2014年底，全省共挂牌国家级文化产业示范园区和基地3个，省级文化示范园区和基地9个，省级动漫园区1个，这些基地和园区共有从业人员5647人，实现营业收入18.4亿元，增加值16.63亿元。我省“海口骑楼建筑历史文化街区保护与综合整治项目”获文化部首批“特色文化产业项目”，并获国家文化产业发展专项资金贴息贷款支持。积极推进长影海南国际影视产业基地项目建设，已完成投资30亿元（其中土地出让金10.5亿元，国际设备采购18亿元，设计等费用1.5亿元），项目场地平整工作现已启动。海南电影公社文化产业园公司于2014年1月15日拿到《土地成交确认书》，工程进展顺利。观澜湖华谊冯小刚电影公社项目进展顺利，1942民国风情街已于6月底正式开业，南洋风情街完成百分之五十的主体结构建设，社会主义风情街已完成清表工作，影视摄影棚基地已启动4个摄影棚主体工程建设。积极组织省内文化企业参与国家级会展，完成第十届深圳文博会参展工作，组织了37个文化产业项目进行推介，现场签约8个文化产业招商重点项目，资金总额达33亿元。组团参与“第十届中国国际动漫节”、“2014年中国体育文化用品、旅游博览会”、“第二十四届全国图书交易博览会”、“第二届中国（武汉）期刊交易博览会”等会展，充分展示了我省文化创意产业的水平，帮助企业拓展了市场发展空间。

（二）继续促进文化与旅游融合发展

巩固西部、发展中部、调研东部，有计划地推进我省文化与旅游的融合发展，加大对我省文化资源挖掘、推介，促进旅游产业升级。完成了三个西部文化旅游景点景观升级改造示范工程项目的图纸设计和工程预算的审核工作，对西部文化资源保护与利用进行了阶段性总结，《省文体厅出实招推动西部文化旅游融合发展着力破解我省旅游“东热西冷”难题》一文被省委办公厅专报省领导阅示。开展了中、东部文化旅游融合发展调研工作，完成了《中部文化旅游融合发展调研报告》，制定了中部文化旅游融合发展工作方案，组织人民网、文化报、海南日报、海南电视台、南海网等媒体记者对中部文化旅游融合发展工作进行宣传报道。

（三）文化市场繁荣有序

2014年，列入统计的文化市场经营机构1210家，其中民营艺术表演团体51个，娱乐场所479家，网吧680个；从业人员11416人，营业总收入11.22亿元，实现利润3.3亿元，增加值8.38亿元。文化市场管理部门，立足现行政策，以进一步活跃文化市场为目的，调整文化市场审批项目准入条件，进一步简化了审批程序、开放单体网吧审批、完善了备案制度。全面部署我省文化市场技术监管与服务平台推广应用工作，培训系统管理员95人，文化市场信息化监管指日可待。依法审批，促进企业规范经营，全年新核准经营性互联网文化单位4家，涉外营业性演出16起，出版物批发企业1家，市县项目编码备案132份。对

外文化贸易大幅拓展，三亚太阳鸟文化产业有限公司演艺产品出口到美国、加拿大、泰国、老挝等国家，海南英立科技开发有限公司出口手机游戏创汇 28.7 万美元，签约额超 200 万美元，海南动网先锋的原创网络游戏出口到美国、韩国、日本、马来西亚等国家，创汇 64 万美元。

六、文化遗产保护工作成果丰硕

（一）非物质文化遗产保护工作取得显著成效

至 2014 年底，全省有非物质文化遗产保护机构 22 个，其中省级 1 个，地市级 2 个，县级 19 个；共有工作人员 158 人，其中专职技术人员 74 人；建有展示馆（所）17 个、传习场所 54 个；全年共举办展览培训等活动 608 场次，观众人数达到 73.9 万人次。到 2014 年底，全省共有非物质遗产名录项目：世界级 1 项，国家级 27 项，省级 72 项，市县级 174 项。2014 年，有苗族民歌、海口天后祀奉、冼夫人信俗 3 个项目入选国务院公布的第四批国家级非物质文化遗产代表性项目，省级项目名录未发生变化。命名公布了第三批省级非物质文化遗产代表性传承人 26 人，至此，我省共公布了三批 111 名省级非物质文化遗产代表性传承人。对已公布的第一批、第二批省级以上非物质文化遗产代表性传承人进行首次考核，从考核范围、考核内容、考核等次、程序和方法及考核结果的使用等做了明确的要求。并将考核结果向社会公示，为健全传承人退出机制，年度考核将列入今后的常态工作。按计划出版 4 本非物质文化遗产丛书，完成《海南斋戏》、《崖州民歌》、《花瑰艺术》等 3 个数字资料片的验收。在民族市县开展三进校园活动（民歌、民舞、民服），黎锦技艺教学在 18 所中小学进行，有 2000 名学生参加学习，有民营企业主动参与黎锦的教学与培训。加强非遗文化交流，5 月和 11 月在日本东京和兵库县举办两次非物质文化遗产展，并有传承人进行现场展示。举办琼粤桂非物质文化遗产保护研讨会，就生产性保护和海洋文化保护进行了广泛交流和探讨。

（二）文物保护工作取得新成就

2014 年，我省文物认真贯彻落实“保护为主、抢救第一、合理利用、加强管理”的文物工作方针，文物保护、考古、博物馆等各项工作快速推进。

1. 文物业基本情况

至 2014 年底，全省文物机构总数 35 个，其中全省文物保护管理机构 10 个，全省系统内博物馆 17 个，纪念馆 1 个，全省文物科研机构 1 个，文物行政主管机构 11 个。全省文物系统从业人员 531 人，专业技术人员 129 人，其中正高职称 3 人，副高职称 8 人，中级职称 41 人，专业技术人员比上年增加 34%。全省文物事业费收入 25858 万元，比上年增加 34.9%，其中财政拨款 24094 万元，比上年增加 32.15%。总藏品数 44440 件、套，其中一级品 99 件，二级品 342 件，三级 2033 件。全省已发现各类文物点 5000 余处，各级文物保护单位 806 处，其中全国重点文物保护单位 24 处，省级文物保护单位 108 处，市县级文物保护单位 375 处。2014 年度全省文物基本陈列 58 个，展览 74 个，参观 271 万人次，门票收入 191 万元。17 个系统内博物馆全部实现免费开放。

2. 文物保护工作开展情况

一是规范行业管理，促进民办博物馆发展。根据国家文物局《关于民办博物馆设立的指导意见》，规范民办博物馆的申报审核程序，完善民办博物馆的评审报批工作。制定《海南省国有博物馆对口支援民办博物馆工作实施方案》，在人才培养、藏品保护、陈列展览、科学研究、社会教育等方面给予指导支持，促进我省民办博物馆健康发展。二是扎实做好文物普查工作。按照国务院普查办和省政府的统一部署，争取各级政府支持，全省落实普查经费 398.6 万元；举办了可移动文物信息登录平台骨干培训班，开展了国有单位文物测量、拍摄、信息数据资料采集和登记工作，规范藏品管理。

三是按计划完成考古发掘工作。完成秀英炮台修缮工程并对外开放，完成丘浚墓修缮和环境整治工工程，开展东坡书院修缮工程，开展蔡家宅维修保护及安防工程，完成全国重点文物保护单位美榔双塔石坝、石坊等维修及绿化、保护设施工程，对省级文保单位儒符石塔、琼山学宫大成殿、陵水县农民协会旧址、东方感恩学宫等10处省级文物保护单位开展了保护修缮工程；对梁云龙墓、李氏古墓群、陈得平墓、曾鹏墓、吴元猷墓、王国宪故居、挺秀坊等10处市、县级文物保护单位实施了修缮和环境整治工程。对永乐环礁中银屿3处、石屿4处、金银岛3处遗存进行执法巡查。开展西沙珊瑚岛一号沉船遗址重点调查，完成了该遗址的平面图草图测绘工作、新型工作平台搭建测试、遗址表面珊瑚清理试验等工作。开展海上丝绸之路沿海水下文化遗产调查，对琼海、文昌海域进行了为期15天的调查，共发现3处水下文化遗存。

七、目前存在的问题

（一）公共文化基础设施建设任重道远

全省群众文化机构建筑面积10.4万平方米，每万人拥有群众文化机构建筑面积120.48平方米，远远低于全国269.51平方米的平均值，在全国各省市中排名倒数第二。究其原因，一是市县级文化馆建设标准底。全省各级文化馆20个，3级以上文化馆只有6个，三亚市群众艺术馆在建，没有投入使用，三沙市、儋州市没有建地市级群众艺术馆，海口市三亚市六个区，只有一个区文化馆建有馆舍。有部分市县文化馆不是独立的建筑，是和图书馆、博物馆等设施建设在一起，面积远远不能达标。2014年全省21个文化馆总建筑面积4.25万平方米，平均每个馆只有2000余平方米。省级群众艺术馆也只有3000多平方米的建筑面积。二是城镇街道文化站建设严重滞后。海口和三亚市18个街道办事处，建有文化站的只有9个，建设面积达到300平方米以上的只有3个。全省没有一家美术馆，由于场地、规划等等原因，省美术馆建设项目，还没有实质性进展。

（二）全省各级财政文化事业费投入有所减少

2014年各级财政共投入文化事业费6.09亿元，比上年减少0.13亿元，同比下降2%，增速低于全国12个百分点。我省基层文化活动业务经费有待增加。文化站是基层群众文化机构主阵地，群众喜闻乐见的文化体育活动，应该由文化馆组织进行。文化站不仅需要硬件建设，业务人员的配备和业务经费的投入需要有保障。随着全省乡镇文化站基础设施建设的全面完成，在全省203个乡镇，基本实现了300以上平方米的建筑面积的综合文化站的全覆盖。但是，由于乡镇机构改革，文化站作为一个机构，大部分被撤并到社会服务中心，专职人员和专项经费保障成了问题，致使一部分文化站没有发挥作用，文化站房屋、人员、经费、设备仍然有被占用的现象。全省203个乡镇文化站，评定等级以上文化站只有82个，不到全省的四分之一。2014年全省204个乡镇文化站的文化业务经费拨款845万元，平均每个文化站4.14万元，基本靠国家和省级补助的免费开放经费维持。这些经费，距离正常开展文化活动的基本需求，有较大差距。按“十二五”规划，至2015年，我省行政村文体活动室建设达标率要达到50%，按全省2500个行政村测算，需要完成1250个，而2011年至2014年，只下达464个文体活动室建设资金，2015年计划建设400个，“十二五”规划中的文化室建设任务难以实现。

（三）文化市场发展仍不太适应国际旅游岛建设的大环境

2014年，全省列入统计的文化市场经营单位1210家，比上年减少463家，营业收入11.22亿元，利润3.35亿元，实现增加值8.3亿元，文化市场统计的所有指标连续两年呈下降趋势。分析原因，一是反映了我省文化市场的规模和发展速度确实在低水平徘徊，二是统计口径、统计方法、统计范围等变化对文化市场数据统计有一定影响。

八、有关建议

（一）继续加大公共文化设施建设力度

一是加大行政村文体活动室的建设力度。行政村文化室是实现文化公共服务均等化的“最后一公里”，是广大村民文体活动的基本场所，必须加大建设资金投入，力争完成十二五规划的50%行政村文体活动室达到标准的任务。二是以我省在全国进行的“三规合一”试点工作为契机，偿还群众文化设施不足的欠账。力争省美术馆、海口、三亚各区的文化馆、移交地方管理农场的文化站建设早日立项，早日开工。

（二）继续推进文化和旅游的融合，让文化资源，在国际旅游岛建设中发挥关键作用

一是在西部、中部文化旅游资源调研报告的基础上，着手进行东部文化旅游资源的调研工作，并进一步挖掘旅游景点的文化内涵，通过文化包装，让传统旅游景点和线路焕发新的活力。二是将现有文化资源融入到旅游线路，如海口市五公祠，海瑞墓，文昌孔庙、秀英炮台等文保单位的旅游开发还具有较深的潜力。继续协调有关部门，畅通美化景点道路、做好文化旅游资源的宣传工作。三是继续促进建设新的文化旅游园区、基地，定安文笔峰道教文化旅游园区、琼海田园城市文化旅游基地、海口石山古村落文化旅游片区建设等。

（三）继续以文化示范基地、示范园区评选为抓手，促进文化产业的超常规发展

加强文化企业服务工作，协调督办省重点文化产业项目海口观澜湖文化旅游区、华谊冯小刚电影公社、长影海南“环球100”等项目的建设进度。

（海南省文化广电出版体育厅）

海南：非遗保护工作亮点纷呈

海南省非物质文化遗产保护工作，着眼于服务国家“21世纪海上丝绸之路”和“国际旅游岛建设”战略，促进文化和旅游的融合，做了大量细致的工作，取得了突出成绩：一是黎族传统纺染织绣技艺四年工作情况报告通过文化部审核，准备报联合国教科文组织验收。二是开展非遗传承人首次考核及第三批省级传承人评审实地检查工作并举办黎锦技艺原材料种植现场经验交流会并启动“海南省黎族服饰系列地方标准”制定工作。三是完成三沙市非物质文化遗产普查工作，取得预期成果。四是举办文化遗产日宣传推广活动，全省文化部门举办各类活动30多场，在省博物馆举办第五届海南省黎族织锦大赛，黎族传统纺染织绣技艺保护成果展，并编印展览配套画册，对四年来的保护成果进行了集中系统展示。五是举办琼粤桂非物质文化遗产保护研讨会，60余名省内外专家学者在传统技艺类、传统美术类的生产性保护与实践进行了广泛的交流。六是组织参加第三届中国非物质文化遗产博览会。海南合田旅业有限公司、海南锦绣织贝实业有限公司入选第二批国家级非物质文化遗产生产性保护示范基地，海口市椰雕省级代表性传承人吴名驹的椰雕蓝牙音箱被评为联合国教科文组织“徽章”认证产品。

重庆市2014年文化发展情况分析

重庆是中国著名的历史文化名城，有文字记载的历史达3000多年，是巴渝文化的发祥地。2014年，全市文化系统按照“低调务实、少说多干，敢于担当、积极作为”的要求，以习近平总书记在全国文艺工作座谈会重要讲话精神为指导，认真落实市委、市政府和国家相关部委的系列部署要求，着力推动文化在新常态下创新发展，圆满完成了年初既定的各项目标任务，开创了文化建设新局面。

一、基本情况

截至2014年底，全市共有7213个文化文物机构（含文化市场），从业人员52160人。全年行政事业机构实现总收入26.02亿元，企业机构营业收入35.69亿元。

全市现有群众艺术馆1个、文化馆40个，公共图书馆43个、文化站999个（其中乡镇文化站825个），博物馆78个、区县文物保护管理所25个。全市公共图书馆现有总藏量1242.25万册，另有电子图书932.27万册，全市文物总藏品71.74万余件（套），其中三级以上珍贵文物31292件（套）。共登记不可移动文物25908处，其中世界文化遗产1个（大足石刻），列入世界文化遗产预备名单2个（涪陵白鹤梁题刻、合川钓鱼城）；全国重点文物保护单位55处、省级文物保护单位283个、市区级文物保护单位1727个。

（一）机构、从业人员略有减少

2014年全市共有各类文化文物机构7213个，比2013年减少342个，减少4.53%；从业人员52160

表1　2013年和2014年重庆市文化文物机构及人员情况

单位	机构数(个)			从业人员数(人)		
	2013年	2014年	同比增幅(%)	2013年	2014年	同比增幅(%)
总计	**7555**	**7213**	**-4.5**	**51152**	**52160**	**2.0**
艺术业(文化部门)	36	37	2.8	1197	1449	21.1
其中：艺术表演团体	21	22	4.8	1258	1289	2.5
艺术表演场馆	15	15	-	272	160	-41.8
图书馆	43	43	-	852	869	2.0
群众文化服务	1038	1040	0.2	4663	4741	1.7
其中：文化站	997	999	0.2	3756	3828	1.9
艺术教育业	1	1	-	280	305	8.9
文化市场经营机构(含非公有制艺术表演团体)	6250	5896	-5.7	39588	40217	1.6
文艺科研	1	1	-	36	37	2.8
文物业	101	109	7.9	2307	2688	16.5
其他	85	86	1.2	1773	1854	4.6

人，比 2013 年增加 1008 人，增加 1.97%。分类型看，机构数减少主要是文化市场经营机构。机构减少反映了我市文化市场在逐步规范和提档升级中健康发展，小、散、差的文化经营单位逐渐被淘汰出市场，规模大、经营能力强、有市场竞争力的文化经营单位得到了更好的发展，市场布局得到了进一步优化。

（二）文化（文物）事业投入增长明显，增幅较大

2014 年文化（文物）部门财政投入 17.76 亿元，文化文物经费投入占财政支出的比重逐步提高。

表2　2010-2014文化文物经费投入占财政支出情况

	全市公共财政预算支出（亿元）	文化事业费（亿元）	占财政支出比重（%）	文物业费（亿元）	占财政支出比重（%）
2010年	1770.96	7.73	0.44	2.15	0.12
2011年	2570.24	9.38	0.36	3.65	0.14
2012年	3055.17	12.07	0.39	4.99	0.16
2013年	3062.28	12.11	0.39	5.48	0.18
2014年	3303.7	13.33	0.40	5.01	0.15

1. 文化经费增长迅速。

全市文化部门 2014 年总收入 20.86 亿元，其中文化事业费 13.33 亿元，分别比 2013 年的增长了 14.3% 和 1.07%。从 2010 年到 2014 年的五年时间里，我市的文化事业费平均增长 11.6%。

图1　2010-2014文化部门经费情况

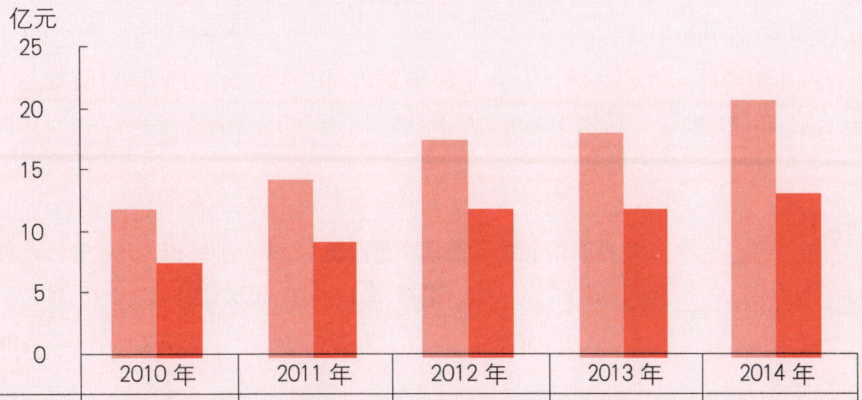

	2010 年	2011 年	2012 年	2013 年	2014 年
总收入	12.05	14.50	17.63	18.25	20.86
文化事业费	7.74	9.38	12.07	12.11	13.33

2. 文物经费有所减少。

2014 年全市文物业总收入 6.24 亿元，其中财政拨款 5.01 亿元，分别比 2013 年的 7.1 亿元和 5.48 亿元减少了 12.11% 和 8.58%。

2014 年文物业经费较 2013 年略有减少，主要原因是由于后三峡文物保护项目经费 9200 万元仅仅只下

达了计划，经费实际在 2015 年 5 月到达。

图2　2010-2014文物业部门收入情况

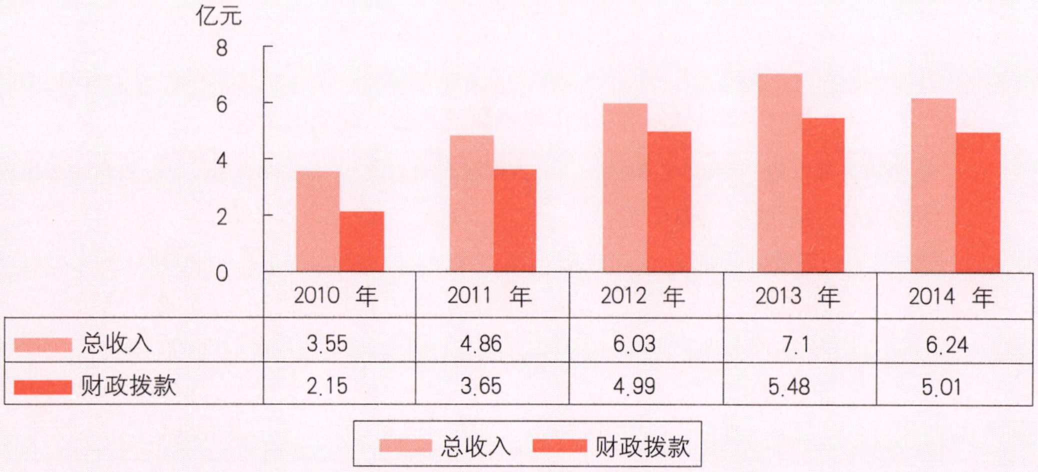

（三）公共文化服务水平不断提升

1. 公共图书馆服务能力进一步提高。

全市公共图书馆总藏量 1242.25 万册，电子图书 932.27 万册，分别比 2013 年增长 10.04% 和 44.47%；全年总流通人次 1221.13 万人次，比 2013 年增长 6.48%。2014 年，全市公共图书馆为读者组织各类讲座 1101 次，11.21 万人参加；举办展览 508 个，116.68 万人次参观；举办培训班 836 个，6.35 万人次参加。图书馆总分馆制全面展开，图书馆展览和讲座联盟以及“一卡通”延伸工作实质性推进。

2. 群众文化生活不断丰富。

2014 年，全市 1040 个群众文化机构，共举办展览 3630 个，组织文艺活动 15720 次，组织公益性讲座 408 次，举办各类训练班 13701 班次，培训 108.64 万人次。

表3　2014年群众文化业情况主要指标

	举办展览个数（个）	组织文艺活动次数（次）	举办训练班班次（次）	培训人次（万次）	组织各公益性讲座次数（次）
总计	**3630**	**15720**	**13701**	**108.64**	**408**
群众艺术馆	25	88	350	9.12	8
文化馆	367	2732	4282	23.36	400
文化站	3238	12900	9069	76.16	
其中：乡镇文化站	2558	9062	5602	54.11	

（四）文艺创作生产呈现整体提升的良好业态

成功举办重庆市舞台艺术之星选拔和第四届重庆市舞蹈比赛，全面启动歌剧《妙善公主》、川剧《白露为霜》、话剧《朝天门》、京剧《辛弃疾》、魔术主题晚会《梦幻奇观》等一批新剧目的创作工作，深度打磨《追寻香格里拉》等5个优秀原创剧目。话剧《幸存者》荣获中宣部第十三届精神文明建设“五个一工程”优秀作品奖，歌剧《钓鱼城》、京剧《金锁记》分别入选歌剧节、京剧节参评剧目。7个项目入选国家艺术基金2014年度资助项目。

（五）文博事业蓬勃发展

截止2014年全市文物藏品71.75万余件，其中一级品1359件。2014年基本陈列262个，举办临时展览180个，接纳观众2214.47万人次，其中免费开放接待观众1924.23万人次。免费开放观众人次占86.89%。非免费开放文物点门票销售收入1.17亿元，其中世界文化遗产大足石刻门票销售收入0.58亿元，占49.57%。

表4　2014年重庆市文物业基本情况

	机构数（个）	从业人员（人）	文物藏品（件/套）	基本陈列（个）	临时展览（个）	参观人次（万人次）	本年收入合计（万元）	财政拨款（万元）
总计	**109**	**2688**	**717462**	**262**	**180**	**2214.47**	**62353**	**53655**
按单位类型分								
文物行政主管部门	1	27					1488	1488
文物科研机构	1	142					4315	3765
文物保护管理机构	25	225	36898	12	9	60.5	6286	6068
博物馆	78	2246	646125	250	171	2153.97	49501	42334
文物商店	2	21	34439				623	
其他文物企业	2	27					140	

1. 文物保护卓有成效

全年实施市级以上重点文物保护工程46个，其中国保项目30个、市保项目16个，竣工项目20个、在建项目26个，重点项目示范带动作用明显，文物保护状况进一步改善。一是大足石刻千手观音抢救修复工程推进顺利，石质、彩绘和贴金等主体修复基本完成，2015年5月将全面竣工，实现对外开放。二是抗战遗址保护和利用得到加强，组织实施世界佛学院汉藏教理院旧址、育才学校旧址等7个全国重点文物保护单位和于右任官邸、李宗仁旧居等9个市级文物保护单位维修项目，197处市级以上抗战遗址中的129处已实现对外开放。三是世界文化遗产申报工程积极推进，白鹤梁题刻水下保护体玻璃窗改造工程顺利实施，水下廊道照明、防撞设施建设工程稳步启动，合川区钓鱼城悬空卧佛寺保护、钓鱼城遗址摩崖题刻及碑刻抢救性保护等工程加快实施。四是古建筑及重点寺观教堂保护成效明显，云阳县彭氏宗祠、铜梁区安居古建筑群——下紫云宫和东岳庙等项目基本完成，梁平县双桂堂一期工程、江津区江公享堂、大足区石马真原堂、万州区金黄甲大院、巫山县龙溪古建筑群——杨氏民居维修等项目竣工并通过验收。五是文物保护项目工程质量管理得到加强，及时开展项目方案评审，定期组织专家对文物保护项目现场进行巡查、指导，文物保护工程管理质量明显提高，合川区涞滩二佛寺下殿保护修缮工程入围“全国首届十佳文物保护维修工程二十强”。湖广会馆、杨氏民宅、南腰界红三军司令部旧址等3处消防工程被国家文物局确定为“文物消防安全百项工程”。文物考古发掘工作稳步开展。重点领域考古发掘取得新进展，永川区汉东城遗址阶段性考古发掘通过专家验收，被誉为“通史式的古遗址”，与彭水县郁山飞水盐井遗址一道入选2013年度全国考古新发现二十五强。太平门遗址考古发掘为研究重庆古城格局、城市发展历史提供了重要实证。老鼓楼衙署遗址公园公园建设加速推进，完成1.5万平方米的遗址公园规划。服务经济发展和新型城镇化建设，实施39个基本建设中的文物保护项目，调查面积87.64平方公里，调查里程598公里，勘探面积

24.7 万平方米，发掘面积 2.99 万平方米，出土文物 7323 件（套），完成秀山至贵州松桃高速公路、潼南航电枢纽工程、铜梁农业科技园等建设项目中的文物保护工作，以及万州盐井沟、奉节兴隆镇、巫山抱龙镇等 3 处生物地层学调查。

2. 博物馆事业亮点频现

第一次国有可移动文物普查扎实推进。与市财政联合开展了普查专项资金落实情况督查，为普查工作提供了经费保障。全面开展文物认定，建立了市级可移动文物认定审核专家库，严格按照《文物认定管理暂行办法》，制定文物认定程序和工作细则，将文物普查与文物清库建档、定级相结合，83 家国有收藏单位完成文物认定 20623 件 / 套，文物系统外国有收藏单位文物认定工作全部完成。举办了可移动文物信息登录平台骨干培训班，140 余名普查骨干参与了培训，推进普查文物信息采集登录工作，狠抓进度管理和质量控制，现有 90 个国有收藏单位采集并上报文物信息数据 43858 件套（实有文物数量达 103573 件），其中 34 个中小型收藏单位全部完成文物信息采集登录工作，顺利完成年度工作任务。

（六）搭建平台，营造公平环境，文化产业结构调整成效初步显现

一是产业平台稳步搭建。引进完美世界、神州数码、百度爱奇艺等知名数字出版企业。“北部新区移动游戏创业孵化园”开园，首批 20 家企业签约入驻。“数字出版公共服务云平台”完成一期建设。软件产业中心、软件外包国际培训学院和相关配套设施投入建设。出版传媒创意中心建成投用。举办重庆市第三届文化产业博览会印刷产业成果展，吸引 20 余万市民参观。西部唯一国家级纸包装基地－中国西包生态产业园落户璧山开建。壹秋堂文化传播有限公司入选第六批国家文化产业示范基地。

二是主体市场逐步强大。先后引进华侨城集团、万达集团、银泰集团等全国知名企业落户重庆。全市注册文化企业 59344 家，同比增 29.66%；其中公有制及其控股企业 2765 家，同比增 3.99%，民营企业 56579 家，同比增 31.25%；注册资本金总额 1329.59 亿元，同比增 83.49%；其中公有制及其控股企业注册资本金总额 276.32 亿元，同比增 33.6%，民营企业注册资本金总额 1053.26 亿元，同比增 103.41%，创历史新高。

1. 演出市场逐步规范，发展有序

非国有艺术表演团体 490 个，比 2013 年的 422 个增长 16.11%，国内演出 5.92 万场，国内演出观众人次 1327.59 万人次，其中农村演出 4.81 万场，观众 1070.87 万人次。在很大程度上的缓解了国有艺术表演团体因机构少，人手不够而造成的覆盖面不广的影响，有效地满足了广大农民群众对演出的需求。

2. 娱乐业在困境中良性调整，逐渐朝着规模化、品牌化发展

表5　娱乐场所两年对比情况

指　标	2013年	2014年	增长幅度(%)
机构数(个)	2774	2651	-4.43
从业人数(人)	21942	22964	4.66
资产总计(万元)	296779	235712	-20.58
营业收入(万元)	189316	195378	3.20

今年娱乐业机构数略有下降，娱乐业逐步朝着规范和提档升级的方向健康发展，小、散、差的经营场所被逐渐淘汰出市场，各级文化主管部门严把审批关、加强过程监管，联合市文化行政执法总队开展系列专项整治行动，积极引导支持文化市场主体开展健康有益的经营活动，许多业主转变了经营理念，不仅没有减少资金投入，反而加大了投入力度，重新装修店面，增加包房包间数量，一批规模大、经营能力强、有市场竞争力的文化单位得到了更好的发展，布局得到进一步优化，从而极大的改善了重庆娱乐行业形象，

提升娱乐产业层次，场所规模有所扩大，品质有所提升，经营管理水平也得到了极大提高，初步形成了“阳光管理、阳光经营、阳光消费、阳光服务”的市场新氛围。

3. 网吧业开始在多元经营中寻求生机

表6　互联网上网服务营业场所(网吧)两年情况对比

指　标	2013年	2014年	增长幅度(%)
机构数(个)	3054	2755	-9.79
从业人数(人)	12142	11850	-2.40
资产总计(万元)	133969	147567	10.15
营业收入(万元)	109544	117941	7.67

2014年，重庆市网吧行业进一步规范，机构人员减少，其余各项指标呈复苏态势，究其原因：一是按照布局合理，结构优化的原则，调控网吧市场发展，促进网吧市场上档升级；二是各级管理部门积极引导鼓励网吧连锁化经营和多元化经营，加强网吧行业政策研究，加大扶持力度；三是大力鼓励网吧企业开展连锁经营，通过科学规划布局，减少网点数量，降低经营成本，拓展新服务，增加附加值等方式，推动行业发展。

4. 产业效益稳步增长

成功举办第六届中国西部动漫文化节，参展参会单位、观众总数均创历届新高，签约总额达到21亿元。举办第七届万石博览会，现场销售额8000余万元。

（七）不断扩大对外文化交流，塑造重庆发展新形象

一是文化交流影响扩大组团赴德国、汤加、蒙古等17个国家开展文化交流19批291人次，“欢乐春节”组团访美、法、俄等7个国家，举办文艺演出、巡游、非遗展示等活动30余场。对台文化交流取得实质进展，重庆文化艺术职业学院与台湾戏曲学院缔结为姊妹院校，第六届重庆台湾周在渝成功举行，重庆话剧团《大刺客》赴台演出，台湾自然博物馆科普舞台剧《哈雷与刘顿：从黑暗到光明》来渝商演；与韩国、泰国达成双边文化交流协议，釜山博物馆与三峡博物馆建立姊妹馆关系。三峡博物馆书画精品展赴法国、匈牙利展出，重庆自然博物馆《巨龙传奇》赴香港展出。

二是文化贸易逐步繁荣。2014年，全市对外文化贸易出口额达到135亿元，增长迅速。引进涉外营业性演出181台，10214场，演出收益13710万元，较上年增长47.1%。重庆演艺集团在西班牙组建的文化公司正式运营，运作重庆杂技商演28场，实现产值600万元。重庆演艺集团等五家企业被认定为2013—2014年度国家文化贸易出口重点企业。华龙网六大外语国际传播服务出口平台和杂技剧《花木兰》被认定为重点出口产品。

二、主要问题

（一）财政投入增幅有所提高但总量不足

虽然文化（文物）的总收入和财政投入在逐年有所提高，但基数太低、总量不足，重庆文化文物经费投入低，排在全国各省市中间偏后，在四个直辖市中最低，在西部也仅处于中游水平。

表7　2014年各直辖市及西部地区文化文物财政拨款情况

	文化事业费(万元)	位次	人均文化事业费(元)	位次	文物事业费(万元)	位次	人均文物事业费(元)
重庆市	**133289**	**3**	**44.56**	**4**	**50111**	**3**	**16.75**
北京市	249386	2	115.91	2	237981	1	110.59
天津市	122666	4	80.87	3	26478	4	17.45
上海市	332623	1	137.13	1	100284	2	41.34
四川省	349146	1	42.89	8	130894	2	16.08
贵州省	105913	9	30.19	12	45719	8	13.03
云南省	174862	4	37.09	10	30327	11	6.43
西　藏	50826	11	160.06	1	54662	4	171.89
陕西省	193209	2	51.18	6	228737	1	60.59
甘肃省	110710	8	42.73	9	93505	3	36.09
青海省	63784	10	109.33	2	13421	12	23.02
宁　夏	46671	12	70.55	4	32013	10	48.36
新　疆	148975	5	64.81	5	46519	6	20.24
内蒙古	189673	3	75.72	3	46148	7	18.42
广西省	144457	6	30.39	11	32708	9	6.88

（二）专业技术人才匮乏，急需引进和培养高素质人才

目前，在我市52160名文化从业人员中，具有中高级专业技术职称的仅有1669人，所占比重仅为3.2%。

表8　2014年文化机构从业人员表

	总计	专业技术人才			
			正高级职称	副高级职称	中级职称
总计	**52160**	**5285**	**131**	**439**	**1099**
艺术业	6852	2134	43	158	317
其中：艺术表演团体	6692	2033	41	145	295
艺术表演场馆	160	101	2	13	22
图书馆	869	588	18	77	208
群众文化服务	4741	1290	18	67	198
其中：文化站	3828	719			
艺术教育业	305	208		21	30
文艺科研	37	25	1	3	14
文物业	2688	907	45	98	291
文化市场经营机构(不含非公有制艺术表演团体)	34814				
其他	1854	133	6	15	41

专业技术人才匮乏，制约着我市文化文物事业的进一步发展。5406个文化市场经营机构，34814个从业人员中，没有拥有中、高级职称的人员。文化市场经营队伍整体素质不高。国家相关法律法规在文化市场经营业主准入时没有对文化程度及业务素质提出要求，没有设明确的标准条件，导致我们在业主审核上无从把关，致使一些文化水平较低、业务素质较差的人员也开始从事文化市场经营活动，给文化市场发展带来消极影响。

三、下一步工作的建议

（一）加大资金投入，建立和完善政策保障机制

积极争取国家资金对我市文化文物投入，确保市级财政对文化文物建设投入的增长高于市级财政经常性收入增长幅度，提高文化文物支出占财政支出比例。同时，要积极引导社会力量参与对文化事业建设和活动，多渠道拓宽文化资金来源。

（二）优化人才结构，加强人才队伍建设

队伍是基础，人才是关键。要注重中坚力量建设，努力造就一批高层次领军人物和高素质文化文物人才队伍；要大力加强基层文化队伍建设，夯实文化文物事业发展的基础；要建立人才培养、选拔任用等保障机制，努力开创和营造人才辈出、人尽其用的良好氛围和制度环境。

（三）继续确立对文化市场发展管理并重的工作方针，确保文化市场健康有序发展

对文化市场要认真规划，科学引导，强化教育，加强管理，不断提升我市文化市场总体经营管理水平。要把握文化市场发展新趋势，引导各类市场主体以娱乐市场主体创规模、创品牌，使文化市场各个门类无论是规模、档次，还是效益、服务，都有一个数量的增长和品质的提升。

（重庆市文化委员会）

重庆：注重内容质量，文艺创作生产水平整体提升

一是在舞台艺术创作上，成功举办重庆市舞台艺术之星选拔和第四届重庆市舞蹈比赛，全面启动歌剧《妙善公主》、川剧《白露为霜》、话剧《朝天门》、京剧《辛弃疾》、魔术主题晚会《梦幻奇观》等一批新剧目的创作工作，深度打磨《追寻香格里拉》等5个优秀原创剧目。话剧《幸存者》荣获中宣部第十三届精神文明建设“五个一工程”优秀作品奖，歌剧《钓鱼城》、京剧《金锁记》分别入选歌剧节、京剧节参评剧目。7个项目入选国家艺术基金2014年度资助项目。

二是在美术创作上，成功举办“回响——重庆美术60年”美术展览，共展出作品265件，全面展示了60年来重庆美术创作取得的优秀成果。顺利完成第十二届全国美术作品展览的创作和选送。

三是在群众文艺上，成功举办第四届重庆市戏剧暨曲艺大赛、第三届社区文化节和第十六届重庆市乡村文艺汇演、“美丽乡村”重庆市首届原创歌曲大赛。南岸区老年合唱团参加第十六届中国老年合唱节，荣获金奖第一名。

四川省2014年文化发展情况分析

四川省总人口8140万，辖21个市州、有183个县（市、区），4648个街道办和乡镇，是全国第二大藏区，最大的彝族聚居区和唯一的羌族聚居区。2014年，全省文化系统继续巩固党的群众路线教育实践活动成果，牢固树立以人民为中心的工作导向，全面深化文化体制改革，解放和激发全社会文化创造活力，公共文化服务能力和水平有效提升；文艺精品创作活力激发；文化产业整体实力不断壮大；文化遗产守护力度更加强化；四川文化“走出去”步伐进一步加快，文化建设不断取得新成绩。

一、2014年四川省文化文物发展情况

（一）全省文化文物机构人员有所变化

2014年底，由文化部门主管和由文化部门审批管理全省文化产业机构总计21299个，从业人员120755人。其中：文化部门单位机构数5952个，从业人员33054人；文化市场经营单位15304个，从业人员86138人。与2013年相比，全省文化产业机构数增加507个，增长了2.44%；从业人员减少410人，下降了0.34%。我省文化产业机构数有所增加，但从业人员有所减少，主要原因是文化市场经营单位从业人员有所减少。

（二）全省文化文物事业投入逐年增长

表1　2010-2014年四川省文化文物投入情况一览表

年份	文化部门			文物部门	
	总收入(亿元)	文化事业费(亿元)	人均文化事业费(元)	总收入(亿元)	文物事业经费(亿元)
2010年	25.04	14.39	17.89	10.75	7.33
2011年	31.86	20.58	25.56	11.75	7.75
2012年	44.03	27.49	34.04	14.05	9.11
2013年	53.33	30.46	37.58	15.59	10.31
2014年	55.95	34.91	42.89	15.67	10.79

2014年文化部门总收入55.95亿元，与上年相比增长4.91%，其中文化事业费（不含基建拨款）34.91亿元，比上年增长14.61%，人均文化事业费42.89元，比上年增长14.13%；文物部门总收入15.67亿元，其中文物事业费10.79亿元，与2013年相比增长2.52%。

表2　2010-2014年四川省文化事业费情况(与全国水平对比)

人均文化事业费(元)	2010年	2011年	2012年	2013年	2014年
全　国	24.11	29.14	35.46	38.99	42.65
四川省	17.89	25.56	34.04	37.58	42.89

2014年我省人均文化事业费42.89元，比上年增加5.3元，同比增长14.1%，全国人均文化事业费为42.65元，我省人均文化事业费首次超过全国平均水平。

（三）公共文化服务体系建设取得新进展

1. 省、市、县、乡镇、村五级公共文化基础设施建设积极推进。省级重点文化工程项目加快建设，四川省图书馆新馆主体工程完工，四川省非物质文化遗产保护中心馆舍竣工并对外开放，四川省群众文化活动中心、省演艺中心和四川大剧院项目稳步推进。自贡市文化馆、内江市文化馆、达州市文化馆、成都博物馆、攀枝花市三线博物馆等一批市州重点文化工程项目抓紧实施；藏区和纳入乌蒙山片区和秦巴山区的县级“两馆”建设积极推进；省级公共文化服务体系建设中乡镇村体系建设任务基本完成；芦山地震灾后文化恢复重建105个公共文化设施建设项目完工，完工率78.95%。

表3 2013-2014年四川省基本建设情况一览表

年份	项目数(个)	投资总额(亿元)	完成投资额(亿元)	竣工项目面积(万平方米)
2013年	415	12.59	5.5	84.8
2014年	365	10.59	7.4	28.9

2. 文化基础设施投资加大。2014年，四川省文化(文物)基本建设项目总数为365个，投资总额10.59亿元，完成投资7.4亿元，竣工项目1385个，竣工项目面积28.9万平方米，与2013年相比，投资总额减少2亿元，完成投资额增加1.9亿元，增长率分别为-15.89%和34.5%。

（四）公共文化服务效能不断提升

全省公共文化机构服务方式不断创新，标准化、规范化水平显著提高，群众参与度不断提升，文化成为推动社会和谐的重要力量。

1. 公共图书馆服务能力加强，综合服务水平大幅提升。截止2014年，全省公共图书馆机构数198个，比上年增加了1个，增长率为0.5%。公共图书馆实际使用房屋面积49.98万平方米，比上年增加1.16万平方米，增长2.4%；总藏量4635万册（含电子图书），比上年增加358万册，增长8.37%；电子阅览室终端数6545台；阅览室面积14.95万平方米，比上年增加0.4万平方米，增长2.75%；阅览室坐席数41680个，比上年增加697个，增长1.7%。

图1 2010-2014年全省公共图书馆人均面积及人均藏量

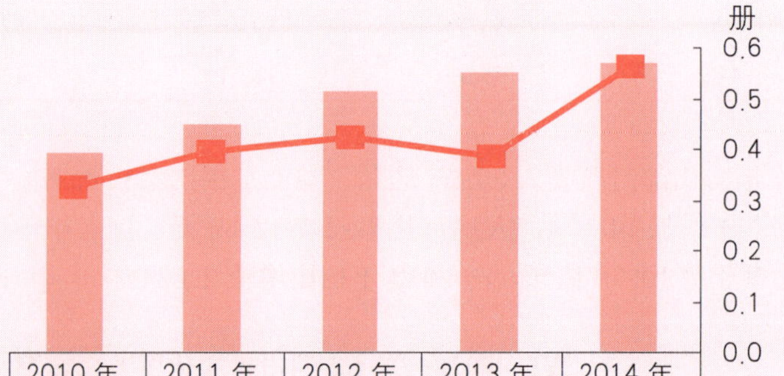

	2010年	2011年	2012年	2013年	2014年
每万人拥有公共图书馆面积	42.12	48.13	55.44	59.47	61.4
人均拥有公共图书馆藏书	0.32	0.39	0.42	0.38	0.56

全省公共图书馆总流通人次达 1867.23 万人，比上年增加 129 万人，增长 7.42%；书刊文献外借册次 1535.66 万册，比上年增加 161 万册，增长 11.72%；外借人次 836.11 万人，比上年增加 47 万人，增长 5.96%。为读者举办各种活动 4891 次（个），与上年相比增加 72 次（个），增长率 1.49%；积极开展延伸服务，流动服务书刊借阅人次 138.94 万人，比上年增加 22.2 万人，增长率 19.01%，流动图书馆车书刊借阅册次达 232.23 万册，比上年增加 29.99 万册，增长率 14.83%。

图2　2013-2014年公共图书馆主要服务情况

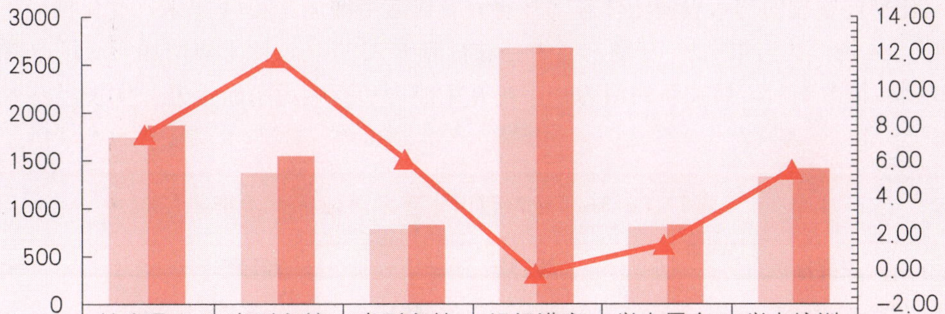

	总流通人次（万	书刊文献外借册次	书刊文献外借人次	组织讲座次数	举办展个数（个）	举办培训班班次
2013年	1738	1374	789	2680	806	1333
2014年	1867	1535	836	2670	816	1405
增长率%	7.42	11.72	5.96	-0.37	1.24	5.40

2. 群众文化活动蓬勃开展。2014 年底，全省群众文化机构 4808 个，比上年增加 6 个；群众文化从业人员 10428 人，比上年增加 690 人，其中具有高级职称的 140 人，占 1.34%，中级职称的 708 人，占 6.79%。

全年全省群众文化机构提供文化服务 98277 次，比上年增加 6082 次，增长率 6.59%，文化服务惠及 3366.21 万人，减少 142.58 万人，增长率 -4.06%。文化馆（站）组织品牌节庆活动 273 个，比上年增加 28 个，增长率 11.43%。积极开展延伸服务，利用流动舞台车演出 1,646 场，观众人次达 163.55 万人，演出场次和观众人次比上年大幅增加，增长幅度为 45.27% 和 54.65%，演出覆盖了全省市州和县（区市），并延伸到乡镇、村。

3. 美术馆工作取得新成效。 2014 年全省美术馆达 34 个（含书画院挂牌），比上年增加 8 个，增长率 30.76%；藏品数 7421 件，其中非文物藏品 928 件，占藏品总数的 12.51%。全省美术馆举办展览 274 个，比上年增加 56 个，增长率为 25.69%；参观人次 167.99 万人次，比上年减少 14.24 万人次，增长率 -7.81%。举办讲座 114 次，比上年增长 67.65%，举办教育活动 64 次，比上年增长 64.10%。

表4　2013-2014年四川美术馆开展活动情况

年份	机构数(个)	展览(个)	讲座(次)	教育活动(次)	出版物(种)
2013年	26	218	68	39	8
2014年	34	274	114	64	27
增长率（%）	30.77	25.69	67.65	64.10	237.50

（五）艺术创作生产全面繁荣

我省明确了以人民为中心的创作导向，加强文艺创作引导，实施精品战略，搭建艺术展演平台，四川特色艺术创作生产更加繁荣。

2014 年末，全省艺术表演团体 492 个，比上年减少 18 个，从业人员 11566 人，比上年增加 704 人；其中文化部门管理的艺术表演团体 51 个，仅占 10.36%。艺术表演场馆 41 个，比上年减少 1 个，从业人员 416 人，比上年增加 45 人；观众坐席数 26,112 个，比上年减少 451 个。艺术展览创作机构 51 个，从业人员 263 人，其中画院 6 个，剧目创作室 13 个。

1. 文化部门管理的艺术表演团体赴（基层）农村演出增加。2014 年末，文化部门管理的艺术表演团体演出场次 5584 场，比上年增加 19 场，其中赴农村演出 2350 场，比上年增加 402 场，增长率为 20.64%。我省国有院团转体改制后，换发新的活力，市场开拓能力和影响力不断提升，实现经济效益和社会效益的双丰收。

表5　2013-2014年四川省艺术表演团体主要指标情况

主要指标	2013年	2014年	增长率（%）
机构数(个)	510	492	-3.53
演出场次(万场)	7.65	6.42	-16.14
农村演出场次(万场)	4.21	3.52	-16.34
文化部门机构数(个)	52	51	-1.92
所占比重(%)	10.2	10.37	1.63
演出场次(万场)	0.557	0.558	0.18
所占比重(%)	7.28	8.69	19.46
农村演出场次(万场)	0.195	0.236	21.03
所占比重(%)	4.64	6.71	44.66
其它部门机构数(个)	458	441	-3.71
所占比重(%)	89.80	89.63	-0.18
演出场次(万场)	7.10	5.86	-17.46
所占比重(%)	92.77	91.31	-1.58
农村演出场次(万场)	4.01	3.28	-18.15
所占比重(%)	95.36	93.29	-2.17

2. 地方特色艺术生产展演更加繁荣。2014 年末全省艺术表演团体原创首演剧目 20 个，新创《辉映羌山》、《国乐丹青》、《毕世祥》、《尘埃落定》等大型剧目 15 台，复排川剧《卧虎令》、话剧《第二十九棵树》、话剧《活在阳光下》等剧目 10 余台。四川豫剧团《父亲》获第三届中国豫剧节剧目奖。自贡市杂技团获西班牙国际马戏节金奖，遂宁市杂技团获得蒙特卡洛国际马戏节银小丑奖，资中县木偶剧团获得全国木偶皮影中青年技艺大赛银奖。新创剧目《苏武》《彝红》在第二届中国歌剧节上获得多项大奖。

3. 演出市场民营艺术表演团体继续发挥主导作用。2014 年末民营艺术表演团体 441 个，占艺术表演团体总数的 89.63%；演出场次 5.86 万场，占全省演出场次总数的 91.13%；农村演出场次 3.282 万场，占农村演出场次总数的 93.29%。

（六）文化产业实力显著提高

1. 全省文化产业机构有所变化。2014 年末全省文化产业机构数 21299 个，与上年相比增加 570 个，从业人员 120755 人，与上年相比减少 410 人。2014 年末国家级文化产业示范（试验）园区 1 个，国家级文化产业示范基地 15 个，比上年增加 2 个；省级文化产业示范（试验）园区和文化产业示范基地 44 个，2 个国家级文化和科技融合示范基地。国家和省级文化产业示范基地（园区）总收入 252.23 亿元，比上年增长 175.57%，利润总额 121.5 亿元，比上年增长 559.25%。增长较快原因一是我省 2014 年新增国家级文化产业示范基地（园区），二是聚集类文化产业示范基地（基地）引进文化企业数量大幅上涨。

2. 文化产业发展环境优化。落实《国务院关于推进文化创意和设计服务与相关产业融合发展的若干意见》要求，配合制定我省专项行动计划。出台深入推进文化金融合作实施意见，建立金融支持文化产业发展的配套机制，搭建高效的文化企业融资平台。制定《四川省特色文化创意产品认定管理办法》，重点打造 83 个独具四川特色的文化创意产品。加快文化产业相关中介组织建设，组建四川文化企业服务中心，成立四川民营文化企业协会。

2014 年我省深入推进文化产业融合发展，发展新型文化业态，59 个项目进入国家重点文化产业项目库；3 个项目进入国家文化和金融合作重点项目库；25 个项目获取中央文化产业发展专项资金支持。加快藏羌彝文化产业走廊项目建设，总投资超过亿元。举办成都创意设计周、2014 西部成都动漫游戏文化节等系列活动。

（七）文化市场规范有序

1. 优化环境激发市场主体活力。推进文化行政审批改革试点工作，起草《“降低社会资本进入门槛支持非公有制文化企业和小微文化企业发展”专项改革方案》。出台《关于加强全省艺术品集中经营市场建设的指导意见》。推动建立文化产品新媒体信息发布平台，扶持建立电子艺术品商务平台。加强综合执法指导监督和队伍建设，举办各类综合执法培训 120 余场次，培训执法人员 10000 余人次，专项整治行动等检查文化经营场所 62 万家次，办理案件逾 4000 件，停业整顿近 300 家次，查办的 1 起案件被评为全国文化市场十大案件，5 起被评为全国文化市场重大案件。

2. 文化市场经营单位结构有所变化。2014 年全省文化市场经营单位 15304 个，比上年增加 512 个，增长 3.46%，从业人员 86138 人，比上年减少 1702 人，增长 -1.94%。其中娱乐场所 5822 个，占文化市场经营单位总数的 38.04%；互联网上网服务营业场所（网吧）9041 个，占文化市场经营单位总数的 59.08%。娱乐场所机构数和从业人员略有减少，在文化市场经营单位所占比重有所下降，互联网上网服务营业场所（网吧）机构数和从业人员略有增加，规模有扩大趋势。

3. 演出市场全方位发展。2014 年全省营业性艺术表演团体 441 个，比上年减少 17 个，增长 -3.71%。举办各类演出 5.86 万场，比上年减少 1.23 万场，演出收入 4.37 亿元，比上年增加 0.12 亿元，演出市场演出场次减少，但演出收入增加。演出经纪机构 99 个，演出企业走精品剧目和品牌化发展道路，“汽车音乐节”、“咪咕音乐节”、“欢乐谷狂欢节”等渐成四川知名演出节日，商业演出场次较上年增加；加强部门联合协作，促进文化旅游深度融合，旅游演出市场持续升温。

4. 网络市场转型升级。2014 年末我省互联网上网服务营业场所（网吧）机构 9041 个，比上年增加 625 个，增长 7.43%；从业人员 36221 人，比上年增加 1243 人，增长 3.55%。县城及县以下网吧 6298 个，占网吧机构总数的 69.66%，网吧在二三线城市和农村市场延伸趋势明显，连锁网吧的规模化、品牌化、专业化、多样化的服务模式成为我省网吧市场发展的显著特征。文化市场由最初的以营业性网吧为主体发展为以网络文化产品开发和服务为核心，2014 年末全省手游研发、运营企业和团队超过 500 家，成为我省吸引海内外投资的重要行业之一，网络游戏成为我省网络文化对外贸易的主力军。网络音乐市场顺利发展，规模处于中西部地区第一。

（八）优秀传统文化传承体系建设有效推进

1. 文物业机构和从业人员稳定增长。2014 年末我省文物机构 443 个，比上年增加 46 个，增长 11.59%，其中文物保护管理机构 174 个，占 39.28%，博物馆 206 个，占 46.5%。从业人员 8,088 人，比上年增加 319 人，增长 4.11%。

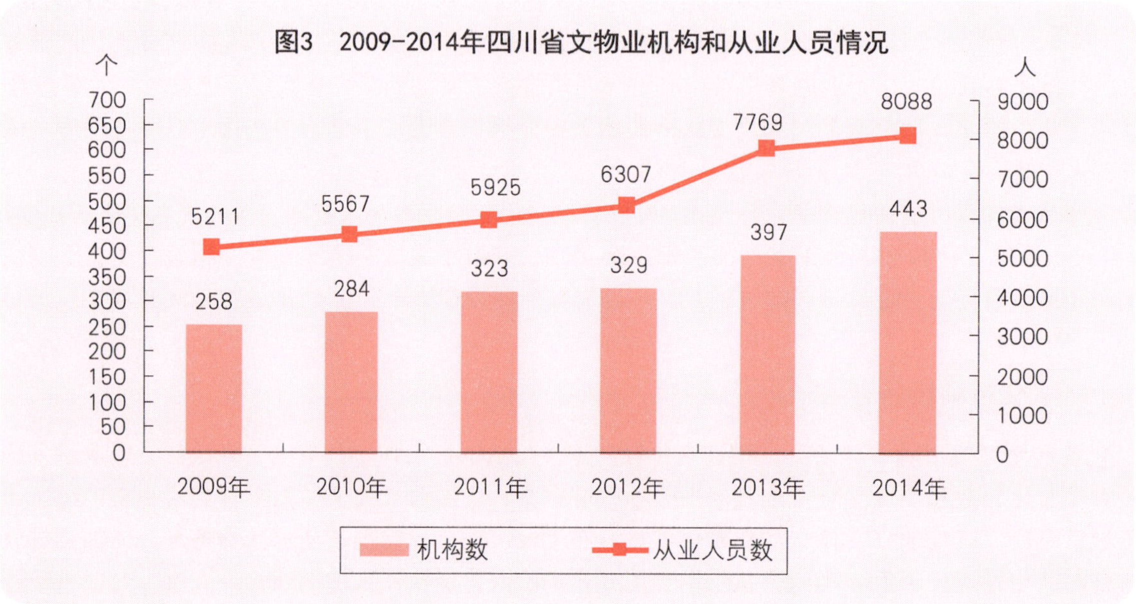

2. 文物业公共服务能力和水平进一步提高。2014年末全省文物藏品357.99万件，比上年增加17.66万件，增长 5.19%，其中博物馆文物藏品 328.32 万件，占文物藏品总数的 91.71%。文物藏品中一级品 7,678 件，二级品 11,177 件，三级品 119,435 件。全省文物展览用房 66.877 万平方米，比上年增加 15.098 万平方米，增长 29.16%。2014 年末全省有文物点 65,231 处，其中国家级文物保护单位 230 处，省级文物保护单位 969 处，市县级文物保护单位 6,400 处。有世界自然和文化遗产 5 处，中国历史文化名城 8 座，84 个村落列入中国传统村落名录。三星堆遗址、金沙遗址通过 2014 年度国家考古遗址公园运行评估；“蜀道”申报世界文化与自然遗产前期工作有序进行。

表6　2013-2014年文物藏品、文物点和实际使用房屋面积情况

单位：万件/套、件/套、个、平方米

年份	文物藏品				文物点			使用房屋面积		
	合计	一级品	二级品	三级品	合计	国保单位	省保单位	合计	展览用房	库房
2013年	340.33	6332	11740	111950	65231	230	969	115.07	51.78	9.94
2014年	357.99	7678	11177	119435	65231	230	969	143.89	66.88	12.97

3. 文物保护工作力度不断加强。2014 年度，全省完成了 77 处国家级和 75 处省级文物保护单位的维修，保护维修面积 13.2 万平方米；完成 191 个文物保护规划和方案设计；完成 1199 处全国和省级重点文物保护单位保护范围和建设控制地带划定工作；大遗址保护工作推进扎实，成都平原史前城址芒城遗址保护规划、罗家坝遗址保护工程等项目立项完成并上报。

4. 博物馆事业蓬勃发展。2014 年，全省有各类博物馆（纪念馆）206 个，比上年增加 18 个，增长

9.57%，从业人员达5795人，比上年增加378人，增长6.98%；其中文物部门博物馆176个，占博物馆总数的85.44%，文物部门博物馆在总数中所占比重大。

5. 非物质文化遗产保护更加完善。2014年我省开展了第四批国家级非遗项目推荐申报和第四批省级非遗项目申报评审工作，新增19个国家级非遗名录项目，正式公布了第四批省级非遗名录（36项）和前三批省级非遗名录扩展项目（26项），截止2014年末，我省共有国家级非遗项目139个，省级非遗项目522个，国家级非遗代表性传承人69人，省级非遗代表性传承人682人，非遗保护名录体系得到进一步充实完善。4家企业被文化部评为第二批国家级非遗生产性保护示范基地，共有7个国家级非遗生产性保护示范基地，数量位居全国第一。

2014年末，全省有非物质文化遗产保护机构196个，从业人员890人。非物质文化遗产博物馆84个，比上年增加33个，增长64.7%，演出和展示面积10.88万平方米，比上年增加5.44万平方米，增长100%；传习所392个，比上年增加112个，增长40%，非物质文化遗产保护和展示能力大幅提升。

表7　2013-2014年四川省非物质文化遗产展示传习场所情况

项目 年份	非物质文化遗产博物馆				传习场所	
	数量（个）	收藏实物数（件/套）	展示及演出面积（万平方米）	培训学徒（人）	数量（个）	培训学徒（人）
2013年	51	20597	5.44	7210	280	11693
2014年	84	24112	10.88	17500	392	12663
增长率（%）	64.71	17.07	100	142.72	40	8.3

（九）对外文化交流成果丰硕

1. 对外文化交流活动深度拓展。2014年，全省审核审批对外文化交流项目245个，参与文化交流人数为2749人。其中非商业对外文化交流项目99个，参与交流人员1881人次，演出（展览）852场，演出观众（参观）人次达247.33万人，与上年相比演出（展览）场次和演出（参观）观众人次大幅增加。

表8　2013-2014年四川省非商业对外文化交流基本情况

年份	非商业对外交流项目（个）	参与交流人员（人）	演出（展览）天数（天）	演出（展览）场次（场）	演出观众（参观）人次（万人）
2013年	110	1998	1505	760	106.98
2014年	99	1881	1041	852	247.33

2. 对外文化贸易大力推进。参与制定《四川省加快发展对外文化贸易的实施意见》，推动落实扶持政策；主动为省内文化企业搭建走出去“平台”。2014年，我省核心文化产品出口额3亿美元。

二、文化建设中存在的突出问题

2014年，在全省各级文化部门的努力下，我省文化事业呈现出良好的局面，但与广大群众日益增长的文化需求相比，我省公共文化服务体系还存在投入不足，公共文化服务能力不足，区域及城乡文化发展不平衡等问题，公共文化服务体系建设有待进一步加强。

（一）公共财政支持力度有待进一步加强

1. 纵向比较。全省公共财政对文化的投入逐年增加， 2014 年我省文化事业费为 34.91 亿元，占地方财政支出的比重为 0.51%，比重与上年基本持平。近 10 年来，我省文化事业费在财政支出中比重始终处于不足 0.5% 较低水平。

2. 横向比较。2014 年全省文化事业费 34.91 亿元， 占仅占教育事业费 1,057 亿元的 3.3%，占卫生事业费 584 亿元的 5.98%，占科技事业费 82 亿元的 42.57%，与社会事业其它部门相比，财政对文化事业的投入比例偏低。

2014 年，四川省文化事业费 34.91 亿元，居西部 12 个省（市、区）地区第一位；人均文化事业费 42.89 元，居全国第 15 位，在西部地区仅高于云南省、贵州省和甘肃省，居西部地区的第 9 位。我省文化事业费总量大，但人均文化事业费和西部地区其他省市还存在一定差距，在全国各省市中排名偏后，在西部也处于落后水平。

3. 文物事业的财政投入。2014 年我省文物事业费 10.79 亿元，在财政支出的比重为 0.16%，与上年相比，文物事业费增加 0.48 亿元，增长率为 4.65%，在财政支出中的比重下降了 0.01%。文物事业费总量持续增加，在财政支出中的比重略有下降，文物事业的财政投入与文物保护的实际需要相比，仍然存在总量偏少的问题。

（二）文化事业发展不均衡

1. 地区发展不均衡。我省平原地区、盆周山区、民族地区、贫困地区和革命老区之间文化事业发展极不平衡

文化投入地区间差异大。成都、攀枝花、德阳、绵阳、宜宾、乐山等经济发达地区财政对文化的投入较多，其余大部分市州文化发展相对滞后。人均文化事业费差距大，排名前二名的甘孜州、阿坝州、成都超过了 80 元，而排名后三位的遂宁、资阳和广安不足 25 元，广安市甚至不足 20 元，文化投入差异直接影响力基层公共文化的均等化发展。

文化基础设施地区间差异大。各地文化基础设施在服务和工作空间、服务设施设备、建筑设计标准等方面有较大差异，部分地区仍然建筑年代久远，建筑面积不足的现象，民族地区尤为突。

表9　2014年四川省和“三州”民族地区公共文化设施情况

	四川省			“三州”民族地区		
	机构数	实际使用房屋建筑面积	平均房屋建筑面积	机构数	实际使用房屋建筑面积	平均房屋建筑面积
公共图书馆	198	49.98	2524.24	49	3.717	758.57
文　化　馆	207	48.018	2319.71	51	5.336	1046.27
文　化　站	4601	162.278	352.70	1150	23.221	201.92
博　物　馆	206	121.207	5883.83	22	5.455	2479.55
美　术　馆	34	2.605	766.18	6	0.055	91.67
区县数		183			48	
人口数		8140			663.51	
人均公共文化设施面积		0.047			0.056	

2. 城乡发展不均衡。

2014 年我省农村文化事业费 11.38 亿元， 城市与农村文化投入比为 6.7:3.3，城乡间文化发展不均衡的结构矛盾仍然突出。

（三）公共文化设施有待进一步完善

人均拥有公共文化设施数量偏低。2014 年，全省人均公共文化设施 0.047 平方米，与上年相比，人均公共文化设施面积增加 0.004 平方米，增长率为 9.3%。但与全国平均水平相比，人均拥有公共文化设施面积仍然偏低，公共文化设施建设任务艰巨。

（四）文物保护有待进一步加强

2014 全省有文物点 65231 个，藏品数 358 万件 /（套），我省文物点多，文物藏品数量大，大量文物本体年久失修，文物保护和安全工作形势严峻；全省现有文物机构 443 个，实际使用房屋面积 143.9 万平方米，其中展览用房 66.88 万平方米，占总数的 46.48%，文物库房 12.97 万平方米，占总数的 9.01%，文物机构基础设施薄弱，展览和文物库房面积狭小，馆藏文物保管环境差，设施设备陈旧落后，“硬件”条件的缺失直接影响文物保护与管理。文物保护机构、人员数量以及相应的设施设备与我省文物资源大省所要求的文物保护工作不成正比，与经济社会发展水平和文物保护的需要相距甚远。

（五）文化队伍整体素质有待提高

2014 年我省文化部门机构数 5952 个，从业人员 33054 人，其中专业技术人员 10830 个，占从业人员总数的 32.76%，其中高级职称 1080 人，占从业人员总数的 3.26%，中级职称 3592 人，占从业人员总数的 10.87%。文化部门专业技术人才比重居第一位的是艺术表演团体，占从业人员总数的比重 71.75%；专业技术人才最少的是文化站，仅占从业人员总数的比重 21.09%。我省文化部门机构高（中）级职称人员总数少，所占比重偏低，各门类人才不够齐全，艺术创作队伍中剧作家缺乏，尤其是中青年创作人员极度匮乏，后备人才不足；艺术表演人员缺乏出类拔萃的尖子演员，艺术水平有待提高，尤其是基层文艺骨干业务能力有待培训提高。图书馆专业管理人员匮乏，尤其是电子信息建设、文献检索编排和二次搜索人才紧缺。

三、有关对策和建议

（一）下一步的对策和措施

1. 继续完善覆盖城乡的公共文化服务体系，完善功能和提升水平。全面贯彻落实《关于加快构建现代公共文化服务体系的意见》和《国家基本公共文化服务指导标准》，加强全省公共文化政策研究和制度设计，制定四川省公共文化服务保障标准和指标体系。

2. 加大对舞台艺术剧目创作生产的扶持力度，创新投入方式，争取国家艺术基金，鼓励社会民间资本对文艺创作的投入。搭建艺术展演平台，推出更多优秀文艺作品。

3. 贯彻落实好国办《关于做好政府向社会力量购买公共文化服务工作意见的通知》，探索符合我省实际的政府向社会力量购买公共文化服务机制，拓展公共文化服务供给渠道，丰富文化产品供给，提升公共文化服务效能。

4. 坚持重大项目带动战略，创新文化产业示范基地和园区建设机制，加快藏羌彝文化产业走廊建设。打造文化创意产品、融合发展集聚区和融合展示平台；促进特色文化产业发展，培育和打造特色文化品牌。

5. 完善文化市场服务体系，研究促进居民文化消费的政策措施，推动文化和旅游深度融合。推动演艺院线建设，扶持特色文化产品市场，完善文化产品新媒体宣传推广平台。完善市场监管机制，探索文化产品内容审核专家评审机制。全面推进上网服务行业标本兼治，转型升级。

6. 认真组织实施一批重点文物抢救保护和展示利用工程，加快传统村落和革命旧址保护和利用，抓好邛窑遗址国家考古遗址公园保护建设，配合相关部门做好“蜀道”申遗工作。抓好全省第一次全国可移动文物普查工作。

推动非物质文化遗产的生产性保护，建好国家级和省级非遗生产性保护示范基地。加强国家级羌族文化生态保护实验区、摩梭文化保护工作。办好第五届中国成都国际非物质文化遗产节。

7. 深入推进“三区计划”文化工作者专项和“文化名家”工程。开展分级分类分层分岗培训，强化优秀年轻人才培养选拔工作，加强后备人才和年轻人才队伍建设。

（二）有关建议

1. 继续加大公共财政对文化事业的投入力度。中央财政要充分考虑地区差异，因地制宜，政策继续向西部地区倾斜，尤其要重视少数民族地区、贫困地区公共文化设施建设和内容建设，减免或降低民族地区的地方配套资金比例。

2. 加强文化法规政策协调和实施效果监测评估。党中央和国务院历来重视文化建设，出台了一系列文化政策，很多政策实际工作中很难得到落实，建议文化部要加大文化法规政策协调力度，同时要加快法规制度建设，用文化立法保障对文化的投入。建立健全绩效考评制度，加强政策的落实督促检查，防范化解财务风险，保障资金使用的安全有效。

3. 建立多部门信息沟通机制，切实采取措施，整合资源，凝聚合力，推动基层文化事业加快发展。

4. 建立全方位、多层次、宽领域的公共文化服务人才培养机制，加强高层次人才、重点专业人才和基层文化骨干力量的培养。

（四川省文化厅）

四川：新农村文化艺术的大交流大汇演

四川省首届农民艺术节暨民间艺术节和第四届全国新农村文化艺术展演于2014年 10 月10 日至10 月12日在四川达州市成功举行。此次活动邀请了全国31个省（自治区、直辖市）和五大洲的36个优秀新农村节目参演，艺术节期间参加演出的文艺节目达370个，共有1900多名民间文艺工作者同台献艺。本届艺术节以音乐、舞蹈、戏剧、曲艺、美术、书法、摄影、民间技艺、民俗工艺、论坛征文、艺术培训等形式，构成“演”、“展”、“讲”、“培”4大框架，开展了10大板块活动，在7个县（市、区）设立分会场和首次采取现场直播，艺术节三天活动期间，累计有50余万名群众现场观看演出和展览，近700万群众同步观看了电视台现场直播。

艺术节期间，“大地情深”——四川省“群星奖”大赛及“三农”文艺汇演、农民达人秀、新农村龙舟大赛、民间文化手艺广场汇、农村风情书画展等活动相继举行，参加活动的演职人员中农民身份占到70%以上。“欢乐乡村行”也在万源、宣汉、大竹、渠县、开江等分会场进行。关爱农民工留守儿童 艺术品征集义卖、公共文化论坛征文、农民农民工及子女免费学艺、“情系农民工 关爱留守学生（儿童）”系列文化活动也在艺术节期间全省范围内展开。本届艺术节收到“群星奖”音乐、舞蹈、戏剧、曲艺、农村风情书画展、群众万人摄影体验活动、农民达人秀、民间手工艺展示等作品15064件。产生“群星奖”（音乐、舞蹈、戏剧、曲艺四个门类）一、二、三等奖共123个；“农民达人秀”优胜奖248个；“留住精彩”群众万人摄影体验活动展一、二、三等奖和优秀奖共300个；“画说蜀变”农村风情书画展一、二、三等奖和特别贡献奖共44个；公共文化论坛征文一、二、三等奖和优秀奖共90篇；艺术节优秀组织工作奖49个。

借助艺术节声势，同期举行了“第五届秦巴地区商品交易会”、“知名民企达州行”等系列经贸活动，实现了文化搭台、经贸唱戏。吸引了秦巴地区28个市区县、2000多家商务代表团参会参展，总交易额达到19.1亿元，其中现场交易额达4.8亿元；合同交易额14.3亿元。在“知名民企达州行”活动上，50余家国内外企业代表参加，签订合作项目10个，总投资额达95.7亿元。

贵州省2014年文化发展情况分析

2014年，贵州省文化事业认真贯彻落实党的十八大、十八届二中、三中全会和习近平总书记一系列重要指示精神，在贵州省委省政府的领导和文化部的指导下，全面推进文化改革发展，全省文化事业和文化产业工作取得了新进展。

一、2014年贵州省文化发展总体情况

（一）文化文物单位机构和人员基本情况

全省各类文化文物单位7192个，从业人员49353人。其中：艺术表演团体（含文化市场非公有制艺术表演团体）106个，从业人员3665人；艺术表演场所6个，从业人员76人；图书馆95个，从业人员1015人；文化馆98个，从业人员1591人；文化站及社区文化中心1588个，从业人员4415人，；文艺科研机构2个，从业人员20人；文物业机构数184个，从业人员1833人；文化市场经营机构（不含非公有制艺术表演团体）4957个，从业人员31451；其他机构152个，从业人员5245人。归属于文化部门的机构数2165个，从业人员15733人，分别占到总数的30%、32%，机构及人员与上年基本持平。

表1　2014年全省文化文物单位机构和人员情况

	机构数(个)	从业人员(人)
总计	**7192**	**49353**
艺术表演团体	106	3665
艺术表演场馆	6	76
图书馆	95	1015
文化馆	98	1591
文化站及社区文化中心	1588	4415
文艺科研	2	20
文物业	187	1872
文化市场经营机构(不含非公有制艺术表演团体)	4957	31451
其他	152	5245

（二）文化投入总体情况

今年全省各类文化企事业单位总收入21.48亿元，同比增长15%。全省各级财政也不断加大对文化事业的投入力度，各类文化事业单位财政补助收入2014年到达10.62亿元，比上年增长了8%。文化事业费达到10.59亿元，比上年增长了9%，与2010年相比，5年几乎翻一翻，达到了97%的增长幅度。

（三）公共文化事业开展情况

1. 公共图书馆免费开放水平不断提升

2014 年全省 95 个公共图书馆，省级 1 个，市级 10 个，县市区 84 个。全年财政补助收入 1.47 亿元，与上年持平。

2014 年购书专项经费达到 1134 万元，比去年增加 274 万元，增长 32%，增长幅度较大。人均购书经费 0.4 元，比上年增长 0.08 元，增长 25%。

全省公共图书馆房屋建筑面积 21.86 万平方米，平均每万人拥有公共图书馆建筑面积 62.34 平方米，在全国排名 27 位。书刊阅览室面积为 4.43 万平方米，比 2012 年增加了 0.22 万平方米，电子阅览室 1.26 万平方米，比 2012 年增加了 0.1 万平方米，阅览室坐席数 19816 个比上年增加了 592 个。

2014 年全省图书馆总藏量由上年的 1156.13 万册增至 1217.32 万册（剔除电子图书数量），增幅 5%，人均拥有公共图书馆藏量仍然较低，仅有 0.35 册，排在全国 28 位。

表2　2014年贵州省公共图书馆主要指标增长情况

	2013年	2014年	增长幅度(%)
人均购书经费(元)	0.32	0.40	25
每万人拥有公共图书馆建筑面积(平方米)	59.86	62.34	4
人均拥有藏量(册)	0.33	0.35	6
总流通人次(万人次)	467.24	525.49	12
书刊文献外借册次(万册次)	337.462	383.962	14
阅览室坐席数(个)	19224	19816	3
组织各类讲座次数(次)	1414	1492	6
举办展览(个)	289	279	-3
举办培训班(个)	471	603	28
图书馆网站访问量(页次)	21935463	73906128	279

全省公共图书馆新购各类藏量 70 万册，累计发放图书证 39.17 万个，总流通人数 525.49 万人次，书刊文献外借 306.42 万人次，外借 383.96 万册次。

在国家免费开放经费的引导下，各级政府也不断加大对公共图书馆的投入力度，全省各级图书馆充分发挥自身特色，不断提升服务质量和水平，扩大服务范围，各项业务指标均有不同程度的增长，为广大群众提供了丰富的精神食粮。

2. 群众文化活动丰富多彩

2014 年，全省继续加大推进基层群众文化活动设施投入，27 个街道文化站、54 个乡镇综合文化站、78 个社区文化活动室配置了文化信息资源共享设备和灯光音响、乐器等设备；448 个乡镇综合文化站、27 个社区文化活动中心、141 个社区文化活动室配置了公共电子阅览室设备。

全省 98 个文化馆、1588 个文化站（中心）总收入达到 4.47 亿元，比上年增长 10%。其中财政补贴收入 3.66 亿元，占总收入的 82%；业务活动经费 4161 万元，人均群众文化业务活动专项经费仍然较低仅 1.19 元，仅占全国平均水平的 44%，排在全国 28 位。

表3　2014年群众文化业务活动主要指标

	2013年	2014年	增长幅度(%)
从业人员(人)	5986	6006	0.3
其中：专业人员	2628	2655	1.0
组织文艺活动次数(次)	14567	16786	15.2
举办训练班班次(次)	7631	9113	19.4
举办展览个数(个)	3033	3154	4.0
组织公益性讲座次数(次)	351	348	-0.9
文化服务惠及人次(万人次)	802	1028	28.2
本年收入合计(万元)	40579	44725	10.2
其中：财政拨款(万元)	32170	36636	13.9

两年的数据对比显示，在政府投入的扶持下，我省各级文化馆、群艺馆、乡镇综合文化站开展了丰富多彩的群众文化活动，惠及1028万群众，惠及人员增长了28%。其中：组织文艺活动、举办训练班、组织公益性讲座参加人次分别达到了752万人次、64万人次、204万人次，比上年增长了31%、18%、25%。

2014年我省推荐的省老年大学合唱团和遵义市山之韵合唱团参加文化部主办的“永远的辉煌”——第十六届中国老年合唱节，分别取得了第一名和第三名的好成绩。在宁夏举办的第十二届中国西部民歌（花儿）歌会，我省选送的9名歌手分别获得1名金奖、2名银奖、6名铜奖的良好成绩。省文化馆举办的首届“群文杯”剪纸艺术大赛，共评选出获奖作品41件。

3. 文化艺术生产进一步繁荣

2014年，全省艺术表演团体（含文化市场非公有制艺术表演团体）106个，从业人员3665人。其中，文化部门艺术表演团体40个，其中事业单位性质的22个，已转制为企业的18个。各类艺术表演团体全年共组织演出16530场，比上年增长1.2%，到农村演出达到5050场，占到全年演出场次的31%，农村观众达到245万人次。今年我省按照省级公益性演出场次补贴专项资金管理办法的要求，继续拨出专款补助省级各院团下基层、进社区、到工地，支持院团到农村、社区、工地进行公益性演出，让艺术表演贴近生活、贴近基层，让广大的老百姓享受艺术发展的成果。各级政府也加大对剧团演出的补贴力度，以政府购买演出服务的形式补助剧团。全年政府采购的公益性演出1070场，比上年增加了360场，增长51%，演出观众人次达85.47万人次。全省艺术表演团体政府采购的公益演出补贴收入879万，比上年增加303万。

2014年由中国文化部、联合国教科文组织支持，贵州省文化厅主办的“爽爽的贵阳·原生态音乐之夏”多彩贵州国际原生态文化大汇大型文化活动在贵阳举行。活动以国际视野重新观照审美贵州原生态音乐舞蹈，并与国内国际的原生态音乐舞蹈同台竞演展示，在贵阳营建一个原生态歌舞交流、展示的“国际平台”。来自亚洲、非洲、欧洲、美洲、大洋洲等地区的12个原生态艺术表演团体，以及国内18个省份的40多家原生态表演团队，组成5台共计70余个魅力独特的节目在贵阳上演。以贵州文化演艺集团及其所辖文艺院团为基本创作和演出力量挂牌成立的孔学堂艺术团，2014新编排节目30余个、演出70多场，其中在孔学堂定点演出12场、观众逾5万人次。

2014年各地继续加大剧目创作排演力度，贵州京剧院创排的剧目《黔人端菜》正式入选第七届中国京剧艺术节；贵州省花灯剧院《高原·乌蒙回旋》获2014中国（国际）民族器乐艺术节综合类青年组金奖；贵州省黔剧院创排的《风华黔韵》在国家大剧院、中央民族乐团音乐厅、中央财经大学音乐厅举行三场音乐会，是近年来贵州专业民族乐团第一次在国内三个顶尖表演场所亮相；贵州省话剧团以文朝荣先进事迹为素材创作的话剧《文朝荣》，在全省各地巡演产生良好反响。

4. 文化遗产保护力度加大

2014 年全省各类文物机构 187 个，从业人员 1872 人。其中博物馆 74 个，文物科研机构 2 个，文物保护管理机构 73 个，文物商店 1 个，其他机构 37 个。各类文博机构共有文物藏品 152462 件 / 套，比上年增加 20795 件 / 套，增长 16%。其中，三级以上的文物 17919 件 / 套，比上年增加 8952 件 / 套。本年修复藏品数 270 件 / 套，其中一级品 19 件 / 套，二级品 11 件 / 套，三级品 45 件 / 套。全年文博机构共举办陈列、展览 209 个，比上年减少 26 个。参观人数 1394.975 万人次，比上年略为增加 3.11 万人，增长 0.2%。全年实现门票收入 925 万元，比上年增加 36 万元，增长 4%。

2014 年全省博物馆已达 74 家，启动了乌当渡寨乡村音乐生态博物馆、雷山控拜苗族银饰生态博物馆、锦屏文斗文书生态博物馆、印江古法造纸生态博物馆等一系列生态博物馆的建设，国家文物局 2014 年在我省组织召开了全国生态博物馆示范点项目评审会议，重点对生态博物馆建设的探索与实践和示范点的转型推进进行评估与推广，我省生态博物馆建设以点带面取得初步成绩，得到国家文物局的充分肯定。贵州省博物馆新馆建设按计划推进，已累计完成投资额 2.60 亿元，预计 2015 年 1 月向社会开放。投资 1.48 亿元，建筑面积 19000 余平方米的遵义会议纪念馆新陈列馆 2015 年 1 月向观众开放，湄潭茶文化生态博物馆、贵州财经大学票据博物馆已登记注册并向社会开放，三都水族文化博物馆已基本建成。

继续推进遵义海龙屯申报世界文化遗产工作。按照国家文物局和省委、省政府要求，完成海龙屯申遗的文物保护维修、环境整治、要素保障、陈列布展等各项工作，世界遗产中心委派国际专家对海龙屯土司遗址进行现场考察评估，给予了高度评价。

贵州省国保、省保单位集中成片传统村落整体保护利用实施项目有序开展。在住建部和国家文物局等部委公布的传统村落名单中，我省共有 292 个列入，名列全国第二位；国家文物局推进传统村落保护综合利用试点中，我省有 10 个村寨入选。

2014 年共完成考古调查、勘探 70 余项。调查面积逾 1000 平方公里，共发现地面和地下文物点 200 余处。专题调查的项目有遵义播州杨氏土司遗存调查、安顺宁谷遗址调查、马场镇区域考古调查。编制各类文物保护规划报告 60 余个。全年共开展考古发掘项目 11 项，其中主动发掘项目 6 项，配合基本建设发掘项目 5 项，出土各类文物标本数千件。主要有海龙囤遗址第三期考古发掘、遵义新蒲杨氏土司墓地发掘、贵安新区马场镇牛坡洞遗址发掘、杨家桥南朝墓葬发掘、遵义团溪杨辉墓发掘、高坪养马城遗址发掘、习水土城黄金湾遗址发掘、平坝贵安大道夏云段汉墓发掘等。其中，贵州遵义新蒲播州杨氏土司墓地入选 2014 年度全国十大考古新发现。

实施非物质文化遗产保护发展战略，工作成效显著。2014 年各级非物质文化遗产保护专项经费达到 5046 万元，比上年增加 833 万元，增长了 20%。全省共有人类非物质文化遗产代表作名录 1 项（侗族大歌），国家级名录 85 项 140 处，省级名录 561 项 653 处，市、州级名录 1000 余项，县级名录 4000 余项。有国家级传承人 57 名，省级传承人 301 名。国家级文化生态保护区 1 个，省级文化生态保护区 2 个。

组织撰写《贵州省非物质文化遗产保护发展规划（2014——2020）》、制定了《“多彩贵州”侗族大歌保护发展行动计划》，对侗族大歌的保护传承做了较全面的部署。黔东南民族文化生态保护实验区保护规划编制稳步推进。台江芳佤银饰刺绣有限公司《苗绣》、贵州丹寨宁航蜡染有限公司《苗族蜡染技艺》两家单位列入《第二批国家级非物质文化遗产生产性保护示范基地》；国家级项目《水族马尾绣》传承人宋水仙获第三届中华非物质文化遗产传承人薪传奖；评审出第四批省级非物质文化遗产代表性项目 134 项。

5. 做好文化产业基础性工作，助推文化产业良性发展

2014 年全省国家级文化产业示范基地（单体企业）共 3 个，省级文化产业示范基地 3 个。国家级文化产业示范基地及省级示范基地资产总额达到 16.38 亿元，共创造利润总额 1.52 万元，经营面积达到 7.29 万平方米，获得国家级文化奖项数量 6 个，获得著作权、发明专利总数 40 个。

一批重大文化产业重大项目规划和建设有序开展。编制了《贵州省藏羌彝文化产业走廊规划》、《贵

州省文化创意和设计服务与相关产业融合发展行动计划（2014 年—2020 年）》；贵州文化广场项目总图及单体方案通过专家评审，已累计完成投资约 14.25 亿元；开展了县域文化产业发展“三个一工程”第一批项目巡检，评选出第二批文化产业示范村 5 个、优秀演出团 3 家、特色文化产品 8 项。20 个项目入选《2014 中国文化产业重点项目手册》，2 个项目入选文化部特色文化产业重点项目，大型彝族歌舞音画诗《古彝雄风》入选藏羌彝文化产业走廊项目。

6. 以部省合作项目为支撑，文化交流力度进一步加大

出访和来访人次较去年显著增加。对外及对港澳台文化交流共 30 起，471 人次，涉及澳、西、俄、美等国和香港、台湾地区；其中出访 20 起 331 人次，来访 10 起 140 人次，较去年同期均有较大幅度增加。与马德里中国文化中心合作主办“西班牙中国文化年 • 多彩贵州文化节”，为贵州近年规模最大的一次对外文化交流活动，在当地引起强烈反响。贵州京剧院的 40 名演职人员用国粹京剧成功演绎西班牙世界名著《堂吉诃德》，跨越中西文化隔阂，传递给西方观众中国传统艺术的美感，让更多人了解中国文化。贵州省黔剧院应邀赴澳大利亚参加“2014 墨尔本中国戏剧节”，在戏剧节主场演出了黔剧经典保留剧目和中国民乐节目。赴俄罗斯楚瓦什共和国参加第 22 届“俄罗斯同胞”全俄民间创作艺术节，参加了社区巡演及艺术节演出，受到观众的热烈欢迎。

7. 文化市场健康有序发展

全省共有各类文化市场经营单位 5021 个，其中：非国有艺术表演团体 64 个，比去年减少 3 个；娱乐场所经营单位 2557，比去年减少 77 个；互联网上网服务营业场所（网吧）2400 个，比去年增加 264 个。资产规模达到 138.41 亿元，营业收入 30.11 亿元，比上年增加 4.04 亿元，增长 15%；实现利润总额 10.49 亿元，比上年增加 2.17 亿元，增长 26%。

从地域上来看，城市文化市场经营单位 1058 个，占文化市场经营单位统计总量的 21%，分别实现营业收入、利润总额 7.3 亿元、1.71 亿元；县城 2889 个，占 58%，实现营业收入、利润总额 19.32 亿元、7.22 亿元；县以下 1074 个，占 21%，实现营业收入、利润总额 3.49 亿元、1.56 亿元。

二、贵州省文化发展存在的问题

（一）公共文化投入不足

图1 近5年来我省人均文化事业费增长情况表

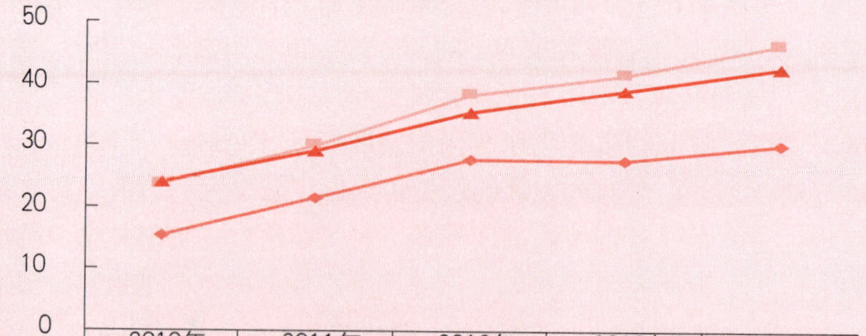

	2010年	2011年	2012年	2013年	2014年
贵州省人均文化事业费	15.45	21.56	27.81	27.66	30.19
西部12省人均文化事业费	23.80	29.98	38.30	41.53	46.46
全国人均文化事业费	24.11	29.14	35.46	38.99	42.65

近年来，我省各级政府不断加大对公共文化事业的投入，从 2010 年到 2014 年，5 年时间，文化事业费增长了近一倍，达到了 10.59 亿元，平均每年保持近 20% 的增长速度。尽管文化投入总量在逐年递增，但由于我省经济发展相对滞后，文化建设基础差，底子薄，我省在文化上的投入与西部地区，乃至全国平均水平仍然有较大的差距。按年末常住人口计算，2014 年人均文化事业费仅为 30.19 元，在全国排在 24 位，远低于全国 42.65 元的水平，在西部 12 省份中排名最后，人均文化投入不足仍然是突出问题。

（二）公共文化服务体系制度有待完善

由于我省属于西部欠开发欠发达地区，经济发展较为落后，各级政府过于重视 GDP 的增长，普遍没有建立相关的公共文化服务体系制度，为实现公共文化服务目标提供制度保障。随着中央《关于加快构建现代公共文化服务体系的意见》的出台，建立和完善公共文化服务体系制度，制定《贵州省构建公共文化服务体系工作方案》、《贵州省基本公共文化服务保障标准》等制度已迫在眉睫。

（三）城乡区域文化发展不平衡

由于我省经济发展的不平衡，区域与区域之间文化建设、发展差距较大。从财政投入上看，作为省会城市的贵阳、黔北经济发展重镇遵义，两个地区加上省级单位，文化、文物财政拨款数占整个财政拨款数的 55%，其余 7 个地区财政投入所占比例不足一半，财政投入最高的贵阳市是最低的安顺市 4 倍。

表4　各级公共图书馆财政拨款情况

	图书馆（个）	财政拨款数（万元）	平均每个馆财政拨款数（万元）
省级	1	3383	3383
市级	10	4986	499
县市区	84	6377	76

从各级公共图书馆财政拨款情况来看，2014 年省、市级图书馆财政拨款占到全省财政拨款的 57%，但省、地市级图书馆机构数仅占全省图书馆机构数的 12%，平均每个市级图书馆财政拨款数是县级图书馆的 6.5 倍，省级馆更是达到了 44.5 倍。

（四）人才队伍现状堪忧，基层文化专业人员急需培训

目前，我省文化专业人才匮乏，专业人才建设亟待加强。随着我省文化体制改革的不断深入，国有文艺院团转制过程中，业务技术骨干特别是领军人物很大部分提前退休或调离，转制院团专业人才出现严重短缺，青黄不接；花灯、黔剧等艺术门类，因省内高等院校缺乏对口专业艺术学科，相应艺术门类演员培养断层；由于基层经费投入不足，福利待遇偏低，基层群众文化专干队伍流失严重。以文化系统的艺术表演团体为例，1537 从业人员中，中级以上职称的专业人员只有 434 人，仅占总数的 28%；同样，公共图书馆、群众文化馆（站）、博物馆从业人员分别为 1015 人、6006 人、1171 人，中级以上职称的专业人员为 368 人、592 人、133 人，占比分别为 36%、10%、11%，特别是 2014 年群众文化馆（站）专业人员人数仅比上年增长 1%。从数据看出，我省公共文化服务专业人才匮乏，远远不能满足广大群众对公共文化服务的需求。

三、建议及对策

（一）继续加大对文化建设的投入力度

一是积极争取中央、地方各级政府支持文化事业的发展，用活用好各级财政文化事业专项资金；二是多渠道筹集资金，以政府投入为引导，鼓励包括民营企业在内的社会各类文化机构参与提供公共文化产品

和服务，支持社会力量兴办文化事业，引导和带动金融资本和其他社会资本投入文化产业，搭建文化产业发展投融资平台，形成政府投入为主导，企业广泛参与的多种投入机制。

（二）尽快建立公共文化服务体系制度

今年，中共中央办公厅、国务院办公厅印发《关于加快构建现代公共文化服务体系的意见》，明确提出：到2020年，基本建成覆盖城乡、便捷高效、保基本、促公平的现代公共文化服务体系。公共文化设施网络全面覆盖、互联互通，公共文化服务的内容和手段更加丰富，服务质量显著提升，公共文化管理、运行和保障机制进一步完善，政府、市场、社会共同参与公共文化服务体系建设的格局逐步形成，人民群众基本文化权益得到更好保障，基本公共文化服务均等化水平稳步提高。并公布了“国家基本公共文化服务指导标准（2015－2020年）”。我省已根据国家指导标准，着手制定《贵州省构建公共文化服务体系工作方案》、《贵州省基本公共文化服务保障标准》以及村（社区）综合性公共服务中心建设标准，市、县各级政府应根据国家指导标准、省级指导标准，结合当地实际情况，制定适合本地区的实施标准，建立国家级、省级指导标准与地方实施标准相衔接的标准体系，明确具体的落实措施、工作步骤和时间安排，确保标准实施工作科学、规范、有序开展。 同时，各级文化部门应深化文化体制改革和推进事业单位分类改革，推动图书馆、文化馆、博物馆等事业单位法人治理结构工作进展，促进文化部门由办文化向管文化转变。

（三）统筹城乡区域发展

按照中央提出的统筹推进公共文化服务均衡发展的目标，要促进我省城乡基本公共文化服务均等化，推动民族地区、贫困地区公共文化建设实现跨越式发展，提升公共文化设施建设、管理和服务水平。应进一步统筹中央、省级转移支付专项资金，完善专项资金分配、管理、监督制度，科学配置文化资源，统筹各地区文化发展。对于民族地区、贫困地区，经济发展还停留在保工资、保吃饭、保民生的阶段，没有足够的财力投入到文化事业发展中，配套资金难以落实到位，建议对这类地区的“三馆一站”免费开放经费、农村文化建设资金等专项资金取消地方配套给予全额补助，对民族地区、贫困地区予以重点扶持。

（四）加强文化人才队伍建设

要建立一套适合文化人才特点与地方特色的考核制度和激励机制，促进各类文化人才有序流动，提高文化人才队伍素质。一是继续抓好《边远贫困地区、边疆民族地区和革命老区文化人才支持计划》，以提升“三区”公共文化服务水平为着力点，充分发挥政府主导作用，有计划地为这些地区输送和培养文化专业人才，为促进实现基本公共服务均等化目标、推动区域协调发展提供人才支持和智力服务。二是各地基层人才教育，要充分依托中央戏剧学院、上海戏剧学院、国家图书馆、贵州大学艺术学院、贵州省图书馆、贵州省文化馆等一批省内外单位，鼓励各地通过联合办学、定向培养、在职进修、短期培训等多种方式培训文化艺术人才，特别是具有地方特色的如花灯戏、黔剧等面临断层的艺术门类。三是完善文艺人才激励机制。通过给予一定的创作活动经费等方式，对重点项目和创作者进行扶持，鼓励创作积极性。推荐优秀作品、优秀人才参加全省、全国各类评奖赛事活动，对获得重要奖项的，给予奖励。建立多渠道的文化人才培训制度，着力培养一批具有现代意识、创新意识的公共文化管理者和基层公共文化服务人才队伍。

（贵州省文化厅）

贵州：加强公共图书馆建设　探索公共图书馆服务新模式

2014年贵州省文化部门为提高公共图书馆免费开放服务水平，提升公共图书馆延伸服务能力，着力从以下两方面加强公共图书馆建设，探索出公共图书馆服务的新模式。

一、加强贵州数字图书馆建设

贵州数字图书馆作为贵州省公共文化服务体系建设重点项目，采取“边建设、边投入、边服务、边完善”的方针，搭建让每一位公民在贵州省任何能上网的地方，都能免费获得数字资源的查询、浏览、下载、原文传递和知识导航等的服务平台。截止至2014年，贵州数字图书馆数据总量已达100TB，累计访问量为9057万人次；微博关注人数达20多万多人次。2014年，贵州数字图书馆联合4家市州图书馆参加了国家图书馆组织的“网络书香过大年”活动；举办了“网络悦读——百万公众网络学习有奖征文”活动，参与人次已超过830万，比上年增加了360万人次。同时，还协调市级图书馆完成了与国家图书馆联建的“元数据仓储数据库”1万条、“政府公开信息整合服务平台”12000条的建设工作，并与国家图书馆开通了专网，多途径实现了与国家图书馆的资源共享。

贵州数字图书馆是目前国内公共图书馆中较早探索为社会提供“一站式”检索服务的数字图书馆之一，同时还是国内首家以IP范围作为限制，向全省公民提供数字资源免费服务的公益性数字图书馆。数字图书馆推广工程在贵州的实施和推广，改变了我省公共图书馆数字资源严重短缺和服务手段落后的局面，极大地丰富了贵州数字资源的种类和数量，提升了贵州数字图书馆的服务能力。

二、打造“图书馆小站”项目

为切实保障公共文化服务的便利性，解决贵阳市两城区无区（县）级图书馆的问题，省级文化部门联合贵阳市、区两级文化部门开展了“图书馆小站”项目建设，遵循“三级联动、资源共享、管理高效、覆盖科学、服务下沉、形式多样”的原则，在南明区、云岩区建设了金惠、黄山冲、银枫、中华、宅吉、天誉城、石欣、云山、荷塘、阳明祠10个“图书馆小站”。到2015年，预计打造25个“图书馆小站”项目，以增加贵阳市城区图书馆覆盖率，为市民提供更加便利的公共图书阅读服务。图书馆小站设置在社区服务中心，人流密度较大的酒店、书吧、大型餐饮场所等地。同时，在没有阅读场所的社区，将采用建设图书自助借阅系统方式建设“图书馆小站”。每个“图书馆小站”将保障不少于1名的图书服务人员或志愿者承担服务任务，配书量在600至2000册之间，包括文学、小说、历史、科普、少儿等类型。根据各站服务区域实际情况，所配书目有所不同，因地制宜，针对不同的群体，提供差别化服务。比如设在咖啡馆的 “图书馆小站”会多放一些年轻人比较爱看的言情、励志、时尚类等书籍。设置“图书馆小站”是图书服务延伸到人民群众中间的终端和触角，最终目的是要拉近书与人的距离，促进全民阅读，让更多市民爱看书、看好书，是推进公共文化服务的一项新举措。

云南省 2014 年文化发展情况分析

2014 年，云南省文化厅在省委、省政府的领导下，在文化部的指导下，深入贯彻落实党的十八届三中、四中全会精神，按照“突破难点、狠抓重点、打造亮点”的工作思路，扎实推进各项工作落实，较好地完成了各项工作任务。

一、全省文化机构及人员概况

2014 年，全省共有各类文化文物机构 13765 家，比上年增加 1.46%，从业人员 76532 人，比上年减少 18.74%。其中，文化部门机构数 2305 个，从业人员 19124 人。

全省文化文物机构和从业人员按行业分类，艺术业 102 个、3353 人，图书馆 151 个、1804 人，群众文化服务 1558 个、6980 人，艺术教育业 1 个、266 人，文化市场经营机构 11242 个、51515 人，文艺科研 9 个、95 人，文物业 203 个，1766 人，其他文化及相关产业 281 个，4860 人。

表1　云南文化机构及从业人员情况

类型	机构数(个)			从业人员数(人)		
	2013年	2014年	增幅(%)	2013年	2014年	增幅(%)
总计	13567	13765	1.5	94182	76532	-18.7
1 艺术业	277	301	8.7	8288	9083	9.6
其中：艺术表演团体	259	284	9.7	8173	8966	9.7
艺术表演场馆	18	17	-5.6	115	117	1.7
2 图书馆	152	151	-0.7	1806	1804	-0.1
3 群众文化服务	1546	1558	0.8	6660	6980	4.8
其中：文化馆	148	148		2472	2421	-2.1
文化站	1398	1410	0.9	4188	4559	8.9
4 艺术教育业	1	1		259	266	2.7
5 文化市场经营机构	11115	11242	1.1	70585	51515	-27.0
6 文艺科研	9	9		85	95	11.8
7 文物业	215	219	1.9	1684	1906	13.2
8其他	261	284	8.8	4815	4883	1.4

全省文化文物机构和从业人员按单位性质分类：企业 11471 个（其中艺术表演团体 213 家，表演场馆 3 家），从业人员 58059 人，分别占总机构和从业人员总数的 83.33% 和 75.86%；全年营业总收入 473178 万元，比上年增长 14.86%，实现利润 150847 万元，比上年增长 0.62%。行政事业机构 2294 个，从业人员 18473 人，分别占总机构和从业人员总数的 16.67% 和 24.14%。

二、文化（文物）事业费投入情况

（一）文化（文物）事业费小幅增长

2014 年文化（文物）事业费财政拨款达到 18.83 亿（不含基本建设投资），占财政支出的 0.42%，比上年增加 0.38 亿元，增加 2.06%，增幅为 7 年来最低水平。

图1　近年来文化(文物)事业费财政投入情况

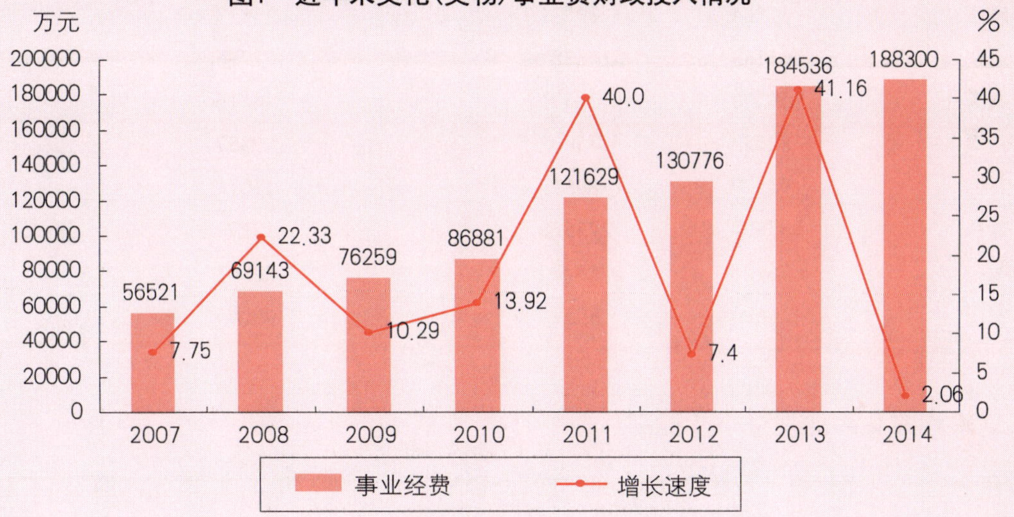

分地区看，文化（文物）事业费财政拨款增长幅度达到和超过全省平均水平（0.17%）的州市有 9 个，其中增幅最高的是迪庆州，达到 67%，省本级及其余 7 个州市有不同幅度减少，基本保持了文化事业费投入的稳定，文化事业费财政投入进一步向基层倾斜。

表2　各州市文化(文物)财政拨款情况与上年增减对比情况

地区	2013年度(千元)	2014年度(千元)	本年比上年增减绝对额(千元)	增幅(%)
全省	**1910901**	**1914264**	**3363**	**0.17**
迪庆	68036	113683	45647	67
玉溪	123991	185821	61830	50
丽江	54164	72885	18721	35
红河	129909	167558	37649	29
大理	120407	146336	25929	22
昭通	46419	53729	7310	16
临沧	53359	60360	7001	13
楚雄	107516	115897	8381	8
曲靖	99468	104450	4982	5
怒江	31564	30731	-833	-3
昆明	261183	248387	-12796	-5
德宏	56290	51574	-4716	-8
普洱	84559	75002	-9557	-11
文山	91570	80519	-11051	-12
省级	385720	273528	-112192	-29
版纳	76126	53229	-22897	-30
保山	120620	80575	-40045	-33

（二）人均文化事业费进一步提高

2014 年全省人均文化事业费由 2013 年的 31.41 元增长到 35 元，增加 3.59 元，增长 14.43%。全省有 10 个州市的人均文化事业费（按人均财政拨款，下同）超过全省人均水平（35 元），迪庆州最高，为 280 元，其次是玉溪、丽江、怒江、版纳、楚雄、大理、德宏、昆明、红河，人均文化事业费分别为 79.41 元、57.44 元、57.01 元、46.21 元、42.54 元、41.69 元、41.42 元、37.76 元、36.50 元。全国人均水平为 42.65 元，全省 16 个州市中，超过全国人均水平的只有迪庆、玉溪、丽江、怒江、版纳五个州市。加大对文化扶持的投入力度仍然是各级政府应高度关注的事情，迪庆、丽江、玉溪、怒江、版纳、红河、大理、临沧等州市就是在这几年的公共文化服务体系建设等方面加大了对基层文化建设的投入力度，尤其迪庆在连续几年加大基建投资规模，使得人均事业费居全省高位，但边疆少数民族地区多数地方属于山区，交通不便，文化设施服务半径大，对文化投入的绝对数总量上依然偏低，各级政府对边疆少数民族地区文化事业费的扶持力度还应进一步加大。昭通连续几年财政投入增长水平均处于全省上游，但因其底子薄、人口基数较大，人均文化事业费依然最低，为 10.06 元。

（三）文化事业费向公共文化服务倾斜

2014 年艺术表演团体财政拨款 2.89 亿元，占财政拨款总量的 15.35%；艺术表演场馆财政拨款 0.05 亿元，占财政拨款总额的 0.27%；公共图书馆财政拨款 2.34 亿元，占财政拨款总额的 12.42%；群众文化服务业财政拨款 5.65 亿元，占财政拨款总量的 30%；其中文化站财政拨款 3 亿元，占财政拨款总额的 15.93%。

三、公共文化设施建设情况

2014年全省文化文物基本建设投资项目106个，（其中文化51个、文物55个），完成投资额2.15亿元，竣工项目32个，竣工面积5.59万平方米，较2013年投资项目减少37个。省博物馆新馆及州市级“三馆”建设等一批重大项目加快推进，曲靖市完成“五馆一中心”建设规模总投资20余亿元；文山州博物馆完成搬迁并于12月底正式开馆；丽江市图书馆、迪庆州文化馆建成并投入使用。

四、公共文化服务水平不断提升

以创建国家公共文化服务体系为牵引扎实推进公共文化服务体系建设，启动了第二批创建国家公共文化服务体系示范区（项目）中期督查暨第一批示范区后续建设督查工作，保山市进一步巩固提升国家公共文化服务体系示范区建设成。扩展公共文化服务，初步拟定了《云南省文化厅关于公共图书馆、文化馆（站）、文化活动室（中心）“错时服务”工作方案》，昭通市文化馆、图书馆实现错时、延时开放，完成省图书馆和6个州市公共图书馆的数字图书馆推广工程， 德宏州陇川县启动了“边疆万里数字文化长廊建设”试点工作，玉溪市建成群众文化广场1000多个，德宏州初步建立了州县乡村四级文化网络。

（一）公共图书馆

2014年，全省共有公共图书馆151个，从业人员1804人，专业技术人才1557人，实际使用公用房屋建筑面积34.20万平方米，共有计算机7313台，其中电子阅览室终端5246个，阅览室坐席数27456，其中少儿坐席数7171个，盲人坐席数613个，有216个图书分馆。

2014年，全省图书馆总藏量为1864.24万册，电子图书1424.62万册，书架总长度46.90万米，发放有效借书证40.73万个，各项指标中电子图书藏量增幅较大为96.98%。

2014年全省图书馆财政拨款23372.4万元，较2013年减少5.31% ，年全省图书馆总流通人次1222.71万人，比2013年减少12.71万人次，减少1.04% 。其中，书刊文献外借529.94万人次和892.14万册次。比上年分别增长4.59%和2.59%；

（二）群众文化业

2014年全省共有群众文化机构1558个，其中文化馆148个，文化站1410（其中乡镇文化站1295个），从业人员6980人，其中文化馆2421人，文化站4559人（其中乡镇文化站4077人），专业技术人才5129人，其中文化馆2124人，文化站30059人（其中乡镇文化站2769人），共有计算机15788台，比上年增加9.8%。

2014年文化馆、乡镇文化站以自身独有的优势，开展丰富多彩的群众文化活动，受到广大群众的青睐和好评，参与人数积极踊跃，成为活跃基层群众精神文化生活的主力军。全年共举办展览5213个，组织文艺活动29161次，培训人员146.09万人次，基本与上年持平，组织公益性讲座494次，较上年增长25.06%。

2014年群众文化业财政拨款达56525万元，其中文化馆26530万元，文化站29995万元（其中乡镇文化站25895万元），比上年分别增长16.07%、7.02%、2.48%（其中乡镇文化站19.97%）。

2014年全省148 个文化馆从事免费开放活动共举办展览933次，接待群众235.03万人次；举办文艺活动6529次，参加人数581.81万人次；举办培训3406 次，培训42.77万人次；举办公益讲座494次，参加人数 17.62万人次。

五、着力打造精品力作，促进文化艺术持续繁荣

2014年全省85个艺术表演团体（其中事业71个、企业14个），原创首演剧目49个（其中事业44个、

企业5个)。“云南省舞台艺术精品工程”实施成果显著，佤族原生态歌舞《佤部落》在国家大剧院首演成功，并赴全国部分地区开展巡演；曲靖市宣威成功举办2014年云南省花灯艺术周；与中国歌剧舞剧院合作开展的大型歌剧《聂耳》创作工作顺利推进；云南省话剧院创作演出的《鲁甸72小时》引起社会广泛关注；昆明聂耳交响乐园大型交响乐作品《滇池》首演成功；重大艺术赛事活动取得成效，玉溪市原创滇剧《水莽草》到全省10个州市巡演并入选第十三届“五个一”工程奖；文山州傣族女子群舞《打草席》参加首届全国少数民族优秀舞蹈大赛获铜奖；红河州哈尼小三弦弹唱《白鹇姑娘》获第八届中国牡丹奖创作奖，《踩云彩》、《田棚细语》分获首届少数民族优秀舞蹈作品创作展演银奖、铜奖；保山市《香菜开花紫骨朵儿》代表云南参加中国首届山歌展演获银奖；怒江州《傈僳人》荣获国家舞蹈最高奖“荷花奖”铜奖，并在北京民族剧院演出；文化惠民演出活动广泛开展。开展了以“中国梦•云南情”为主题的优秀剧目《红烛魂》、《鲁甸72小时》、《水莽草》、《情暖春秋》赴基层公益巡演活动。2014年6个省级演出团、2个州市级院团到38个县的300多个乡镇开展惠民演出340场，完成省级院团全年总任务300场的113%，惠民观众总达200余万人(次)。全省16个州(市)、滇中产业新区、县级文艺院团结合实际送戏下乡12540场，加上省级院团完成的340场全年合计完成惠民演出12880场，完成全年总任务1万场的128.8%的任务，全省惠民观众总累计达1000余万人(次)。

六、采取有力举措，加强文化遗产保护

景迈山古茶林申遗扎实推进，在全国各申报项目中名列第一；哈尼梯田入选世界文化遗产一周年之际，组织制订了《红河哈尼梯田世界遗产地生态旅游发展规划》、《红河哈尼梯田世界遗产解说与展示系统规划》及《元阳县哈尼梯田农耕文化保护与传承方案》；2014年11月，国家七部(局)公布了中国第三批传统村落名单共计994个，云南有208个，目前，中国传统村落共计2555个，而云南列入中国传统村落名单的村寨有502个，占全国传统村落的19.65%；目前全省共认定省级传承人1016名；批准命名5个单位为省级非物质文化遗产保护传承基地；白族扎染、剑川木雕批准为第二批国家级非遗生产性保护示范基地；腾冲皮影戏、彝族烟盒舞和海菜腔通过专家评审，进入项目建设库；针对免费开放博物馆数量不断增加制定下发了云南省第一个“免费开放博物馆绩效考评管理办法”。

2014年博物馆数量为86个，其中77个实现了免费开放。博物馆藏品数1245402件/套，其中一级品969件/套、二级品1953件/套、三级品15332件/套，本年新增藏品5430件/套。基本陈列252个，临时展览200个，参观人次1678.69万人次。

七、加大扶持力度，壮大文化产业

全省共推出文化惠民示范村、文化惠民示范社区100个。创建的8家国家级文化产业示范基地全部实现盈利并保持增长势头，发挥了显著的示范带动作用。昆明市完成文化投资24.45亿元，曲靖市成立了文体投资公司，楚雄州“海峡两岸文化交流音乐会”被中宣部、文化部等六部委认定为2013—2014年度国家文化出口重点项目；保山市着力打造“五大文化品牌”，怒江州组建了“赤恒底民族服装服饰加工合作社”、“重丁民族文化旅游村”、“三河文化联产合作社”。进一步完善文化惠民电子交易平台，云南省“汇滇宝”文化惠民电子商城扩展、丰富了服务功能。

八、加强对外交流，扩大云南文化影响

以服务外交大局为主要任务，积极落实省部合作项目、加强周边交流、积极拓展国际市场。2014年共组织对外演出团体机构22个参与交流人员563人。云南艺术团一行20人赴非洲加蓬、坦桑尼亚访问演出，

参加中加建交 40 周年、中坦建交 50 周年庆祝活动，为增进中坦、中加友谊作出了贡献，与墨西哥中国文化中心年度合作项目顺利实施，先后派出 5 个团组赴墨西哥开展交流活动，组织云南文化艺术团赴缅甸、老挝开展“文化中国 • 七彩云南”文化交流活动，充分展示了云南民族文化艺术魅力。

九、文化市场快速、健康、稳定发展

（一）文化市场不断繁荣

经过几年的培育和有效管理，我省文化市场规模在不断扩大，机构数增加了 30%，文化市场企业已具备一定规模和档次，经济效益有所提升。虽然机构数增加的不是很多，但资产和营业收入、利润都在大幅增加，发展态势良好。

表3　2014年文化市场发展情况与2010年相比较

项　目	2010年	2014年	增减数	增长幅度（%）
机构数（个）	8765	11429	2664	30.40
从业人员（个）	37248	56892	19644	52.70
资产总计（万元）	336878	988232	651354	193.35
营业总收入（万元）	178062	462689	284627	159.85
利润总额（万元）	72041	146902	74861	123.91

（二）网吧市场实现增长

2014 年，全省共有网吧 3814 家，比上一年增加 77 家（2013 年为 3737 家），其主要原因是我省深入贯彻落实国务院关于深化行政审批制度改革和转变政府职能的要求，根据《公安部、工业和信息化部、文化部、国家工商行政管理总局关于开展无照经营网吧整治工作的通知》（公信安〔2013〕2042 号）精神，在坚决取缔无照经营网吧的同时，适当放宽总量，改进网吧区域布局和准入政策，进一步规范网吧市场秩序，促进了网吧行业健康有序发展。

（三）文化市场分布范围

我省文化市场主要分布在县城，但县城及县城以下的经营门店规模不大，营业收入及成本、利润也较弱。文化市场根据客源及消费能力，主要以昆明、曲靖、玉溪、红河这些经济相对发达的州市分布较多，经营情况也相对较好。

歌舞娱乐场所：规模较大的主要分布在城市及县城，量贩式 KTV 偏多，夜总会、舞厅等在逐年减少。

电子游戏室：我省电子游戏室因为政策原因从 2000 年就没有增加数量，近年来由城市向乡镇和农村转移。消费群体主要是无业、外来务工人群，以青少年为主。

互联网上网服务营业场所：网吧主要分布在城市和县城，现已由城市向乡镇、农村转移，由市中心向城乡结合部转移，消费群体主要是外来务工人员、流动人口。由于家庭宽带和移动互联网的普及，发达地区的网吧用户比例多呈下降趋势。

文艺表演团体：主要分布在昆明、迪庆、丽江、昭通的县区一级。

演出经纪机构：全省正常经营的 76 个演出经纪机构，72 个设在昆明市，举办营业性演出的主要地点是昆明、丽江、西双版纳、德宏等旅游发达城市。

艺术品经营机构：以昆明市五华区为主要聚集地。画店依然是市场主体，画廊增长缓慢，分布分散，受众群体比较窄。

十 、存在的困难和问题

由于部分基层领导对文化建设认识不到位，只重经济发展，轻文化发展，重物质利益，轻社会效益。对文化基础设施建设特别是公共文化服务体系建设重视不够，在建设资金上存在“等、靠、要”， 项目资金投入严重不足。国家“六五”期间就提出的“县县有达到符合国家规范标准的图书馆、文化馆，乡乡有文化站” 、《云南省加快建设民族文化强省的意见》（云发〔2012〕1号）文提出的：“力争“十二五”期间或更长一段时间内使州（市）图书馆、文化馆、博物馆达到国家一级馆标准，县（市、区）图书馆、文化馆逐步达到国家二级馆以上标准。每个乡镇建成一个设施齐全、服务到位的综合文化站，每个建制村、城市社区建成一个多功能的综合文化活动室和文体活动广场”的目标，至今仍未能实现。根据国家县级图书馆、文化馆、乡镇综合文化站评估定级结果，截止2013年年底，我省仍有6个县图书馆、27个县文化馆、472个乡镇文化站不达标需新建； 57个三级图书馆、47个三级文化馆需改扩建。6993个村文化室、文体小广场需新建。

《中共云南省委关于贯彻落实党的十七届六中全会精神加快建设民族文化强省的意见》（云发〔2012〕1号）中明确提出：“从2012年起，全省财政的文化事业经费支出占财政经常性支出的比例达1%以上”。据文化部统计，2013年，云南省文化事业费财政拨款为14.37亿元，占财政总支出的0.35%，排全国第22位，西部省区排第7位（仅强于贵州和西藏）；2014年，全省人均文化事业费为35元，（全国平均为42.65元），全国排第20位，西部省区排第9位（仅高于贵州）。投入最低的昭通市因其底子薄、人口基数较大，人均文化事业费只有10.06元。全省文化事业费支出占财政经常性支出的比例离省委1号文件提出的1%的还有较大差距，到2020年全省要实现建成现代公共文化服务体系的目标，还需要进一步加大资金投入。

（云南省文化厅）

云南：弘扬民族优秀传统文化 完善地方法规保障措施

云南是举世闻名的民族文化宝库。近年来，在省委、省政府的正确领导下，在文化部的关心指导下，云南省非物质文化遗产立法工作和保护实践一直走在全国前列。省文化厅和各级文化行政部门统一认识，紧紧围绕建设民族文化强省的战略目标，结合实际，扎实工作，创新突破，民族文化建设硕果累累，为维护民族团结和边疆稳定，建设社会主义先进文化，构建和谐社会，促进经济社会可持续发展，发挥了积极作用。

一、云南非物质文化遗产立法情况

云南省一贯高度重视非物质文化遗产保护工作，2000 年制定颁布了全国第一部民族民间传统文化保护的地方性法规《云南省民族民间传统文化保护条例》。条例对全省民族民间传统文化的内容和范围、工作方针、各级政府的职责等作出了明确规定，形成了全面发动，齐抓共管的非物质文化遗产保护工作格局。2013 年，根据《非物质文化遗产法》，制定颁布了《云南省非物质文化遗产保护条例》，标志着云南省非物质文化遗产立法和保护工作进入了新阶段。

二、建立特色非物质文化遗产保护方式

1. 建立保护区，推进民族传统文化的整体性保护。

由于历史的、自然的原因，在云南省的一些地区，少数民族民族特有的生产生活方式、风俗、礼仪、建筑以及自然环境有机结合形成的民族文化传统以更加完整的方式被保存了下来。云南省很早就开始了区域性整体保护的试点工作，在《云南省非物质文化遗产保护条例》中，专门设立了非物质文化遗产的区域性整体保护专章，规范民族文化保护区域的设立、规划、和保护开发利用，明确了政策资金支持措施。目前，全省有 66 个少数民族聚居村寨被列为省级民族传统文化保护区。“大理文化生态保护实验区”和“迪庆民族文化生态保护区”被列为国家级文化生态保护实验区，是全国拥有两个国家级文化生态保护实验区的唯一省份。

2. 以合理开发促保护，实现传统工艺的发展价值

云南省地处边疆，很多非物质文化遗产富集的地区也是经济落后的贫困地区。云南省的非物质文化遗产立法工作从一开始就重视发展经济、消除贫困，加强对民族传统工艺的抢救保护，鼓励合理开发利用，对云南特有的濒临消亡的技艺进行重点抢救保护。国家级保护项目香格里拉县尼西乡汤堆村的藏族黑陶制作工艺传承人郭军华召集全村 60 名制陶艺人，组建了土陶有限责任公司，每年生产黑陶器皿 16 万件，远销国内外，销售额达 260 多万元。既增加了村民的收入，又提高了群众传承非物质文化遗产的自觉性。

三、强化非物质文化遗产保护保障措施

云南省依法设立了省级财政专项资金，用于开展非遗保护及扶持传承人工作，每年给予省级非遗保护专项经费 500 万，省级传承人每人每年补助 3000 元，帮助传承人提高生活水平和改善传承条件，支持他们开展传承活动。2013 年，《云南省非物质文化保护条例》进一步明确了各级政府的投入责任，省级非遗保护专项经费提高至 1000 万元，省级传承人的补助标准提升至每人每年 5000 元。同时，部分州（市）也创造条件给予传承人一定的补助，极大地提高了传承人的社会地位、影响力和带徒传艺的积极性，体现了党和政府对民族文化遗产的重视和对民族文化传承人的深切关怀。

西藏自治区 2014 年文化发展情况分析

2014 年，在区党委、政府坚强领导下，在自治区和地市（县）有关部门大力支持下，全区文化系统紧紧围绕年初确定的文化改革创新年、公共文化服务体系推进年、优秀文艺作品创作年、特色文化企业培育年、优秀传统文化合理利用年、文化市场监管年的总体思路和主要任务，不断改进作风、锐意开拓创新，各项工作取得了新成绩，积累了很多有益经验。

一、文化机构增长明显，增幅较大

全区文化系统人员队伍建设有了较快发展，机构逐步健全，全区共有各类文化机构 1033 个，比 2013 年增加 164 个，增长 15.8%；从业人员 5553 人，比 2013 年增加 1635 人，增长 29.4% 。增长主要原因：2014 年新建 157 个乡镇综合文化站。

表1　2012-2014年文化机构人员情况

年份	艺术表演业		艺术表演场馆		图书馆		群众文化服务机构		文化行政管理部门		艺术科研机构		其他文化事业机构		合计	
	机构	人员	机构	人员	机构	人员	机构	人员	机构	人员	机构	人员	机构	人员	机构	人员
2012年	62	1752	20	82	77	91	320	374	80	760	1	18	1	35	561	3112
2013年	78	2292	14	89	78	117	615	588	82	776	1	18	1	38	869	3918
2014年	85	2365	14	55	78	113	772	2044	82	925	1	18	1	33	1033	5553

二、投入增幅较大

2014 年文化事业经费财政总投入 44.5 亿元，文化经费投入占财政支出的比重逐年提高。

表2　2012—2014年文化经费投入占财政支出情况

年份	财政支出（亿元）	文化事业费（亿元）	占财政支出（%）
2012年	934	4.35	0.5
2013年	1033	4.45	0.4
2014年	1185	7.24	0.6

从文化资金的投入情况可以看出，2014 年全区文化事业费 7.24 亿元，其中：财政拨款 7.21 亿元，占全区文化事业费的 99.58%，事业收入 172 万元，其他收入 94 万元，以此可以看出我区的文化投入基本是国家投入。

表3　2014年财政投入情况表

单位：万元

	艺术表演业	艺术表演场馆	图书馆	群众文化服务机构		文化行政管理部门	艺术科研机构	其他文化事业单位	合计
				文化馆	乡镇文化站				
拉萨市	1684	71	19	630	268	4523			7195
林芝地区	457		181	506	1604	2823			5571
山南地区	1903	813	189	920	1954	2832			8611
那曲地区	1004			575	3261	2053			6893
阿里地区	781		112	520	319	1462			3194
日喀则地区	3060	23	18	925	3541	1166			8733
昌都地区	1353		488	580	230	11021			13672
自治区本级	5676		969	1054		9935	347	631	18612
合计	**15898**	**907**	**1956**	**5710**	**11177**	**35815**	**347**	**631**	**72481**

从文化事业费支出结构情况看：基本支出3.65亿元，占全区文化事业费财政投入50%，文化专项支出1.9亿元，占全区文化事业费财政投入的26.27%，表明文化事业费主要用于支付人员费用，直接用于业务活动的经费仍然比较紧张。

三、基础设施显著改善

2014年，我们不断巩固和发展党的群众路线教育实践活动成果，坚持眼睛向下、重心下移，积极改善文化民生，有力丰富了群众文化生活。690个文化站，为38个县配备流动图书车。完成那曲、山南图书馆建设，山南、昌都博物馆开工，自治区图书馆、群艺馆改扩建项目即将开工。山南完成485个村级共享工程服务点建设，完成所有县综合文化活动中心和乡镇文化站的标准化建设，县乡村文化设施功能有效完善、服务能力显著提高，管理使用成效明显。林芝启动以完善设施、完善制度、完善管理、落实人员、落实经费、常有活动为重点的乡镇文化站提升工作，计划建设7个示范站。2014年，全区543个乡镇综合文化站和39个县民间艺术团排练场所建设项目投资超额下达，总额达5.5亿元。

四、公共文化服务不断提升

（一）公共图书馆服务能力进一步提高

2014年我区78个公共图书馆，从业人员113人。藏书总量125.2万册，较上年增加56.7万册，增长54.7%，人均拥有公共图书馆藏书籍0.41册。当年购买报刊种类3.247种，读者总流通人次16.6万人次，人均图书购置经费0.46元。为38个县配备流动图书车。完成那曲、山南图书馆建设。

表4　2012—2014年公共图书馆事业情况

年份	机构数	总藏书量（万册）	人均年购书费（元）	新购图书（册）	人均图书藏量（册）
2011年	77	68.5	0.4	50707	0.23
2012年	78	100.0	0.4	42649	0.33
2013年	78	125.2	0.4	46075	0.41

（二）惠民稳步推进，群众文化权益得到有效保障

2014 年全区 772 个群众文化服务业，从业人员 2044 人。其中：自治区级 1 个，地市级 7 个，县级文化活动中心 74 个，乡镇文化站 690 个。组织文艺活动 4263 次，举办展览 461 个、举办各类训练班 1430 班次，培训 9.5 万人。

总投资 5 亿余元的 543 个乡镇综合文化站和 39 个民间艺术团排练场建设项目陆续收尾，基本实现“乡乡有文化站”。各级公共文化设施免费开展文化活动 1.2 万场次，受益群众 200 多万人次。依托“春雨工程”，邀请国家文艺院团和相关省市文化志愿者，开展演出展览培训等活动 30 余场。林芝开展广场文化活动 9 千场，参与群众达 80 余万人次，活动数量和参与人数比去年增加 36% 和 45%。

表5　2014年群众文化业情况主要指标

	举办展览个数（个）	组织文艺活动次数（次）	举办训练班班次（次）	培训人数（万次）
总计	**461**	**4263**	**1430**	**15.6**
群众文化馆	40	517	112	3.8
活动中心	140	1264	404	7.8
乡镇文化站	281	2482	914	4.0

五、非遗保护成果显著

2014 年全区 8 个非物质文化遗产保护中心，113 个传习所，323 个非物质文化遗产名录，其中：国家级 89 个、省级 234 个，代表性传承人 350 人，其中：国家级 68 人，省级 282 人。自治区政府命名 65 个民间文化艺术之乡，4 个乡入选中国民间文化艺术之乡。参加中国年俗文化展示周、海峡两岸非遗联展等重大展示活动，举办“指尖神韵”系列唐卡精品展、第三届藏戏大赛等展示展演活动。《格萨尔》多媒体资源库通过国家验收。

六、加强文化市场监管，有效维护国家文化安全

2014 年全区共有文化经营单位 871 家，从业人员 6055 人，其中娱乐场所 502 家，网吧经营机构 364 家，文艺表演团体 5 家。积极推进文化市场技术监管和服务平台建设，设置区、地、县三级平台用户 72 个。加大监管查处力度，取缔 10 家非法游艺娱乐经营场所，屏蔽 1 款侵害民族风俗的游戏。加强了文化娱乐市场演出人员管理和各类商业演出内容审查，监管水平进一步提高。对全区文化市场审批项目进行了专项清理，合并、取消和下放率达 60% 以上。加大了对网络市场、歌舞娱乐场所以及经营性演出活动的监管力度，确保了文化市场的绝对安全。

七、艺术创作日益繁荣，文艺舞台不断活跃

创作“中国梦”主题原创歌曲近 400 首、小戏小品 40 余件、群众文艺作品 140 余件。举办歌曲展播月、小戏小品展演、“3.28”演出等“中国梦”主题文艺活动 80 余场。创作并排演原创民族舞剧《太阳的女儿》，推出驻村题材话剧《守望左旋柳》，完成现实题材藏戏《朵雄的春天》、革命历史题材话剧《共同的家园》剧本创作。《太阳的女儿》、《朵雄的春天》、《解放，解放》入围国家艺术基金 2014 年度资助项目。改编推出传统藏戏《诺桑王子》。一年来，以“中国梦”为主题的优秀文艺作品不断涌现、文艺活动丰富多样，推动了“中国梦”在各族群众中入脑入心。

表6　2014年艺术业情况主要指标

年 份	机构数（个）	从业人员（人）	新剧目首演（个）	演出场次（万场）		到农村演出场次比重（%）	观众人数（万人）
					其中:到农村演出场次		
2012年	62	1752	40	0.4	0.3	75	161.1
2013年	78	2292	24	0.4	0.3	75	252.0
2014年	85	2365	26	0.5	0.3	60	410.7

八、加快文化产业发展，提升文化对经济的贡献率

命名9个自治区级文化产业示范基地和1个自治区级文化产业示范园区，国家和自治区级示范基地增至17个。2个项目列入文化部弘扬社会主义核心价值观动漫扶持计划。举办第四届唐卡艺术博览会，组织19个文化企业，先后参加西部文化产业博览会和北京国际文化创意产业博览会，现场销售额达1200多万元。拉萨、林芝、昌都纳入《藏羌彝文化产业走廊总体规划》核心区，山南、那曲纳入辐射区，18个项目列入国家重点扶持计划，其中5个项目列入2014年度国家特色文化产业重点项目。

九、积极配合国家外交大局，广泛传播“西藏故事”

先后组团10个120余人次，赴加拿大、瑞士、印度、台湾等国家和地区进行文化交流，举办演出和展览近30场，学术交流23场，广泛宣传了我区新发展新变化。在毛里求斯、津巴布韦开展的首次对非洲的文化交流，开辟了对外文化交流新渠道。全年接待国外2个团组33人次，举办“尼泊尔—中国唐卡艺术展”等文化交流活动。

2014年，我区文化工作呈现出重点突破、亮点纷呈、整体推进的喜人景象。特别是在事关文化长远发展的体制机制创新、基层队伍发展、设施网络建设等方面取得了显著成果。我们也看到，当前我区文化工作还面临许多困难和问题，存在很多不足和差距。突出体现在：各地市和县抓工作、求发展的主动性和创造性还未有效激发，重视程度和工作成效不平衡的问题更加显现；体制机制改革和创新能力仍不足，制约发展的瓶颈问题还未得到有效缓解；公共文化设施的管理和使用工作仍比较薄弱，一些地方的文化设施利用率不高、服务能力有限，发挥作用不大；县综合文化活动中心人员编制落实和队伍轮训工作急需加快步伐；地市专业文艺团体和县民间艺术团业务能力和水平总体不高；文化产业发展速度亟待加快等等。这些认识性、基础性和全区共性的问题，在很大程度上影响和制约了我区文化工作全面发展，必须引起高度重视，全力以赴加以解决。

（西藏自治区文化厅）

西藏：文化建设稳步推进

2014年，西藏自治区文化建设主题突出、特色鲜明、亮点频出、效果明显，全面协调快速发展的良好势头。

一是“十二五”文化重点建设步伐加快，基本实现“乡乡有文化站”目标。西藏自治区公共文化服务体系协调协调机制初步建立，群众文化活动和展览展示丰富多彩，文化信息资源共享工程全力推进，古籍普查成效显著。

二是以“中国梦”为主题的艺术创作取得阶段性成果，征集的30首优秀歌曲中5个作品获自治区“五个一工程奖”，2个作品获2014“建国杯”第四届全国大型展演活动词曲创作金银奖，自治区直属三个院团累计下乡演出240余场。

三是举办参加一系列展览活动，展出各类唐卡精品近300幅，接待观众达10万余人次。天文历算国家级传承人贡嘎仁增、唐卡勉萨画派国家级传承人罗布斯达荣获“薪传奖”。制定出台《关于开展非物质文化遗产进校园工作的意见》，《西藏自治区实施<中华人民共和国非物质文化遗产法>办法》正式颁布施行。

四是制定出台了《西藏自治区娱乐场所演出人员管理办法》和《西藏自治区文化市场监管人员“五不准”》等规范，取消4项行政审批项目，划清自治区、地市、县审批职责和权限，实现了就近办证、就近年审。

五是西藏文化旅游创意园区被授予第一批自治区级文化产业示范园区，实现了西藏自治区示范园区“零”的突破。西藏传统手绘唐卡地方标准编制工作全面启动，方案顺利通过专家评审。首届藏博会隆重热烈、务实节俭、安全有序，各项活动特色浓郁、组织缜密、影响广泛、效果明显。

六是先后组团10个120余人次，赴加拿大、港澳台等国家和地区举办文艺演出（展览）近30场、学术交流23场，接待国内外多个团组进藏开展文化交流近40场。

七是先后在区内外举办各类专题培训班20余个，培训在职人员1000余人，选派、挂职、培训900余人，西藏自治区文化厅系统5人入选自治区“五个一”工程人才。“三区”人才支持计划全面启动，落实资金2900多万，并出台实施意见。

陕西省2014年文化发展情况分析

2014年，在省委、省政府的正确领导下，全省文化工作紧密围绕我省中心工作，全面深入推进文化体制改革，以文化强省为目标，以业务建设为中心，以制度建设为保障，以目标考核为抓手，以人才培养为动力，改进作风、创新实干，传承弘扬中华优秀传统文化，努力践行社会主义核心价值观，推动各项民生文化工作迈上新台阶，为陕西经济社会发展营造良好的文化氛围。

一、文化事业发展情况

（一）机构人员情况

2014年我省共有文化机构2316个，从业人员22019人，比去年略有增长。其中文化部门艺术表演团体91个，6137人；艺术表演场馆83个，1687人；图书馆114个，2167人，其中高级职称74人；群众文化服务1772个，7590人，其中文化站1650个，5066人；艺术教育业5个，217人；文艺科研11个128人；其他文化及相关产业237个，4076人。从人员分布情况来看，文化部门从业人员主要集中在群众文化服务和艺术表演团体，是总数的70%。

（二）经费收支情况

2014年全省文化单位收入合计31.39支出30.42亿元，分别比上年增长4.6%和5.3%。在收入合计中财政拨款19.32亿元，事业收入0.58亿元，在支出合计中工资福利支出7.77亿元，比上年增长10%，占支出比重的25.6%，从人员支出费用占总比重看，财政收入的增长主要用于人员费用，减去必要的基本支出，真正用到业务活动的经费仍然很少。

图1　近年来全省人均文化事业费

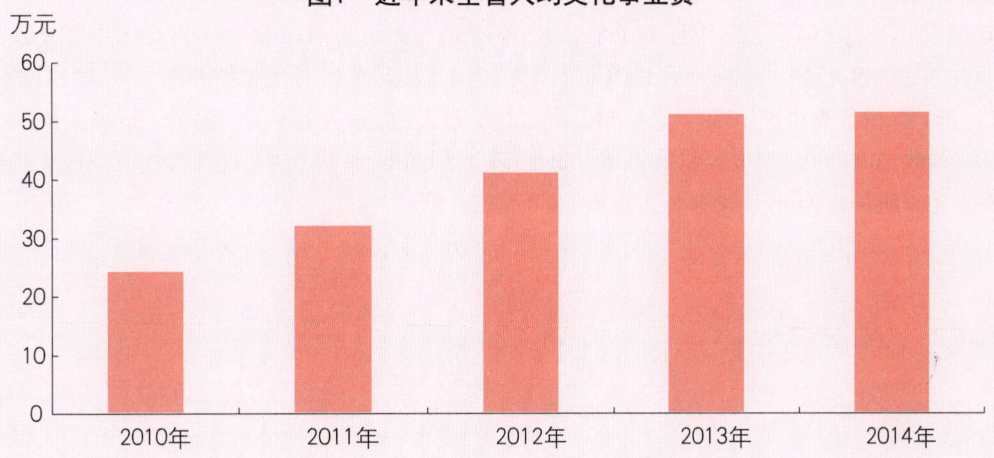

我省人均文化事业费，近几年一直呈上升趋势，从2010年的23.97元上升到2014年的51.18元，每年都有所增长，全国排名从2010年的16位上升到第11位。

（三）基本建设情况

2014年，全省文化单位基本建设项目21个，其中艺术表演团体1个，艺术表演场馆2个，公共图书馆6个，文化馆1个，文化站3个，其他8个。本年计划总投资12亿，建筑面积16.603万平方米，实际完成投资额10802万元，竣工项目5个，竣工面积0.986万平方米。基本建设与其他省市比较相对滞后，大部分地区设备陈旧，资金短缺，急需投入建设经费，尽快改变基层文化设施落后的面貌。

（四）业务活动情况

1. 艺术业。截止2014年底，全省有艺术表演团体143个，文化部门91个。本年创作首演剧目61个，全年演出2.399万场，平均每团168场，观众2110万人次，其中，到农村演出1.564万场，农村观众1463万人次。演出收入11233万元。

艺术表演场馆85个，文化部门83个，共演出0.814万场，观众人次188万人次，其中艺术演出0.188万场，观众人次90.96万人次，艺术演出收入5390万元。

积极筹备第十一届中华人民共和国艺术节工作。在舞台艺术创作方面，召开全省艺术创作会议并制定了《2014-2016年艺术创作规划》、《陕西省艺术精品创作奖励办法》、《陕西省剧作家签约制度和资助奖励办法》等，增加了省级艺术创作专项资金，今年已拨付4000万元艺术创作经费。成立了省艺术创作专家指导委员会，多次召开专家论证会和研讨会，向全国征集剧本100多部。在群众文艺创作方面，召开了全省群众文艺创作工作会议，成立了“群星奖”创作工作领导小组，印发《全省群众文艺创作暨第十七届“群星奖”参赛工作方案》和《全省群众文艺创作暨参赛“群星奖”扶持办法（2014-2016年度）》，全面启动我省“群星奖”四个门类创作工作。在美术创作方面，以今日丝绸之路美术作品展、第十二届全国美术作品展览陕西选送作品暨陕西省庆祝新中国成立65周年美术作品展等为载体，开展经常性的美术家采风活动，采取与优秀画家签订创作责任书等形式加大美术创作力度。在艺术人才队伍建设方面，制定了全省艺术人才培养规划，每年选拔一批有发展潜力的人才到艺术院校或研究机构进修提高；开展陕西省终身艺术成就奖系列展演活动，继续搞好戏曲名家授徒、新秀拜师、苗子培养活动；向国内外引进一批有文化艺术领域紧缺急需的高水平编剧、导演和其他专业人才。在场馆建设方面，召开了全省场馆建设和维修改造专题会议，制定印发了“十一艺节”场馆建设和维修改造《参考标准》、《总体方案》、《专家组工作职责》、《奖励补助方案》等文件，目前已经与西安人民剧院、咸阳大秦剧院、榆林剧院等14家场馆签订协议，确定今年全省安排场馆改扩建资金和补贴资金1.58亿元。

2. 公共图书馆。2014年全省共有114个公共图书馆，少儿图书馆3个，县级图书馆105个，总藏量1514万册（件）比上年增加114万册，总流通人次927.44万人次，书刊文献外借人次354.159万人次，外借册次635万册，组织各类讲座1669次，参加人次23.17万人次，举办培训班931个，培训人次6.788万人次，电子阅览室终端数3685台。新增藏量购置费2534万元，人均购书费0.77元，远低于全国人均购书费1.24元，人均藏量0.4册，在西北五省排名倒数第一。

图2　西北五省人均拥有公共图书馆藏量

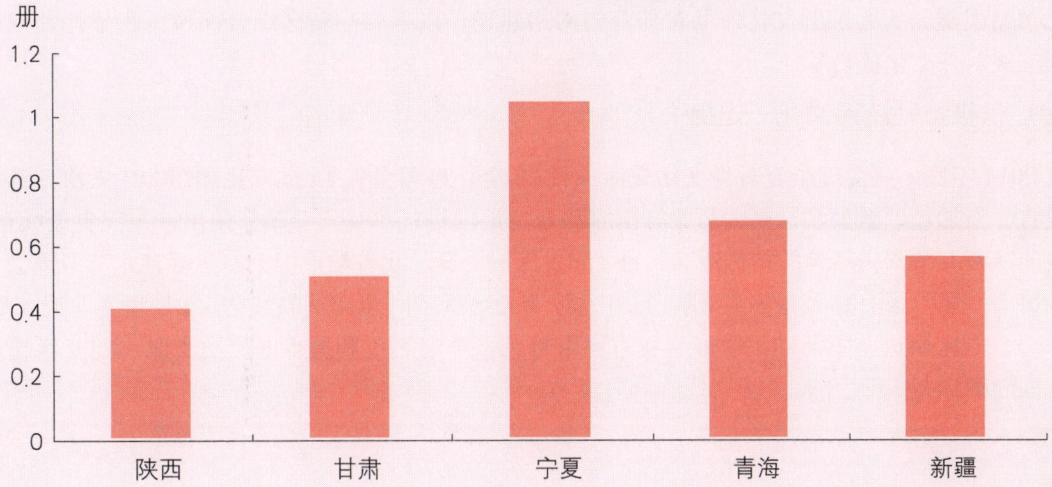

3. 群众文化。全省共有群众文化机构数1772个，从业人员7590人，其中文化馆122个，从业人员2524人，文化站1650个，5056人；群众艺术馆、文化馆（站）共组织文艺活动次数20186次，参加人次793.9万人次，举办培训班12222次，培训人次102.65万人次，举办展览个数5299个，参观人次261.5万人次，馆办文艺团体241个，对公众开放阅览室面积4.138万平方米。

积极推进省图书馆新馆、省艺术馆、西京剧院、陕西文化艺术博物院等重点文化设施和重点镇综合文体中心建设项目。截止目前，文化惠民工程争取中省财政资金8.7亿。为2000个行政村文化活动室、350个城市社区文化中心（室）配送了文化活动器材，为21个国家级连片特困地区的县级图书馆配送了流动图书车。全省1742个公共图书馆、美术馆、文化馆（站）向社会实施了免费开放工作，26791个行政村实施了每村年补助1万元的文化活动资金。基本实现了“县有图书馆、文化馆，乡有综合文化站”的建设目标和一定的文化活动经费保障。

（五）保护传承弘扬陕西优秀传统文化

《陕西省非物质文化遗产条例》于2015年1月10日经省第十二届人大常务委员会第七次会议通过，于5月1日起正式施行，是我省文化法治化建设的里程碑。推进非遗名录体系和代表性传承人队伍建设，12个项目入选第四批国家级非物质文化遗产项目，评审命名了第四批省级非遗项目67位代表性传承人和第二批省级非遗27个代表性传承单位。国家级文化生态保护实验区建设取得重要突破，《陕北国家级文化生态保护区总体建设规划纲要》经文化部评审通过，陕北、羌族两个国家级文化生态保护区建设将有效促进陕北、陕南地区文化、经济、社会的全面协调和可持续发展。

（六）加快推动文化产业发展壮大

做好陕西动漫产业基地建设工作，落实建立动漫产业发展基金工作。编制《丝绸之路经济带陕西省文化产业发展规划》、《藏羌彝文化产业走廊陕西省发展规划》。国家级动漫公共技术研发服务平台、游戏软件评测与认证平台、手机动漫公共服务平台、动漫版权保护与交易运营平台等投入运营。搭建文化产业招商引资服务平台，指导铜川市成功参加了第十届深圳文博会，4个项目签约金额35亿余元；指导西安市承办了第七届中国西部文化产业博览会并新增藏羌彝文化产业走廊专题展览推介活动、丝绸之路经济带文化产业专题论坛、文化创意大赛获奖作品展览与人才交流等专项活动;承办第四届陕粤港澳经济合作活动周、陕西文化旅游产品推介洽谈会,征集筛选了130个针对性强、对优势产业带动明显的对外合作项目。促进对外文化贸易发展,大力加强文化产品对外营销网络建设,以西安高新区综合保税区为依托,规划建设西安高新国家级对外文化贸易基地。

(七)积极推动陕西文化"走出去"

截止2014年底,共受理全省对外文化交流项目29个,办理全省14批文化团组281人次。选派了优秀节目赴蒙古、新加坡、意大利、澳大利亚等国家和台湾地区进行"欢乐春节"演出,是我省连续第10年在境外开展的陕西春节文化品牌的宣传活动。11月12日-17日,我省与中国上海国际艺术节组委会、上海市共同主办第十六届中国上海国际艺术节陕西文化周,陕北秧歌剧《米脂婆姨绥德汉》、世界非遗《西安鼓乐》专场音乐会、专家研讨会等活动集中展示我省民俗特色、非遗底蕴和厚重的历史文脉,把陕西特色文化推向全国、推向国际。

二、文物发展概况

(一)文物系统机构建设稳步发展

近年来,国家文物局、省委、省政府和市、县各级党委政府非常重视文物机构的建设和发展,投入了大量的人力物力用于文物机构的建设和管理,文物机构发展势头良好,基础设施不断完善,机构数量进一步充实,文物保护、管理功能进一步得到提升。

1. 2014年基本情况

据统计,2014年陕西省共有各类文物机构613个,比2013年596个增加17个,增长2.85%,增加的机构中主要为新增民办博物馆,比去年增加15座。613个机构包括:科研机构15个,文保机构210个,博物馆238座,文物商店1个,其他文物事业机构149个(包含行政主管机构120个)。

2. "十二五"期间各类文物机构数量对比情况

根据文化部、国家文物局等七部委《关于促进民办博物馆发展的意见》要求,要进一步调动社会力量参与文化遗产保护和社会主义先进文化建设的积极性,积极鼓励、大力支持民办博物馆发展;坚持"积极鼓励,大力支持,正确引导,依法管理"的指导思想, "十二五"期间民办博物馆得到蓬勃发展,民办博物馆数量有了大幅增长,2014年增加17个,较2013年增长7.69% 。

表1 2010年-2014年陕西省文物机构数量

单位:个

年份	总计	科研机构	文保机构	博物馆	文物商店	其他机构
2014年	613	15	210	238	1	149
2013年	596	15	210	221	1	149
2012年	563	13	207	194	1	148
2011年	482	13	200	122	1	146
2010年	469	13	202	109	1	144

3. 各地市机构建设稳步推进,发展态势良好

列入我省文化重点工程的陕西考古博物馆筹建工作取得进展,在省、市政府的大力协调下,最终获得250亩建设用地指标并确定了具体位置,目前正在办理项目落地等手续。加大对渭南、安康、咸阳等地市博

物馆建设的支持力度，安康博物馆已进入陈列布展阶段，预计 2015 年 2 月开馆试运行。咸阳博物院的一区、二区、四区、五区主体建筑完成，并完成陈列大纲。全年新登记备案博物馆 20 家，其中文物系统博物馆 7 家，行业博物馆 2 家，民办博物馆 11 家，我省各类博物馆达到 241 家

（二）加强人才培训，提升人员素质

1. 2014 年基本情况

近年来，我省各级党委、政府面对文物保护工作人才短缺的紧迫形势，牢固树立人才资源是第一资源的观念，不断充实文物管理队伍，人员数量稳步增长。

2014 年，全省文物系统从业人员 13054 人，比 2013 年增加 1499 人，增长 12.97%。其中文物科研机构 408 人，占总人数 3.55%；文物保护管理机构 3064 人，占总人数 23.47%；博物馆 7101 人，占总人数 54.40%；文物商店 7 人，占总人数 0.05%；其他文物机构 2474 人，占总人数 18.95%。

2. 人员培训工作明显加强

全年组织和安排局机关、直属单位参加公务员任职培训及其它各类培训班计 86 班次，共 226 人次。举办了“陕西省基层博物馆馆长培训班”、“直属系统青年专业人才研讨班”、“文物鉴定培训班”等培训活动，拓宽了视野，提高了业务水平。面向社会举办了以“文博讲坛”为代表的各类讲坛、讲座。人才培养平台有所拓宽。积极争取和搭建培养科研学术带头人的平台。省考古研究院和省文物保护研究院分别获得人社部授予的博士后科研工作站和博士后创新基地；秦始皇帝陵博物院获得“三秦学者”岗位（文物科技研究方向），使得陕西文物系统在这一围绕陕西经济社会发展和重大项目实施需要而设置的岗位数量达到 2 个。通过一系列措施大大提升了文物系统人员素质，进一步夯实了新时期文化遗产事业基础。

从专业技术人员构成情况看，2014 年全省文物系统共有专业技术人员 2876 人，占从业人员 22.03%，其中：高级职称 413 人，比 2013 年减少 23 人，减少 5.49%；中级职称 1130 人，比 2013 年增加 79 人，增长 7.52%。

（三）文物藏品变化情况

从 2011 年 -2014 年全省文物藏品情况看，各级机构严格执行《文物保护法》，同时国家文物局和省级财政加大了文物征集专项经费投入，馆藏品数量质量都有较大提升。2014 年全省藏品总计 1636437 件，比 2013 年增加 281148 件，其中一级品 8180 件，比去年增加 110 件。

（四）文物保护经费保障有力

1. 文物事业收入情况

截止到 2014 年 12 月底，省级公共预算拨款、中央财政专项资金和省级财政专项资金拨款等收入总计 14.78 亿元，其中省级公共预算拨款 50480 万元；中央财政专项资金 55777 万元（基本建设专项 5500 万元）；省级财政专项资金 28532 万元（专户资金 18159 万元）。

表2　陕西省2010年—2014年文物业收入情况

单位：万元

年度	收入合计	财政拨款	事业收入	经营收入	门票收入	其他收入
2010年	129734	68496	41830	1193	46378	14571
2011年	186068	137339	19312	1108	69003	10043
2012年	209859	161887	20569	3893	79862	10092
2013年	250768	171264	22319	5,786	84134	24,493
2014年	297367	238985	24629	5116	86346	23757

从图表中很直观的看出近 5 年来，国家对陕西省文物事业投入力度逐年增加，经过 2011 年经费投入大增 100.51% 后，从 2012 年的增速开始放缓，财政拨款保持平稳增长。正因为有了国家经费和省级财政资金保障，大遗址保护与考古遗址公园建设，西汉帝陵 15 万平方米考古勘探工作，唐代帝陵 10 平方公里考古调查和 25 万平方米考古勘探工作，万城遗址考古调查勘探，安康博物馆，咸阳博物院，渭南博物馆等重点项目才能顺利推进。

2. 文物事业经费支出情况

2014 年全省文物业总支出为 297210 万元，较 2013 年增长 19.68%。在各项支出中，项目支出增长幅度达到 34.48%。

表3　陕西省2009至2014年文物业支出情况

单位：万元

年度	支出合计	基本支出	项目支出	工资福利支出
2009年	97584	67090	26771	28722
2010年	122123	87945	28758	33423
2011年	179787	90450	77174	42217
2012年	200713	100056	83628	48406
2013年	248331	96670	112464	53662
2014年	297210	113675	169563	61382

从以上表分析，近五年全省文物机构在财政支出稳步提高的基础上，文物保护项目支出增长较快。全年完成国保单位保护维修项目数 41 个，省保单位保护维修项目数 38 个，总计 156272 平方米 今年来我省加大重点项目的建设、提升了陕西省整体对外形象。市级重点博物馆项目建设进展顺利，渭南市博物馆项目开始陈列布展，咸阳市博物院、安康博物馆等项目主体工程基本完成。项目支出的增长保证了这些重点项目的顺利实施，有效推动了我省文化强省建设。

三、文化市场发展情况

党的十八大以来，我国进入了文化大繁荣大发展的新阶段，文化市场积极营造公平竞争、内容健康、规范有序的发展环境。 2014 年， 我省共有文化市场经营单位 3987 家，其中，民营文艺表演团体 49 个，演出场所经营单位 18 个，演出经纪机构 16 个，娱乐场所经营单位 1017 个，经营性互联网文化单位 48 个，互联网上网服务营业场所 2970 个，艺术品经营机构 48 个；从业人员 26034 人，经营面积 163.7 万平方米，资产总计 39.33 亿元，营业收入 21.78 亿元，营业利润总额 7.8 亿元。

（一）演出市场

截至 2014 年底，陕西省共有民营文艺表演团体 49 家，从业人员 1235 人，演出场次 3262 场，其中，农村演出场次 3767 场，观众人次 484558 人次，经营面积 18875 平方米，资产总计 14500 万元，营业收入 3884 万元，利润总额 358 万元。全省共有演出经纪机构 16 家，从业人员 385 人，演出场次 758 场，观众人次 958700 人次，营业收入 4679 万元，利润总额 1382 万元。2014 年全省共举办各类营业性演出 5000 余场（含旅游演出），观众人次达到 180 万，演出收入过亿元，其中涉外涉港澳台演出 90 余批，演出场次 1600 余场。2013 年以来各地贯彻落实中央八项规定和中宣部等五部委发布的《关于制止豪华铺张、提倡节俭办晚会的通知》等政策，政府举办演出、演出要价虚高以及演出舞美搭建攀比等行业奢靡之风得到有效遏制。同时，文化部门积极简政放权，进一步取消和下放演出审批，为演出市场繁荣创造政策环境。在节俭办晚会和简政放权双重政策下，我省演出市场步入了转型升级的轨道，部分演出经营者逐步从倚靠政府转而面向市场。

（二）娱乐场所

2014年全省娱乐场所经营单位达到1017家，从业人员12103人。资产总计19.9亿元，主营收入9.9亿元，利润总额3.4亿。2014年我省娱乐场所数量比2013年减少119家，数量总体平稳。营业收入上比2013年减少0.53亿元。从市场发展来看，歌舞娱乐场所总体保持平稳，量贩式KTV依然占据娱乐市场主流，游艺娱乐场所发展缓慢。

（三）网吧市场

2014年陕西网吧营业总收入为17.92亿元人民币。同比2013年增加4.14亿元，增幅幅为30%。

2014年陕西省网吧行业，年净收入在0元以下的占6.9%，年净收入在0-10万元的网吧占全省网吧总数的35.2%；年净收入在10-30万元的网吧占32.8%，年净收入在30-50万元的网吧占12.8%，年净收入在50-100万元的网吧占9.1%，年净收入100万以上的网吧占3.2%。全省网吧净收入0-30万元的网吧占市场76%的份额，42%的网吧不赢利或亏损。

近年来，网吧发展出现了新的趋势。一是经济发达地区网吧向综合高端化方向发展。二是网吧的投资吸引力日渐增强，资本进入促进了网吧行业健康发展。近年来，随着网吧连锁化进程的加快，大量原本在市场上单打独斗的单体网吧逐步加入连锁业态，网吧连锁企业蕴含的渠道价值、规模效应将逐渐凸显。三是与其他行业加速融合，打造网吧全新赢利模式。出现了“网咖”等新的经营模式，使网吧的平台价值得到最大的发挥。

（四）经营性互联网经营单位市场

全省共有经营性互联网经营市场单位48个，从业人员578人，资产总计2.98亿元，主营收入3857万元，拥有自主知识产的网游93个，利润总额657万元。互联网文化经营单位规模迅速扩大。2014年12月底，我省互联网文化经营单位共有36家，2014年经营性互联网经营单位收入3857万元，占全省文化市场总收入的1.7%，比重日益提高。

（陕西省文化厅　陕西省文物局）

陕西：积极筹备第十一届全国艺术节

在舞台艺术创作方面，召开全省艺术创作会议并制定了《2014-2016年艺术创作规划》、《陕西省艺术精品创作奖励办法》、《陕西省剧作家签约制度和资助奖励办法》等，增加了省级艺术创作专项资金，今年已拨付4000万元艺术创作经费。成立了省艺术创作专家指导委员会，多次召开专家论证会和研讨会，向全国征集剧本100多部。在群众文艺创作方面，召开了全省群众文艺创作工作会议，成立了“群星奖”创作工作领导小组，印发《全省群众文艺创作暨第十七届“群星奖”参赛工作方案》和《全省群众文艺创作暨参赛“群星奖”扶持办法（2014-2016年度）》，全面启动我省“群星奖”四个门类创作工作。在美术创作方面，以今日丝绸之路美术作品展、第十二届全国美术作品展览陕西选送作品暨陕西省庆祝新中国成立65周年美术作品展等为载体，开展经常性的美术家采风活动，采取与优秀画家签订创作责任书等形式加大美术创作力度。在艺术人才队伍建设方面，制定了全省艺术人才培养规划，每年选拔一批有发展潜力的人才到艺术院校或研究机构进修提高；开展陕西省终身艺术成就奖系列展演活动，继续搞好戏曲名家授徒、新秀拜师、苗子培养活动；向国内外引进一批有文化艺术领域紧缺急需的高水平编剧、导演和其他专业人才。在场馆建设方面，召开了全省场馆建设和维修改造专题会议，制定印发了“十一艺节”场馆建设和维修改造《参考标准》、《总体方案》、《专家组工作职责》、《奖励补助方案》等文件，目前已经与西安人民剧院、咸阳大秦剧院、榆林剧院等14家场馆签订协议，确定今年全省安排场馆改扩建资金和补贴资金1.58亿元。

甘肃省2014年文化发展情况分析

党的十八大以来，在甘肃省委省政府的正确领导下，在文化部的大力支持和精心指导下，以华夏文明传承创新区建设为战略平台，紧紧围绕文化改革发展各项目标任务，以“上心、负责、落实”的工作作风，狠抓各项工作落实，全省文化工作呈现出加快发展的工作态势。

一、繁荣的甘肃文化

目前，甘肃省公共文化服务体系逐步健全完善，省、市、县、乡、村五级文化网络基本建成，103个公共图书馆、103个文化馆、48个美术馆、147个博物馆（纪念馆）、1331个文化站（其中乡镇综合文化站1228个）全部实现免费开放。约1.7万个文化信息资源共享工程服务点正常运行。“乡村舞台”建设取得阶段性胜利，全省各市（州）通过政府补贴、吸引社会力量援建等方式，撬动各类资金16.88亿元，建成“乡村舞台”6625个，超额5.4%完成年度建设任务，得到中宣部、文化部和省委、省政府充分肯定。精品剧目创作演出成果丰硕，歌剧《貂蝉》、陇剧《西狭长歌》、秦腔《麦积圣歌》、话剧《天下第一桥》荣获多项国家级大奖。创建国家级文化产业示范基地7个，国家动漫认定企业3家、省级文化产业示范园3个、文化产业示范基地22个。莫高窟崖体加固工程被评为首届全国十佳文物保护工程，莫高窟数字展示中心正式运行；丝绸之路申遗圆满完成，麦积山石窟、炳灵寺石窟、锁阳城遗址、悬泉置遗址、玉门关遗址成功列入《世界遗产名录》。非物质文化遗产保护和传承利用工作进一步加强，成功申报国家级非物质文化遗产项目7个，申请国家和省级非遗保护专项资金累计3310万元。文化人才队伍建议不断加强，出台文化人才队伍建设五年规划，分门别类加强文化队伍建设，提高队伍素质。

（一）机构和经费情况

1. 人员基本情况

截止2014年底，全省共有个文化文物类机构5175个（含文化市场），从业人员45037人。其中：文化部门机构2180个，从业人员25395人，其他部门2999个，从业人员19642人。

表1　2014全省文化文物机构基本情况表

	机构数(个)	从业人员(人)
总计	**5175**	**45037**
艺术业	214	6640
其中：艺术表演团体	190	6211
艺术表演场馆	22	414
图书馆	103	1458
群众文化服务	1434	6191
其中：文化站	1331	4595
艺术教育业		
文艺科研	1	23
文物业	311	6348
文化市场经营机构(不含非公有制艺术表演团体)	2848	16015
其他	264	8362

2．文化投入不断增长

（1）全省文化投入不断增长。据统计，2014 年全省文化事业财政拨款（不含基本建设投资）11.07 亿元，比上年增长 12.28%。分地区来看，排名前 3 位的分别是：兰州市 2.24 亿元、天水市 1.03 亿元、定西市 0.95 亿元；全省人均文化事业费 42.73 元，连续 6 年呈增长趋势。

图1　甘肃省文化事业经费投入情况

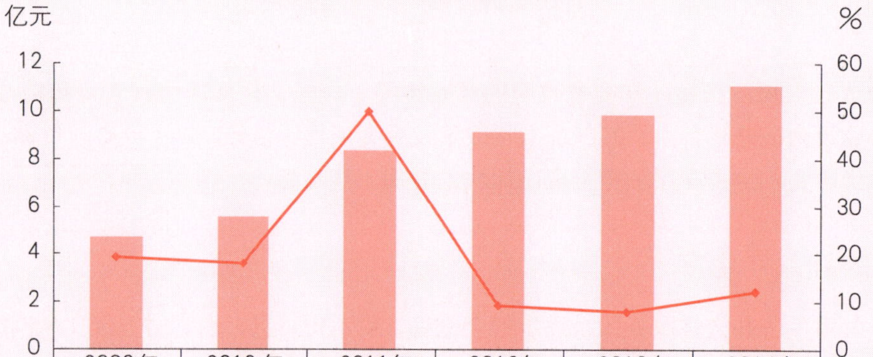

	2009年	2010年	2011年	2012年	2013年	2014年
文化事业费（亿元）	4.71	5.56	8.34	9.12	9.87	11.07
增长率（%）	19.54	18.05	50.00	9.35	8.22	12.28

文化事业费（亿元）　增长率（%）

数据显示 2014 年文化事业费投入明显增长，主要包括三馆免费开放经费中央补助 10277 万元，“三区”人才支持计划文化工作者专项经费 3251 万元，流动图书车 696 万元，社区文化中心设备配送经费 519 万元，公共图书馆阅览室建设经费 1720 万元。

（2）文物事业经费投入持续增长。甘肃省 2014 年文物事业费继续保持稳定增长的态势，2014 年全省文物事业费 86047 万元，比 2013 年增加了 5300 万元，增加了 6.5%。其中财政拨款 96427 万元，事业收入 15317 万元，其他各项收入 7133 万元。从文物保护的构成看财政拨款依然是我省文物保护经费投入的主要渠道，占总收入的 82%。

图2　甘肃省文物事业经费投入情况

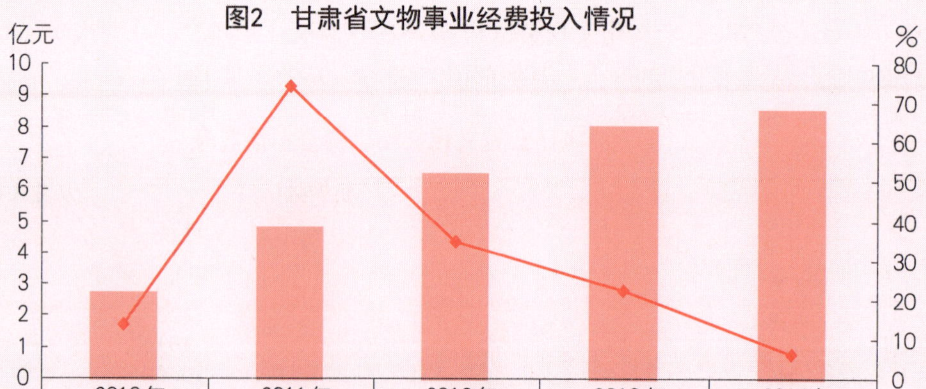

	2010年	2011年	2012年	2013年	2014年
文物事业费	2.78	4.86	6.58	8.07	8.6
增长率	13.90	74.80	35.40	22.60	6.50

文物事业费　增长率

（二）公共文化建设扎实推进

公共文化服务体系是以保障公民基本文化权益、满足基本文化需求为目的，以政府为主导，以公共财政为支撑，以公益性文化单位为骨干，向社会提供公共文化设施、产品、服务的制度体系。公共文化服务体系建设是维护公民基本文化权益、满足人民群众基本文化需求的重要保障，是维护公共文化生活的公平与正义，促进社会和谐稳定的必然要求，同时也是我省各级政府的基本职责。

1．图书馆服务水平逐步提高

截止 2014 年，全省共有公共图书馆 103 个。其中：省级 1 个，市级 17 个，县级 85 个，与上年相同。甘肃省图书总藏量 1306.64 万（册、件），较上年 1226.22 万（册、件）增加 80.42 万册。图书总流通 658.42 万人次，较上年 616.13 万人次增加 42.29 万元人次，增长 6.87%。图书馆业 2014 年总收入 2.57 亿元，比上年 2.27 亿元增加 3000 万元，财政补助收入 2.46 亿元，比上年 2.25 亿元增加 2100 万元，增长 9.34%，财政拨款占全部收入的 95.72%，体现了公共文化服务是以公共财政为支撑的特点。

表2　2009-2014年甘肃省公共图书馆基本情况

年份	总流通人次（万人）	书刊文献外借册次（万册）	图书总藏量（万册）
2009年	414	329	951
2010年	468	345	1042
2011年	473	389	1159
2012年	558	468	1212
2013年	616	526	1226
2014年	658	536	1306

2．群众文化活动丰富多彩

2014 年全省群众文化服务机构 1434 个，财政补助收入 3.33 亿元，比上年 3.21 亿元．增加 1200 万元。组织品牌节庆活动 117 个，比上年增加 33 个，提供文化服务活动 2.45 万次，文化服务惠及人数 808 万人，其中：组织文艺活动 13509 次、公益性讲座 408 次，举办培训班 7054 次。全省馆办文艺团体 146 个，群众业余文艺团队 5986 个，流动舞台车 15 辆。

3．博物馆工作有序开展

2014 年，全省博物馆纪念馆总数增至 199 座（含民办馆），较之免费开放前增长 2.4 倍，成为全国博物馆大省之一；年内新批准设立 6 座行业博物馆（民办），7 座博物馆（纪念馆）新馆建成开放，对 8 座博物馆（纪念馆）的展厅和库房进行了改扩建或维修改造。

启动了全省国家二、三级博物馆运行评估工作。全年全省各级各类博物馆共推出新展览 10 个，改造提升展览 11 个，举办临时展览 53 个，接待观众 600 余万人次，其中青少年观众 260 万人次；开展“四进”（进社区、进校园、进企业、进军营）活动 200 余次，接待观众 1754 万人次。

（三）艺术精品创作引领新风尚

精品剧目创作演出成果丰硕。歌剧《貂蝉》参加第二届中国歌剧节，获剧目奖、表演奖、优秀舞台奖等 6 个奖项。话剧《天下第一桥》获国家舞台艺术精品工程重点资助剧目，陇剧《西狭长歌》荣获“五个一工程”奖，秦腔《麦积圣歌》、话剧《天下第一桥》获文华剧目奖。秦腔《大秦文公》获第七届西北五省区秦腔艺术节优秀剧目奖、优秀表演奖、优秀编剧奖。秦腔《轩辕大帝》获第七届秦腔艺术节优秀剧目特别奖。

深入实施“敦煌画派”创作工程，开展“朝圣敦煌”系列活动，组织创作人员在敦煌等地进行考察、临摹、写生及专业讲座，相继推出了一批艺术特色鲜明的美术作品。“朝圣敦煌”全国美术大展、张芝奖全国书法大赛等美术展览成功举办，甘肃省第二届“梅馨杯”百姓小品艺术节、甘肃省第三届声乐比赛圆满闭幕，公祭伏羲大典的规模和影响力进一步提升。

（四）文化产业发展实现新跨越

通过组织参加深圳文博会、兰洽会、西部文博会、甘肃文博会等平台，推介文化项目和文化产品，全省69个重点文化产业项目入选《2014中国文化产业重点项目手册》。夏河藏文化产业园、卓尼“老坑洮砚”创意文化产业园等8个项目入选2014年度全国文化产业重点项目库。园区基地建设步伐加快，兰州创意文化产业园等7个项目入选国家文化产业示范基地，南特数码等3家动漫企业被认定为国家动漫认证企业。2014年，全省文化系统文化产业完成总产出97.02亿元。

（五）文化遗产保护呈现新亮点

莫高窟崖体加固工程被评为首届全国十佳文物保护工程，莫高窟数字展示中心正式运行，张掖大佛寺、天水玉泉观、武山水帘洞石窟群等18项文物保护工程竣工，夏河拉卜楞寺、榆中青城古民居等20余项文物保护工程开工实施，早期秦文化、河西走廊、冶金遗址等40项考古调查与发掘项目进展顺利，并取得重大成果；丝绸之路申遗圆满成功，麦积山石窟、炳灵寺石窟、锁阳城遗址、悬泉置遗址、玉门关遗址成功列入《世界遗产名录》，大地湾遗址、锁阳城遗址等10处大遗址被列入国家大遗址保护“十二五”专项规划，敦煌、山丹、凉州等7市（县、区）境内重点区段长城保护及防洪工程开工实施或已竣工，嘉峪关文化遗产保护工程进展顺利。

非物质文化遗产保护和传承利用工作进一步加强，成功申报国家级非物质文化遗产项目7个，申请国家和省级非遗保护专项资金累计3,310万元，成功举办第七届“中国原生民歌大赛”，积极推进敦煌文化生态保护区、陇东南农耕文化生态保护区申报，组织非遗传承人参加了第三届中国非物质文化遗产博览会、年俗文化展示周、丝绸之路经济带沿线国家旅游文化展等多项全国性非遗展示展演活动，全方位介绍和展示我省非物质文化遗产项目，提高了群众积极参与非遗保护的意识。

可移动文物普查工作全面启动以来，统计出全省国有单位共收藏有文物695274件（套），其中文物系统国有单位收藏文物600318件（套），包括一级文物3414件（套），二级文物13128件（套），三级文物98702件（套）；非文物系统国有单位收藏文物或疑似文物94956件（套）。全省各级普查办组织专家对全省非文物系统162家国有单位收藏的26069件（套）文物或疑似文物进行了认定，其中18113件（套）文物纳入普查范围。截至目前，全省共采集登录58695条文物信息数据，位居全国第三。

（六）文化市场规范管理迈上新台阶

加强文化市场综合执法队伍建设，通过组织开展文化市场综合行政执法岗位大练兵与技能大比武、理论研讨、案卷评比、执法考评、业务培训等，提高行政执法水平。认真组织全省文化市场技术监管与服务平台的应用推广，目前全省已有9个市州完成了县区级平台管理员培训工作，省级和部分市级监管与服务平台已完成上线，有效发挥了监管作用。推行文化市场“阳光执法”工作，推进执法权运行的公开化、规范化、透明化。2014年，全省各级文化市场综合执法机构共出动人员18.2万人次，检查各类文化市场经营场所9万家次，警告3179家次，责令整改2517家，责令停业整顿181家次。受理各类举报329件，立案调查223件，办结案件211件，移交案件52件，案件办结率为94.6%，推动了文化市场规范发展。

（七）文化交流迈出新步伐

2014年，舞剧《丝路花雨》赴欧洲执行“中华风韵”文化交流活动，先后在英国、法国、德国成功商演7场，尤其是赴贵州省演出，受到了贵州观众和贵州、甘肃两省领导的高度评价，为我省文化工作赢得了荣誉。以“欢乐春节”活动为平台，张掖市肃南裕固族歌舞团、甘南藏族歌舞团等艺术团组分赴泰国、日本进行演出，在韩国先后举办了“甘肃文化周”、“甘南藏文化千幅唐卡”展览、“中国文化日—多彩民族风”等文化交流活动，精彩地展现了甘肃独特的民族文化魅力。来访活动和学术交流研讨项目频繁，第二届国际鼓文化艺术周、第三届国际文化产业大会成功举办；2014 年古遗址保护国际学术研讨会、敦煌石窟研究国际学术研讨会、文物的生物退化与防护国际学术研讨会成功举办，来自 20 多个国家的 100 多人次的专家学者参加了会议；第四届文化财产返还国际专家会议在敦煌召开，20 多个国家的政府官员和专家共商文物保护与返还的法律和技术难题，并讨论通过了旨在促进文化财产保护与归还的《敦煌宣言》，进一步扩大了甘肃文化的影响力和国际传播力。一年来，全省组织实施对外对港澳台文化交流出访项目 63 起，人员 266 人次，来访 7 起，198 人次。

（八）文化体制改革取得新突破

加强行业立法，文化法规体系逐步完善，《甘肃省非物质文化遗产保护条例》通过了省十二届人大第 12 次会议的讨论，《敦煌历史文化名城保护条例》列入 2015 年人大立法计划出台项目。在省委、省政府的坚强领导和统一部署下，文化事业单位分类改革有序展开，向省编办上报了《省直文化事业单位分类改革实施意见》。着力解决省直文艺院团转企改制遗留问题，积极协调落实改革政策，推进转企文艺院团内部管理体制和运行机制改革，促进公司管理规范化。

（九）文化部门自身建设得到新加强

出台文化人才队伍建设五年规划，分门别类加强文化队伍建设，提高队伍素质。积极选送 50 余人参加文化部、省委党校、行政学院等组织的各类培训，推荐 40 多名动漫人才赴北京、上海等地参加各类创意和动漫设计人才培训。成立人才管理办公室，为省直转企院团艺术人才提供服务。加强“三区”人才建设，选派 1218 名文化工作者服务基层文化单位，对 116 名基层文化干部进行培训，完成了省直文化系统 1500 多名专业技术人员年度继续教育任务。

二、存在的问题及建议

（一）专业人员缺乏，文化从业人员的工作水平、履职效能与文化工作面临的新形势新任务，与省委、省政府对文化工作的新要求还不相适应。对华夏文明传承创新区建设有些板块的工作还谋划不深，以点带面缺乏更有力的举措。

（二）公共文化服务地域、城乡之间差距较大，供给能力、服务水平有待进一步提高，基层文化设施设备利用率不高，基层文化专干作用发挥不够。

（三）文化产业科技含量低，传统产业比重大，新兴产业发展比较滞后，各地之间发展还不平衡，特色、亮点还不够突出，结构不合理的问题依然存在。文化与旅游、科技、金融等其他元素的融合还不够，在促进文化产业加快发展方面，办法还不够多，措施还不够有力。

（四）精品创作水平还不高。文化演艺精品创作与党委政府的要求和群众期盼还有较大差距。

三、2015 甘肃文化工作展望

（一）以〝乡村舞台〞为抓手，强力推进公共文化服务体系建设

一是全力推进“乡村舞台”建设。要继续保持“乡村舞台”建设的良好势头，既要扩大数量，更要提升质量。在数量方面，今年要再建成 3,000 个“乡村舞台”，确保完成年度指标任务；在质量方面，要在内容的拓展上下功夫，在“四个结合”上求突破，使“乡村舞台”建设与社会主义核心价值观的宣传结合，

与依法治国的贯彻结合，与联村联户的深入结合，与全面小康的建设结合。二是全力抓好国家公共文化服务体系示范区和示范项目创建工作。进一步推广金昌市创建示范区和兰州市创建示范项目的经验做法，按照文化部去年中期督导的反馈意见，对照示范区创建的指标要求，查漏补缺，高质量完成张掖市创建第二批国家公共文化服务体系示范区和定西市“百姓舞台”、酒泉市“图书漂流活动”示范项目工作，确保顺利通过国家验收。三是扎实推进公共文化数字化工作。进一步完善文化信息资源共享工程省、市、县、乡、村五级网络体系，全面完成市级数字图书馆推广工程建设任务，实现乡镇、社区公共电子阅览室建设全覆盖。开展边疆数字万里长廊建设工程，实施文化网络电视工程，启动数字文化馆建设。四是全力抓好文化设施建设。加快省图书馆扩建工程建设进度，确保年底主体工程封顶。抓好市州“三馆”建设，加强沟通衔接，争取文化部、国家发改委及早下达今年的市州图书馆、文化馆、博物馆建设项目指标，按期完成年度建设任务。继续做好贫困县流动图书车配送工作，争取第二批配送的流动图书车早日到位开展服务。采取多种方式，争取“一院一场”建设取得突破性进展。五是要深入实施文化惠民活动。以“千台大戏送农村”、“文化科技卫生三下乡”、“文化惠民演出月”、文化惠民广场演出等为载体，深入开展“流动文化服务”活动。

（二）以“历史再现”工程为抓手，强力推进文物保护利用和非遗传承发展

我省是华夏文明的重要发祥地，同时又是华夏文明与各种文化交汇融合的重要通道，文化资源极其丰厚，特点非常鲜明。华夏文明传承创新区建设“1313”工程，把文物保护、大遗址保护和非物质文化遗产保护传承作为重要内容进行规划部署，就是要努力建设优秀文化传承体系，推动我省优秀文化创造性转化、创新性发展。一是尽快启动实施“历史再现”工程。启动实施“历史再现”工程，目的就是大力提升文物利用水平，让文物资源活起来。要创新博物馆建设模式，广泛调动社会资源，吸引社会力量参与博物馆建设，拓展博物馆体系空间，丰富博物馆类型，进一步提升管理、展示、服务等综合水平。今年，要新建各类博物馆 130 个，力争全省各类博物馆总数增至 350 个，使收藏在禁宫里的文物、陈列在广阔大地上的遗产、书写在古籍里的文字都活起来。二是大力推进文化遗产保护工作。全力推进陇东南历史文化保护等重点工程，全面启动大地湾国家考古遗址公园建设。要继续推进文物资源普查工作，建成全省不可移动文物管理信息系统。严格落实文物安全目标责任管理，巩固县、乡、村三级野外文物保护网络，确保文物基本安全。要大力推进非遗数字化保护工程，进一步做好非遗数据库建设，完善名录体系，组织实施国家级非遗项目代表性传承人抢救性记录工程。三是积极做好文化遗产申报工作。坚持早介入、早论证，加大保护管理和协调沟通力度，积极做好我省丝绸之路申遗扩展项目申报的前期工作，确保我省世界文化遗产数量的优势地位。要进一步做好国家级非物质文化遗产项目申报的基础性工作，提升层次，提高保护水平，真正将我省民间民俗优秀文化保护好、传承好。四是大力开展文化遗产的展示利用。以文化遗产日、国际博物馆日、传统节日为契机，开展形式多样的文化遗产宣传展示活动。要组织开展文化遗产进校园、进课堂、进社区活动，充分发挥好文化遗产的社会效益。

（三）以创作和推出文艺精品为抓手，强力推进戏剧大省建设

认真落实《甘肃省 2014—2018 年戏剧大省建设规划》，创作一批思想精深、艺术精湛、制作精良的艺术精品。一是组织实施“甘肃戏剧剧本工程”。建立选题指导制度，面向全社会征集戏剧重大题材创作项目，建立剧本储备库。争取在全省工厂、农村、建筑工地等基层和一线建立 20 个艺术创作基地，定期组织艺术家深入基地体验生活。召开艺术创作专题研讨会，精心规划艺术创作题材及创作重点，统筹舞台艺术创作资源，着力打造艺术精品。二是配合抓好“十个一”文化品牌工程。要倾力打造敦煌画派，继续实施好“西风烈·绚丽甘肃”原创歌曲创作，带动书法、舞蹈、曲艺、杂技、民间文艺、群众文艺等其他艺术门类全面发展。开展“中国梦”主题创作和展示活动、“深入生活、扎根人民”主题实践活动，做好纪念抗日战争胜利 70 周年文艺创作活动。三是持续抓好现有艺术精品力作的展演工作。大力组织开展优秀文艺作品赴

基层巡演活动，积极实施精品剧目惠民演出，深化文化进万家、送欢乐下基层、文艺志愿服务、情系陇原演出等活动，深入实施“结对子、种文化”工程。要加强艺术科研和文艺评论，形成正确的文艺导向，为文化发展繁荣提供理论支撑，做好文化艺术档案工作。

（四）以文化产业项目为抓手，强力推进以敦煌国际文化旅游名城建设为龙头的文化产业聚集区跨越发展

一是抓好文化产业大项目。全力推进敦煌国际文化旅游名城和敦煌国家级文化产业示范园区建设，支持敦煌申报国家级文化生态保护区。积极推进纳入国家藏羌彝文化产业走廊规划、国家“一带一路”文化产业规划的项目建设，以项目带动文化产业跨越发展。二是促进文化与相关产业融合发展。深入贯彻落实省政府《关于推进文化创意和设计服务与相关产业融合发展的实施意见》、《关于加快对外文化贸易的实施意见》，加强文化产业与旅游、体育、金融、科技的融合发展。支持和鼓励文化企业与高校、科研院所共建创新服务平台和创意策划中心，打造在旅游景点驻场演出的优秀剧节目。三是发展壮大文化产业市场。以演艺娱乐、动漫游戏、文化会展、工艺美术等核心产业为重点，培育一批重点骨干文化企业，扶持小微文化企业发展，推进重点文化产业展会向市场化、国际化、专业化方向转型升级，推动园区、基地实行动态管理，加强文化产业绩效考核工作，推进全省文化产业健康快速发展，促进我省文化市场统一开放、繁荣有序。

（五）以“文化走出去”为抓手，强力推进与丝绸之路沿线国家文化交流

一是加大与印度、中亚的文化交流力度。认真组织好赴斯里兰卡、尼泊尔、孟加拉国等三国参加“2015年欢乐春节活动”，使我省今年对外文化交流取得开门红。同时，要利用一切机会，大力推介“丝路花雨”、裕固族歌舞、“甘南藏文化千幅唐卡”等特色文化项目。二是全力配合丝绸之路经济带甘肃段建设。发挥甘肃特有文化资源优势，充分利用国际性丝绸之路（敦煌）国际文化博览会等节会、展会平台，积极协调文化部邀请丝路沿线国家文化官员及文化机构、企业代表来甘参会参展，在丝绸之路沿线国家寻求文化合作伙伴，促进对外文化交流。三是继续深化对港澳台文化交流。紧紧围绕两岸四地“同文同种、同根同源”的实际，挖掘整理一批对港澳台文化交流精品项目，加强地区间文化交流合作活动。2015 年上半年，要精选代表我省区域特色的典型非遗项目，组团“打包”赴香港进行展演展示活动。

（六）以“问题导向”为抓手，强力推进文化体制机制改革

一是着力解决艺术院团体制改革遗留问题。认真贯彻《甘肃省政府办公厅关于文化体制改革中经营性文化事业单位转制为企业和进一步支持文化企业发展实施意见》，下大力气着力解决省直文化系统国有文化单位改企中遗留的问题，确保改革、发展、稳定相协调、相促进。加快省直文化系统国有文化企业公司制、股份制改造，培育合格市场主体，完善法人治理结构，建立现代企业制度，激发内生动力。二是稳步推进文化事业单位改革。积极稳妥抓好文化事业单位分类改革，推动公共文化馆、图书馆、博物馆、美术馆等组建理事会工作，吸纳有关方面代表、专业人士、各界群众参与管理。三是加大文化艺术人才培养力度。加强“三区”文化人才队伍建设，加大督查、选派人员服务和资金管理力度。继续实行省直文艺院团精品剧目领衔主演 BC 角色和全省农村实用文化人才高级职称奖励津贴等项目，培养、资助优秀一线人才。大力开展全省农村文化实用人才职称评定工作，建立健全人才激励机制，积极推荐优秀人才入选部优专家、政府特贴、百千万人才工程，建立评选省直文化系统年度先进工作者制度。

（七）以“依法行政”为抓手，强力推进文化法制建设

一是加快法治文化建设步伐。积极协调争取《甘肃省非物质文化遗产保护条例》颁布实施，《敦煌历史名城保护条例》提交省人大讨论。提出新的立法项目，推动文化行业政策法规的修订和标准的制定实施，

完善省级文化法规体系，提高文化系统法治水平。二是继续深化行政审批制度改革。要进一步清理规范省、市、县三级行政审批项目，梳理行政审批权限清单，加大简政放权力度，公开审批事项程序、优化审批流程、压缩审批时限。制定出台规范性文件的审查管理办法，建立健全依法决策机制和行政机关内部重大决策合法性审查机制，提高文化宏观管理能力，推动文化行政部门职能转变，切实由办文化向管文化转变。三是切实加强文化市场监管。进一步完善文化行政综合执法体系，加大文化执法力度，强化文化市场重点领域执法监督，加强执法机构和队伍建设，积极推进文化市场技术监管与服务平台建设和应用，提高文化市场监管水平，不断促进文化市场规范发展，努力营造公平、健康的文化市场发展环境。

（甘肃省文化厅）

甘肃：强化规章制度，保障文化资金发挥最大效益

2015年甘肃省文化厅计划财务工作以谋划文化建设项目，加大争取文化投入的力度，强化文化财务监管，整合文化资源，加强督导检查，杜绝浪费和重复建设，攻坚克难，开拓创新，为甘肃文化的发展提供良好的资金保障。

一、加强制度建设，确保文化资金安全

研究制定两级文化专项资金及配送设备设施的管理办法，保证专项资金和设备发挥重大效益。并对专项资金投资的基建项目实行台账管理，做到底数清、进度清、账目清，把财务监管工作从厅机关延伸到省直文化单位和全省重点文化建设项目。

二、健全财务管理制度，建立内部管控机制

加强财务工作监督检查和内部管控力度，强化财务预算管理，制定预算执行计划，确保全年预算经费拨付进度，使预算编制、预算执行和资产管理有机结合，完成部门预算及“三公”经费预算公开和督导检查。

三、创新工作思路，提高项目规划水平

积极向国家文化部争取项目资金，进行藏羌彝文化产业走廊规划、丝绸之路文化产业发展规划，抓好省图书馆扩建工程，努力实现省文化馆、省美术馆、省文化艺术中心等重点文化建设项目，列入国家和省上的专项支持，以项目带动文化产业跨越发展。

四、抓好行业扶贫，完善公共文化服务体系

研究建立政府购买公共文化服务机制，完善公共文化服务供给保障措施，引导鼓励各类社会主体参与公共文化建设和服务，结合“乡村舞台”建设，完善文化设施。调查“三馆一站”开放情况，规划市州级图书馆、文化馆、博物馆建设，加大对社区电子阅览室的资金投入，进一步扩大社区电子阅览室的覆盖率。

五、实施业务素质培训，提升财务人员服务保障水平

采取岗位自学、听取网络授课、举办培训班等形式，对国家及省上出台的财务管理的制度规定和相关法律法规进行认真培训，增强学习交流。聘请财务工作专家现场指导，规范科目设置及凭证装订、保管等业务工作。组织开展省直文化系统财务工作业务培训班，鼓励计财人员积极参加财会专业培训和考试，对厅计财处和省直文化单位的财务人员进行专业培训，提升业务能力和管理水平。

青海省 2014 年文化发展情况分析

2014 年，青海文化系统以建设文化名省为目标，以有序推进“十二五”文化发展规划和文化建设“八大工程”为重点，明思路、强措施、增投入、抓落实，全省文化事业取得显著成效。

一、文化机构和人员保持基本稳定

截止 2014 年底，全省共有文化部门机构 669 个，与上年持平；从业人员 4044 人，较上年同期增加 390 人，增长 10.7%（机构、人员均不包括文化市场经营机构）。已基本形成覆盖城乡、农牧区的公共文化服务网络体系，各项文化事业发展稳中有升，呈现繁荣发展的良好态势。

各行业具体分布如下图所示：艺术表演团体 16 个，从业人员 779 人（其中：艺术表演团体事业单位 13 家，从业人员 740 人）；艺术表演场馆 13 个、从业人员 35 人；公共图书馆 49 个、机构数与上年持平，从业人员 370 人、人员较上年同期减少 23 人；群众艺术馆、文化馆 55 个、机构数与上年持平，从业人员 583 人、人员较上年同期增加 97 人；乡镇综合文化站 358 个、机构数与上年持平，从业人员 479 人、人员较上年同期增加 46 人；文物业 107 个、机构数与上年持平，从业人员 732 人、人员较上年同期增加 65 人。

表1 2014年度文化部门机构数、从业人员数

区分	合计					
	机构数(个)	从业人员数(人)				
			专业技术人才数			
				正高级职称	副高级职称	中级职称
总计	669	4044	1897	29	276	659
艺术业	29	814	564	2	70	139
其中：艺术表演团体	16	779	562	2	70	139
艺术表演场馆	13	35	2			
图书馆	49	370	286	5	32	132
群众文化服务	413	1062	489	6	57	191
其中：文化站	358	479	82			
艺术教育业	1	89	77		26	22
文艺科研	1	16	11		4	5
文物业	107	732	205	4	36	96
其他	69	961	265	12	51	74

二、文化事业费投入平稳增长、服务能力进一步提升

2014 年，在各级政府部门的支持下，全省文化投入保持较高增长，为全省文化文物事业的繁荣奠定了良好基础。

2014 年文化部门所属文化产业机构总收入 10.99 亿元，总支出 11.69 亿元，分别比上年增长 27.5% 和 64.31%。

表2　2014年青海省文化部门收支情况

	收入(亿元)	占总收入比重(%)	与去年比较	
			绝对值	增长率(%)
总收入	10.99	100.00	2.37	27.50
其中：财政补贴收入	6.38	58.06	1.31	25.88
上级补贴收入	0.11	1.03	0.01	10.31
事业收入	0.21	1.90	0.03	18.99
其他收入	4.29	39.02	1.01	30.79
	收入(亿元)	占总收入比重(%)	与去年比较	
			绝对值	增长率(%)
总支出	11.69	100.00	4.57	64.31
其中：基本支出	3.91	33.45	0.65	20.02
项目支出	6.35	54.35	3.24	103.90
经营支出	0.01	0.07	0.01	543.31
费用中：工资福利支出	1.69	14.44	0.21	14.09

在总收入中财政拨款占总收入的 58.06%，表明全省文化事业特别是公益文化事业单位的发展主要依靠各级政府的投入；事业收入基本保持稳定，表明文化工作在适应市场发展规律、积极开拓市场方面取得了一定的成绩。在总支出中，基本支出占 33.45%，较上年小幅上涨；项目支出占 54.35%，较上年大幅增加，主要是公共文化建设和文化民生项目的实施；人员工资福利支出占总支出 14.44%，占财政补贴收入 26.5%，表明全省文化工作人员待遇较低，有较大提升空间。

三、公共文化服务体系建设取得新进展

2014 年全省累计投资 4.25 亿元，实施了 8 项公共文化设施建设和文化民生项目。省级“三馆”建设累计完成投资 1.1 亿元，主体已经封顶。落实“三馆一站”免费开放资金 3614 万元，全面开展免费开放绩效考评工作。西宁市国家公共文化服务体系示范区创建工作有序推进，格尔木市创建后续建设进展顺利。我们的中国梦——文化进万家原创文艺作品征集活动，全民阅读活动以及送戏下乡、流动售书、新春音乐会、社火、元宵灯会、广场歌舞、欢乐乡村行等一系列群众文化活动，让全省各族人民群众共享文化改革发展成果。以“大舞台”、“大讲堂”、“大展台”形式开展了 2014 年“春雨工程”——全国文化志愿者边疆行活动。刚察县等 7 个县、乡（镇）被文化部命名为 2014——2016 年度“中国民间文化艺术之乡”。

（一）公共图书馆业发展情况

完成省图书馆和西宁等7个市州的数字图书馆建设项目，更新补充全省4169个行政村“农（牧）家书屋”图书，建成1000家卫星数字“农（牧）家书屋”，实施404个行政村文化“进村入户”工程，为21个县级公共图书馆配发流动图书车，实施藏区28个县级文化馆、图书馆建设改造项目及藏区530个行政村文化活动室建设项目，农牧区书报刊、音像制品发行网点建设进一步加强。

表3　2010-2014年度公共图书馆主要指标表

年份 项目	机构数（个）	从业人员（个）	总藏量（万册件）	当年新购藏量（万册件）	书架单层总长度（米）	累计发放有效借书证（个）	外借册次（万册件）	举办的各类培训班(个)
2010年	44	390	357	5.58	83722	77316	42.3	146
2011年	49	406	368	4.38	84017	125852	42.6	168
2012年	49	394	380	7.63	84397	134560	44.7	178
2013年	49	393	379	17.19	87480	105806	88.9	179
2014年	49	370	394	18.12	77549	122632	105.2	157

（二）群众文化业发展情况

2014年，全省群众文化事业单位总收入1.08亿元，组织文艺活动5567场次，服务群众惠及351.76万人次，藏书81.85万册。其中：县市级文化馆组织文艺活动3080场次，服务群众惠及106.1万人次；乡镇综合文化站组织文艺活动4188次，服务群众惠及67.49万人次，以上数据表明全省基层文化服务能力进一步得到提升。

如下图所示，全省乡镇综合文化站60%分布于六州藏区，多数处于交通不便利，相距县级政府较远，自然条件严酷的高原农牧区，服务人民群众相对较为困难。

图1　青海省乡镇综合文化站分布

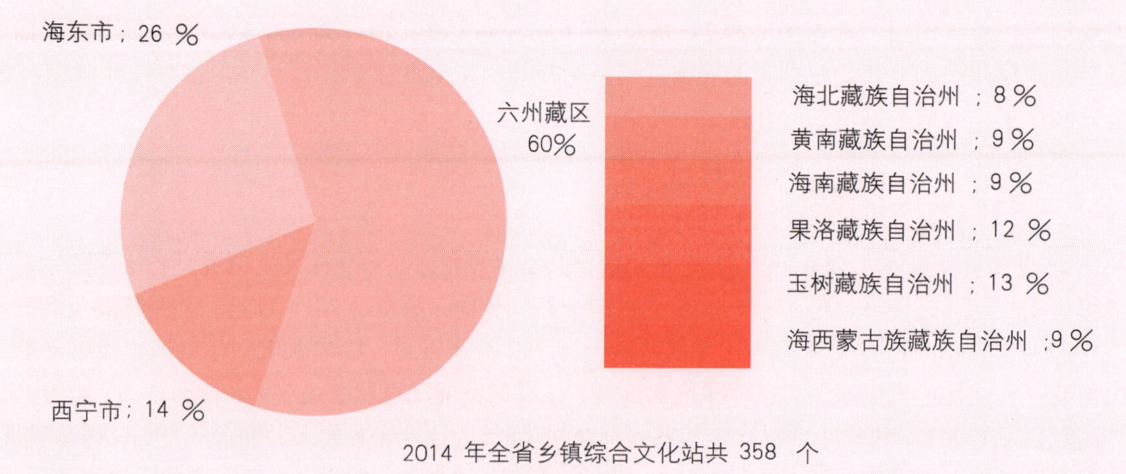

四、文艺创作活动成绩喜人

2014 年创作大型剧目 7 台，省演艺集团新创反映青藏公路建设的现代京剧《七个月零四天》弘扬主旋律、宣传正能量，参加第七届中国京剧艺术节演出获专家及观众高度好评；改编复排《中国撒拉尔》在全国巡演；平弦戏《未婚妈妈》获首届丝绸之路国际艺术节优秀演出奖和西北五省区秦腔艺术节优秀剧目奖。西宁艺术剧院有限公司新排文旅融合剧目《古道传奇》演出 67 场。海北州民族歌舞团以尕布龙副省长为原型创作的歌舞话剧《草原之子》树立典型、讴歌先进，在省内外演出反响良好。玉树州民族歌舞团创编的《爱情的证悟》在上海、北京成功演出。省演艺集团与青海大剧院在学生寒暑假期联手举办"打开音乐之门——儿童互动音乐会"，深受广大少年儿童的青睐。全年，全省各专业艺术院团共完成演出 1237 场，观众 202 万人次。

五、特色文化产业快速发展

2014 年下达省级文化产业专项资金 4500 万元，10 个产业项目获中央 3610 万元资金支持。全省国家文化产业示范基地达到 10 家，年产值千万元以上的文化企业达 25 家，提前实现"十二五"规划目标。全省实现文化及相关产业增加值 43 亿元，增速高于 GDP 增速 3.9 个百分点，占全省生产总值的比重为 2.07%。在 2014 年中国省市文化产业发展指数及中国文化消费评价指标体系中，我省文化产业驱动力指数居全国第三位，文化消费环境、文化消费满意度分别列全国第八位和第十位。完成投资 36 亿元，"十二五"规划建设的 27 个文化产业园区全部开工建设，9 个园区建成并投入运营。组织 211 家文化企业参加深圳文博会、海峡两岸文交会及"青洽会"等 10 个展会，实现销售收入 1046 万元，订货 1814 万元，意向性签约资金 6000 万元。中国工艺美术协会命名海南州为"中国藏绣艺术之乡"、贵南县为"中国藏绣生产基地"。原创藏汉双语动漫《藏羚羊》获第 27 届中国电视金鹰奖三等奖，这是青海动漫作品获得的第一个政府最高奖项。

六、文化市场整治和"扫黄打非"成效明显

2014 年全省扎实开展"清源"、"秋风"、"净网"、"固边"、"清理整治校园周边出版物市场"、印刷复制发行专项整治、中小学教材教辅专项整治等"扫黄打非"和文化市场专项行动，进一步规范了出版物、网吧、网络文化、娱乐、营业性演出、卫星地面接收设施等的经营秩序。全省共出动文化市场综合执法人员 47782 人（次），查处违规经营单位 545 家（次），查缴各类非法出版物及宣传品 7.8 万件，删除网络有害信息 1.1 万条，查办"扫黄打非"案件 22 起，处理犯罪人员 32 人。加强综合执法队伍建设，稳步推进中西部能力提升"三年计划"，全面提升全省文化综合执法队伍业务能力。推进文化市场技术监管与服务平台建设，完成了全省 4187 家文化经营单位的数据采集及西宁市城中区、城西区平台试点上线工作，上线地区能够运用平台开展行政审批与综合执法工作。

七、文化遗产保护取得新突破

2014 年国家文物保护投入资金 2.25 亿元，创历史新高，全年投入"非遗"保护资金 4087 万元。喇家国家考古遗址公园建设顺利开展，考古发掘成效显著。第一次可移动文物普查工作扎实推进。玉树州 4 处全国重点文物保护单位灾后抢救保护修缮工程验收并交付地方管理。新寨嘉那嘛呢震后总体抢险修缮工程荣获全国十佳文物保护工程"特别荣誉奖"。完成热水墓群考古发掘、唐蕃古道考古调查、玉树田野考古试发掘工作，实施塔尔寺等全国重点文物保护单位维修、安全消防工程。我省 9 个项目入选第四批国家级非物质文化遗产代表性项目名录。文化部批准设立格萨尔文化（果洛）生态保护实验区。评选公布第三批省级非物质文化遗产项目代表性传承人 99 人。与文化部非遗司联合举办青海花儿论坛，组织参加中国"非遗"

年俗文化展示周等 6 项活动，累计参观人数 10 余万人次。

八、对外文化交流活动空前活跃

受文化部委派，全年连续组团出访美国、日本、韩国、法国和阿尔及利亚等 5 个国家，圆满完成青海藏族歌舞团赴美国“欢乐春节”演出任务，受到我驻旧金山总领馆的充分肯定和省领导的高度赞扬。在日本举办中国文化日《印象青海——唐卡艺术展》，演出民族歌舞 6 场。在法国举办《大美青海·美丽玉树图片展》和青海藏族歌舞演出活动。举办韩国“2014 多彩民族风—中韩缘文化节”青海特色文化产品展。在阿尔及利亚 3 个城市巡回演出 5 场，慰问驻阿使馆和在阿中资企业。青海藏羊地毯（集团）有限公司、伊佳民族服饰有限公司、循化博艺旅游文化有限公司等文化企业的产品出口英国等 10 余个国家，出口额达 3154 万美元。

九、文化系统人才队伍进一步夯实

全年举办各类培训班 145 期，培训行政管理人员、专业技术人员、农牧民文化人才 9983 人（次）。完成 2013 年度“三区”人才支持计划，选派 893 名文化人才赴全省县乡开展帮扶、培训工作，培训县乡文化管理干部、专业技术人员、农牧民文化人才 36 期 1818 人次，受到文化部肯定和表扬。争取到 2014 年度“三区”人才支持计划文化工作者专项经费 2309 万元。评定第三届青海工艺美术大师 5 名，民间工艺大师 18 名，民间工艺师 138 名。8 人被评为省级“四个一批”拔尖和优秀人才，3 人被评为全国新闻出版行业领军人才，1 人被评为青海省优秀专业技术人才，1 人被评为青海省优秀专家。

十、关于文化建设发展的几点建议

一是各类机构仍不健全，青海公共文化服务体系建设基本覆盖全省市、州及县区乡镇，目前有部分市、县、区未建图书馆、综合文化站，建议纳入“十三五”规划，争取资金，逐步建成。

二是继续加大对文化事业的投入。全省各市、州对文化投入差距较大，特别是玉树、果洛高原边远地区自然环境恶劣，地方财政困难，对文化投入很少，对中央、省级财政依赖很强，只有加大对自然条件差地区的投入，才能相对保障文化建设落后地区的人民群众享受到更多的文化服务。

三是各类艺术表演团体和艺术表演场馆活力不足，演出收入较上年大幅减少，政府拨款仍旧是主要的收入来源。各类艺术表演在吸引观众方面有局限性，应继续加大改革力度，在艺术保护和创新上做到与时俱进，发挥传统艺术生命力。

（青海省文化和新闻出版厅）

青海：更新补充“农（牧）家书屋”图书，进一步提升基层文化服务水平

2014年投资833.8万元，为全省4169个行政村的“农（牧）家书屋”图书进行更新补充，每个书屋图书更新资金2000元。另外，为海北州建成卫星数字书屋1000家。在工作中，注重突出了三个重点：

一是合理确定图书更新补充目录。按照国家新闻出版广电总局总体要求，紧密结合省情实际，拟定遴选图书更新补充目录，在此基础上，提交专家评审组对书目评审，确定图书补充目录。

二是采取专家论证、网上公示等环节，认真筛选图书更新补充采购供应商。

三是加强调研、督导落实。采取定点检查和随机抽查的方式对“农（牧）家书屋”图书更新补充工作进行督导检查，保证了更新补充的图书配送及时到位、及时上架，最大限度满足群众借阅需求。

宁夏回族自治区 2014 年文化发展情况分析

2014 年，宁夏文化发展紧紧围绕“四个宁夏”建设，以全面深化改革揽全局，以创新制度添动力，转作风、抓发展、惠民生，推动文化强区建设迈出新的步伐。

一、文化发展环境日益优化

（一）文化投入稳步增长

2014 年，我区文化文物财政投入继续稳步增长，为全区文化发展繁荣提供资金保障。全区文化部门机构总收入 12.56 亿元，总支出 11.68 亿元，分别比上年增长 43.2%、35.3%。从全区五市对文化投入的绝对量来看，银川市、固原市居前，分别达到 4.02 亿元、1.49 亿元；从投入增速来看，银川市、中卫市居前，分别比上年增长 83.6%，40%。

表1　全区文化部门2014年与2013年收支情况对比

收入(亿元)	2014年	2013年	与上年增减变动	
			绝对值	增长速度(%)
总收入	**12.56**	**8.77**	**3.79**	**43.2**
其中：财政拨款	8.07	5.38	2.69	50
上级补助收入	0.1	0.1		
事业收入	0.02	0.02		
经营收入	0.04	0.03	0.01	33.3
其他收入	4.33	3.23	1.1	34.1

支出(亿元)	2014年	2013年	与上年增减变动	
			绝对值	增长速度(%)
总支出	**11.68**	**8.63**	**3.05**	**35.3**
其中：基本支出	3.9	3.67	0.23	6.3
项目支出	4.9	3.7	1.2	32.4
经营支出	0.06	0.06		
工资福利支出	2.11	2.02	0.09	4.5
对个人和家庭补助支出	0.7	0.66	0.04	6.1

（二）人才结构不断优化

全区各级文化行政事业单位共 377 个，比上年增加 7 个；从业人员 4297 人，比上年增加 246 人；其中，专业技术人员中，从单位类别来看，乡镇文化站从业人员增加显著，比上年增长2%，基层服务人员队伍不断扩大；从专业技术人才来看，副高级职称、中级职称人数分别比上年增长13.8%、5.1%，人才结构不断改善，专业素质逐步提升，为全区文化事业的发展提供人才保障。

（三）制度建设取得新进展

启动《宁夏丝绸之路文化产业发展总体规划》和《宁夏贺兰山东麓葡萄文化长廊文化发展规划》编制工作，出台《文化产业示范户评选命名管理办法》、《文化产业示范基地管理办法》等文件，对全区文化产业发展进行项目扶持和统一规划布局；出台《宁夏回族自治区舞台艺术精品创作项目管理办法》，推动出作品、出人才、出效益；组织实施了“宁夏美术收藏计划”。银川市制定出台《公共文化服务体系建设目标责任制考核办法》，建立公共文化长效保障机制。

二、文化文物事业发展现状

（一）公益性文化事业繁荣发展

1. 艺术创作演出繁荣活跃。2014年，全区艺术表演团体共演出1.4万场次，观众414.3万人次，其中，农村观众251万人次；政府采购的公益演出0.16万场次，观众185.44万人次。新创排秦腔《狗儿爷涅槃》等4部剧目及交响乐《美丽宁夏》，打磨提升秦腔《花儿声声》、京剧《杨门女将》等7部剧（节）目。《狗儿爷涅槃》获第七届西北五省区秦腔艺术节优秀剧目奖第一名；第十二届中国西部民歌（花儿）歌会宁夏代表队共获得19个奖项，成为获奖最多的代表队；回族舞蹈《金色汤瓶》等3部作品在首届全国少数民族舞蹈作品展演中获奖；《九州花儿美》和回族舞剧《花儿》被列入上海戏剧学院教学剧目。“回族音乐汇宁夏”项目完成《回族音乐资料选编》编纂，面向全国征集歌词317首。3个传播交流推广项目获得国家艺术基金资助。

2. 公共文化服务体系建设再上台阶。石嘴山市创建第二批国家公共文化服务体系示范区、吴忠市创建国家公共文化服务体系示范项目——公共文化服务进慈善产业园区，共完成52个电子阅览室、255个社区（综合）文化活动室建设和30个乡镇（街道）文化站改造提升。贺兰县、大武口区等全区第一批5个公共文化服务体系建设示范县通过考核验收。民生计划任务全面完成，新建标准化乡镇文化站13个；扶持示范文化室、文化大院、优秀农民文艺团队200个；图书馆、博物馆等公共文化场馆免费开放服务群众102万人次。

图1　2010年、2013年、2014年　全区平均每万人拥有群众文化设施及公共图书馆建筑面积

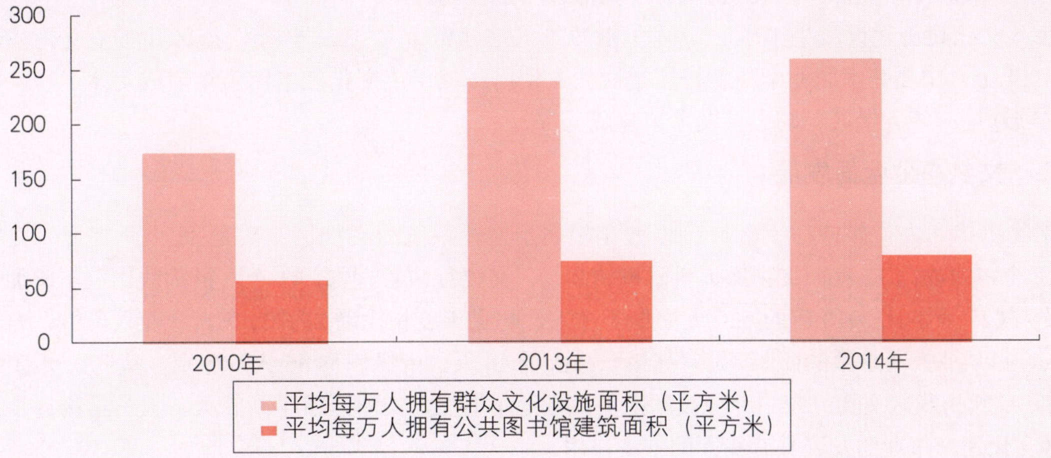

（1）公共图书馆功能提升，综合服务能力提高。全区初步形成了省、市、县（区）、乡镇（街道）、村（社区）的服务网络架构。2014 年，图书藏量增加 94.9 万册，主要增加盲文图书和少儿文献藏量，分别比上年增加 0.32 万册、12.69 万册，公共服务覆盖面进一步扩大。

表2 全区公共图书馆主要业务指标

年份	机构数（个）	总藏量（万册）	总流通人次（万人）	书刊外借册次（万册）	本年新购图书（万册）	公共用房建筑面积（万平方米）
2012	26	532.5	210	162.6	14	10.40
2013	26	594.7	221.32	253.22	24.1	10.70
2014	26	689.6	265.66	281.59	25.52	11.05

（2）群众文化生活不断丰富，艺术活动影响显著。全区全年共组织品牌节庆活动 54 个，文化服务惠及 557.22 万人次。为老年人组织专场文艺活动 552 场、为未成人组织专场文艺活动 320 场、为残障人士组织专场 93 场、为农民工组织专场 281 场，文艺活动参加人次达 433.82 万人次，为群众送上丰富的文化大餐。

另外，全区送戏进农村、进社区、进校园、进军营、进工地演出 1760 场，开展“清凉宁夏”、“湖城之夏”等广场文化演出 1530 场，全区举办百姓健康舞、音乐、美术等免费艺术培训 200 余场，培训近 2 万人次。

表3 全区群众文化服务情况

	举办展览个数（个）	组织文艺活动次数（次）	举办训练班次（次）	培训人次（万次）	组织各公益性讲座次数（次）
总　计	**597**	**10240**	**2031**	**17.83**	**202**
文化馆	174	4643	631	8.1	202
文化站	423	5597	1400	9.73	
其中：乡镇文化站	374	4215	1150	8.41	

3. 对外文化交流有声有色。2014 年组织演艺集团赴贝宁、台湾、沙特阿拉伯等国家演出 43 场，观众 6.7 万人次；成功举办中阿合作论坛第三届阿拉伯艺术节（宁夏分会场）活动，约旦、苏丹、索马里、也门、摩洛哥等 11 个阿拉伯国家政府文化代表团参加宁夏分会场活动；组织宁夏秦腔剧院参加了第四届全国地方戏（北方片）优秀剧目展演，歌舞剧院参加了第十届中国（深圳）文博会艺术节展演，拓展了我区对外文化交流途径，展示了宁夏深厚的文化底蕴和塞上独特的文化魅力。

4. 公共文化设施建设成果丰硕。2014 年财政投入基建资金共 0.21 亿元，全区共实施文化基础设施建设项目 1114 个，宁夏艺术职业学院新校区建成投入使用；银川市文化艺术馆新馆完成主体工程，中心图书馆完成立项选址；红寺堡区、同心县图书馆建成。

（二）文物事业全面发展

1. 文物机构和人员保持稳步增长。2014 年隶属于文化系统的文物机构数是 38 个，其中：文物保护管理机构 22 个，博物馆 12 座，文物保护科研机构 3 个，文物行政管理部门 1 个。机构数比上年增加了 1 个。从业人员为 627 人，比 2013 年的 620 人增加了 7 人，与上年度相比增加了 1.1%。从业人员中，专业技术人员 284 人，占从业人员总数的 45%；具有高级职称人员 48 人，中级职称 96 人，分别占从业人员总数的 7.7% 和 15.3%。反映出我区文物系统中专业技术人员数量逐年增加，文博队伍不断壮大，人员结构逐步优化，对今后我区文化遗产事业的发展具有极大的推动作用。

2. 文物藏品征集力度加大。2014年藏品数总数105768件件(套)，一级品367件(套)，二级品3720件(套)，三级品8642件（套）。

文物征集方面，文物藏品征集数3616件（套）与上年度相比，增加483件（套）；2014年共修复文物730件（套）。文物征集数量呈逐年上升趋势。

3. 展览、陈列水平逐步提升。2014年共举办陈列37个，举办展览54个，与上年度相比增加了16个；2014年参观人次为260.8万人次，比上年度增加11.1万人次，其中未成年人58.5万人次。

4. 文物保护和博物馆事业经费稳步增长。2014年收入合计3.39亿元，较上一年度增加1.82亿元，涨幅为115.47%。其中财政拨款3.26亿元，增加1.78亿元，增幅为120%。2014年度支出合计2.99亿元，比上年度增长1.67亿元，增幅为126.3%。其中：基本支出0.63亿元，占总支出21.1%；项目支出2.26亿元，占总支出75.5%；经营支出0.03亿元，占总支出1%。近年来，文物事业费稳步增长，对促进我区文物事业的发展，发挥文物资源的功能作用，起到积极的推动作用。

5. 文物保护基础工作卓有成效。第一次全国可移动文物普查，已完成全区82家国有单位6万余件文物藏品认定和1万余件文物网上登录报送工作，组织开展了文化（文物）系统外国有单位的馆藏文物信息采集、登录工作；完成了第六、第七批全国重点文物保护单位记录档案编制，第七批全国重点文物保护单位保护范围划定和保护标志碑的制作，并按照国家文物局的要求上报备案；启动了《宁夏境内长城保护总体规划》的编制，完成全国重点文物保护单位菜园遗址等保护规划文本编制工作；配合住建厅开展了全区国家级传统村落的调查，配合完成了传统村落保护项目计划书。

6. 积极推动世界文化遗产申报。指导银川市编制申报2016年世界文化遗产申报文本和各专项规划并上报国家文物局；自治区政府、银川市政府与兰州空军部队签署了《西夏陵申遗区空六师老营区军用设施搬迁协议》；西夏遗址博物馆完成概念性设计招投标工作；实施了1、2号陵及39号陪葬墓保护工程与环境整治，启动了陵区安防系统工程和遗产监测工程。指导固原市编制了申报世界文化遗产的实施方案，成立了申遗专家组；编制了固原古城北城墙西段及西城墙北段抢险加固和须弥山抢险加固工程方案，实施了须弥山石窟的安防工程，完成了须弥山石窟子孙宫考古调查测绘工作和《须弥山圆光寺》考古报告，开展北朝隋唐墓地中唐墓的考古发掘，出土了壁画等大量珍贵文物；成功举办了第二届丝绸之路国际学术研讨会。为申报世界文化遗产的成功打下了坚实的基础。

7. 博物馆服务水平不断提升。2014年完成了全区国家三级博物馆的运行评估工作；开展了全区行业博物馆建设、运行、管理等情况调研，形成了行业博物馆的专题报告，基本掌握了全区行业博物馆基本情况，为制定支持行业博物馆免费开放提供依据；推进固原博物馆展览提升工程，固原博物馆展览提升大纲已经通过专家评审；实施全区馆藏珍贵文物预防性保护，《宁夏博物馆西夏铁器修复方案》《宁夏固原博物馆史射勿墓壁画保护修复方案》《宁夏常乐墓地出土竹木漆保护方案》已获国家文物局批复；推出和引进《史前记忆——宁夏岩画特展》等大型展览37个，其中引进海南博物馆的《南海遗珍——西沙华光礁Ⅰ号沉船特展》在宁夏博物馆展出，参观人数近6万。

8. 切实加强文物安全工作。配合自治区人大，开展了旅游法执法中文物保护与利用的检查工作；制定了全区博物馆行业反恐怖标准，上报自治区反恐办公室；依据国家文物局的要求，组织专门会议征求《文物保护法》修订意见，并将建议和意见上报国家文物局；按照国家文物局的统一部署，对银川市西夏区古城保护中文物违法与消防安全进行了督查，并将督查报告上报国家文物局；开展全区文物安全督查两次，对排查出的安全隐患，责成相关单位立即整改，确保取得实效。

（三）文化市场的培育和规范逐步进展

改进文化市场准入政策，深入开展专项整治行动，加强文化市场重点领域监督执法，全区新批准互联网上网服务营业场所113家，市场活力得到激发。推进文化经营场所标准化建设，规范文化市场经营秩序；

积极推进文化市场技术监管与服务平台应用。全年全区文化市场综合执法机构出动执法人员 43350 人次，检查各类文化经营场所 32820 家次，受理群众举报 140 件，立案调查 242 件，结案 219 件，警告 222 家次，责令停业整改、整顿 453 家次。落实文化部《中西部地区文化市场综合执法能力提升三年（2014 — 2016）行动计划》，加强执法队伍建设，提高了全区文化市场综合执法能力。

（四）文化产业加快发展

开展文化产业调研和考察，进一步理清发展思路和重点，启动《宁夏丝绸之路文化产业发展总体规划》和《宁夏贺兰山东麓葡萄文化长廊文化发展规划》编制工作，对全区文化产业发展进行项目扶持和统一规划布局。确定扶持宁夏贺兰山东麓葡萄文化长廊、永宁三沙源国际生态文化旅游新城、吴忠回乡文化产业园等重点市县区文化产业园，培育壮大大型文化企业，促进文化产业规模化、集约化、专业化。出台《文化产业示范户评选命名管理办法》《文化产业示范基地管理办法》等文件，争取中央文化产业发展专项资金 2440 万元，自治区文化产业发展专项资金 864 万元，扶持各类文化企业，通过以奖代补，评选命名自治区级文化产业示范基地 13 家、示范园区 4 家、示范户 37 家，扶持中小微文化企业发展。拓展投融资渠道，发挥宁夏文化旅游产业种子基金的作用，为中华回乡文化实业公司等 40 家文化企业担保和委托贷款 9.1 亿元，支持民族特色文化产品研发和市县区发展特色文化产业。建立全区动漫企业认定工作机制，帮助新科动漫公司获得进口动漫开发生产用品免征进口税收资格，促进新兴文化产业发展。组织参加和举办文化部动漫人才培训班、全区文化产业管理人员、示范户培训班，培训创意、动漫等人才 259 人。

三、下阶段主要工作

（一）推进文化惠民工作

一是成立自治区现代公共文化服务体系建设协调组，尽快出台我区实施意见。二是抓好文化基础设施建设，抓紧开工建设宁夏美术馆。继续建设标准化乡镇文化站、扶持村示范文化室、文化大院，深化公共文化设施免费开放。三是抓好基层综合文化服务中心筹建工作，整合基层公共文化资源。四是办好文化惠民实事，全面开展“欢乐宁夏”全区群众文艺会演，广泛开展送戏下乡活动，营造健康向上的人文环境。

（二）不断繁荣艺术创作

一是抓好全区各地文艺创作题材、剧目的筛选和评定工作，继续打磨提升优秀剧目，加大推广演出力度，深化精品剧目广泛影响力。二是开展“塞上名家音乐行”、第二批“回族音乐汇宁夏”优秀歌词征集活动，力争推出一批富有民族特色、易于传唱的优秀回族歌曲。三是实施“宁夏十景”主题美术创作活动，举办宁夏书画院建院 30 周年美术展等。

（三）加快文化产业发展

一是尽快完成实施《宁夏丝绸之路文化产业发展规划》和《贺兰山东麓葡萄文化长廊文化发展规划》。二是加强对文化产业园区规范引导，推动特色文化产业示范区建设，支持中国（吴忠）回乡文化产业园等特色文化园区发展，争取文化部将贺兰山东麓葡萄酒文化长廊作为文化创意支持特色农业的试点，创建国家级特色文化产业示范区。三是加大对中华回乡文化实业有限公司等骨干文化企业的业务指导与政策扶持，扶持骨干龙头企业做大做强。四是完善中小微文化企业公共服务，搭建中小微文化企业与金融资本、社会资本对接平台，鼓励、支持、引导多元资本进入文化产业。五是搭建塞上江南旅游演艺大舞台、宁夏花儿美演艺大舞台，推动演艺剧目进景区演出。

（四）办好重大文化活动

一是积极筹备2015中阿博览会·中阿文化艺术展示周活动。二是办好情系丝路·牵手宁夏——两岸文化联谊行活动。三是办好丝绸之路国际民歌歌会暨中国西部民歌（花儿）歌会。四是继续推进对外文化交流活动，实施好与老挝文化中心年度合作项目，做好“丝绸之路文化之旅”——君士坦丁（阿尔及利亚）2015年“阿拉伯文化之都”庆祝活动等国家文化项目。

（五）加强文化遗产保护传承

一是抓好西夏陵、丝绸之路宁夏段申遗，实施西夏陵5、7、8、9号陵抢险加固和陵区安防系统工程，指导实施西夏遗址博物馆建设。指导完成固原隋唐墓地等遗产点文物保护管理规划编制和遗产点环境整治、考古调查工作，实施固原博物馆基本陈列展陈提升工程。二是继续推进可移动文物普查，完成国有可移动文物普查信息采集和报送。三是全面完成水洞头段、三关口段明长城加固保护等重点文物保护工程。四是完善非遗保护名录体系，组织申报第五批国家级非遗代表传承人，开展第四批自治区级非遗项目名录评选工作。

（六）深化文化体制机制改革

一是成立宁夏艺术人才服务中心，对特殊人才进行保护。二是推进艺术人才职称改革，出台艺术人才职称破格评审政策。三是完善文艺院团原有人员社会保障政策，解决退休待遇差问题。四是加大对院团财政购买服务的力度。五是开展公共图书馆、博物馆、文化馆等理事会试点。

（宁夏回族自治区文化厅）

宁夏：第三届阿拉伯艺术节宁夏分会场内容丰富　精彩纷呈

第三届阿拉伯艺术节宁夏分会场活动于2014年9月14至30日在银川举行。来自约旦、苏丹、索马里、也门、摩洛哥等10个阿位伯国家政府文化代表团参加活动。本届艺术节是为庆祝“中阿合作论坛”成立10周年，落实中央“一带一路”战略部署，进一步促进我国与阿拉伯国家及丝绸之路沿线国家的文化交流与合作而举办的综合性文化艺术活动。艺术节期间共开展了阿拉伯国家文化部长代表团来宁访问、开幕式暨《丝路彩虹》综艺展演、“异域风　回乡情”阿拉伯风情展演、中阿书法绘画摄影作品展、宁夏书画院书画作品展、中阿非物质文化遗产大展等6项活动。

本届宁夏分会场活动规格较高，内容丰富，历时较长，对推动中阿交流合作、服务全区向西开放战略、展示塞上文化独特魅力、提升宁夏开放文明形象具有重要意义。一是展出由62个国家的摄影爱好者拍摄的400多幅摄影作品以及全国近百位阿文书法家、爱好者的最新作品150件；二是举行“异域风、回乡情”阿拉伯风情展演。来自阿尔及利亚、阿联酋的文艺团体与宁夏文艺团体联合上演了一台精彩节目。阿尔及利亚国家歌舞团带来了开场舞蹈《美丽的祝福》，阿联酋舞蹈团献上了舞蹈《欢乐绿洲》；宁夏艺术家则献上了男声独唱《我们就是中国》《鸿雁》和笛子独奏《扬鞭催马运粮忙》《牧民新歌》以及二胡独奏《梨园情韵》等脍炙人口的节目；三是上演了由中阿艺术家携手带来的《丝路彩虹》晚会。来自埃及开罗歌剧院、突尼斯乐队组合、阿尔及利亚国家歌舞团、约旦国家民间艺术团、阿联酋舞蹈团与宁夏演艺集团的艺术家们联袂演绎新丝路情谊；四是开展中阿非物质文化遗产展。展览以阿拉伯经典《一千零一夜》为主线，分天方艺坛和天方乐坛2个板块，精选约旦、苏丹、阿曼、阿尔及利亚等22个阿拉伯国家的约300件非遗项目展品，以及宁夏回族乐器、剪纸、刺绣、阿文书法、口弦等非遗项目，以实物陈列、图片、影像、现场创作等形式，让观众近距离领略古老阿拉伯文化的魅力和宁夏非遗项目传承人精湛的技艺。

新疆维吾尔自治区2014年文化发展情况分析

2014年，全疆文化系统认真贯彻党的十八届三中、四中全会、第二次中央新疆工作座谈会和习近平总书记系列重要讲话精神，落实自治区党委一系列重要决策部署，紧紧围绕社会稳定和长治久安的总目标，按照“到人、管用、有效”的要求，坚持以现代文化为引领，努力推动文化改革发展。

一、新疆文化文物事业总体情况

（一）文化服务网络日益健全

截止2014年底，新疆维吾尔自治区已建成区、地（州、市）、县（市）级公共图书馆107个、文化馆117个、文化站1147个（其中乡镇文化站1021个、街道文化站126个）、各类艺术表演团体138个（含企业）、艺术展览创作机构42个（美术馆40个），南疆三地州4151个行政村（社区）文化室全覆盖，基本形成了区、地、县、乡、村五级公共文化服务网络。

表1　2011-2014年新疆文化机构数量

（单位：个）

	2011年	2012年	2013年	2014年
图书馆	103	105	106	107
文化馆	112	116	116	117
文化站	1147	1143	1144	1147
艺术表演团体	133	137	138	138
艺术展览创作机构	4	36	39	42

“十二五”期间，新疆区域内图书馆新增4家、文化馆新增5家，艺术展览创作机构实现了跨越式的发展壮大，4年时间新增机构达38家，累计增幅近10倍，搭建了覆盖40%地州、县市的美术品收藏、交易、展示平台，极大地促进了新疆美术创作积极性和流转的效率提升，丰富各族群众的文化需求。

（二）文化经费投入持续稳步增长

从总体经费看，2014年度全疆文化部门机构事业经费投入237572万元，其中：财政补贴收入152314万元、事业收入2056万元、上级补助收入5040万元、其他收入75809万元。较2013年度文化部门机构事业经费投入的222847万元增加了14725万元，增幅为6.6%。

从文化部门事业经费投入分类统计来看，艺术业2014年投入58629万元，较2013年的62324万元减少3695万元，减幅5.9%；图书馆2014年投入23769万元，较2013年的21845万元增加1924万元，增幅8.8%；群众文化2014年投入42805万元，较2013年的37414万元增加5391万元，增幅14.4%；其他文化投入2014年112368万元，较2013年的101265万元增加11103万元，增幅10.9%。图书馆、群众文化活动经费增加得益于2014年新疆启动了“访惠聚”工作，各单位工作重心全部倾斜于基层、服务于基层，依托公共文化服务窗口单位资源优势，紧密围绕“去极端化”宣传教育活动，区、地、县三级文化部门加大资金投入、扩大服务区域、深入基层开展了送书下乡、送文艺演出下乡、农民画大赛、农民小品大赛以及“维吾尔语戏剧演出季”等系列活动。

表2　2014年度新疆文化事业经费投入情况

	艺术业	图书馆	群众文化	其他文化
经费投入(万元)	58629	23769	42805	112368
占总经费投入比例(%)	24.7	10	18	47.3

（三）文化队伍逐步壮大、素质明显提升

2014年专业技术人才占从业人员数的比例已达24.1%，高于2011年的18.8%、2012年的21.75%、2013年的19.8%；正副高职称的高精尖专业技术人员占专业技术人才队伍的10.8%，所占比例均高于前三年。

自2010年中宣部、教育部、财政部决定启动实施新疆文化艺术人才定向就业培养和定向培训计划以来，新疆已经先后五批输送各类文化人才到中央音乐学院等20多所高校进行培养、培训。2014年是新疆人才培养计划结果之年，首批定向生完成学业，分配到了新疆各级文化部门，承担起“挑大梁”的关键作用，将逐步缓解文化队伍人才短缺、水平参差不齐、青黄不接的紧张局势，对新疆文化事业着力当下的人才储备和宏观规划的远景目标都发挥着不可替代的作用。

表3　2011-2014年度新疆文化领域从业人员

单位：人

	2011年度	2012年度	2013年度	2014年度
从业人员数	35614	35442	39314	32263
专业技术人才	6708	7709	7788	7786
正高职称	185	156	130	150
副高职称	582	653	646	693
中级职称	2228	2301	2119	2002

二、文化服务能力显著提升

（一）公共图书馆软硬件保障有序、服务能力逐步增强

2014年末，新疆拥有公共图书馆107个，其中省级1个、地州（市）级14个、县市（区）级92个（含68个县图书馆）。图书总藏量1292万册、电子图书507万册，总流通人次543.644万人次，书刊文献外借册次406.537万册次，组织各类讲座706次数，参加人次14.926万人次，举办展览655个、举办培训班732个，图书馆坐席数22452个，图书馆延伸服务流动服务书刊借阅人次70.447万人次、流动图书馆车书刊借阅册次78.465万册次。

表4　新疆公共图书馆2013-2014年服务能力数据比对表

	图书总藏量（万册）	电子图书（万册）	总流通人次（万人次）	书刊文献外借册次（万册次）	讲座次数（次）	展览（个）	培训班（个）
2013年	1241	430	501.76	419.09	728	478	610
2014年	1292	507	543.644	406.537	706	655	732
增减幅度(%)	4.1	17.9	8.4	-3.0	-3.0	37.0	20.0

通过推进我区地市级图书馆、文化馆、博物馆项目“硬件”建设和持续开展“四馆一站”免费开放经费保障机制“软件”建设的下，新疆各级公共图书馆服务平台得以完善和加强，图书藏量、电子图书等服务群众的实体介质藏量增速平均达 11%；公共服务能力明显提升，实现了图书馆流通人次年均 8.35% 的增长，为读者举办的讲座、展览、培训班等活动年均增长 18%。

（二）群众文化活动内容丰富、深入基层文化惠民

2014 年末，新疆拥有 1264 个文化馆（站），其中文化馆 117 个（省级 1 个、地州级 15 个、县市级 101）、文化站 1147 个（乡镇文化站 1021 个、街道文化站 126 个）。全疆各地突出现代文化引领主动发力，实施了“文化种在村居”、“文化钟点工配送”服务、农民歌唱大赛、农民画和小品大赛等群众喜闻乐见的文艺活动。围绕“访惠聚”和自治区“去极端化”工作部署，开展麦西来甫跳起来、活动搞起来，全年新疆共组织品牌节庆活动 154 个、提供文化服务 57474 次（文艺活动 40386 次、举办训练班 11214 次、举办展览 5430 次、组织公益性讲座 444 次）、文化服务惠及 1429 万人次，馆办文艺团体 188 个、群众业余文艺团队 5183 个。

表5　新疆群众文化活动2013-2014年服务能力数据比对表

	组织节庆活动（个）	提供文化服务（次）	服务惠及人次（万人次）	馆办文艺团体（个）	群众业余文艺团队（个）
2013年	129	46669	1324	189	4929
2014年	154	57474	1429	188	5183
增减幅度(%)	19.4	23.2	7.9	0.5	5.2

（三）区、地、县三级联动，新疆艺术事业实现创作与服务的双向提升

2014 年度艺术创作和文化活动出新出彩。复排了歌舞剧《情暖天山》并在国家大剧院成功演出，音乐剧《阿拉木汗的传说》、话剧《霸王歌行》《特殊作业》、情景音乐会《歌声使我迷了路》等作品如期登上舞台，各地州市县编创完成了一批群众喜闻乐见的精品剧目。《情暖天山》、《阿娜尔汗》荣获“五个一工程”奖，13 个项目获得国家艺术基金扶持，39 个项目获得自治区文化艺术创作专项资金扶持；一批美术作品入选第 12 届全国美术作品展。成功举办首届中国新疆国际艺术双年展，举办音乐会、联欢晚会、演唱会等文化活动，组织协助五个自治州、六个自治县完成了 60 年大庆文化活动等。

表6 新疆艺术表演团体、艺术表演场馆(事业)2013-2014年服务能力数据比对表

单位	艺术表演团体				艺术表演场馆		
指标 年度	本团原创首演剧目（个）	演出场次（万场次）	国内演出观众人次（万人次）	政府采购公益演出场次（万场次）	坐席数（个）	演(映)出场次合计(万场次)	观众人次（万人次）
2013年	43	1.35	837.9	0.5	11841	3.44	96.71
2014年	59	1.384	899	0.647	11839	3.2	65.17
增减幅度(%)	37.2	2.5	7.3	29.4		-7.0	-32.6

艺术表演（事业）团体 2014 年 109 个、2013 年 108 个，艺术表演场馆（事业）2014 年 12 个、2013 年 12 个（企业类机构在文化市场统计分析中体现）。自 2012 年新疆启动实施政府购买演出经费保障机制以来，全区各级艺术院团在剧目创编、产品内容革新、演出服务质量等各方面稳步前进，特别是 2014 年紧密围绕“访惠聚”工作主题，创造性的开展了新创一批、恢复一批、扶持一批、下去一批的“四个一批”文化惠民活动，以 7 个区级院团下基层惠民演出为龙头，带动地县两级文艺院团面向农村、面向百姓进村入户开展惠民演出活动，丰富了新疆基层群众文化活动内容、调动了群众参与文艺活动的积极性。

（四）非物质文化遗产保护、传承与宣传、研究的全面推动

截止 2014 年，新疆共有各级非物质文化遗产名录项目 3667 项，其中联合国教科文组织项目 3 项、国家级非物质文化遗产名录 83 项、自治区级非物质文化遗产名录 293 项、地（州、市）级非物质文化遗产名录 1116 项、县（市、区）级非物质文化遗产名录 1819 项；非物质文化遗产代表性传承人 4940 位，其中国家级 64 人（已去世 14 人），自治区级 521 人，地（州、市）级 1286 人，县（市、区）级 3069 人。

非遗保护方面：通过颁布《新疆维吾尔自治区非物质文化遗产保护条例》、《新疆维吾尔自治区维吾尔木卡姆艺术保护条例》开展非遗项目的立法性保护；保存了非物质文化遗产名录项目档案 309 册，录音带 1640 盘、CD 1828 小时，录像带 1980 盘、DVD 或 VCD832 盘共计 715 小时，图片 3 万多张，实物档案 219 件，出版了各类图书 120 多种等对非遗项目的抢救性保护；建成 28 个自治区级生产性保护基地，推进生产性保护；创建 4 个自治区文化生态保护区实施整体性保护；建立非遗传承基地、生产性保护基地、展示传播基地、传统节庆活动保护基地、教育普及基地、研究培训基地、特色景区景点基地、生态保护区等八类 95 个基地，进行分类保护。

非遗传承方面：完善传承机制，鼓励传承人积极收徒传承，教育传承和专业传承双管齐下，传习馆所和传习基地设施同步建设。

非遗宣传展示：“文化遗产日暨新疆非物质文化遗产展示周”、“天山南北贺新春——全疆非物质文化遗产春节习俗展”和“新疆曲子文化节“等一系列的特色活动；参加国内省区间、疆内地州间专题展览展演；实施新疆非遗活动“走出去”等。

非遗理论研究：举办“国际木卡姆研讨会”，召开“中国新疆新源阿依特斯论坛”、“中国新疆玛纳斯学术研讨会”等专题交流学习、理论研究会议。

（五）文化产业发展成绩喜人

编制完成《自治区文化产业发展 2015-2020 专项规划》，对我区文化产业的形成、发展具有中长期的指导意义和价值；印发《自治区文化产业园区管理办法》和《特色文化产业街区评选命名管理办法》。依

托北京文博会、深圳文博会全面推介文化产业发展成果，成功举办了第二届新疆丝绸之路文化创意产业博览会。全年征集完成各类文化产业项目 163 个，10 个项目获得国家专项资金支持、2 个项目被评为文化部特色文化产业重点项目，新增国家级文化产业示范基地两个，两家企业通过 2014 年国家动漫企业认定。开办各类文化产业经营管理人才培训班。协调财政、金融部门与 22 家重点文化企业成功对接，破解文化企业特别是小微文化企业的融资难题。督促动员全疆各地发展文化产业，建立了哈密地区东天山文化产业园、国际奇石文化城，吐鲁番地区现代文化引领产业示范园等一批重大文化产业项目。

（六）物质文化遗产发展有序

2014 年末，全疆共有文物机构 185，比 2013 年增加 7 个，新增 3 个组级文物管理部门、新增 4 个级博物馆。其中文物行政部门，文物保护管理机构 84 个，占 45%，博物馆 82 个，占 44%，新增 4 个县级博物馆。年末从业人员 1948 人，比上年末增长 115 人，其中文物保护管理机构 299 人，占 15%，比去年有所增加，博物馆 1144 人，占 59%，比去年所占比例减少。

年末文物机构拥有藏品 222037 件（套），比上年末增长 20%，其中：博物馆藏品 188833 件，占藏品总量 85%，文物商店 23，476 件，占藏品总量 10%。文物藏品中一级文物 715 件，占总藏品量 0.3%，二级文物 1401 件，占总量 0.6%，三级文物 4176 件，占总量 2%。

全年安排基本陈列 158 个、展览 189 个，参观人次 675.15 万人次，较去年增长 3.5%。其中博物馆 652.336 万人次，占 97%，文物保护管理机构 22.383 万人次，占 3.3%。

全疆 82 个博物馆已经全部免费开放，2014 年博物馆免费开放经费总计 6173 万元，其中中央 6000 万元，地方配套 173 万元。

2014 年自治区公布第七批区保单位 259 处，累计国保单位 113 处，自治区级 550 处，县级 3833 处。

（七）文化市场进一步规范有序

2014 年，新疆有文化市场经营单位 3962 家，同比减少 17.95%。其中，文艺表演团体 21 个，演出场所经营单位 1 个，演出经纪机构 58 个，娱乐场所经营单位 1635 个，经营性互联网文化单位 14 个，互联网上网服务营业场所 2233 个。从业人员 17937 人，经营面积 1271963 平方米，资产总计 714867.1 万元，营业收入 1541022.6 万元，营业利润总额 361405.0 万元。

截至 2014 年底，我区网吧总量为 2233 家，比 2013 年减少 46 家。其中，除经营面积由 47.13 万平方米增加到 47.26 万平方米，其他方面，包括连锁门店数、从业人员、计算机终端台数、日均访上网人次，较去年均有所下降。网吧规模同比减少 19.9%，营业利润总额为 23294.4 万元。各项数据反映，网吧行业进入微利时代。

截至 2014 年底，我区演出市场主体共有 80 家，其中演出场所经营单位 1 家，文艺表演团体 21 家，演出经纪机构 58 家。总收入 4383.8 万元，同比增长 608.4%。其中：

1. 剧场。2014 年剧场举办营业性演出 5 场 / 家，同比减少 93.2%，观众 4900 人次，同比减少 95.2%；

2. 文艺表演团体。2014 年底，全区持有《营业性演出许可证》的文艺表演团体共有 21 家，同比增长 40%。全年完成演出 3070 场，其中农村演出 1501 场，观众人次 282550 人次，占总场次的 48.9%；

3. 演出经纪机构。较 2013 年增加了 7 家，主营业务收入 21799.6 万元，营业利润总额 4455.5 万元，分别增长了 211.1% 和 232.4%。

表7　2013—2014演出市场主要指标

年份	机构数(个)	演出场次(场)	主营收入(万元)	利润总额(万元)
2013年	72	2079	8560.9	618.8
2014年	80	4416	22097.9	4383.8

2014 年新疆演出市场呈现以下特点：

1. 节目形式单一，商业演出有待进一步发展。从演出节目类型上看，歌舞类、小品、乐器类演出达到 85% 以上，纯商业演出场次占 64%。在主营收入排名前位的演出经纪机构中，新疆演出展览中心、江阿湾演出经纪公司等主要以经营周边国家，如哈萨克斯坦、俄罗斯、吐尔其等国小型团队涉外演出为主，其它公司主要经营国内综合性演出为主。乌鲁木齐市市场情况较好，商业运作有一定基础，但全区演出市场与内地发达省区的演出市场相比仍处于初级阶段。

2. 新建剧场成为演出市场新热点。2014 年新疆大舞台娱乐管理有限公司成立，打造了新疆大舞台。新疆大舞台开业以来，定期从全国各地和国外引进优秀演艺人员和专业演出节目，每晚为各族群众带来一台综艺性及强的文艺晚会。以新疆大舞台为平台，吸引国内及国外的优秀演艺人员走进新疆，让新疆的观众观看到国内外不同地区的精彩节目，足不出户领略各地风情，通过来新疆的国内外演艺人员手口相传大美新疆的情怀。

据统计资料显示，截至 2014 年底我区共有娱乐场所 1491 家，比去年减少了 652 家，其中游艺娱乐场所从 884 家，减少到 291 家，同比减少 67%。

表8　2013年—2014年娱乐场所主要指标

年份	机构数(个)	从业人员(人)	资产总计(万元)	利润总额(万元)	经营面积(万平方米)	包房包间个数(个)	游戏游艺台数(台)
2013年	2143	16278	229249	34611	89	14347	35105
2014年	1491	9049	499553	338517	70	12945	5204

通过开展娱乐市场综合整治行动，尤其加强游艺娱乐场所的准入和退出机制，有效打击无证照经营及赌博等违法违规经营行为，规范了市场主体、优化了市场结构。促进歌舞娱乐场所规模化、品牌化、特色化发展，与旅游、大型综合商业场所相融合，对地方文化、经济和社会效益形成拉动效应。

三、存在问题

1. 新疆文化工作既要坚持自身正确的意识形态，通过文化业态保障和满足各族人民群众的文化需求，教育和引导各族人民树立正确的核心理念，又要抵御非法宗教极端思想和暴力恐怖思想的渗透。

2. 公共文化基础设施严重不足。至今多数图书馆、文化馆面积不足，设施陈旧；地（州）、县级文艺团体基本没有专门演出场所，全疆 87 个县市中 83 个县没有公益性剧场。

3. 文化市场监管困难，执法力量薄弱。新疆文化市场是整治“三非”的主阵地。文化市场执法面广、点多、战线长，执法成本高与执法人员缺乏、交通工具和监控手段落后的矛盾突出。

4. 文化遗产保护亟待加强。物质文化遗产受馆舍和保护设施、经费以及人员短缺影响，其保存、研究、修复等工作困难较多，文物收藏有隐患；非物质文化遗产保护工作存在无机构、无编制、无人员问题，一些传统优秀民族文化濒临失传。

（新疆维吾尔族自治区文化厅）

新疆：用现代文化对冲宗教极端思想不断探索“去极端化”文化路径

面对反恐维稳“三期叠加”的严峻形势和“去极端化”的艰巨使命，新疆文化工作坚决贯彻落实自治区党委决策部署，按照“到人管用有效”的要求，深入思考和努力探索“去极端化”的文化路径，使现代文化走进基层、走进群众、走进生活，用文化的钥匙开启群众心灵之锁，有效遏制了宗教极端思想渗透蔓延。

一、把南疆基层农村作为去极端化的“棋眼”，开创文化惠民新模式，用社会主义核心价值观扶正祛邪、健体强心。2014年重点推动实施了以新创一批、恢复一批、扶持一批、下去一批为主要内容的“四个一批”文化惠民活动。区级艺术院团以社会主义核心价值观和中国梦为主题恢复和创作了一批优秀作品和剧目，以南疆四地州为重点，采取文化小分队下乡进村入户的方式，将现代文化和精品演出首次送到基层群众的家门口和田间地头，2014年共完成惠民演出600余场，观众人数超过40万。在区级院团的带动下，全区各级文化单位重心下移，主动把服务触角向基层延伸，全区地、县两级文艺院团共完成惠民演出8000余场，惠及600多万各族群众；区级博物馆、图书馆、文化馆等单位主动深入南疆基层，开展“流动博物馆”“书香乡村万里行”活动，举办农民画骨干培训班，紧密配合“访民情惠民生聚民心”活动，用文化艺术实现了与基层群众心灵的“最后一公里”对接，现代文化的“种子”伴着惠民演出的“春风”在基层乡村落地生根，成为开启心智、扶正祛邪的最好良药。

二、把依靠和发动群众作为“去极端化”的根本，用丰富多彩的群众文化活动挤压宗教极端思想生存空间。全疆各级杰出的文化工作者主动发声亮剑，捍卫优秀文化传统，发表了《弘扬优秀民族文化 大力倡导现代文明》—致维吾尔同胞的一封公开信，发出了“让我们的舞台活跃起来，舞动起来！让群众文化艺术的的花蕾盛放！让婚礼充满欢乐！不要让乌云遮住明月”等一系列倡议，铿锵有力地发出了反对宗教极端主义的正义之声，在维吾尔族同胞中引起强烈共鸣。广泛开展“百日广场文化活动竞赛”“乡村百日文体活动竞赛”2.7万场次，组织实施“爱国爱疆——群众大合唱”近千场次，以“四个一批”下基层演出为契机，通过现场指导、同台演出的方式指导帮扶农村文艺骨干400余人次，大大提高了群众自办文化的能力，让农民从台下观众变为舞台主角，在寓教于乐中享受生活，远离极端。

三、用艺术之美感染人心，推动中华优秀传统文化和新疆地域特色交相辉映、交流交融。始终坚持弘扬中华民族传统文化和新疆地域特色文化两手抓，一是坚持“五观”“四个认同”“三个离不开”的创作主旋律，增强优秀主流文化对宗教极端思想的干预矫治，创排了大型交响乐《永远的丝绸之路》、音乐剧《阿拉木汗的传说》等剧目。复排了《情暖天山》《木卡姆的春天》《你好，阿凡提》《充满爱的大地》等艺术精品。围绕重大主题、重要节点和中华传统佳节举办了多种形式的音乐会、联欢晚会、演唱会等文化活动，首次开展了维吾尔语戏剧惠民演出活动，举办了“去极端化”农民画大赛、农民小品大赛。同时协调援疆省市开展了“文化志愿者服务基层行”活动，使中华优秀传统文化和新疆地域优秀传统文化在天山南北竞相开放、争奇斗艳。

2015 Statistical Analysis Report on Cultural Development

2015文化发展统计分析报告

背景篇

2014 年国民经济运行情况分析

2014 年，面对复杂多变的国际环境和艰巨繁重的国内发展改革稳定任务，党中央、国务院坚持稳中求进工作总基调，牢牢把握国内外发展大势，全力推进改革开放，着力创新宏观调控，奋力激发市场活力，努力培育创新动力，国民经济在合理区间平稳运行，结构调整、转型升级稳步推进，发展质量效益稳定提高，民生事业持续改善，经济社会保持良好发展态势。

一、经济速稳质升，服务业发展态势良好

初步核算，2014 年国内生产总值 636463 亿元，比上年增长 7.4%。其中，第一产业增加值 58332 亿元，比上年增长 4.1%；第二产业增加值 271392 亿元，增长 7.3%；第三产业增加值 306739 亿元，增长 8.1%。分季度看，一季度增长 7.4%，二季度增长 7.5%，三季度增长 7.3%，四季度增长 7.3%。国民经济运行效率有所提高。2014 年，全社会劳动生产率（即国内生产总值与就业人员的比率）为 72313 元 / 人（以 2010 年不变价格计算），比上年提高 7.0%；万元 GDP 能耗比上年下降 4.8%，降幅比上年扩大 1.1 个百分点。

在国际环境复杂严峻，国内经济下行压力不断加大的情况下，全年实现 7.4% 的经济增长速度，经济运行质量继续提高。从世界范围来看，我国经济增长也是独领风骚，不仅明显快于发达经济体，也好于大多数发展中经济体。

（一）农业基础继续巩固，粮食生产再获丰收

2014 年，粮食总产量 12142 亿斤（60710 万吨），比上年增长 0.9%，实现“十一连增”。其中，夏粮产量 2732 亿斤，增长 3.6%；早稻产量 680 亿斤，下降 0.4%，秋粮产量 8730 亿斤，增长

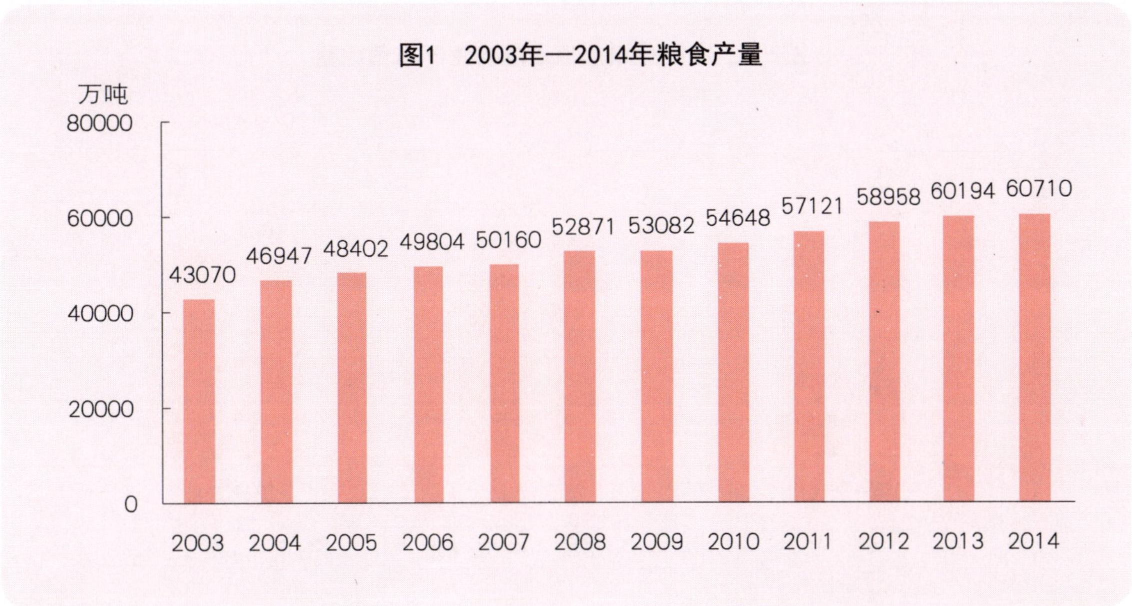

0.1%。全国粮食播种面积16.9亿亩，比上年增长0.7%，对增产的贡献为81.5%；单位面积产量达到359公斤/亩，增长0.2%，对增产的贡献为18.5%。

畜牧业形势总体稳定。2014年，猪牛羊禽肉产量8540万吨，比上年增长2.0%。其中，猪肉产量5671万吨，增长3.2%；禽肉产量1751万吨，减少2.7%。牛奶产量3725万吨，增长5.5%。全年生猪出栏7.4亿头，增长2.7%；年末生猪存栏4.7亿头，减少1.7%。

（二）工业生产有所放缓，高技术产业、装备制造业增长较快

2014年，规模以上工业增加值比上年增长8.3%，增速比上年回落1.4个百分点。分季度看，一季度增长8.7%，二季度增长8.9%，三季度增长8.0%，四季度增长7.6%。

从三大门类看，采矿业增加值比上年增长4.5%，增速比上年回落1.9个百分点；制造业增长9.4%，回落1.1个百分点；电力、燃气和水的生产供应业增长3.2%，回落3.6个百分点。从行业看，41个工业大类行业中，32个行业增加值增速比上年回落，占78.1%，合计拉低规模以上工业增加值增速1.7个百分点；8个行业增速加快，占19.5%，合计拉升规模以上工业增加值增速0.3个百分点；1个行业持平，占2.4%。从地区看，东部地区规模以上工业增加值比上年增长7.6%，增速比上年回落1.3个百分点；中部地区增长8.4%，回落2.3个百分点；西部地区增长10.6%，回落0.4个百分点。

高技术产业、装备制造业增长较快。2014年，高技术产业增加值比上年增长12.3%，增速比上年加快0.5个百分点，比规模以上工业增速快4.0个百分点，占规模以上工业增加值比重为10.6%，比上年提高0.7个百分点；装备制造业增加值增长10.5%，比规模以上工业增速快2.2个百分点，占规模以上工业增加值比重为30.4%，比上年提高1.2个百分点。

传统行业增长明显放缓。2014年，六大高耗能行业增加值比上年增长7.5%，增速比上年回落2.6个百分点，比规模以上工业增速低0.8个百分点，占规模以上工业增加值比重为28.4%，比上年回落0.5个百分点。

工业企业利润增长有所放缓。2014年，全国规模以上工业企业实现利润64715亿元，同比增长3.3%，增速比上年回落8.9个百分点。实现主营活动利润60472亿元，同比增长1.6%，回落2.4个百分点。从行业看，利润分化明显。2014年，煤炭开采和洗选业利润同比下降46.2%，石油加工、炼焦和核燃料加工业下降79.2%，电气机械和器材制造业增长13.7%，计算机、通信和其他电子设备制造业增长17.1%。

（三）服务业保持较快增长，对经济增长的支撑作用增强

图2　三次产业增加值占国内生产总值比重

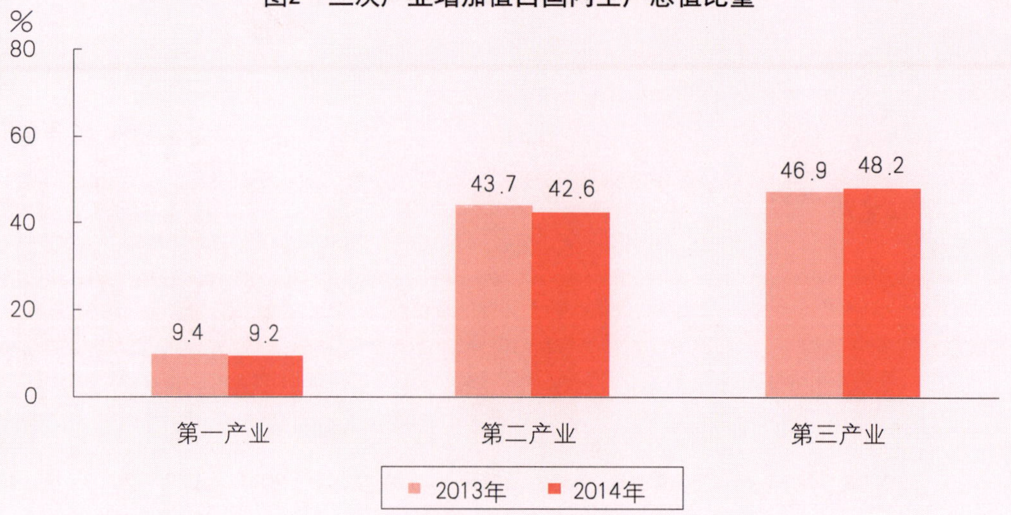

2014 年，第三产业增加值比上年增长 8.1%，增速比第二产业快 0.8 个百分点，占国内生产总值的比重为 48.2%，比上年提高 1.3 个百分点，比第二产业高 5.6 个百分点；第三产业对经济增长的贡献率为 48.9%，比上年提高 1.3 个百分点。

交通运输业增长平稳。2014 年，全国主要运输方式累计完成货运量 438 亿吨，比上年增长 6.9%；累计完成货物周转量 18.5 万亿吨公里，增长 10.3%。分运输方式看，铁路货运量比上年下降 3.9%，公路增长 8.3%，水运增长 6.9%，民航增长 5.7%。沿海规模以上港口累计完成货物吞吐量 77 亿吨，比上年增长 5.7%。

电信、邮政快速增长。2014 年，全国实现电信业务总量 18150 亿元，比上年增长 16.1%，增速比上年加快 0.7 个百分点。其中，一季度增长 15.2%，二季度增长 15.0%，三季度增长 14.9%，四季度增长 18.0%。全国实现邮政业务总量 3696 亿元，比上年增长 35.6%，增速比上年快 1.8 个百分点。其中，一季度增长 35.1%，二季度增长 35.2%，三季度增长 32.9%，四季度增长 38.0%。快递业务量高速增长。2014 年，全国完成快递业务量 139.6 亿件，比上年增长 51.9%，最高日处理量超过 1 亿件，增长 52.0%。

图3 电信业和邮政业业务总量当季同比增速

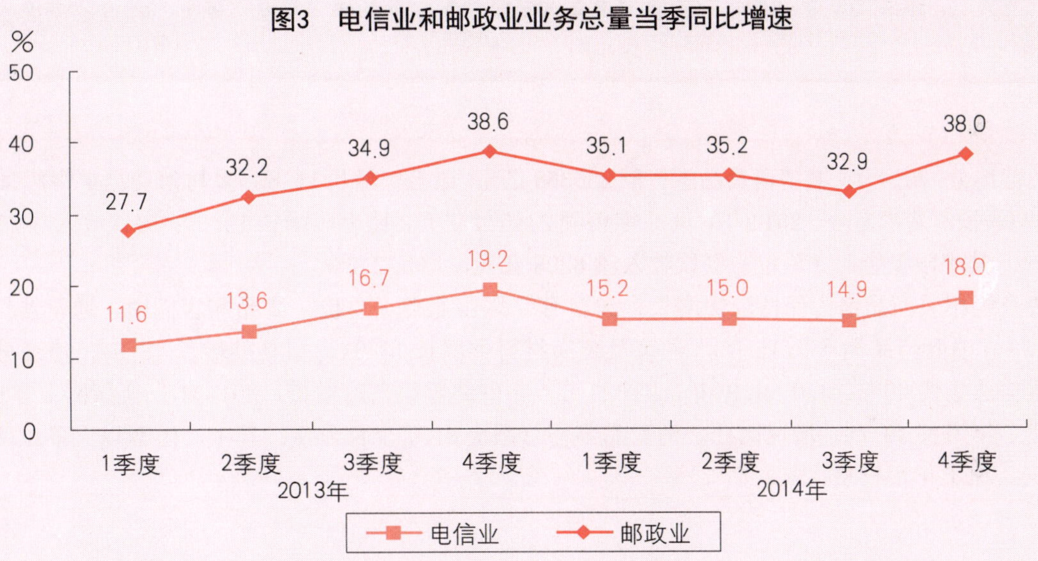

服务业企业营业收入增长较快。2014 年 1-11 月份，规模以上 10 个行业门类[①]服务业企业实现营业收入 106985 亿元，同比增长 9.1%，比 1-8 月份加快 0.5 个百分点。其中，卫生和社会工作企业营业收入同比增长 28.4%，租赁和商务服务业增长 14.2%，居民服务、修理和其他服务业增长 13.5%，教育业增长 13.5%。

二、需求增长稳中趋缓，需求结构有所改善

（一）市场销售稳定增长，网络零售增长较快

2014 年，社会消费品零售总额 262394 亿元，比上年增长 12.0%，增速比上年回落 1.1 个百分点；扣除价格因素，实际增长 10.9%，回落 0.6 个百分点。其中，一季度名义增长 12.0%，二季度增长 12.3%，三季度增长 11.9%，四季度增长 11.7%。

① 10个行业门类包括交通运输、仓储和邮政业，信息传输、软件和信息技术服务业，物业管理和房地产中介服务业，租赁和商务服务业，科学研究和技术服务业，水利、环境和公共设施管理业，居民服务、修理和其他服务业，教育业，卫生和社会工作，文化、休育和娱乐业。

图4　社会消费品零售总额当季同比增速

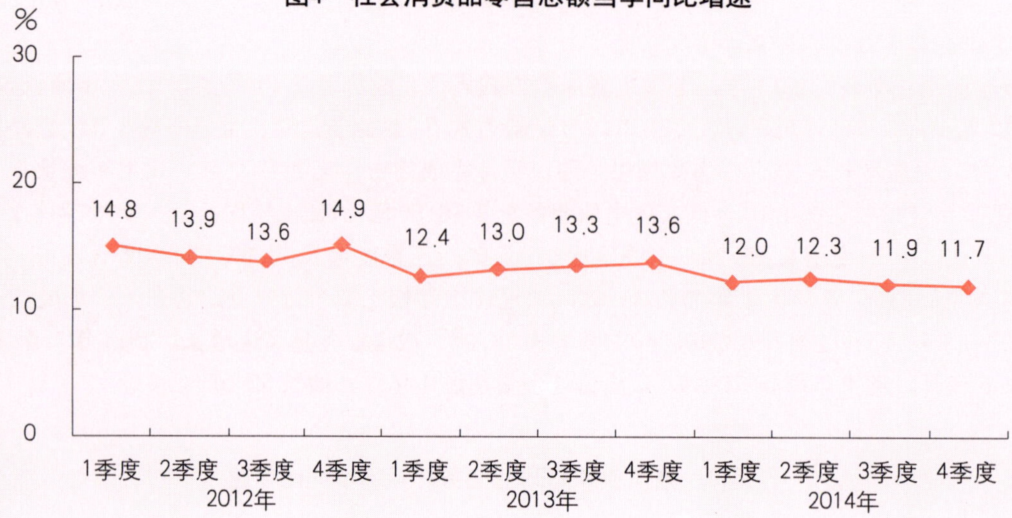

按经营地分，2014年，城镇消费品零售额226368亿元，比上年增长11.8%；乡村消费品零售额36027亿元，增长12.9%。按消费形态分，2014年，商品零售额234534亿元，比上年增长12.2%；餐饮收入额27860亿元，增长9.7%，其中限上企业（单位）餐饮收入额8208亿元，增长2.2%。

消费升级相关商品销售保持较快增长。2014年，限上企业（单位）商品零售额中，通讯器材类比上年增长32.7%，中西药品类增长15.0%，建筑及装潢材料类增长13.9%，家具类增长13.9%，增速分别比社会消费品零售总额快20.7、3.0、1.9和1.9个百分点。网络零售高速增长。2014年，全国网上零售额27898亿元，比上年增长49.7%，增速比社会消费品零售总额快37.7个百分点。其中，限额以上单位网上零售额4400亿元，比上年增长56.2%。

图5　2014年限上企业（单位）部分商品零售额同比增速

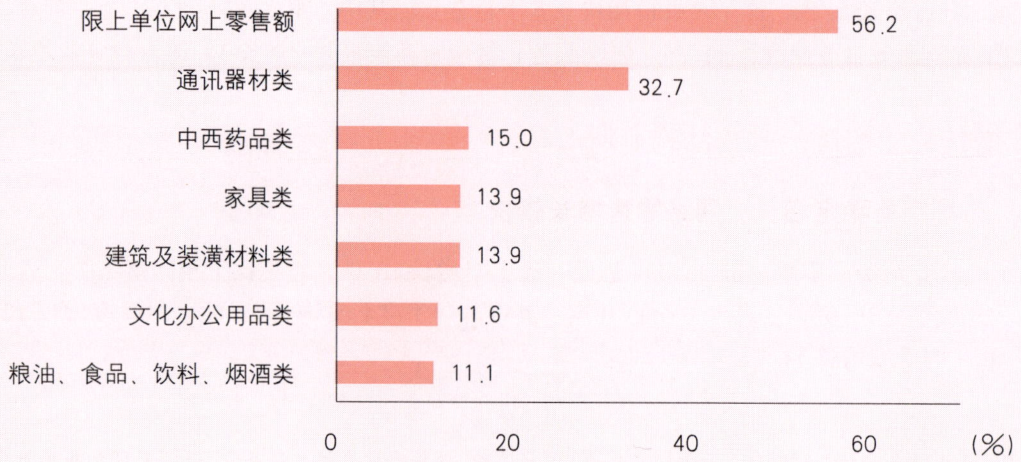

（二）投资增幅明显回落，民间投资、服务业和基础设施投资保持较快增长

2014年，固定资产投资（不含农户）502005亿元，比上年增长15.7%，增速比上年回落3.7个百分点。其中，一季度增长17.6%，上半年增长17.3%，前三季度增长16.1%。

图6 固定资产投资季度累计同比增速

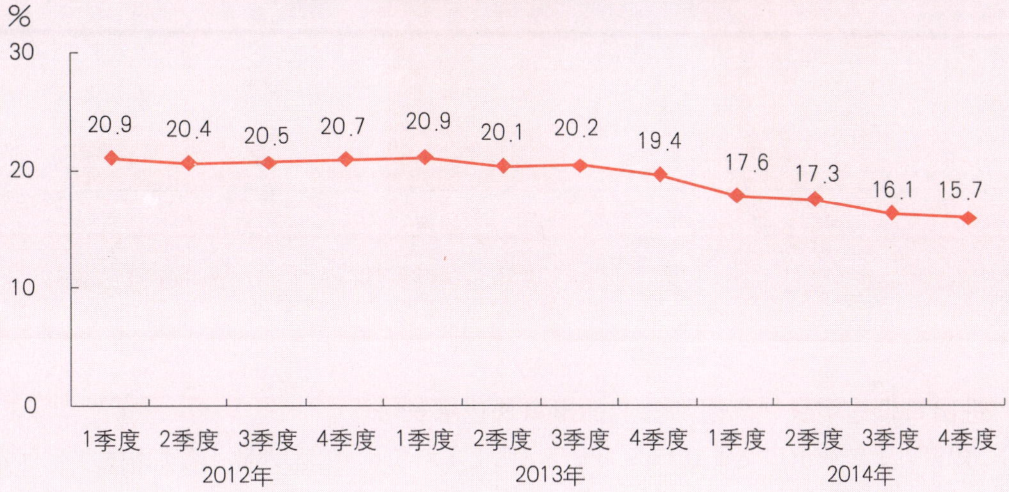

分三大行业看，2014年，制造业投资166918亿元，比上年增长13.5%；房地产开发投资95036亿元，增长10.5%；基础设施投资86669亿元，增长21.5%。分地区看，2014年，东部地区投资227452亿元，比上年增长14.6%；中部地区投资141644亿元，增长17.2%；西部地区投资125980亿元，增长17.5%。分隶属关系看，2014年，中央项目投资25371亿元，比上年增长10.8%；地方项目投资476634亿元，增长15.9%。

民间投资比重上升。2014年，民间投资321576亿元，比上年增长18.1%，增速比国有及国有控股投资快5.1个百分点，比全部投资快2.4个百分点，占全部投资的比重为64.1%，比上年提高1.4个百分点。服务业投资较快增长。2014年，第三产业投资281915亿元，比上年增长16.8%，增速比第二产业快3.6个百分点，比全部投资快1.1个百分点。其中，信息传输、软件和信息技术服务业增长38.6%，租赁和商务服务业增长36.2%，科学研究和技术服务业增长34.7%，批发和零售业增长25.7%，水利、环境和公共设施管理业增长23.6%，交通运输、仓储和邮政业增长18.6%，分别比全部投资快22.9、20.5、19.0、10.0、7.9和2.9个百分点。基础设施投资比重上升。2014年，基础设施投资比上年增长21.5%，增速比全部投资快5.8个百分点，占全部投资的比重为17.3%，比上年提高0.9个百分点。高耗能行业投资比重下降。2014年，六大高耗能行业投资61788亿元，比上年增长11.8%，增速比全部投资低3.9个百分点，占全部投资的比重为12.3%，比上年下降0.4个百分点。

图7　民间投资、服务业投资和高耗能行业投资占全部投资比重

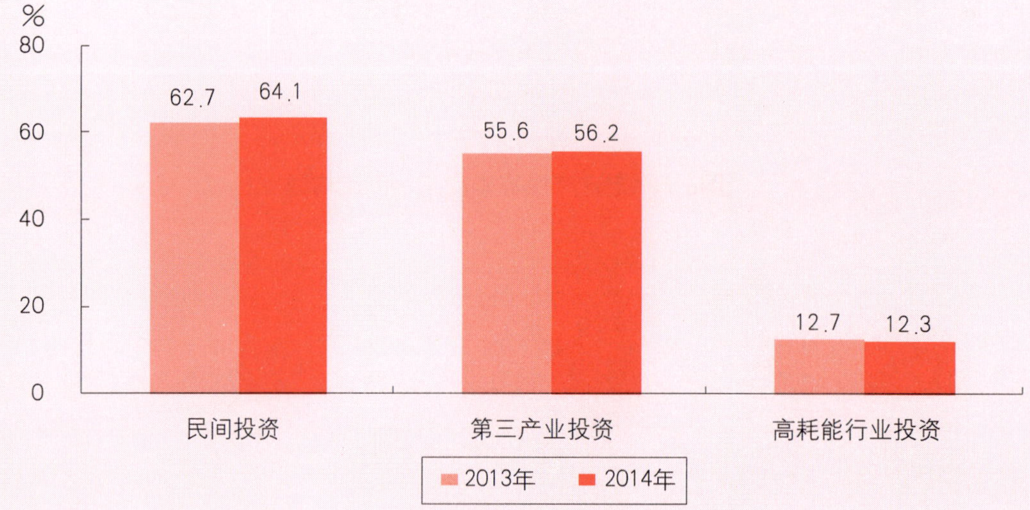

（三）进出口低速增长，高附加值产品出口快速增长

2014年，规模以上工业出口交货值120933亿元，比上年增长6.4%，增速比上年加快1.4个百分点。其中，一季度增长4.2%，二季度增长6.7%，三季度增长7.9%，四季度增长6.5%。2014年，按人民币计价的进出口总额264335亿元，比上年增长2.3%。其中，一季度下降3.8%，二季度增长1.7%，三季度增长7.1%，四季度增长4.0%。其中，出口额143912亿元，比上年增长4.9%；进口120423亿元，下降0.6%；顺差23489亿元，比上年增加7351亿元。

图8　2014年出口总额（按人民币计价）月度同比增速

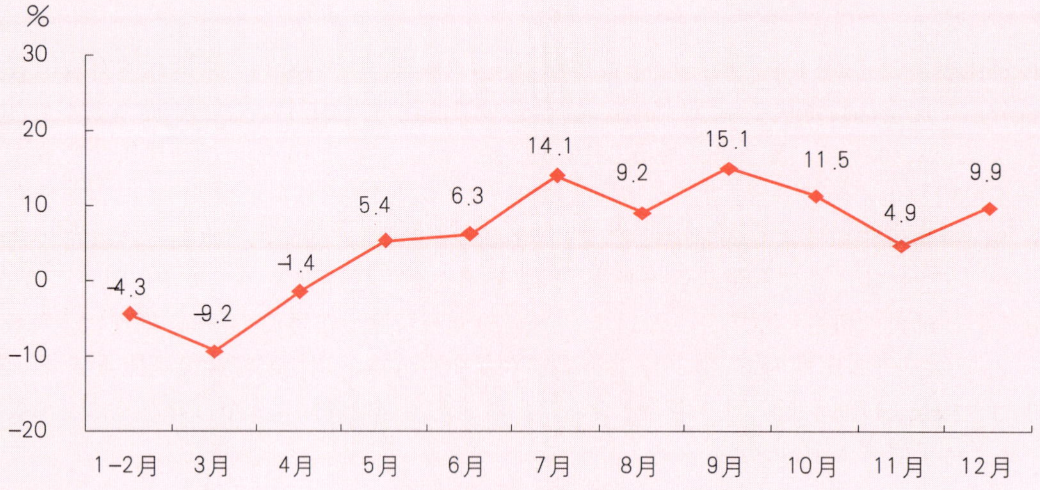

分贸易方式看，2014年，一般贸易出口额增长9.6%；加工贸易出口额增长1.8%。分国别和地区看，2014年，对印度出口额增长10.7%，对东盟出口额增长10.3%，对欧盟出口额增长8.3%，对俄罗斯出口额增长7.2%，对美国出口额增长6.4%；对日本出口额下降1.4%，对巴西出口额下降3.8%，对香港出口额下降6.6%。

高附加值产品出口增长较快。2014 年，彩色电视机出口额比上年增长 21.5%，手持无线电话机及零件增长 11.0%，增速比全部出口额分别快 16.6 和 6.1 个百分点。传统劳动密集型产品出口增速较低。2014 年，纺织、服装、箱包、鞋类、玩具、家具、塑料制品等 7 大类劳动密集型产品出口额比上年增长 4.0%，增速比全部出口额低 0.9 个百分点。

三、居民消费价格温和上涨，工业生产者价格持续下降

（一）居民消费价格走势平稳，食品价格继续上涨

在经济增速放缓、市场供应充足的大背景下，居民消费价格涨幅有所回落。2014 年，居民消费价格比上年上涨 2.0%，涨幅比上年回落 0.6 个百分点，低于全年预期目标。分季度看，一季度上涨 2.3%，二季度上涨 2.2%，三季度上涨 2.0%，四季度上涨 1.5%，总体走势基本平稳。其中，新涨价因素影响居民消费价格上涨 1.1 个百分点，占全部涨幅的 55.0%；翘尾因素为 0.9 个百分点，占 45.0%。

图9　2014年居民消费价格总水平当月变化率

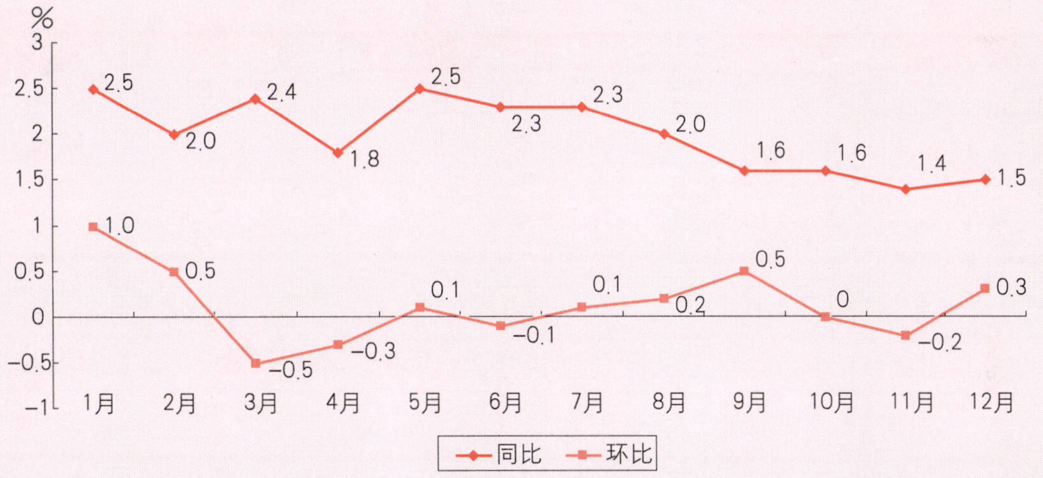

食品价格总体平稳，但鲜果价格上涨较多。2014 年，食品价格比上年上涨 3.1%，涨幅比上年回落 1.6 个百分点，拉动居民消费价格总水平上涨 1.03 个百分点，占居民消费价格涨幅的 51.8%。其中，粮食上涨 3.1%，拉动总水平上涨 0.09 个百分点；肉禽及其制品上涨 0.4%，拉动总水平上涨 0.03 个百分点；蛋上涨 10.4%，拉动总水平上涨 0.09 个百分点；水产品上涨 4.4%，拉动总水平上涨 0.11 个百分点；鲜菜下降 1.5%，拉动总水平下降 0.05 个百分点；鲜果上涨 18.0%，拉动总水平上涨 0.37 个百分点。

非食品价格涨势平稳。2014 年，非食品价格比上年上涨 1.4%，涨幅比上年回落 0.2 个百分点，拉动居民消费价格总水平上涨 0.96 个百分点，占居民消费价格涨幅的 48.2%。其中，娱乐教育文化用品及服务价格上涨 1.9%，涨幅比上年扩大 0.1 个百分点；衣着价格上涨 2.4%，扩大 0.1 个百分点；交通和通信价格下降 0.1%，降幅缩小 0.3 个百分点；医疗保健和个人用品价格上涨 1.3%，涨幅与上年持平；居住价格上涨 2.0%，涨幅回落 0.8 个百分点；家庭设备用品及维修服务价格上涨 1.2%，回落 0.3 个百分点；烟酒及用品价格下降 0.6%，上年为上涨 0.3%。

（二）工业生产者价格继续下降，生产资料价格下降较多

2014年，工业生产者出厂价格比上年下降1.9%，降幅与上年相同。分季度看，一季度下降2.0%，二季度下降1.5%，三季度下降1.3%，四季度下降2.8%。分类别看，生产资料价格比上年下降2.5%，其中采掘工业价格下降6.5%，原材料工业价格下降3.0%，加工工业价格下降1.8%；生活资料价格与上年持平，其中食品价格上涨0.2%，衣着价格上涨0.7%，一般日用品价格上涨0.1%，耐用消费品价格下降0.8%。分行业看，41个大类行业中，有12个行业价格比上年上涨，4个行业持平，25个行业下降。其中，黑色金属冶炼和压延加工业价格下降6.7%，煤炭开采和洗选业价格下降11.0%，石油加工、炼焦和核燃料加工业价格下降5.2%，有色金属冶炼和压延加工业价格下降4.4%，分别影响全年工业生产者出厂价格总水平下降约0.5、0.3、0.2、0.2个百分点，合计影响约1.2个百分点，占总降幅的63%左右。

图10　2014年工业生产者出厂价格总水平当月变化率

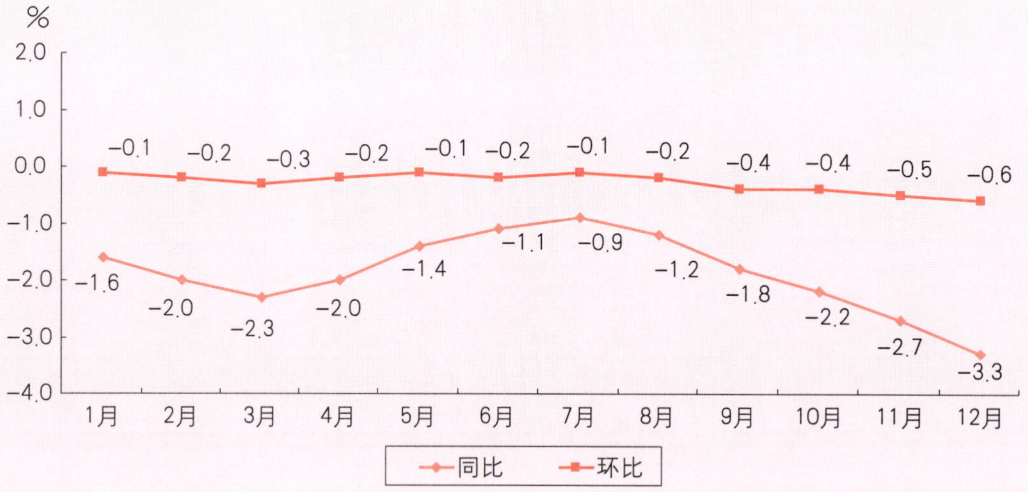

四、人口增长有所加快，劳动力供给继续减少

（一）人口自然增长率有所提高，城镇化水平稳步提升

2014年末，全国大陆总人口136782万人，比上年末增加710万人。单独二孩政策效果有所显现。2014年，全国出生人口1687万人，比上年增加47万人，出生率为12.37‰，提高0.29个千分点；死亡人口977万人，增加5万人，死亡率为7.16‰，与上年持平。人口自然增长率为5.21‰，比上年提高0.29个千分点。

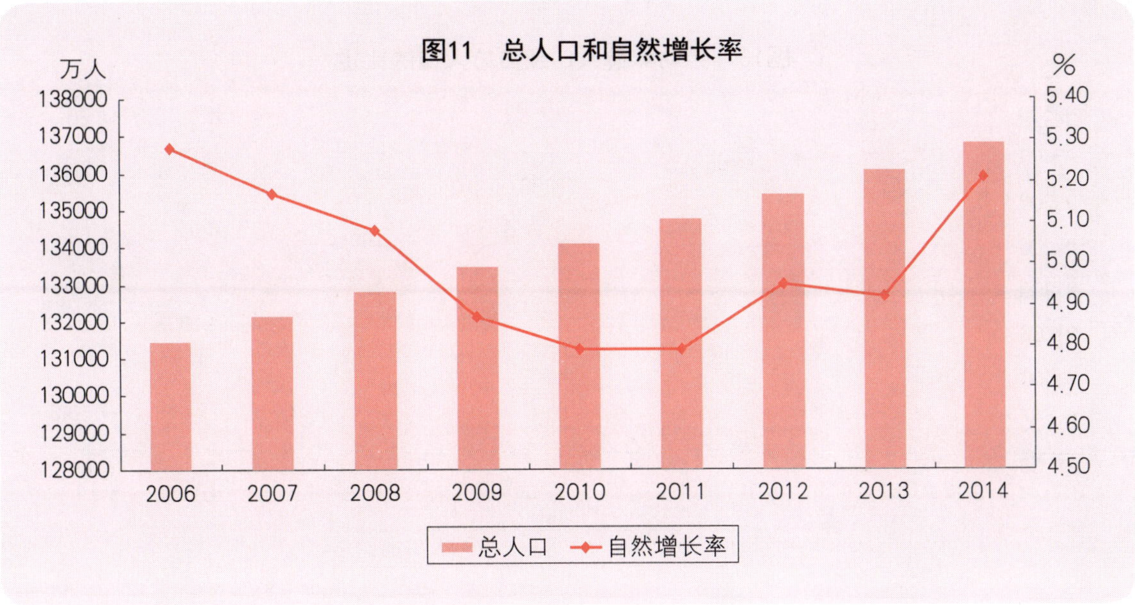

城镇化率继续提高。2014年末，我国城镇人口74916万人，比上年末增加1805万人；乡村人口61866万人，减少1095万人。城镇化率达到54.77%，比上年末提高1.04个百分点。

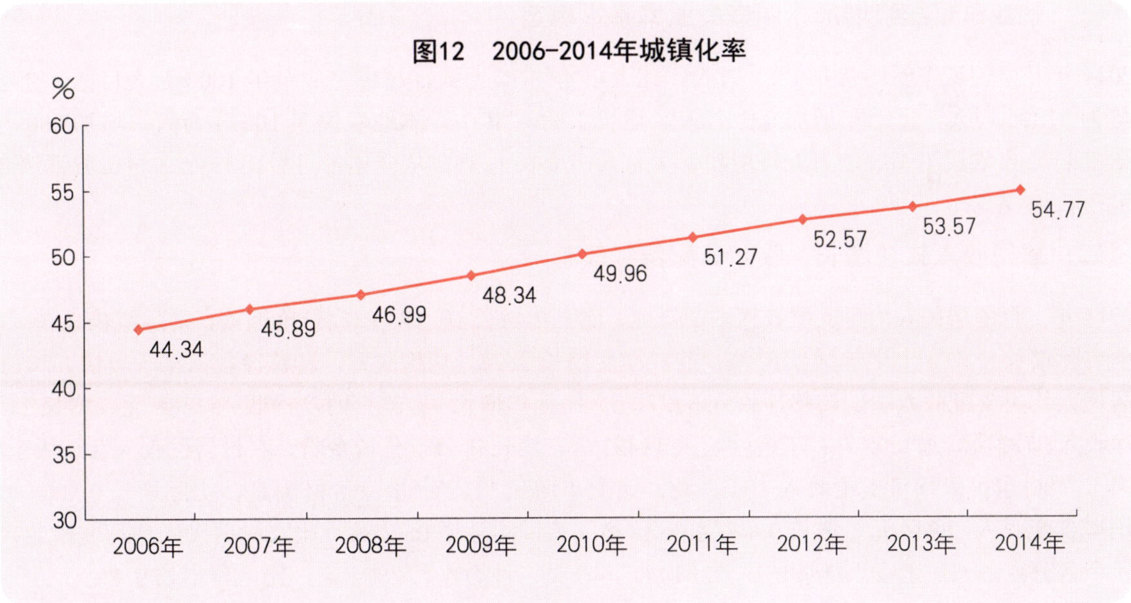

（二）老年人口持续增加，劳动年龄人口继续减少

2014年末，60岁及以上人口21242万人，比上年末增加999万人，占全部人口比重15.5%，比上年末提高0.6个百分点；65岁及以上人口13755万人，比上年末增加594万人，占全部人口比重10.1%，比上年末提高0.4个百分点。劳动年龄人口连续第三年减少。2014年末，16-59岁（不含60周岁）的劳动年龄人口91583万人，比上年末减少371万人，连续三年减少；占总人口的比重为67.0%，下降0.6个百分点。

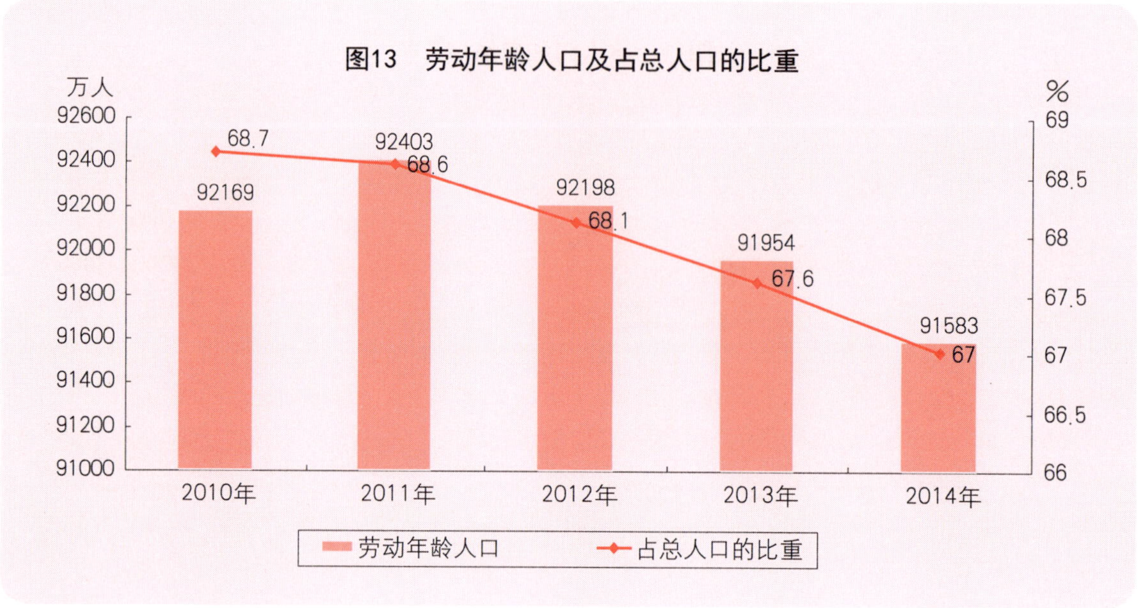

五、就业形势稳中向好，民生事业持续改善

（一）就业总量继续增加，调查失业率基本稳定

2014年，全国城镇新增就业1322万人，比上年增加12万人，超额完成全年1000万人目标。全年农民工总量为27395万人，比上年增加501万人，增长1.9%。其中，本地农民工10574万人，增加290万人，增长2.8%；外出农民工16821万人，增加211万人，增长1.3%。从全年各月看，31个大城市城镇调查失业率稳定在5.1%左右。

（二）居民收入较快增长，收入分配继续改善

2014年，全国居民人均可支配收入20167元，比上年增长10.1%，扣除价格因素，实际增长8.0%。其中，一季度实际增长8.6%，上半年增长8.3%，前三季度增长8.2%。从构成看，转移净收入增长较快。2014年，全国居民人均可支配收入中，转移净收入3427元，比上年增长12.6%；财产净收入1588元，增长11.6%；经营净收入3732元，增长8.7%；工资性收入11421元，增长9.7%。分城乡看，农村居民收入继续快于城镇。2014年，农村居民人均可支配收入10489元，比上年增长11.2%，扣除价格因素，实际增长9.2%。城镇居民人均可支配收入28844元，增长9.0%，扣除价格因素，实际增长6.8%，比农村居民人均可支配收入增速低2.4个百分点。农民工收入继续增加。2014年，农民工月均收入2864元，比上年增长9.8%。

收入分配向居民倾斜。2014年，全国居民人均可支配收入比上年实际增长8.0%，比人均GDP增速快1.2个百分点。居民收入差距也在缩小。2014年，全国居民人均可支配收入中位数比上年名义增长12.4%，比平均数增速高2.3个百分点。城镇居民人均可支配收入中位数比上年名义增长10.3%，比平均数增速高1.3个百分点；农村居民人均可支配收入中位数名义增长12.7%，比平均数增速高1.5个百分点。

六、财政收入增势稳定，货币信贷保持较快增长

2014年1-11月份，全国公共财政收入129595亿元，同比增长8.3%，增速比上年同期回落1.6个百分点。其中，中央财政收入61063亿元，同比增长7%，加快0.5个百分点；地方财政收入68531亿元，同比增长9.5%，回落3.6个百分点。税收收入增长放缓。2014年1-11月份，税收收入110598亿元，同比增长7.5%，增速

比上年同期回落 2.5 个百分点。分税种看，国内增值税同比增长 7.5%，回落 1.5 个百分点；营业税增长 1.4%，回落 8.5 个百分点；企业所得税增长 9.8%，回落 5.3 个百分点。

2014 年 12 月末，广义货币（M_2）余额 122.8 万亿元，比上年末增长 12.2%，增速比上年末回落 1.4 个百分点；狭义货币（M_1）余额 34.8 万亿元，增长 3.2%，回落 6.1 个百分点；流通中货币（M_0）6.0 万亿元，增长 2.9%。2014 年，金融机构新增人民币各项贷款（含票据融资）97816 亿元，比上年多增 8900 亿元。在各项贷款中，短期贷款增加 24542 亿元，少增 17443 亿元；中长期贷款增加 60644 亿元，多增 14783 亿元；票据融资增加 9574 亿元，上年为减少 896 亿元。各项存款增加 94820 亿元，比上年少增 30800 亿元。其中，单位存款增加 43913 亿元，少增 18069 亿元；财政性存款增加 5531 亿元，少增 235 亿元；个人储蓄存款增加 37659 亿元，少增 11118 亿元。2014 年，社会融资规模为 16.46 万亿元，比上年减少 8598 亿元。

同时，2014 年，党中央、国务院坚持深入推进改革开放，有效激发了市场活力。财税、金融、投资、价格、农业农村、科技、环保、户籍制度、教育卫生、社会等重要领域和关键环节改革积极推进，行政审批改革力度进一步加大，商事制度改革顺利出台，对外开放水平进一步提升，“一带一路”战略开始实施，上海自贸区试点工作力度加大，中韩、中澳自贸区结束实质性谈判。改革开放向纵深推进，持续向市场释放红利，为我国经济社会发展注入了新的动力。

总的来看，2014 年在面对世界经济复苏缓慢，不稳定、不确定因素较多，国内经济下行压力较大的复杂多变的形势下，我国经济保持了总体平稳、稳中有进、进中提质的良好发展态势，实属来之不易。但也要清醒地看到，我国经济发展环境仍然十分错综复杂，经济运行仍面临不少困难、问题和挑战。一是世界经济总体上仍处在危机后的深度调整之中，复苏疲弱的“亚健康”状态难以改观。主要经济体发展态势分化明显，货币政策趋于分化，全球经济金融波动风险上升，大国博弈和地缘政治风险趋于加剧，国际大宗商品价格持续走低。二是国内经济仍处在“三期”叠加的阵痛期，降库存去产能的压力超出预期。投资增长乏力，新的消费热点带动不足，工业企业产成品库存水平仍处高位，产能过剩矛盾，工业生产领域价格持续下降，企业生产经营困难等问题仍比较突出，经济运行存在较大的下行压力。三是物价存在继续下行的可能性，在市场总体供大于求，石油矿产等国际大宗商品价格下降、输入性通缩持续的条件下，维持市场主体预期稳定的难度加大。

2015 年，是全面深化改革的关键之年，也是“十二五”的收官之年，更是“十三五”发展奠基之年，保持经济在合理区间平稳运行，意义十分重大。面对复杂严峻的国内外形势和新常态下的新情况新问题，要按照中央对经济工作的总体要求和部署，坚持稳中求进的工作总基调，着眼战略全局，立足当前，兼顾长远，主动适应经济发展新常态，狠抓改革攻坚，突出创新驱动，全力推进经济结构调整和发展方式转变，有针对性地解决经济运行中的突出矛盾和问题，促进经济社会持续健康稳步发展。

（国家统计局综合统计司）

金砖国家文化产业发展情况分析

当今世界，众多国家的文化产业在促进国民经济发展和吸纳就业中发挥了越来越大的作用，并成为国民经济的重要支柱产业。金砖国家尽管经济社会发展水平不尽相同，但都在经历着相似的转变，文化产业发展快，潜力大，市场前景广阔。

一、金砖国家文化产业都在经历着发达国家曾经经历的转变

从欧美等发达国家文化产业发展的历程看，一个国家文化产业发展依赖于该国整体经济社会发展水平。一方面，随着一个国家经济发展从农业、制造业占主导地位，逐步向服务业占主导地位过渡，带动了包括文化产业在内的众多产业迅速发展；另一方面，各国人民生活水平提高并达到一定富裕程度后，对文化和娱乐消费的需求将快速增加。目前，金砖国家正经历着发达国家曾经经历的转变，呈现出相似的发展路径。

（一）金砖国家服务业开始在经济活动中占据主导地位

巴西、俄罗斯、印度和南非第三产业增加值占 GDP 比重分别于 1990 年、1995 年、1999 年和 1965 年超过 50%，并保持上升势头。2014 年，巴西、俄罗斯、印度、中国和南非第三产业增加值占 GDP 比重（见图 1）分别为 71.0%、60.0%、53.0%、48.2% 和 68.0%。

图1　2014年金砖国家三次产业增加值占GDP比重

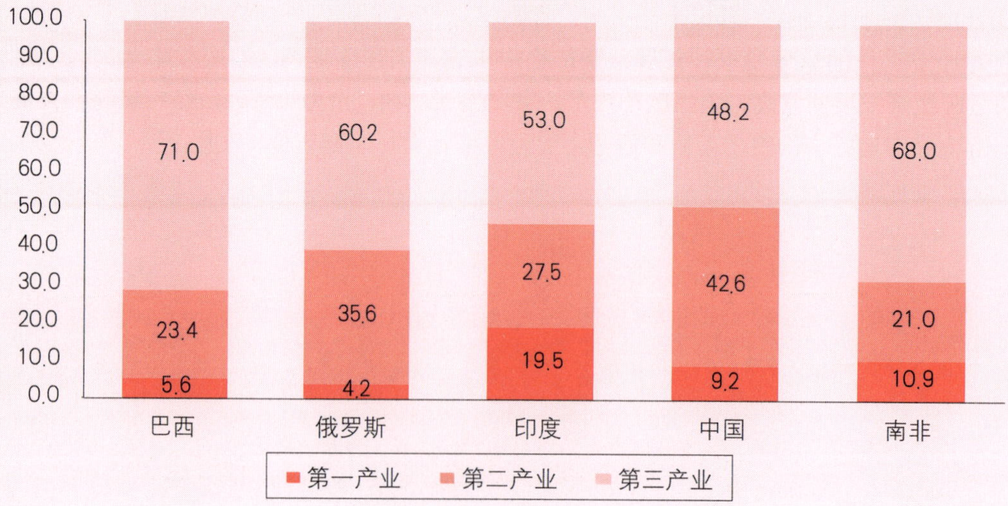

资料来源：2015 年《金砖国家联合统计手册》。

（二）居民消费升级使金砖国家文化产业发展具备了较为坚实的经济基础

从世界各国，特别是发达国家文化产业发展的进程看，各国居民对文化产品和服务的需求主要受居民生活水平的影响：当居民生活水平开始脱离温饱，即恩格尔系数下降到50%左右时，居民对文化产品的消费需求明显增强；当居民生活水平达到比较富裕程度时，即恩格尔系数进一步下降到30%左右时，对于文化娱乐产品和服务的消费需求明显扩大并在消费需求中占据重要地位。可见，居民生活水平的提高是文化产业迅速发展的重要经济基础。

金砖国家的恩格尔系数显著降低：巴西的恩格尔系数从1967年的51.6%降至2009年的24.1%；俄罗斯由2000年的33.2%降至2013年的27.7%；印度城市居民从2000年的48.1%降至2012年的42.6%；中国城镇居民从2000年的39.4%降至2012年的36.2%；南非则从2000年的28.4%降至2013年的24.9%。

随着恩格尔系数的下降，金砖各国居民的文化娱乐开支逐步增加，成为居民生活消费支出中除食品、交通、住房之外的最为重要的支出项目。世界银行数据显示，俄罗斯文化及娱乐在消费支出中的占比从2005年的7.1%升至2013年的7.2%；印度从2004年的1.3%升至2009年的1.5%；南非从2000年的3.5%升至2013年的4.4%。

二、金砖国家文化产业整体发展成绩不凡，但五国表现有所不同

近年来，金砖国家的文化产业发展迅速，在经济社会中的地位不断提高，发挥的作用持续扩大。不过，金砖各国文化产业的实力与发展势头却表现不一。其中，随着经济实力的增加及政府的大力扶持，中国无论是文化产品的市场规模、贸易总额、增加值总量，还是总体发展势头，都在金砖国家中独占鳌头；印度文化产业吸纳就业人员数量在五国中首屈一指，其文化产品出口增速也在金砖国家中名列前茅；巴西与俄罗斯的文化服务贸易规模及增长速度位居金砖国家前列；南非整体表现较弱，多数指标均居金砖国家后列。

（一）金砖国家文化产业整体发展速度快、动力足，市场规模不断扩大

近年来，金砖国家文化产业增速均快于经济增速。根据有关国际组织或部分金砖国家统计机构估算，2000-2013年，金砖国家整体文化产业增加值年均增长8.5%，高于同期GDP增速1.1个百分点。其中，中国增速最快，年均增长18.4%，高于同期GDP增速8.4个百分点；南非垫后，年均增长3.4%，略高于同期GDP增速0.1个百分点；巴西、俄罗斯和印度分别增长3.8%、5.0%和7.9%，高于同期GDP增速0.3、0.6和0.7个百分点。

（二）文化产业有力促进了经济增长和就业扩大

金砖国家文化产业不仅吸纳了大量从业人员，且从业人员工资水平相对较高。2013年，印度文化产业的从业人员占就业总人数的比重在金砖国家中最高，高达14.00%；南非最低，为4.08%；巴西、俄罗斯和中国依次为8.54%、7.30%和6.52%。据普华永道（PWC）估计，巴西、俄罗斯、印度和南非文化产业就业人员的年平均工资比全国工资水平平均高出44.0%左右。

（三）文化产品和文化服务贸易持续大幅增长

1. 金砖国家文化产品贸易不断扩大

联合国贸发会议数据显示，2012年，金砖国家文化产品进出口总额达2168亿美元，是2003年的4.3倍，年均增长17.5%。其中，文化产品出口额和进口额分别达到1799亿美元和369亿美元，分别是2003年的4.0和5.7倍，年均分别增长16.8%和21.3%。

分国别看，中国出口的规模最大，2012年中国的文化产品出口总额接近1512亿美元，印度、俄罗斯、巴西、南非依次为259亿美元，16亿美元、9亿美元和4亿美元；印度的增速最快，是2003年的5.9倍。

2012 年中国、俄罗斯、巴西和南非文化产品出口分别是 2003 年的 4.0 倍、1.9 倍、1.2 倍和 1.0 倍。

2003-2012 年，巴西、俄罗斯、印度和中国文化产品进口年均增长率都超过 20%，分别达 28.3%、21.6%、28.3% 和 21.8%，增速最慢的南非也维持了 12.8% 的两位数快速增长。

2012 年，中国和印度文化产品实现顺差，分别为 142 亿美元和 169 亿美元；巴西、俄罗斯和南非则均为逆差，分别为 23 亿美元、69 亿美元和 17 亿美元。

2. 金砖国家文化服务贸易快速增长，各国均实现顺差。联合国贸发会议最新数据显示，2012 年，金砖国家文化服务进出口总额达到 473 亿美元，是 2003 年的 5.3 倍，年均增长 20.3%。文化服务出口额和进口额分别为 258 亿和 215 亿美元，分别是 2003 年的 5.6 倍和 5.0 倍，年均增速分别为 21.0% 和 19.6%。其中，巴西、俄罗斯、印度、中国和南非进出口总额年均分别增长 20.0%，10.0%，4.7%，25.5% 和 10.0%。

分类别看，2012 年，巴西的建筑、工程和其他技术服务在其出口中一枝独秀，高达 89 亿美元，占该年文化服务出口额的 86.8%；俄罗斯的广告、市场研究和民意调查以及建筑、工程和其他技术服务出口额分别达 40 亿美元和 39 亿美元，在其文化服务出口额中的占比分别达 41.4% 和 42.4%；中国的广告、市场研究和民意调查出口额达 48 亿美元，占比为 95.0%；印度个人、文化和娱乐服务达到 8 亿美元，占比为 72.7%；南非个人、文化和娱乐服务以及其他个人、文化和娱乐服务在文化服务出口中各占 50%。

与文化产品贸易相比，金砖国家文化服务贸易具有显著特点：一是金砖国家文化产品贸易既有顺差也有逆差，但文化服务均为顺差。2012 年，巴西、中国、印度、俄罗斯和南非分别实现文化服务贸易顺差 26 亿美元、11 亿美元、3 亿美元、2 亿美元和 1 亿美元；二是巴西、俄罗斯和南非文化服务出口额明显大于其文化产品出口额，而中国和印度文化产品出口额明显大于文化服务出口额。

3. 金砖国家文化产品和文化服务贸易的国际竞争力强弱迥异。国际上，评价一国文化产品或服务贸易的国际竞争力可以从文化产品或服务的国际市场占有率 、贸易竞争力指数 和显性比较优势来判断。

从表 1 可见，中国、印度文化产品贸易国际竞争力较强，但文化服务相对较弱；巴西、俄罗斯则反之；南非文化产品和文化服务竞争力均最弱。

在文化产品竞争力方面，中国文化产品在世界文化产品出口市场上占据明显优势，印度表现也非常突出。从国际市场占有率来看，2012 年，中国、印度、俄罗斯、巴西和南非文化产品的国际市场占有率分别达到 31.91%、5.46%、0.34%、0.19% 和 0.08%；贸易竞争力指数分别达到 0.83%、0.49%、-0.68%、-0.55% 和 -0.70%；显性比较优势指数分别为 2.89%、3.41%、0.12%、0.15% 和 0.14%。在金砖国家中，除显性比较优势指数略低于印度但远高于其他金砖国家外，中国其他两项指标均大大高于其他金砖国家；放眼全球，中国三项指标高于世界文化产业第一强国美国以及后起之秀韩国。可见，中国文化产品在国际市场具有很强的国际竞争力。

在文化服务竞争力方面，金砖国家中巴西最为突出，中国、俄罗斯紧随其后。2012 年，巴西、中国、俄罗斯、印度和南非文化服务国际市场占有率分别达 6.91%、6.26%、3.35%、0.91% 和 0.08%；贸易竞争力指数分别为 0.53%、-0.21%、-0.26%、-0.79% 和 -0.89%；显性比较优势指数分别为 7.74%、1.29%、2.40%、0.21% 和 0.23%。金砖国家中，巴西三项指标均高于其他国家；放眼全球，巴西文化服务的国际市场占有率低于美国但高于韩国，贸易竞争力指数和显性比较优势指数均高于美国和韩国。可见，巴西文化服务的国际竞争力很强。

表1 2012年金砖国家文化产品和服务国际竞争力比较

单位：%

	国际市场占有率		贸易竞争力指数		显性比较优势指数	
	文化产品	文化服务	文化产品	文化服务	文化产品	文化服务
美 国	7.99	25.25	-0.40	0.15	0.96	1.72
韩 国	1.22	3.12	-0.02	-0.35	0.41	1.34
巴 西	0.19	6.91	-0.55	0.53	0.15	7.74
俄罗斯	0.34	3.35	-0.68	-0.26	0.12	2.40
印 度	5.46	0.91	0.49	-0.79	3.44	0.21
中 国	31.91	6.26	0.83	-0.21	2.89	1.29
南 非	0.08	0.08	-0.70	-0.89	0.14	0.23

资料来源：联合国贸发会议和世界贸易组织数据库并经作者计算。

三、金砖国家文化产业整体发展水平与文化产业发达国家仍有较大差距

尽管金砖国家文化产业发展迅速，对国民经济的贡献不断扩大，但受限于经济发展水平、科技实力以及居民收入水平和政策不力等因素的影响，与文化产业发达国家相比，仍有不小差距，明显落后于世界文化产业的第一强国美国以及后起之秀韩国。

（一）文化产业增加值的相对发展速度仍慢于发达国家

近年来，金砖国家的文化产业发展迅速，文化产业增加值增长速度超过其 GDP 增速。不过，就文化产业增加值增速与 GDP 增速相比较的相对速度而言，金砖国家与发达国家仍有较大差距。经济合作与发展组织（OECD，以下简称 OECD）的一项研究显示，2000-2013 年，OECD 成员国整体文化产业增加值增长速度是其服务业增加值增速的 2 倍，是制造业增加值增速的 4 倍；而同期，金砖国家整体文化产业增加值增长 8.5%，仅比其服务业增加值增速快 0.7 个百分点，比其制造业增加值增速快 2.5 个百分点。其中，巴西文化产业增加值增长 3.8%，分别比其服务业和制造业增加值增速快 1.5 个和 0.6 个百分点；俄罗斯增长 5.0%，比制造业增速快 0.3 个百分点，但比服务业增速慢 0.1 个百分点；印度增长 7.9%，比制造业增速快 0.2 个百分点，但比服务业增速低 0.9 个百分点；中国增长 18.4%，比制造业快 7.8 个 百分点，比服务业亦快 7.8 个百分点；南非增长 3.4%，均远低于服务业 8.1% 的增速和制造业 7.7% 的增速。

（二）金砖国家文化产业增加值占比偏低

世界知识产权数据显示，2013 年，巴西、俄罗斯、印度、中国和南非文化产业增加值占 GDP 的比重分别为 2.5%、6.0%、1.1%、6.4% 和 4.1%。占比不仅低于美国的 11.3% 和韩国的 9.9%，且仅中国和俄罗斯超过 5.3% 的世界平均水平。

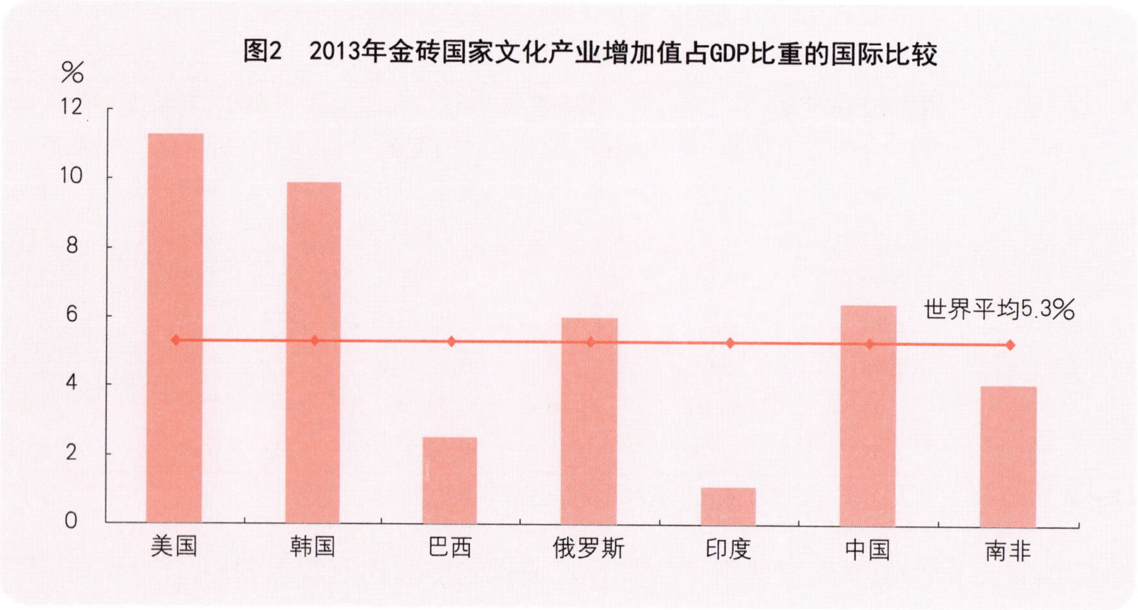

资料来源：世界知识产权组织。

（三）文化产业从业人员占比整体高于世界平均水平，但劳动生产率偏低

世界知识产权数据显示，2013年，印度、巴西、俄罗斯和中国文化产业从业人员占比分别为14.00%、8.54%、7.30%和6.52%，均超过5.32%的全球平均水平，其中，印度和巴西的占比超过了美国8.35%的水平，俄罗斯和中国超过了韩国6.24%的水平。南非文化产业从业人员占比最低，只有4.08%，低于全球平均水平。

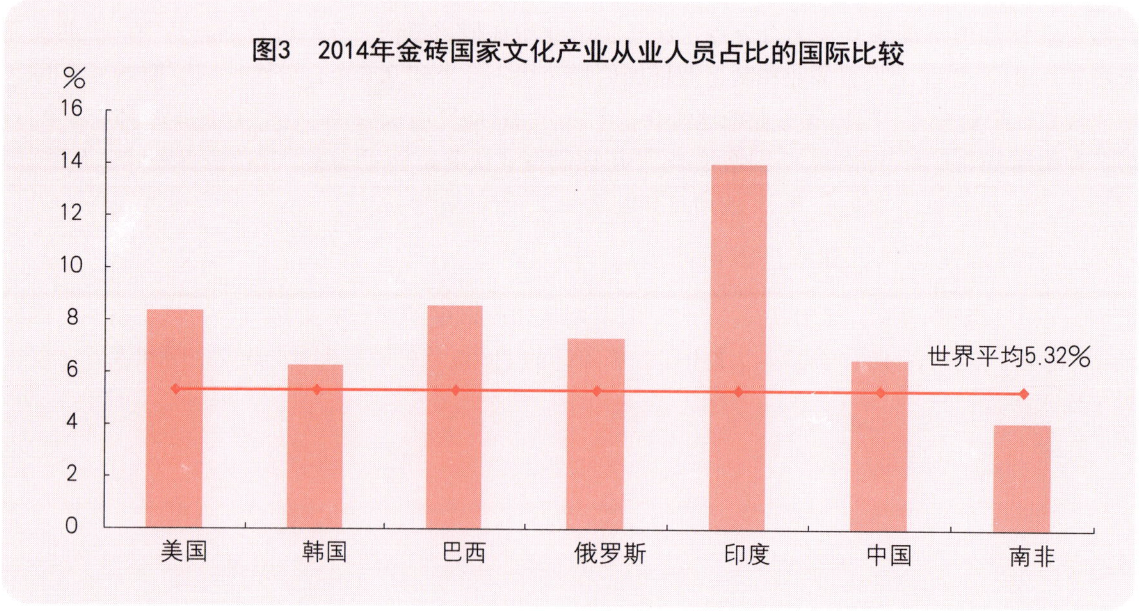

资料来源：世界知识产权组织。

将文化产业从业人员占比与文化产业增加值占比相比较，可以比较文化产业劳动生产率与全行业劳动

生产率的相对水平。如表 2 所示，2013 年，金砖国家中，仅南非文化产业劳动生产率略高于全行业劳动生产率，中国接近于全行业水平，俄罗斯落后于全行业水平，印度和巴西差距尤为显著；而韩国和美国文化产业劳动生产率分别比其全行业劳动生产率高 35.33%和 58.65%。

表2　2013年金砖国家文化产业增加值占比和就业人员占比的国际比较

	美国	韩国	巴西	俄罗斯	印度	中国	南非
文化产业增加值占GDP比重(%)	11.30	9.90	2.50	6.00	1.10	6.40	4.10
文化产业从业人员占就业总人数的比重(%)	8.35	6.24	8.54	7.30	14.00	6.52	4.08
文化产业劳动生产率相当于全行业的比例(%)	135.33	158.65	29.27	82.19	7.86	98.16	100.49

资料来源：世界知识产权组织。

（四）拥有自主知识产权的文化产品少

2009 年，发达国家文化产品出口额占世界文化产品出口总额仍高于 50%。2010 年这一格局开始发生变化，发展中国家和转轨国家文化产品出口额占比超过发达国家，且赶超势头迅猛。2012 年，发展中国家和转轨国家文化产品出口额已分别占到世界出口总额的 57.6% 和 0.8%，比上年上升 5.6 和 0.1 个百分点。其中，金砖国家整体占比达 38.0%，比上年扩大了 6.6 个百分点。不过，在金砖国家出口的文化产品中，拥有自主知识产权的文化产品占比较低。根据欧盟最新的一项研究，在当前中国、巴西和印度出口的具有知识产权的文化产品中，知识产权为他国所拥有的与为自己所拥有的产品之比分别高达 6：1、7：1 和 7：1，这意味着在中国、巴西和印度所有出口的文化产品中，分别有 70%、80% 和 80% 以上的知识产权为他国所有，这些文化产品不是中国、巴西和印度自己创造的，而仅仅是这些国家制造的。

（五）知识产权的收益相对较低

目前，在测量文化产业对国民经济贡献时，国际上普遍使用世界银行推出的“征收知识产权的收入　”这一指标。该指标可直接反映出一个国家或地区创造的知识产权的数量与价值、文化产业的国际竞争力、吸引的外国直接投资（FDI）　以及对国民经济增长贡献的潜力；间接反映一个国家或地区所处的发展阶段、

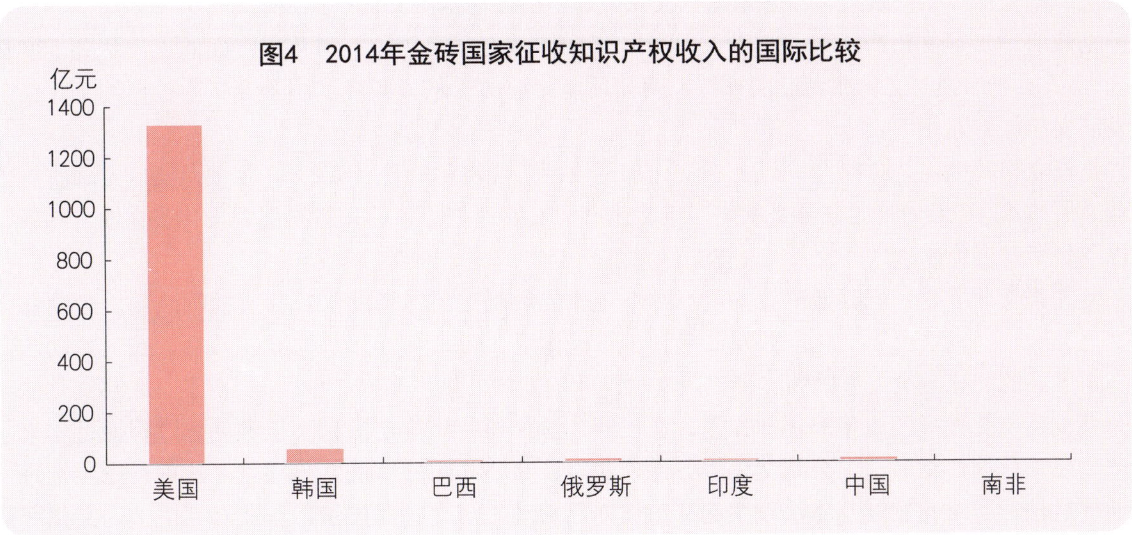

注：中国数据为 2013 年数据。
资料来源：世界银行。

居民收入水平以及政府的管理能力。

从收入情况看（见图 4），金砖国家远远落后于美国这样表现优异的国家，也落后于韩国。2014 年，美国征收知识产权的收入为 1326.5 亿美元，韩国为 51.5 亿美元，而金砖国家中业绩最突出的中国也仅为 8.9 亿美元 ，巴西、俄罗斯、印度和南非则仅为 3.8 亿美元、6.7 亿美元、6.6 亿美元和 1.2 亿美元。

（六）中小型企业在文化产业中的作用发挥不够

目前，世界文化产业发达的国家，文化企业基本以中小型为主。这些企业规模普遍不大，但作为朝阳产业，效率和效益较好。据普华永道估算，在美国、欧盟、加拿大文化企业中，中小型企业 数占比分别为 56.6%、58.9% 和 90.0%；营业额占比分别为 58.1%、70.6% 和 81.2%。南非、巴西、印度和俄罗斯 中小型文化企业数量占比分别为 55.0%、46.1%、43.4% 和 17.5%，均低于发达国家水平；南非、巴西、印度和俄罗斯中小型企业营业额占比分别为 48.5%、44.1%、39.3% 和 12.7%，同样低于发达国家水平。

四、金砖国家文化产业发展的潜力与挑战

虽然与文化产业发达国家相比存在明显差距，但金砖国家拥有丰富多样的文化以及自然和人文资源、国内市场广阔，文化产业发展潜力巨大。同时，我们也应看到，在文化产业发展过程中，金砖国家依然面临着各种挑战。

（一）金砖国家文化产业发展潜力巨大

1. 发展空间很大。金砖国家文化产业增加值占比与发达国家相比有明显差距，特别是巴西、印度和南非甚至低于世界平均水平。这反过来也说明，尽管金砖国家文化产业对经济发展的贡献不断加大，但金砖国家尚未将文化产业的潜力和效益全部开发出来，文化产业仍具有很大的发展空间。

2. 文化创造力强，各国在不同领域均有自己独特的优势。只要是看过宝莱坞的电影、读过普希金的诗歌或者跳过桑巴舞的人，都知道金砖各国拥有强大的文化创造力和创意才能，在不同领域均有自己突出的优势。

3. 政府大力发展文化产业的政策支持优势。中国、印度和南非已将文化产业作为本国的支柱性产业；巴西和俄罗斯政府也不断加强对本国文化产业的扶持。金砖各国政府通过增加文化产业投入、设立相关机构、文化立法、制定保障扶持政策、加强知识产权保护等举措推动本国文化产业发展。

一是政府增加在文化产业方面的投入。2014 年中国政府在文化体育与传媒方面的支出达到 508 亿元，增长 8.3%；南非加强对文化旅游业的扶持，南非环境旅游部曾从“减轻贫困基金”中抽出约 1.3 亿兰特来专门发展文化旅游业。

二是设立相关机构。2012 年，巴西在文化部下设创意经济秘书处（SEC），主要负责制定和实施巴西文化产业发展政策。SEC 的首要任务是制定四年文化产业发展计划，该计划特别强调文化多样性、创新、社会融入以及均衡发展。

三是加强文化立法。巴西政府在 20 世纪 80 年代先后制定了《赞助法》和《视听法》，鼓励社会力量投资文化产业，对促进巴西文化产业发展起到了积极作用。1995 年卡多佐总统执政后，在《赞助法》的基础上制定了新的文化政策，鼓励和支持巴西文化产业的发展。俄罗斯在 1992 年制定了《联邦文化法》，规定了公共支持文化发展的政策和法律原则。在巴西，法律还明确规定国家不干预创意过程。近年来，中国的《非物质文化遗产法》、《公共文化服务保障法》、《公共图书馆法》等重点立法项目稳步推进，《文化产业促进法》等文化领域基本法草案起草工作亦已启动，《文物保护法》正在修订中，为文化产业的健康发展提供了重要保障。

四是制定保障和扶持文化产业政策。俄罗斯对中小型文化企业简化课税程序，同时对于颇具规模且享

有声望的机构、杰出的艺术家和企业给予国家资助及奖励；中国政府强调发展文化产业的重要性，十八大明确提出将文化产业发展成为国民经济支柱性产业；南非政府在2007年制定了计划，致力于实施“南非加速和共享增长倡议”（ASGISA），文化产业被确认为重点发展的行业。为促进工艺品等文化产品的贸易增长，南非政府制定了国家工艺品发展计划，在产品设计和创新、价格、质量保证、市场准入等方面对工艺品企业提供支持，推动其从地方走向全国乃至国际市场。此外，南非还成立了工艺品企业支持基金，协助解决原材料价格和渠道方面的困难。

（二）金砖国家文化产业发展面临的挑战

一方面，金砖国家文化产业发展存在各自独有的问题，例如，巴西政府官员及民众均对文化产业的商业化持保留态度；印度官员腐败渗透到国外在印度文化产业的投资里；俄罗斯文化市场欠发达、文化企业基本为国有企业、中小型文化企业发展困难重重等；南非社会至今还受到种族隔离制度的影响，黑人难以获得文化艺术方面的教育，而且难以在文化企业得到很好的就业机会等等。另一方面，因同处于相似的发展阶段，金砖国家文化产业发展也面临着共同的挑战。

1. 知识产权与版权保护不力，盗版现象较为普遍。除南非外，其他金砖国家整体上知识产权与版权保护总体不力，盗版现象较为普遍，阻碍了这些国家电影制作、音乐和娱乐软件等市场的发展。据世界知识产权组织最新数据显示，2013年，巴西、南非、俄罗斯、中国和印度的人均版税年收款额分别为1.10欧元、0.70欧元、0.59欧元、0.01欧元和0.01欧元，均低于世界人均1.8欧元的水平，与丹麦25.1欧元、英国9.7欧元和韩国2.8欧元相比，差距更大。

2. 难以抵制外来文化“入侵”。欧美和日韩的电影产业、流行音乐产业、广播电视产业、动漫产业与出版产业在国际市场都取得巨大成功，尤其对输入国的青少年群体有着巨大的吸引力和影响力。而文化产业消费人群主要是年轻人群体，对于文化产品有严重的“进口偏好”，将“进口”产品等同于“优质”产品，严重阻碍金砖国家本国文化产业的发展。例如，俄罗斯绝大部分文化产品是从国外购买的，电视娱乐节目或连续剧的主要创意购自国外，再按国内现实情况进行改编，译制成俄语的外国商业广告也是如此；2014年中国放映国产片308部，产生票房占总票房的54.51%，而进口片虽然只有80部，却占据票房总额的45.49%，盈利能力和效率远远高于国产电影；巴西的电影市场也长期被好莱坞垄断，随着有线电视的普及，巴西正面临美国电影对电视业的巨大冲击。美国电影协会数据显示，2014年，美国电影票房收入达到364亿美元，在其海外收入来源的前20个国家中，中国、印度、俄罗斯和巴西分别以48亿美元、17亿美元、12亿美元和8亿美元，位居第1位、5位、8位和11位。

3. 文化企业的国际竞争力不强。一是与发达国家相比，金砖国家文化产业的创新能力不强。出口的文化产品和服务大多停留在模仿、复制阶段，缺乏自主知识产权。比如，中国文化产业发展中原创的贡献率只占2.5%左右，发达国家总体在70%以上；二是企业文化与管理文化欠缺。在全球文化传播迅猛发展的大环境中，高水平的企业文化和管理文化是金砖国家文化产业走向国际的根本保证，而金砖国家企业管理水平明显落后于美国、西欧与日本。如，我国的大型文化企业多数是由原来的事业单位转制而来，相当一批单位还处在转制过程中，既缺乏开拓国际市场的意识和经验，参与国际市场竞争的机制不完善，营销手段落后，且高端文化产业的经营和管理人才也很缺乏，在市场竞争中明显处于劣势。俄罗斯的一些企业仍在沿袭从前的管理模式，业务往来过于随意，使俄罗斯企业在对外交往中处于不利的地位，许多公司的声誉受到损害；三是文化产品总体层次不高。目前金砖国家的文化产业，大多数处于低层次的初级阶段，旅游、教育、培训和体育产业等传统延伸产业相对成熟，但在动漫、绘画、音乐、视听、数字出版、网络游戏、创意设计等高层次文化产业方向上延伸不够，在技术层面上和欧美差距较大。

4. 受到发达国家歧视性政策的制约。目前各类国际性贸易、投资规则及制度中，绝大部分是由发达国家所主导的，包括金砖国家在内的发展中国家话语权和影响力都有限。在这种情况下，金砖国家文化产业走向国际会遭遇市场、制度以及意识形态等各种各样的壁垒：一是歧视性税收。目前，很多文化产品进口国对于影视作品拷贝、报刊杂志等都征收进口关税；二是非关税壁垒。很多国家对境外音像制品、出版物实行进口许可证和进口配额制，配额以内凭证进口，超过配额禁止进口或缴纳较高的税款和罚金；三是直接数量限制。这在影视作品播放时长上经常被使用，如加拿大规定私人电视台全天候播放电视节目中进口文化节目不得超过40%；四是服务壁垒。对进口作品的翻译、配音等做出本土化的规定，不仅提高了进口作品的播放成本，还延迟了首播时间；五是严格的审批制度。很多发达国家制定了文化产业外来投资审批制度，包括对外国文化企业的资金、人员、活动范围的限制等。

此外，西方主流媒体和意识形态对金砖国家，如中国与俄罗斯抱有各种疑虑甚至敌意的眼光，中国与俄罗斯文化产业走向国际面临更多的地缘政治和意识形态方面的挑战。

5. 专业人才不足。人才是文化产业发展的核心要素，文化产业人才特别是高级人才缺乏已成为金砖国家文化产业发展的瓶颈。由于购买进口产品比投资国内教育、人力资源和发展生产更加容易和便宜，俄罗斯文化产业从业人员缺少良好的专业教育和培训，导致创新人才严重缺乏；印度缺少提供正式的电影和创意技术培训教育的学院，在这个行业的基层，大部分技术人员都是通过自我训练获得技能的，缺少接受过正规教育培训的技术人员；中国大量的文化产业人才还集中在事业单位、非营利性部门和国有企业，行业、区域的分割严重，未能有效发挥专业人员的潜能。

6. 政府投资力度小。资金短缺、投资不足是阻碍金砖国家文化产业快速发展的重要原因。巴西文化部成立 30 年来，其经费预算一直是联邦政府各部门中较少的，不到联邦政府总预算的 1%。由于投入不足，巴西文化基础设施较为落后和陈旧。据巴西国家地理与统计局的调查，2013 年巴西全国只有 2679 家电影院，主要集中于少数大城市，很多城市甚至没有一家电影院。1994 年以来，俄罗斯用于文化发展的国家预算支出大幅降低，国家还削减了公共资金，政府补贴向“文化性”而非“企业性”的组织倾斜，私人部门难以获得国家补助或政府贷款，限制了私人文化企业的发展。中国文化产业投资尽管一直在增加，但增长幅度落后于固定资产投资增长幅度，2015 年一季度第三产业的固定资产投资为 12859 亿元，同比增长 23.1%，而同期文化、体育和娱乐业的固定资产投资为 944 亿元，同比仅增长 12.5%，比上年回落 6.4 个百分点。中国大多数文化企业规模还比较小、投资能力比较弱，还要在做大做强上下大力气。

（《金砖国家文化产业发展情况分析》课题组）